前　言

这是一个不断创新的社会。历史发展表明,人类的进化与社会的进步,都有赖于个人和社会化的创新行为。当今的中国,要在经济和科技上迎头赶上世界先进水平,创新就是不二选择。党的十六大报告中指出:"创新是一个民族进步的灵魂,是一个国家兴旺发达的不竭动力。"党的十八大报告明确提出"实施创新驱动发展战略","要着力构建以企业为主体、市场为导向、产学研相结合的技术创新体系",创新已经被摆在国家发展全局的核心位置。创新可以是个人行为,但更应是社会行为。没有个体的发现、创新,则难以在科技等领域形成突破,但如果不把这些创新成果社会化,则创新的社会推动力也无法实现。

企业既是自主创新的活跃群体,也是承载创新成果化、社会化和商业化的重要单位。当全世界消费者涌向苹果公司的专卖店等候、抢购其产品时,没有人会否认那是因为苹果公司的持续创新,以至于产品如此与众不同,才能引领市场需求,成为市场的领先者。市场营销活动源于竞争。面对日益变化的消费者需求,企业想要在激烈的市场竞争中寻求主动权,赢得市场优势,唯有通过创新制胜。或者说,企业营销的最高境界,是不断创造新产品,不断向消费者传递新的价值,引导更高品质的生活方式。

高等院校的重要任务是向社会输送合格的、符合市场需求的专业人才。创新教育的开展,创新型人才的培养都是当今高校义不容辞的职责,同时也要求理念领先、理论先进、教材紧跟时代的发展。在市场营销学领域,每年都会大量的营销教材出版,理论的先驱者们早已为市场营销学奠定了坚实的基础,适应不同类型人才培养的营销教材也层出不穷。本教材的编写,也是遵循了本书的精髓——创新产品,希望在市场营销学教材的编写上能自具特色。

教材特色

本教材以《市场营销学——创新产品　引领需求》为题,旨在结合当今的社会时代背景,以企业的产品或服务开发为主线,以引领需求,超越竞争为目标,将知识的前沿性和能力的实用性融于一体,突出营销理念的先进性、营销模式的创新性和营销能力的实践性。

本次教材编写是在吸纳国内外市场营销学较新成果的基础上,系统介绍市场营销学的基本内容、前沿理论和发展实践,以全面提高营销人才的整体素质和综合职业能力、特别是产品和服务的创新能力和实践能力为导向,力求做到营销理论和营销实践的有机结合。

1. 营销理念的创新性。本教材最大的特点是强调"创新",突出了创新的意义、内容以及相应的篇幅。教材以创新为途径,以超越竞争为目标,营销理念紧跟时代的变化,每一章节的内容均突出了互联网时代环境变化的影响以及相应的营销策略的创新,教学目标、实践环节均以创新为主题,将理念、思维和训练与创新直接结合,对创新思维和行为进行强化训练和引导,开创了市场营销学教材的独特风格。

2. 教学内容的前沿性。一方面,教材对市场营销理论知识进行较为全面的阐述,提供营销人才应具备的必要的知识宽度和厚度。另一方面,教材引入和填充了大量的鲜活案例、前沿知识以及阅读材料,提供了每章相应的延伸阅读材料,既体现了营销理论上的领先性,也反映了营销实践的前沿性,突出了教材的时代感和先进性,有助于读者及时了解营销新领域,开阔视野,拓宽营销知识层面。

3. 营销技能的操作性。教材的教学目标明确,每章开头首先提出本章学习的知识目标和技能目标,帮助读者了解理论知识的掌握要点以及实践技能的操作关键,突出营销技能的实用性。通过实训题、案例分析等实践环节的训练,有助于读者对每一章节营销知识的理解和应用,有助于将理论和实践直接相联系,提高其实践创新能力。

内容创新

本书的框架是,在每一章中设置知识目标、技能目标、引导案例、关键词(双语)、前沿知识、阅读材料、小案例、复习与讨论题、实训题、案例分析、延伸阅读等栏目,突出了内容的前沿性、技能的实践性、材料的可读性和操作灵活性,使教材内容更加丰富充实。

教材中每一章节的前沿性知识、创新性知识和操作性技能,详见下表。

前沿性知识、创新性知识和操作性技能

章　节	前沿性知识	创新性知识	操作性技能
第一章 市场营销与产品创新	• 营销与非营利性领域	• 创新产品,引领需求 • 营销伦理和社会责任	• 识别不同类型市场 • 分析顾客感知价值
第二章 市场营销的发展	• 营销 3.0 时代 • 4Rs 理论 • 4Vs 理论 • 4I——网络整合营销原则	• 营销管理焦点的转变 • 营销变革创新行为	• 判断企业营销观念 • 分析企业营销组合要素 • 分析社会责任影响因素
第三章 战略规划与营销计划	• 物联网时代的竞争	• 营销计划范例批注	• 运用 BCG 矩阵评估业务,规划成长战略 • 分析竞争战略及竞争性市场营销战略 • 规范撰写营销计划书
第四章 营销环境与创新机会	• 第六次科技革命 • 工业 4.0	• 寻求创新机会	• 分析市场营销环境(PEST 分析、SWOT 分析) • 判断市场创新机会
第五章 消费者需求与行为分析	• 产品魔力 • 消费者决策的数字化过程	• 移动互联网时代的消费者 • 创造需求 • 引领需求 • 消费者需求的发展	• 识别不同层次的消费需求 • 分析消费者购买决策过程 • 判断消费者购买行为类型 • 尝试创造需求
第六章 组织市场需求与行为分析	• 采购经理人指数	• 公共采购"电商时代" • 政府采购"偏爱"社会组织 • 组织市场的在线采购	• 分析组织市场需求 • 分析组织市场购买决策过程
第七章 市场需求调研与测量	• 调查新技术-TCS	• 大数据时代市场研究方法	• 设计规范的调查问卷 • 规范撰写市场调研报告 • 正确操作市场调查过程 • 估算具体市场 • 正确操作定性预测方法

续表

章　节	前沿性知识	创新性知识	操作性技能
第八章 市场筛选与定位	• 面向社交网络用户细分的数据挖掘模型	• 定位创新	• 学会细分市场 • 选择目标市场 • 设计市场定位
第九章 产品开发与创新	• Design thinking	• 产品创意产生方法 • 品牌更新策略	• 分析产品概念层次 • 评价产品组合状况 • 分析产品生命周期阶段 • 尝试新产品开发
第十章 价格制订和策略	• 广告折扣、感知折扣	• 互联网的影响 • 政府管制和社会责任	• 掌握定价方法 • 学会为具体产品定价 • 识别价格违规行为
第十一章 渠道设计与管理	• 战略渠道系统 • 电子分销渠道	• 渠道创新 • 渠道管理中的法律问题	• 识别渠道类型成员和结构 • 设计分销渠道 • 了解相关法律问题及防范
第十二章 整合营销传播	• SIVA 理论	• 虚拟市场的顾客价值 • 个性化和在线体验 • 蜂鸣营销、病毒营销	• 撰写广告计划书 • 撰写整合营销传播方案
第十三章 营销执行、评价和控制	• 中国实效营销指数 • MOMENTS 营销理论	• 大数据时代的评价指标	• 设计和选择营销组织结构 • 学会有效销售的基本步骤 • 评估企业营销效益 • 具体计算营销控制指标
第十四章 营销新思维	• 网络效应 • 众筹模式 • 微创新	• 大数据思维、精准思维 • 社会化思维、跨界思维 • 迭代思维、娱乐营销 • O2O营销、社交营销	• 运用营销新模式

面向对象

编写本书的初衷在于，编者所在学校浙江大学城市学院，一直以培养"应用型、复合型、创新型"本科人才为办学目标。在长达二十年的教学经验基础上，编者深感有必要自行编写一本适合应用型、创新型本科人才培养的市场营销学教材，一方面是为满足人才培养的即时之需，另一方面也是对多年来课程组教师一直从事的教学改革成果的总结和提炼。

本教材既包纳市场营销理论的主要内容，也特别注重实践应用、强化学生的创新意识和创新能力的培养，切合学校的人才培养目标，是培养创新型、应用型本科人才的支撑教材。

本书既可以作为普通高等院校经济管理类基础课程的教材，也可以作为营销类职业人员的培训教材，也是刚涉足市场营销领域的理论和实践工作者，以及对营销活动有兴趣的社会人士的阅读书籍。

编写团队

本书的编写融合了浙江大学城市学院精品课程、重点教材《市场营销学》和杭州市双语精品课程《营销渠道》(305323)的项目成员以及相应的建设成果。

本书由许莹任主编，邬家瑛、陈绛平、卢吾任副主编，编者均为浙江大学城市学院在职教师。具体分工如下：许莹负责第一、二、八、十二章；卢吾负责第三章；陈绛平负责第十四章；许莹、陈绛平合作编写第四、九章；邬家瑛、许莹合作编写第五、六、七、十章；卢吾、许莹合作编写了第十一、十三章。最后，由许莹负责统稿和校对工作。

在此，对所有为本书最终出版付出辛勤努力的参与者和引用材料的提供者们一并致谢！尽管编者投入了大量的努力，仍有可能存在不当之处，敬请读者批评指正！

许　莹

2015 年 2 月 4 日

目　　录

第一章

市场营销与产品创新 ≫ ≫ ≫ ≫

⇨【知识目标】

掌握市场和市场营销的基本概念;理解和掌握市场营销的核心概念;明确营销管理的职能;了解市场营销的社会作用;认识到创新产品,引导需求在当今社会的重要性。

⇨【技能目标】

识别不同类型的市场;识别和把握市场营销的本质;准确分析交易中的顾客感知价值;领悟市场营销在个人生涯中的作用和影响。

⇨【导入案例】

《中国好声音》:颠覆与创新

从首播时的每 15 秒 15 万元,飙升到每 15 秒 36 万元、50 万元⋯⋯从加多宝 6000 万元的冠名费到"史上最贵广告"——第三季巅峰之夜"植美村"60 秒的 1070 万元!浙江卫视《中国好声音》只花了三年的时间就达到了。

究竟是什么原因让《中国好声音》脱颖而出,取得口碑与收视率的双赢呢?以下五个因素不可或缺:

1. 国际模式,中国表达。作为一档从荷兰引进的节目,但它不同于国外同类节目的简单模仿,而是根据中国本土的需要做了相应的改变。《中国好声音》在帮助拥有歌唱天赋的普通人实现梦想的同时,也向观众展示了一段段自强不息、温暖动人的故事。这种正能量的传递，让我们看到了爱好音乐的普通人积极的人生态度和真实、深刻的人生体验，以及为梦想而奋斗的乐观向上的精神。

2. 不以"貌"相，唯"声"是举。《中国好声音》另辟蹊径，"先声夺人"，"好声音"是唯一选拔标准。在挑选学员时，四位导师都是坐在价值80万元的转椅上，背对着舞台。项目总监陆伟强调："《中国好声音》最重要的核心元素是声音……在导师背对学员的情况下，都只能凭声音的实力说话，声音才是关键！"

3. 严选导师，鲜活模式。《中国好声音》的导师经过严格挑选，风格各异，相得益彰。他们杜绝"炒作"、拒绝"毒舌"、不存偏好、不要"大牌"，四位导师配合默契，互相调侃，令比赛氛围始终和谐、友爱和幽默，备受人们好评。

4. 不拘一格，"选""教"结合。《中国好声音》郑重承诺：与国际接轨，扬中华文化，以振兴中国乐坛、培养未来巨星为己任，为华语乐坛的发展提供一批怀揣梦想、具有天赋才华的音乐人！它不拘一格，派出多组"伯乐"在全国筛选，最终在荧屏亮相的可谓"百里挑一"。而四位明星导师"盲选"出自己的门下弟子后，以自己多年的专业知识、经验和素养去进行针对性指导。

5. 制播分离，实现双赢。《中国好声音》堪称是中国电视历史上真正意义的首次制播分离，制作者直接参与广告分成。《中国好声音》首播一炮而红，其不可估量的品牌价值更是惹得各商家红了眼，让浙江卫视和星空华文传媒实现双赢。

（资料来源：王子嘉.《中国好声音》成功因素与启示[J].新闻世界，2012(11)：33—34.）

营销启示

《中国好声音》能在同质化严重的娱乐节目领域脱颖而出，得益于它的大胆创新。无论是原创引进，本土改进的商业定位创新，明星导师共同打造产业链的商业模式创新，还是微博公关营销的传播模式创新，都给观众留下了耳目一新的印象。《中国好声音》的成功证明，只要认真研制节目形态，了解电视观众的收视要求，创新产品，引导需求，就能实现收视和口碑的双赢。

第一节　市场与市场营销

企业进行成功营销，首先要认识什么是市场，了解市场的真正内涵，把握市场营销活动的实质，明确有效市场营销的衡量指标，并以此为指导，才能在市场经济中寻找机会,在为社会做出贡献的同时也实现企业的自身目标。

一、市场

市场是企业营销活动的空间和领域,是企业赖以生存的土壤。市场是社会生产和社会分工的产物,也是随着商品经济的发展而不断发生变化的。随着生产力的发展和社会分工的扩大,人们对市场的认识不断深化、充实和完善。在不同的历史时期、不同的场合,从不同的角度出发,市场具有不同的含义。

1. 市场是商品交易的场所

这是市场最古老的定义,也是从时间和空间角度理解的市场概念。"市"就是买卖,"场"就是场所,"市场"即买卖双方在一定的时间聚集在一起进行交换的场所。《周易》有"日中为市,致天下之民,聚天下之货,交易而退,各得其所"的记载。在生产力水平低下的商品经济发展初期,交换双方在约定的时间和地点进行物物交换,这是商品交换过程中最原始的低级市场。

随着科学技术的进步,社会分工更加精细,生产力进一步提高,货币职能进一步完善,商品交换突破了特定时空的限制,主要进行商品交易的市场也得到迅猛的发展,形成各种类型的专业市场,还涉及期货、股票市场以及网上虚拟市场等。虽然这些市场的形态发生了不少变化,但是其内涵没有改变,均为商品交易的地点或场所。

2. 市场是商品交换关系的总和

市场是建立在商品经济基础上的交换关系,指在买卖双方、卖方之间、买方之间以及买卖双方各自与中间商等在商品流通领域中进行交换时发生的关系,也包括商品在流通过程中促进或发挥辅助作用的组织(银行、保险、运输、海关等)与商品的买卖双方之间的关系。

一般地,卖方被称为行业,买方被称为市场,它们的交换关系是由一系列交易活动构成,并由商品交换规律决定的。买方和卖方通过四条流程连接起来,卖方把商品服务和信息传送到市场,买方把服务及信息传送到行业,如图 1.1 所示。

在市场经济环境中,各类要素以不同方式组合在一起,从事各种类型的交换活动,也形成不同类型的市场,这些市场在整个社会经济大环境中又相互关联,相互制约,构成复杂的市场体系。市场体系的实质是各种经济关系的具体体现和综合反映,如图 1.2 所示。

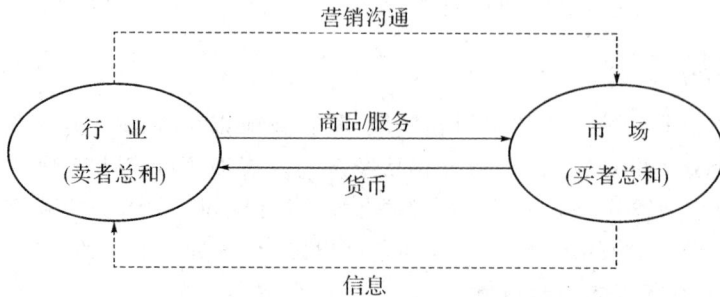

图 1.1　简化的营销系统

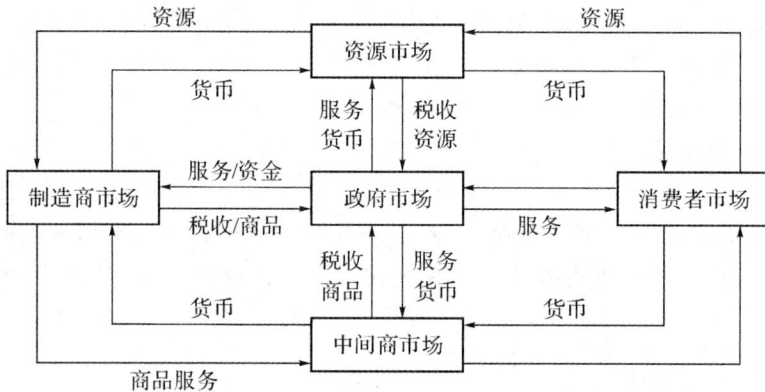

图 1.2　现代交换经济的流程结构

3. 市场是所有现实和潜在购买者的总和

根据营销大师菲利普·科特勒的定义,市场是对某种商品或劳务具有需求、支付能力和希望进行某种交易的人或组织。市场是购买者的集合,除了有购买力和购买欲望的现实购买者外,市场还包括暂时没有购买力,或暂时没有购买欲望的潜在购买者。这些潜在购买者,一旦其条件有了变化,是可以转化并形成现实有效的市场的。

市场容量或规模的大小取决于以下三个因素:

$$市场 = 人口 \times 购买力 \times 购买欲望$$

人口是构成市场的基本因素,人口的多少是决定市场大小的前提。

购买力是指人们支付货币购买商品或劳务的能力。购买者收入的多少决定了其购买力的高低。

购买欲望是指消费者购买商品的动机、愿望和要求。它是消费者把购买愿界银行、世界卫生组织等,这些组织的出现和发展大大有利于世界的发展和社会的和谐,影响越来越大。

　　联合国国际标准产业分类体系把非营利组织划分为 3 大类、15 小类。教育:小学教育、中学教育、大学教育、成人教育及其他;医疗和社会工作:医疗保健、兽医和社会工作;其他社区服务和个人服务:环境卫生、商会和专业组织、工会、其他会员组织(包括宗教和政治组织),娱乐机构、新闻机构,图书馆、博物馆及文化机构,运动和休闲。

国际红十字会　　世界自然基金会　　国际志愿者协会

中国青少年发展基金会　　中华慈善总会

　　非营利组织最为重要的就是组织的形象,由于其非营利性,其树立正面和积极形象较为容易,更加容易受到社会群体的重视和关注。非营利组织需要利用各种手段,让社会人群自发参与进来,形成一股自发的力量,来完成某项任务或者传递某种信息。社会人群自发地与对象群体进行价值交换,来满足对象群体的需求和社会群体的精神满足和价值实现,从而也实现达到组织开展的公益活动的目标。

　　3. 市场营销与个人生涯

　　市场营销是创造、传递价值的过程,其前提是需要换位思考,了解顾客的需要,并创造出比竞争者更优越的价值,才能赢得交换机会和实现自身需求。这种营销思维并不仅仅应用于企业和社会组织的发展中,对于社会个体同样具有十分重要的启发和借鉴意义。

　　从这个意义上讲,市场营销更是一种生活方式,是一种人生智慧。无论我们有着什么样的身份、地位,无论我们处于什么样的生活和工作环境中,都需要营销思维和营销活动,只是每个人营销的产品不同而已。

　　一位能够将自己的全部知识成功传授给学生的人,他在教师这个岗位上就是成功的营销员；一个能够用自己的理念和能力将工厂经营得井井有条的人，他在管理者这个职位上就是一个成功的营销员；一个能够用自己的热忱、善良、诚实、正直打动朋友的人，他在担当朋友这个角色上就是一位成功的营销员……

产品通过营销才能体现其价值，同样，人生也需要营销。只有懂得营销自己的人，才有推销自己的机会，才能在人生的大舞台上尽情跳舞，缔造自己的人生辉煌。

第二节　市场营销相关概念

市场营销是以顾客需求为中心，创造、传递和传播价值的社会活动。为更加完整和深入地理解市场营销的概念，还需要对市场营销的相关概念进行理解。

一、核心概念

1. 需要、欲望和需求
（1）需要
人的需要（Need）是市场营销活动的出发点，也是市场营销最基本的概念。需要是指没有得到满足的状态，是人类与生俱来的本性。

美国心理学家马斯洛（Maslow）提出需要层次理论，将人的需要分解为五个层次，即生理需要、安全需要、社交需要、自尊需要和自我实现需要。如图 1.5 所示。

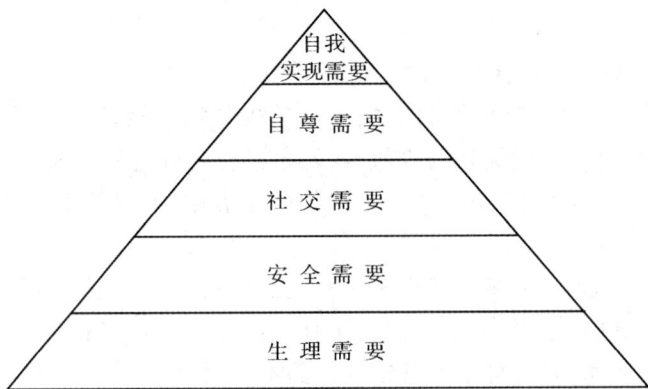

图 1.5　马斯洛需要层次理论

人的需要不是由市场营销活动造成的,而是由人的内在基本构成的。因此,需要存在于市场营销活动之前。营销者的任务并不是创造人类的需要,而是发现需要,并通过提供产品和服务满足人们的需要。而当人们趋向于某些特定的目标以获得满足时,需要就变成了欲望。

（2）欲望

欲望(Desire)是指想得到满足需要的具体物品的愿望。对于同一种需要可以提供不同的满足物,如,对于解决"饥饿"的需要,可以选择米饭、馒头、方便面、饼干、比萨饼、汉堡包等,解决"口渴"的需要,可以用开水、茶、果汁等满足物。一般来说,人的欲望的形成和实现往往受个人经济条件、生活口味、文化背景和所生活的环境的影响。

人类的需要并不多,但是欲望却是无穷的。有些欲望由于购买能力、政策限制、资源约束等情况,不一定能实现。如果这些欲望具备足够的购买力时,欲望就转化为需求。

（3）需求

需求(Demand)是指对有购买能力且有购买意愿的某个满足物的欲望。人们会在购买力水平的约束下,会选择能最大限度地满足他欲望的产品和服务,并且会随着经济条件的改善,不断地提高满足物的购买欲望,导致市场需求随之发生改变。企业不仅要了解对产品感兴趣的人数,而且还要了解对产品有需求的人数。

企业不能创造人类的需要,但是可以通过自身的努力影响人们的需求,企业可以创造和提供能满足顾客需求的产品。而这首先要了解顾客的需求,但是,了解顾客的需要和欲望并不容易,有的顾客连自己都不清楚自己到底想要什么,有的顾客则表达不清他们的真实需求。因此,企业只是给消费者想要的东西已经不够了,要想在市场竞争中领先,企业必须帮助顾客了解他们需要什么。

2. 产品和服务

产品是用于满足需求的一切载体。在市场营销的范畴里,任何能够满足人们某种需求和欲望的有形的实体或无形的服务都是产品,都是企业可以营销的对象,其价值在于它给人们带来对欲望的满足。营销的对象有十大项:

商品:作为有形物品的商品是最普遍的营销对象,是国内生产和市场营销总额的主要部分。

服务:这是不可触摸的、无形的产品。随着经济的发展,服务在经济活动中所占的比例越来越大。服务业包括航空、酒店、汽车租赁、理发、美容、维修人员的工作,以及公司内部或为公司服务的专业人员,如会计和程序员等。服务具有无形性、不可分离性、差异性和不可储存性的特点，是一种特殊的营销对象。

地点：各个旅游景点、各大城市、省份、乃至国家采取各种宣传、促销活动，以积极争取吸引移民、国内外投资者和旅游者。

人物：创造名人效应的营销已经成为一种重要的商业活动。歌星、影星、笑星等各类明星和各界名人志士，都是企业关注和可以借力发挥的对象。

事件：利用事件的影响力和知名度为企业树立声誉或推介产品。常常被用来营销的事件如大型商业展览、艺术表演、公司周年庆典、专题社会公益活动、奥运会或世界杯等全球体育盛事。

⇨小案例

"事件营销"奏效　旅游会火多久

湖南卫视真人秀节目《爸爸去哪儿》第二季收官新西兰，"爸爸们"持续火热，作为首次境外取景地的新西兰，在百度词条搜索中，数量暴增 10 倍以上。

据介绍，中国每年出境游的游客人数已经超过 1 亿人次，未来 5 年，预计将达到 5 亿人次。面对潜在的市场、诱人的蛋糕，新西兰旅游局选择"事件营销"手段，独辟蹊径，屡试不爽。

2012 年 11 月，中国女演员姚晨在新西兰南岛昆斯敦一所教堂举行婚礼，这是新西兰旅游局第一次大胆尝试"事件营销"吸引中国游客。这次新西兰旅游局赚得满堂彩，姚晨微博的千万"粉丝"和国内各大媒体娱乐版铺天盖地的各种报道成就了新西兰。

随后一年，《非诚勿扰》《中国好声音》接连登陆新西兰，中国成为新西兰第二大客源国。此次新西兰旅游局迎来《爸爸去哪儿》130 多人摄制团队，是击败了澳大利亚、美国、法国等竞争对手才赢得的机会。

（资料来源：田野.新西兰："事件营销"奏效 旅游会火多久[EB/OL].新华网，2014-10-8.）

体验：为顾客提供创造、表演等各种营销体验。迪士尼的梦幻王国就提供这样一种体验，人们可以身临童话世界，登上海盗船或走进鬼屋猎奇。

所有权：指实物资产与金融资产（股票、债券等）的所有权，是一种无形权利。个人和组织可以通过房地产代理商、投资公司和银行的营销活动，买卖所有权。

组织：在公众中构建强大的、受人欢迎的独特形象。大学、博物馆等一些非营利性机构不断提高自身的公众形象，以获得社会的支持。

信息：信息的生产和销售已成为社会行业中重要的一部分。如百科全书、网络课堂、中介服务、知识产权和专利、市场调查公司等提供的都是信息服务。

观念：信仰、见解、主张、点子等都可以成为买卖的对象。咨询顾问公司、各类策划公司出售的是各种类型的点子，希望工程、艾滋病宣传等公益事业都传播人文理念获得社会公众的认同和资金支持。

3. 价值和满意

价值是人们期望从某个产品获得的利益，顾客选择产品的重要依据。通常，顾客并不能精准地分析产品的客观价值，而是根据自己的感知进行评判，并成为选择依据。因此，顾客的感知价值对企业活动更具指导意义。

（1）顾客感知价值

顾客感知价值（Customer Perceived Value，CPV）是企业传递给顾客，且能让顾客感受得到的价值，是对产品所有利益和所有成本评价的差额。一般表现为顾客总价值和顾客总成本之间的差额。如图 1.6 所示。

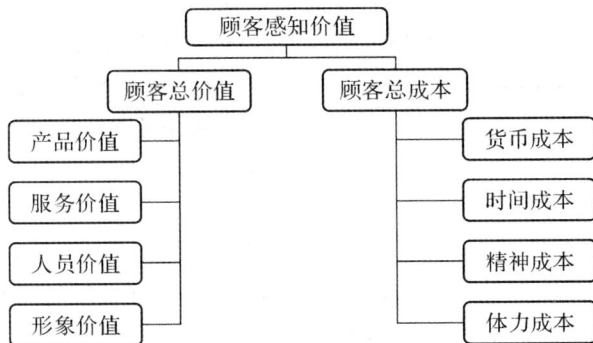

图 1.6　顾客感知价值

①顾客总价值。顾客总价值是顾客期望从产品中获得的一系列利益的可感知价值，包括产品价值、服务价值、人员价值和形象价值。

产品价值是产品的功能、特性、品质、品种与式样等所产生的价值，它是顾客选择产品的首要依据。不同市场背景下，顾客对同一产品的产品价值有不同的评价，构成产品价值的要素以及各要素的相对重要程度也会有所不同。

服务价值是伴随着产品实体出售的各种附加服务，包括送货、安装、维修、质量保证等。在产品价值相差不大的情况下，服务成为顾客选择的重要参考依据。

人员价值是指企业员工的经营思想、知识水平、业务能力、工作效益和质量、经营作风、应变能力所产生的价值。企业员工直接决定着产品与服务的质量，决定着顾客购买总价值的大小。

形象价值是指企业及其产品在社会公众中形成的总体形象所产生的价值。包括产品、包装等有形形象、员工各种行为以及企业形象所产生的价值。良好的形象价值带给顾客精神和心理上的满足感,从而增加顾客购买总价值。

②顾客总成本。顾客总成本是顾客对产品进行评价、选择、获取、使用和处置的一系列预期费用,不仅包括货币成本,而且还包括时间成本、精神成本、体力成本等非货币成本。

一般情况下,顾客购买产品时首先要考虑由价格决定的货币成本。同时还要考虑时间成本,即顾客做出购买决定和购买过程所花费的时间。顾客决策和购买产品的时间越长,其时间成本越高。另外,还要考虑顾客的体力成本和精神成本,即顾客购买和使用产品中的体力消耗和精神耗费,前者如搬运、摆放等,后者如学习、评价、冲突、困扰等。

顾客在购买产品时,总是选择顾客总价值高而购买总成本、即感知价值"最大"的产品,使自己的需求得到最大程度的满足。但是,不同的顾客对其成本的评估会有不同的倾向。如工作繁忙的商务人士,其时间成本比较昂贵,往往会选择快速便捷的消费;而年长的顾客,其时间成本比较廉价,但其体力成本比较昂贵。因此,企业在服务不同的目标顾客时,需要考虑不同人群的成本构成,以尽可能地降低顾客总成本,创造更多的顾客感知价值。

(2)顾客满意

顾客满意是顾客对产品的感知效果与其期望比较后,所形成的心理感觉状态。如果感知效果低于期望,则会产生失望;如果感知效果高于期望,则会可能会产生惊喜;感知效果与预期一致则会产生满意状态。如图 1.7 所示。

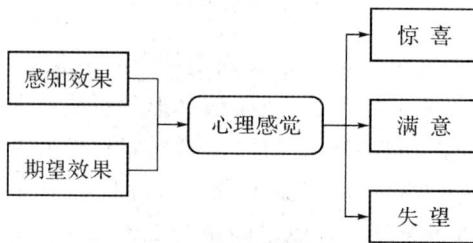

图 1.7　顾客满意

尽管顾客满意是一种主观的心理感觉,但由于这种感觉反映了产品是否满足顾客的需要,以及顾客对企业和产品的整体评价,因此它会直接影响顾客的未来购买意向,并有可能将这种感觉状态向其他人扩散,影响他人的购买决策。顾客满意是企业维系老顾客、培养忠诚顾客的基础,同时"满意的顾客是最好的广告"。所以,顾客满意是衡量企业营销成败的重要指标,努力使顾客满意也成为众多企业努力追求的方向。

4. 交换、交易和关系

交换是通过提供某种物品或服务作为回报,从他人处获得所需之物的行为。交换是一种过程,是一种行为表达。

交易是双方实现价值交换的结果状态。如果买卖双方达成协议,则称之为发生了交易。一项交易需要有基本要素:至少两件以上有价值的物品;买卖双方认同的条件、时间、地点,双方各自的权利和义务等。

交易一旦达成,交易双方就存在买卖关系。本着自由交换的市场规则,一次交易中的关系是一次性的,能否再次发生交换是不可预知的事情。由于每次交易都需要付出成本,稳定的关系可以节约交易的时间和成本,因此企业在新老顾客的争取和选择上,也同样很注重较低交易成本的老顾客的维系,使参与各方获得更多的利益回报。目前,越来越多的企业从侧重短期的、单宗交易的市场行为转向以客户为中心的关系营销。

⟴ 小案例

德国刀具企业为什么赢?

齐齐哈尔第一机械厂每个月要用大量的刀具,并长期向德国的一家刀具厂订货。一次,下了500万的刀具订单给德国人,结果德国人表示下错了,说你们企业还库存着我们厂500多万的刀具,为什么还要下新订单呢?

第一机械厂的人奇怪地说订单没下错啊,但德国人很快就赶到齐齐哈尔第一机械厂来,要一起核查仓库,结果很快出来,核查完了以后发现果真有1000万的库存刀具。这时,德国人要求帮他们建立整套的采购系统和仓库管理系统,并表示企业下个月就要推荐新产品了,价格不变,如果第一机械厂下了订单压住库存,那么他们的新产品就得不到订单了,大家的利益都不能实现最大化。

最后德国的刀具厂方还表示:"干脆派人进驻到你们厂,每个月你们用多少刀具我们全算好,以后我们保证你们的库存最低,等我们把库存管好,就把刀具直接放在你们的仓库里,从仓库里提去用才算买了我们的东西,否则算没卖。"第一机械厂的董事会很感动,老总就说企业以后不用再招标了,就选这家德国企业。

多拿订单也不干,一心做好服务,为客户着想,不仅让客户满意,还让客户感动,把自己的成功建立在客户成功的基础上,这其实就是一种创新——客户价值创新,这种创新摆脱了与同行的价格战,实现了企业与客户持续共赢的效果。

(资料来源:李振勇.商业模式——企业竞争最高形态[M].北京:新华出版社,2006.)

关系营销是交易营销的进一步发展和扩大,它是企业与其顾客、分销商、供应商等建立、保持并加强联系,通过互利交换及共同履行诺言,使各方实现自己目的的营销方式。关系营销的实质是在买卖关系的基础上建立长期相互满意的关系,以赢得或保持长期的业务,保证交易关系能持续不断地确立和发生,以实现"共赢"。关系营销强调顾客的忠诚,而其关键和前提是顾客满意。表1.1展现了交易营销与关系营销的主要区别。

表 1.1　交易营销与关系营销的比较

内　　容	交易营销	关系营销
核心概念	交换(买卖)	长期关系
企业着眼点	近期利益	远期利益
关注对象	目标顾客	利益相关者
客户服务	较少强调	高度重视
客户关系	短期、不牢固	长期、牢固
关键指标	市场占有率	顾客忠诚度
追求目标	单项交易利润最大化	双方互利关系最佳化

5. 市场营销者

在交换双方中,如果一方比另一方更主动、更积极地寻求交换,前者则被称之为市场营销者,后者称为潜在顾客。所谓市场营销者,是指希望从他人处取得资源并愿意以某种有价值的东西作为交换的人。市场营销者可以是卖方,也可以是买方。当买卖双方都表现积极时,就把双方都称为市场营销者,并将这种情况称为相互市场营销。

二、营销管理

市场营销既是一种社会活动,也是一个管理过程,是一种组织职能。营销管理是企业为了实现目标,建立和保持与目标市场之间的互利的交换关系,而对营销活动进行分析、规划、实施和控制的过程。

1. 营销管理与价值链

企业通过创造和传递顾客价值得以生存和发展,这一过程可以分解为一系列互不相同但又密切关联的经济活动,共同构成企业的价值链(Value chain)。如图1.8所示。

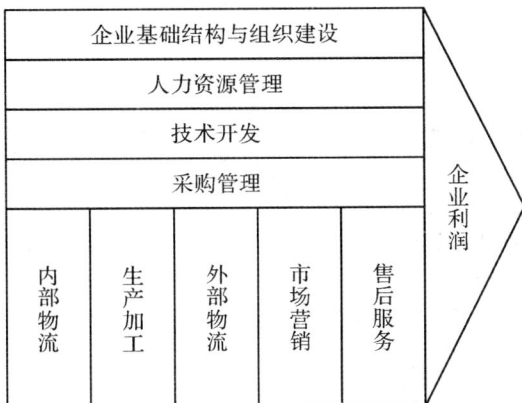

图1.8　企业价值链构成

价值链可以分为两大部分。下部是企业基本增值活动,与产品实体的形成和使用价值的实现直接相关,即"生产经营环节",包括内部物流、生产加工、外部物流、市场营销和售后服务五个环节;上部是企业辅助增值活动,包括企业基础结构与组织建设、人力资源管理、技术开发和采购管理四个方面,辅助增值活动发生在所有基本活动的全过程中,但它不直接作用于产品实体的形成,而是服务于基本增值活动,提供对基本增值活动的支持。

价值链的各个环节相互关联,相互影响。企业必须依据顾客价值和竞争要求,检查每项价值创造活动的成本和经营状况,一个环节经营管理的好坏,会影响其他环节的效益。

在顾客需求和竞争压力的双重作用下,营销管理职能在价值链中的地位也逐步得到重视和强化。正如德鲁克在分析西方国家的营销问题时指出:"将营销作为企业的中心功能,这种观念上的改变是欧洲在1950年以后快速复原的主要原因之一……50年代以后,日本经济上的成功,主要归功于其接受营销为企业首要功能的观念。"

目前,营销部门也从早期与财务、生产等并行的职能部门,逐渐发展为众多企业内部起到先导作用的部门。

2. 营销管理的职能

企业实施营销管理的目的是通过创造、传播和传递更高的顾客价值,以获得、保持和增加顾客,这是一门艺术和科学。它需要对营销活动的每一个环节进行分析和设计,以争取最大化的经济效益。营销管理在企业中的具体职能主要有以下三类。如图 1.9 所示。

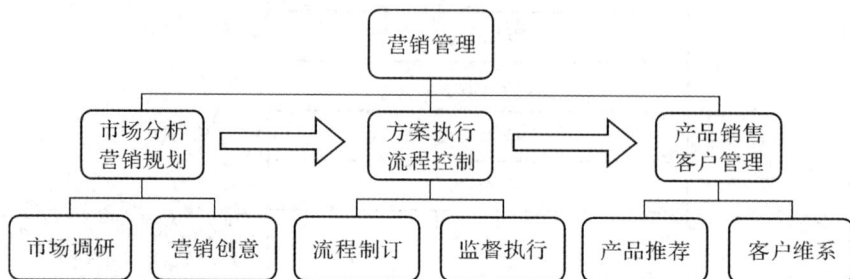

图 1.9　营销管理的职能

（1）市场分析和营销规划

营销方案规划是企业具体营销活动的指导方案,是企业营销活动的首要环节,而有效的市场规划需要准确合理的市场分析为基础。这部分职能主要包括市场调研、营销创意两个方面。

市场调研是对外部环境的详细剖析,包括宏观环境、行业环境、竞争对手、顾客行为等方面的调查和分析,其目的在于梳理来自外部环境对企业的有利和不利因素,准确把握可能对企业造成的约束性限制以及可能存在的发展空间,为企业制定具体的营销策略提供依据。

营销创意是对顾客需求和企业拟提供的解决方案的概念性描述,对产品、价格、分销、促销等环节进行设计,提出创造性的策略方案,为产品更好满足顾客需求,更快占领市场提供操作指导和执行路径。

（2）方案执行和流程控制

完美的方案也需要高效的执行来保障,否则仅仅是一纸空文。营销管理的重要环节是保证营销规划方案的有效实施。营销方案的落实需要通过流程控制和监控执行加以配合。

首先,要为营销方案的实施制订高效规范的操作流程,明确企业内部各参与成员、外部各个协助单位在营销过程中的分工以及各自的责权利。同时,要制定与操作流程相关的业务标准、考核制度和激励政策等,加以监督执行,协调日常运作过程,为企业营销活动的有效开展提供规则保障和激励驱动,保证企业的各项活动围绕满足顾客需求,创造优异顾客价值。

（3）产品销售和客户管理

企业所有的目标都需要通过产品销售来实现,而客户是企业最重要的资源。

这就是营销管理的终极目标,主要包括产品推荐和客户维系两个方面。

产品推荐向目标顾客面对面地推荐产品、帮助顾客实现需求的活动。企业销售人员通过各种有效手段向目标顾客介绍、展示产品的功能、特点和使用方法,以及可以享受的各种售前、售中和售后服务,强调产品的顾客利益,和将顾客的需求欲望转变为产品购买。

客户维系是企业进行客户关系管理的重要活动,也是主要目的所在。通过了解和把握潜在的、现实的客户需求、行为等动向,建立客户数据库以及与客户间的沟通渠道和沟通机制,挖掘和满足客户的潜在需求,提升客户忠诚度。

第三节　市场营销与创新产品

彼得·德鲁克在《管理实践》一书中明确指出:"企业有且只有两个基本职能:营销和创新。营销和创新产生收益;其他所有职能都是成本"。如图 1.10 所示。可见,营销与创新对企业的重要性举足轻重,是驱动企业健康发展的两驾马车,缺一不可。在竞争日趋激烈的市场环境中,企业更要认识到营销与创新是企业赢得竞争的重要途径。

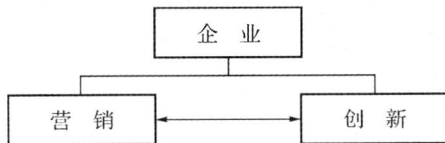

图 1.10　企业基本职能

一、营销——企业的核心职能

在市场经济体系中,企业存在的价值在于它能不断提供合适的产品有效地满足顾客需要。价值交换和实现是企业生存和发展的基础,而市场营销是企业的核心竞争力,也是企业最核心的职能。这是因为:

1. 顾客是企业生存的基础

彼得·德鲁克指出,顾客是企业得以生存的基础,企业的目的是创造顾客,任何组织若没有营销或营销只是其业务的一部分,则不能称为企业。企业作为交换体系中的一个成员,必须以顾客的存在为前提,顾客决定了企业存在的意义。没有顾客,任何企业都将无法生存,因为只有顾客为企业贡献收入和利润。

2. 顾客决定企业的本质

只有顾客愿意花钱购买产品和服务,才能使企业资源变成财富。企业生产什么产品并不是最重要的,顾客对他们所购物品的感受与价值判断才是最重要的。顾客的这些感受、判断及购买行为决定着企业命运。

市场营销正是企业创造并保留顾客的能力。当营销传递了顾客价值并满足了顾客需求,企业就吸引、保留以及发展了顾客。顾客价值是企业价值和股东价值实现的前提和基础。

3. 市场营销是企业最独特的功能

"营销是企业与众不同的、独一无二的职能"。企业的其他职能,如生产、财务、人事职能,只有在实现市场营销职能的情况下,才是有意义的。因此,市场营销不仅以其"创造产品或服务的市场"标准将企业与其他组织区分开,而且不断促使企业将营销观念贯彻于每一个部门。

二、创新——企业的基本职能

创新(Innovation),起源于美籍经济学家熊彼特在 1912 年出版的《经济发展概论》。熊彼特的创新定义是,指把一种新的生产要素和生产条件的"新结合"引入生产体系。它包括五种情况:引入一种新产品;引入一种新的生产方法;开辟一个新的市场;获得原材料或半成品的一种新的供应来源;实现一种新的组织,比如造成一种垄断地位,或打破一种垄断地位。

从熊彼特的创新概念可以看出,创新就是要产品创新、技术创新、市场创新、资源配置创新、组织创新。其中,产品创新和市场创新是企业的终端环节,技术创新、资源配置创新和组织创新都是为前者服务的。产品创新和市场创新均是市场营销领域的重点研究内容,在本书的后续章节中均会涉及创新的相关内容研究。

1. 创新内涵

从营销学的角度,本书认为,创新是指企业为发展需要,不断突破原有产品,创造具有新颖、独特、能满足顾客需求的新价值的活动。产品是企业实现顾客价值的载体,创新活动的核心是"新",具体表现为产品的结构、性能和外部特征的变革,或者是造型设计、内容的表现形式和手段的创造,或者是产品的丰富和完善,营销策略的原创设计等。具体包括以下内涵:

(1)创新的主体是企业。企业对创新活动的成败和效益负责。

(2)创新的服务对象是顾客和组织的利益相关者。创新服务的主要对象是顾客,其他利益相关者价值的实现是通过顾客价值的实现得以实现的。

（3）创新是指变化或改进。创新就要创造新的东西。创新主要包括技术创新、产品创新、市场创新、流程创新和服务创新等方面。本书将产品创新作为研究的中心，也涉及市场创新和营销策略创新等相关内容。市场创新是产品创新的基础，营销策略创新是为产品创新服务的。

（4）创新的目的是给顾客及组织中的利益相关者带来更多或更好的价值，"更多"是指与原有价值不同的新价值，"更好"是指在原有基础上价值得到进一步提升。企业存在的目的是创造顾客，而要创造顾客必须开发和交付满足顾客需求的产品。因此，持续为顾客创造超出期望的价值才是卓越创新之道。

（5）创新是一个过程。从创意提出到将创意变为创造商业价值的产品，需要经过比较长、比较复杂的过程，需要企业各部门、各个环节加以配合，才能达到理想的效果。

2. 产品创新是企业无法回避的职能

对任何企业而言，创新不是想不想要做或愿不愿意做的事，而是必须要去面对和认真去做的事，因为企业存在的目的是创造顾客，而创造顾客的前提就是创新，而且是持续的创新。"要么创新，要么消亡"——这是任何企业都无法回避的现实，其前提是企业赖以生存的社会环境发生了巨大变化。

（1）日益增强的竞争压力

目前，绝大部分产品处于供大于求的状态，企业靠扩大产能和降低成本已经很难在激烈的市场竞争中取胜，而新产品的市场冲击往往让企业防不胜防。如，苹果公司推出的 iPad 平板电脑，对很多上网本、笔记本电脑制造厂家形成重大冲击。要取得市场领先地位，保持持续竞争优势，就必须持续地推陈出新，超越竞争，通过创新产品获取更多的市场份额，获得更好的投资回报。

（2）顾客需求的快速变化

顾客需求日益呈现个性化、差异化和小众化的特点。企业必须通过持续的产品创新快速响应顾客的多种个性化需求，以体现产品的市场价值，以获得足够的市场份额，而顾客总是"贪得无厌"、"变化无常"的，顾客总是希望能得到更简便易用、更高性价比、更好体验的新产品，因此，企业的价值创新空间无限广阔。

（3）技术进步的迅猛推动

这是一个"快鱼吃慢鱼"的时代，企业如果不能快速地推出新产品，就很可能被淘汰出局。如，电子行业的发展一直基本遵循"摩尔定律"：即每 18 个月产品性能提高一倍，产品价格下降一倍。其背后的推动力量就是技术的快速变化。对于很多行业而言，产品生命周期已经由过去的 3～5 年缩短到现在的 1～2 年。企业产品必须要快速地更新换代。

（4）企业增长的现实压力

经营企业如同逆水行舟,不进则退。企业实现增长的方式主要有 3 种:①现有产品的市场拓展;②开发新产品;③并购。其中,开发新产品是企业实现"内生式"有机增长的主要途径。任何产品都有生命周期,或者现有产品的市场容量是有限的,难以保证企业可持续增长。并购在短期内能实现企业营业收入和利润的增长,但并购往往须要企业付出很大的代价,并且经常会出现"消化不良"的症状。持续地推陈出新、不断开发和上市新产品是企业实现持续之路。

⇨阅读材料

全球 50 大创新公司　苹果居首

全球 50 大创新企业名单日前出炉,苹果公司连续第九年摘冠,谷歌与韩国三星紧追在后,英国只有联合利华 1 家企业上榜。

这是波士顿咨询集团访问全球 1500 名年营收逾 1 亿美元大企业的创新技术主管,评比他们心目中的优良企业,得出以上排名。

上榜的近半数企业,逾 30% 营收都源自近三年来的创新;三分之二公司透露今年的研发支出比去年多,有些公司透过分析社群网站趋势挖掘创新灵感。

报告显示,苹果九度摘下全球最创新公司头衔,谷歌与三星分别位居第 2 与第 3 名,其他挤进前 10 名的公司依序为微软、IBM、亚马逊、Tesla、丰田、脸谱与Sony。

（资料来源:外媒:全球 50 大创新公司 苹果居首[EB/OL].新华网,2014-10-29.）

三、创新产品,引领需求

市场营销的基本功能是满足需求和创造需求。企业发现顾客尚未得到满足的需求,提供适销对路的产品去满足顾客需求,是企业赢得竞争的主要途径。但是,企业单单满足顾客的需求是远远不够的,还必须帮助顾客学会知道"我要什么",更重要的是创造需求和引领需求,即挖掘顾客潜在的、自己也未必意识到的、变化中的需求。

菲利普·科特勒教授认为:"市场营销中最成功的公司是能够超过满足现有顾客需要的公司。优秀的公司是满足需求,而伟大的公司却是创造市场。"随着市场竞争的加剧和科学技术的发展,创造和引导需求应成为企业营销活动的主流趋势。

⊡⟶阅读材料

发现需求还是创造需求?

"华尔街 24/7"是一个让 CEO 们胆寒的网站,这个著名的"乌鸦嘴"每年都会制作一份即将消失的品牌名单,上了这个名单的品牌大都会如其所料。它曾经准确预言了 T-Mobile 的消亡,又如诺基亚。

诺基亚一向以品质过硬出名,但在移动互联网加速普及的今天,它的过硬品质并不能成为消费者买单的理由。

在诺基亚的设计理念中,"以人为本"体现得淋漓尽致,诺基亚在人类学、群体调查或者市场细分策略上投入巨大。他们拥有一支超过 5000 人的创新团队,他们无处不在,设身处地观察不同人群的需求,窥视陌生人的生活方式,然后据此进行研发。

但在苹果看来,这一切是效率低下的,不具革命性创新意义的,他们更关注的是创造需求,而不是迎合需求。他们认为对于革命性的产品而言,用户观点无从谈起。苹果始终坚信,如果你有名牌的革命性产品,就足以对现有的用户起到引导的作用。

移动互联网让手机变成了一个可以扩展无限应用程序的终端,语音品质是否完美,电池是否耐用,在消费者眼中变得不那么重要,丰富的 APP 应用就像魔盒一样,牢牢地吸引了他们好奇的目光。在"爱疯"上,用户可以像电脑一样浏览网页、玩微博、上开心网,甚至购物。

更为关键的是,苹果的开放性平台激活了软件开发者的激情,软件开发者能在这个平台上自由创造应用软件,上传 APP store 供用户下载,一旦用户付费,苹果将和开发者分成。这样一来,整个商业模式发生了根本性的转变,过去是以卖硬件赚钱,现在是硬件、软件都赚钱,而且软件不用苹果自己开发。这一模式既照顾了消费者需求,又能让软件开发者受益,而且让利润得到了无限延展,堪称为完美的"三赢模式"。

学者鲍德里亚说:消费主义指的是,消费的目的不是为了满足"实际需求",而是不断追求被制作出来的、被刺激起来的欲望。一切违反这一原则的创新和科技都会被无情淘汰。在这一点上,苹果首屈一指。

这就是"发现需求"与"创造需求"的差别。

(资料来源:发现需求还是创造需求?［EB/OL］.江苏商报,2011-08-19.)

1. "满足需求"具有一定局限性

(1)需求空间日趋缩小

在生产力不发达的市场环境下,企业提供的产品有限,存在许多尚未得到满足的需求空间,企业只要做细心的市场调研,就可以找到"市场空隙",占领竞争者尚未发现的领域,占领局部市场的先机,为企业赢得发展空间。但是,企业满足客户的需求总是有限的,实现的客户价值也是有限的;而且,企业可以通过因特网及时地发现"有效供给"不足的空白点,市场空白点在迅速减少,后来者再要努力寻求市场空白地带已实属不易。

(2)消费者需求未必都是合理的

消费者需求具有多样化,在消费教育并没有普及和深入的国内消费群体中,也存在一部分不健康、不合理以及不科学的消费观念和消费习惯,如对高糖高脂的饮食需求,盲目追求奢华的过度消费需求,一些低级庸俗的消费需求等,如果一味地满足所有消费需求,对倡导科学合理的消费习气没有帮助,相反可能遭受社会舆论的谴责。

(3)容易使企业陷入被动

客户的需求总是比企业给予的更多,更何况需求还在随时变化。美国消费者协会主席艾拉马塔沙曾说过:"我们现在正从过去的大众化消费进入个性化消费时代,大众化消费的时代即将结束。现在的消费者可以大胆地、随心所欲地下指令,以获取特殊的、与众不同的服务。"如果企业把迎合、满足消费者的需求作为自己的生产宗旨,企业的满足速度将跟不上消费者需求变化的速度,在市场竞争中必将陷入被动。

因此,在供过于求、同质化竞争激烈的当代,企业要在市场竞争中赢得优势,不能仅仅满足于顾客需求,还必须在了解消费者需求的基础上创新产品,引导消费,引领需求,最终把握市场的主动权。

▷小案例

日清公司的"投其所好"

日清食品公司挑战美国人的饮食习惯和就餐需求,以"投其所好"为一切业务工作的出发点,出奇制胜地突破了"众口难调"的瓶颈,而且轻而易举地打入了美国快餐食品市场。

策略一:针对美国人热衷于减肥运动的需求,将方便面定位于"最佳减肥食品"。

策略二：针对美国人好面子、重仪表的特点，广告语："每天一包方便面，轻轻松松把肥减"、"瘦身最佳绿色天然食品，非方便面莫属"。

策略三：针对美国人以叉子用餐的习惯，将适合筷子夹食的长面长加工成短面条，为美国人提供饮食之便。

策略四：针对美国人爱吃硬面条的饮食习惯，精心加工出稍硬又有劲道的美式方便面，以便吃起来更有嚼头。

策略五：针对美国人爱用杯不爱用碗，命名为"杯面"副名："装在杯子里的热牛奶"。

策略六：针对美国人有"爱喝口味很重的浓汤"的独特口感，在汤味佐料上力调众口，使方便面成为"既能吃又能喝"的二合一方便食品。

策略七：针对美国人食用方便面时，总是"把汤喝光而将面条剩下"的偏好，研制生产了"汤多面少"的美式方便面，并将其副名更改为"远胜于汤"。

（资料来源：查钢.迎合消费者去创造需求［EB/OL］.中国营销传播网，2011-10-08.）

2."引领需求"更具成长性

（1）引领需求有助于企业掌握市场主动权

如果没有价值上的创新，企业的产品和服务就会处于同质化，很容易给企业带来价格战。因此，企业不能完全把心思放在怎么样同竞争对手争夺客户上，而是要创造出属于自己的客户，让竞争对手抢也抢不走。创造需求，引导需求，从产品创新的角度提供给顾客更好的价值，跳出了原有的竞争空间，从另一个市场领域去满足顾客需求，开辟一个新的市场领域，成功躲开激烈的竞争，成为新市场的领先者，并拥有更大的话语权和主动权。

（2）引领需求有助于企业赢得高额回报

创造和引导需求，是企业运用不断创新的知识和技术，挖掘消费者潜意识中或消费者没意识到的消费需求，开发出领先市场的新产品。在未来的市场，企业创新产品已成为一种趋势。产品创新虽然难度较大，也具有一定的市场风险，但是一旦成功，则往往能赢得高额的利润回报和市场垄断地位，这也是企业不得不面对的现实。

（3）企业有责任正确地引导消费需求

企业出售的产品和服务，不仅仅是有形或无形物品，更应是透过产品和服务传达的生活理念。市场营销的作用是创造并传递高标准和更优质的生活方式。引领需求，倡导科学的消费观念和合理的消费方式，提供优质的产品服务，充分体现企业的社会责任，不但可以保障消费者的权益，更可以树立企业良好的社会形象，有利于企业的持续健康发展。

⊟⇨**小案例**

海尔实现由产品引领到需求引领

在互联网经济时代,用户对洗涤衣物的需求发生了怎样的变化,未来用户需要什么样的洗衣方式? 近日,笔者从海尔洗衣机找到了答案:海尔通过五大产品的强强组合提供了三种全新的洗涤方式,"洗衣＋干衣"、"多洗＋专洗"、"洗衣干衣 2＋1"三种洗衣方案让体验者直呼"在家也可享受专业洗衣体验"。

对此,业内专家纷纷表示,通过对用户需求的准确把握和开放式的技术创新能力,海尔不断以创新产品引领行业趋势和消费趋势,此次海尔倡导的组合式洗涤方式更是开启了企业为用户设计生活方式的先河,拉开了全球洗衣机行业第三次革命的序幕。

据了解,海尔洗衣机通过五大产品形成了三种全新的洗涤组合,"洗衣＋干衣"、"多洗＋专洗"、"洗衣干衣 2＋1"为不同用户提供了差异化的洗衣解决方案,诠释了三种独具特色的生活方式,极大地契合了当前用户更加个性化、多样化的洗涤需求。

这是海尔向用户提供的以用户需求为中心但又完全"超越用户期待的产品",海尔洗衣机三大组合所提供的整体家庭洗护方案来源于用户需求,但又不止步于用户需求,就像 iPhone、iPad 一样,在用户准确表达出需求前创造了用户需求,准确引领着市场发展趋势。通过基于用户需求的创新,海尔已经实现了由产品引领到需求引领。

(资料来源:行业专家:海尔实现由产品引领到需求引领[N].华西都市报,2013-04-17.)

因此,要赢得明天,企业不能靠与对手竞争,而是要开创蕴含庞大需求的新的市场空间,只有价值创新的战略行动,能将新的需求市场释放出来,才能为企业和用户都创造卓越价值,使企业彻底超越竞争对手。

本章小结

市场营销的基础是市场,从不同的角度市场具有三种不同的含义,分别为商品交易的场所、商品交换关系的总和以及所有现实和潜在购买的总和。市场营销就是个人和集体通过创造、提供出售、并同别人自由交换产品和价值,以获得其所需所欲之物的社会过程,其本质是比竞争者提供更好的价值以满足顾客需求。

市场营销相关的核心概念包括需要、欲望和需求、顾客感知价值、顾客满意、交换、交易、关系和市场营销者。营销管理是企业价值链中的重要一环,具有市场分析和营销规划、方案执行和流程控制、产品销售和客户管理等主要职能。

　　市场营销和创新是企业的两个基本职能,也是驱动企业发展不可缺少的因素。市场营销是企业的核心职能,是无可替代的重要职能;创新是当今企业无法回避的职能,产品创新和市场创新是营销领域的重要内容。市场营销的基本功能是满足需求和创造需求,而创新产品、引导需求将成为企业的主流趋势。

复习与讨论题

　　1. 从市场营销的角度,市场的含义是什么?
　　2. 什么是市场营销? 其本质是什么?
　　3. 列举生活的事例,说明需要、欲望和需求的区别。
　　4. 从消费者的角度,举例分析什么是顾客感知价值。
　　5. 交易营销和关系营销的区别体现在哪些方面?
　　6. 营销管理的职能有哪些?
　　7. 为什么说营销是企业的核心职能?
　　8. 在当今社会,为什么引领需求比满足需求更主流? 举例说明。

实训题

　　1. 以小组为单位,考察生活中价值创新的产品,列举其中一种产品,比较不同顾客在购买该产品时所感知的顾客价值的差异点,分析其原因,提出相关的营销学启示。

　　2. 举例自己的亲身经历,谈谈市场营销思维如何影响个人生活,并从营销的角度探讨如何提高自己未来的职场竞争力。

⇨案例分析题

创新的神奇

　　2014 年 2 月 24 日,随着董事长丁碧燕的那一声响锣,惠生公司上市了! 丁碧燕脸上春风荡漾,可只有他自己明白当时的心情:从此,惠生已经不再是其个人的企业,他得"为股民增利,为政府增税,为农民增收,为企业争光"。正是这种冷静,"惠生人"在企业上市后将喜悦转化为创新的动力。

　　在惠生公司的食堂餐桌上,摆上一种乳白色的饮料,是椰奶还是牛奶? 主人笑着摇头说,在山吃山,靠海吃海,作为一个肉食品公司,在惠生公司自然是吃猪。这正是猪骨汤——一种全新概念的饮品,学名骨胶原蛋白饮料。"骨头汤",是惠生公司上市后的第一个创新产品,也是他们进入佳境的象征。

骨头中高含量的骨胶原,具有抗衰老和壮骨的功效。骨胶原作为胶原蛋白,是构成人体重要的生理功能物质,占人体蛋白质总量的 30%～40%,补充足够骨胶原对保持皮肤和肌肉的弹性、保持青春健美有不错的作用。中老年人需要延缓骨衰老,防治骨质疏松,青少年骨骼正是成长期,妇女需要美容保持青春,都需要及时补充人体所必需的类粘元和骨胶原等物质。也就是要经常喝各种骨头汤。"骨头汤"产品有着十分广泛的市场前景,"骨头汤"同样体现惠生公司创新之"钙"。

在一般人心目中,骨头汤也就是用高压锅炖、砂罐熬,讲究的广东人是用文火煨。可骨胶原蛋白的提取全颠覆了人们做汤的概念,用的却是高科技手段:从科研院所里购买来的生产工艺,进行流水线大规模生产。

做"骨头汤"既是产业链的一种延伸,也是一种市场开发,还是一种资源的整合。产业链延伸,骨头汤的开发成功让惠生创造更丰厚的利润;市场开发,消费者有潜在需求却求而不得,骨头汤开发了饮料行业的一个新品种;整合资源,过去兽骨禽骨除了打成骨粉做肥料或者做饲料添加剂外,再没有别的用处了,是一种极大的资源浪费。惠生公司在延伸产业链中,发挥自己的优势,开发的目标直指兽骨禽骨,将其价值开发到极致,可谓化腐朽为神奇。

（资料来源:周勇军,李寒露,刘也.创新的神奇——上市后的惠生公司［N］.湖南日报,2014-12-28.）

［案例思考］

1. 结合案例,惠生公司的价值创新体现在哪些方面?
2. 你认为"骨头汤"还可以在哪些方面再进行创新,以引领需求?

延伸阅读

菲利普·科特勒,等.营销管理(第 13 版)［M］.王永贵,等译.上海:格致出版社,上海人民出版社,2009.

参考文献

［1］菲利普·科特勒,凯文·莱恩·凯勒.营销管理(第 13 版·中国版)［M］.卢泰宏,高辉,译.北京:中国人民大学出版社,2009.

［2］彼得·德鲁克.管理实践［M］.上海:上海译文出版社,1999.

［3］杨洪涛.现代市场营销学:超越竞争,为顾客创造价值［M］.北京:机械工业出版

社,2011.

[4]吴健安.市场营销学(精编版)[M].北京:高等教育出版社,2012.

[5]吴健安.市场营销学(第三版)[M].北京:高等教育出版社,2007.

[6]钱旭潮,王龙.市场营销管理:需求的创造与传递[M].北京:机械工业出版社,2013.

[7]屈冠银.美国市场营销协会(AMA)不同时期对"市场营销"概念的界定[DB/OL].http://blog.sina.com.cn/s/blog_4d64b4230100uu6b.html,2011-8-30.

[8].郑毓煌,诺埃尔·凯普.什么是企业核心竞争力[J].清华管理评论,2013(2):14—17.

[9]李强.成交从拒绝开始[M].北京:北京大学出版社,2009.

[10]成海清.产品创新管理:方法与案例[M].北京:电子工业出版社,2012.

[11]李振勇.商业模式——企业竞争最高形态[M].北京:新华出版社,2006.

第二章

市场营销的发展

〉〉〉〉 〉

⇨【知识目标】

　　了解市场营销学的发展和传播历程；掌握不同类型市场营销观念的产生背景、基本思想以及发展过程，把握当今市场营销观念的主流价值观；了解市场营销组合理论的发展历程和趋势；认识到营销伦理和社会责任的重要性。

⇨【技能目标】

　　初步掌握市场营销观念在企业中的运用，并结合案例准确分析和判断企业采取的营销观念；运用市场营销组合理论，对不同企业营销组合四要素进行具体分析；分析企业营销理论和社会责任的影响因素。

⇨【导入案例】

中国营销模式的变革

第一次变革

　　1993 年，邓小平南方谈话后，民营经济走上前台，以百货商场、个体零售为驱动力的"公司热"为标志，代表着现代流通渠道对传统国有、集体流通体制的替代。这个时期营销模式有以下几个特点：

　　渠道为王：无论是什么规模的企业，将产品放到消费者最容易接触的零售终端，是驱动销量的第一要素。渠道进场费与销售服务人员费用，是渠道的门槛，也是营销资源配置的第一优先等级。

　　市场下沉：中国市场的大广深杂、渠道类型终端数量的梯级分布，给产品销售提供了大纵深的运营空间，很多一、二线城市看不见的产品，在三、四线市场卖得风生水起。

　　深度分销：在零售终端，为了最好的陈列、最大的排面、最显眼的海报位置，业务员必须频繁拜访终端,与店主建立良好的关系,与竞品业务员发生当面或不照面的竞争。

心智占位:为获得高知名度,选择强势媒体和黄金时段是最有效的手段。媒体传播的强势影响力,让创意变成了陪衬。

这个时代的营销模式是一个"耦合体",即上、下三板斧组合。"上三路"的三板斧是明星代言、产品定位创意、中央电视台广告,集中投放制造一鸣惊人的效果。"下三路"的三板斧是产品包装/VI设计、招商、深度分销。上、下三板斧若能协同促进,可以快速成就超级品牌,如王老吉(加多宝)等。

第二次变革

2003年,淘宝横空出世。到2009年,服务型平台电商(酒仙网、1号店、唯品会、银泰网、上品折扣等)、品牌网购型平台电商(麦考林、凡客诚品、包包、梦芭莎等)、线下搬线上型涌现,电商模式呈现多形态、全品类、全覆盖的特点,中国市场进入第二次大变革时期。2012年、2013年淘宝天猫购物节191亿元、350亿元的日成交额,让所有零售企业彻底"哑火",宣告了电商对实体零售的完胜。

快递消灭渠道:"6元全国包邮"的快递,将层层渠道环节成本全部消灭,招商、进店、陈列、理货等销售技术都不再需要。

网银支付消灭终端:支付宝及银联卡网上支付体系的完善,等于在消灭传统终端的交易职能,收款效率高到柜台收银无法比拟的水平。2013年"双十一"支付宝收银记录:55秒,1亿元;6分07秒,10亿元;5时49分,破100亿元;13时39分,破200亿元!销售效率进入核子弹时代。

社交化媒体消灭传统媒体:电商的崛起,让互联网广告消解了传统电视的媒体影响力;社交化媒体(微博等)兴起,传统媒体在影响电商消费者方面,已经完全丧失了效力。

搜索引擎优化消灭广告:电商时代,广告效果不是拼媒体和投放当量,广告的形态也就自然转变,且更重要的是,搜索引擎不是简单的广告投放,而是带来成交的流量驱动力。广告就是销售,媒体变成了渠道。

客户端消灭逛街:电商催生了"宅消费",购物变成在PC、笔记本、PAD等终端上浏览、搜索、下单,客户端消灭了逛街的需求,逛街更多的是休闲娱乐社交。

这个时代的营销三板斧,是爆款、流量、转化率。除了爆款可以勉强与传统营销的"单品决胜"类比之外,流量、转化率及其技术,是传统营销完全不知所云的新概念。

可惜的是,在这个时期,中国营销思想或理论可以说是"整体失声":几乎没有一本完整描述电商时代营销规律与规则的著作,连菲利普·科特勒也只是将营销 3.0 定义为人文营销——这与中国电商 10 年的火热实践，形成巨大的反差。

第三次变革

2013 年腾讯旗下的微信从即时通信平台向商业化方向转化，中国市场进入第三个大变革时期。

2013 年 11 月 22 日是个重要的日子，马云决定切断微信进入淘宝天猫的流量接口。11 月 23 日，微信与小米 3 手机的 15 万部微信购买活动正式开场，9 分 55 秒即告售罄，3 亿元瞬间进账，标志着微信进入了电商阶段，也意味着中国第二个虚拟商业王国——"移动互联网商圈"正在飞速长大。

如果说前两次颠覆都是在"润物细无声"中实现的，那么移动互联网恐怕注定了是一场火药味浓烈的战争：微信与淘宝互相接入口的屏蔽，标志着两大新老巨头在移动互联网时代的入口处，就展开了生死 PK。

在这场大变局面前，营销人的知识库也需要快速迭代更新。在电商时代，中国的营销实践超越了西方的经典营销理论。在已经开始的社交化移动互联网时代，希望中国营销不再成为实践的落后者，而是成为引领中国企业进入移动互联网时代的金钥匙，也希望中国企业不要失去获取"时代红利"的先机！

（资料来源：史贤龙. 中国营销模式的变革[EB/OL]. http://www.cmmo.cn/ article-170314-1.html,2013-12-27. ）

营销启示

企业界营销模式是随着时代的沿革而不断演变的，这既反映了企业对市场和环境的不断适应，也反映出市场营销者观念的不断转变。国内企业在承受西方营销经典理论指导的同时，也面临着营销新实践带来的理论挑战，国内企业对市场营销面临着学习追赶和创新突破的双重境界。

第一节 市场营销学的发展

一、市场营销学的发展

市场营销学是一门新兴学科,起源于 20 世纪初的美国,后传播到欧洲、日本等地。一个多世纪以来,市场营销的发展大致可分为以下几个阶段。

1. 起源阶段(19 世纪末至 20 世纪初)

19 世纪末至 20 世纪初,以美国为首的西方资本主义国家先后完成了工业革命,以泰罗为代表的科学管理理论,主要研究劳动生产率的提高,得到了全社会普遍的重视。生产规模迅速扩大,工商业的发展十分迅速,商业广告的运用和销售技术的研究逐步受到社会各界的重视,美国学者开始发表和出版论著,分别论述推销、广告、定价、产品设计等专题,许多院系开设了广告学和销售技术等课程。

1912 年,美国哈佛大学出版了赫杰特齐(J. E. Hagerty)编写的《市场营销学》,使市场营销学从经济学中分离出来,成为一门独立的学科。

在这一阶段,市场营销学的特点是:(1)研究内容具有较大的实用性,主要是商品销售实务方面的问题;(2)研究领域局限在流通领域,理论上尚未形成完整的体系,真正的市场观念还未形成;(3)研究活动主要局限于大学课堂和讲坛,还没有得到社会广泛重视。

2. 发展阶段(20 世纪 30 年代至第二次世界大战结束)

从 20 世纪 30 年代开始,西方主要国家的市场明显呈现供过于求的局面。1929—1933 年,第一次世界性经济危机爆发,各种商品堆积如山,企业都面临十分严重的销售问题,市场矛盾空前尖锐。

市场营销学开始受到社会的重视,各种市场营销学理论相继进入应用领域,以帮助解决产品的销售问题,并由此逐步建立了市场营销学的理论体系。美国的高等院校和工商企业建立的各种市场研究机构,有力地推动了市场营销学的普及和研究。

在这一时期,市场营销学的特点是:(1)市场营销理论开始为企业界所重视;(2)企业虽然引进了市场营销理论,但所研究的内容,仍局限于流通领域;(3)研究重点在于广告和推销术等推销实务和技巧;(4)研究思路主要集中在推销产品这一狭窄领域。

3. 变革阶段(20 世纪 50 年代初至 80 年代)

第二次世界大战后,各国大量的军事工业转向民用,战后经济的恢复和科学技术的深入发展,大大促进了各国劳动生产率的提高,商品供应数量空前增加,新产品、新品种不断涌现;同时,西方各国汲取了 30 年代大危机的教训,推行了一整套高工资、高消费和高福利的社会经济政策,以刺激和提高居民的购买力,使消费者对于商品的购买选择性日益增强,买方市场形成,市场竞争愈演愈烈。原来的市场营销学理论和实务,已不能适应企业市场营销活动的需要,形成了"以消费者为中心"的现代市场营销观念。

1960 年杰罗姆·麦卡锡(Jerome Mccarthy)的《基础营销学》一书的问世,对市场营销学的发展有重要意义;1967 年菲利普·科特勒(Philip Kotler)的著作《营销管理——分析、计划和控制》出版,是具有世界影响力的营销学教材;20 世纪 70 年代,市场营销学与心理学、行为科学、社会学、统计学等应用科学结合,发展成为一门新兴的综合性的应用学科,为世界各国所接受。进入 20 世纪 80 年代,市场营销学在理论研究的深度上和学科体系的完善上得到了极大的发展,市场营销学的概念有了新的突破。1986 年,菲利普·科特勒提出了"大市场营销"概念,即在原来的 4P 组合的基础上,增加两个 P:"政治力量"(Political Power)、"公共关系"(Public Relations)。

这一时期,市场营销学的特点是:(1)以需求为导向的现代营销观念确立,"以消费者需求为中心"成为市场营销的核心理念;(2)市场营销学的研究突破了流通领域,深入到生产领域和消费领域,形成了现代市场营销学体系;(3)市场营销学的地位空前提高,受到社会各界的普遍重视。

4. 创新阶段(20 世纪 90 年代至今)

20 世纪 90 年代,世界政治、经济环境发生了重大变化,国际经济与贸易正日益呈现出全球化和一体化的趋势,世界市场正向纵深开放和发展,国际竞争空前激烈,企业面临的挑战空前严峻。

在这一时期,市场营销学适应社会化大生产和市场经济高度发展的客观需要,随着科学技术的进步、社会的发展而不断发展和创新,其主要特点是:

①发展迅速,影响深广,深受重视。②新的概念、新的理论不断涌现。如,绿色营销、定制营销、网络营销、4C 理论等。③市场营销学学科开始细分,出现服务市场营销学、国际市场营销学、非营利组织营销学等新的学科分支,市场营销学在协同发展和分化扩展中不断完善和创新。

在营销学的发展史中,每 10 年都会出现一些新的概念,刺激了研究,指导了实践,引起了争论。以 10 年为跨度,市场营销的相关概念呈现以下的发展历程,如图 2.1 所示。

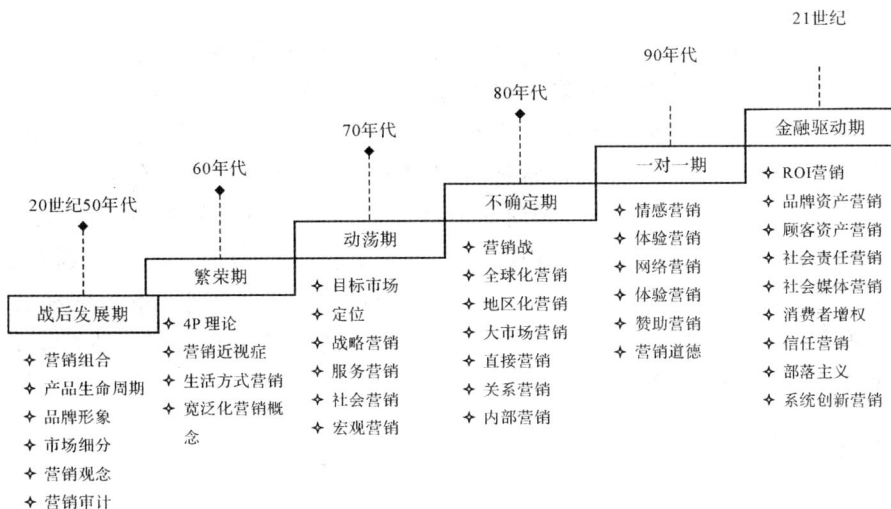

21世纪

90年代

80年代

70年代

60年代

20世纪50年代

金融驱动期
- ROI营销
- 品牌资产营销
- 顾客资产营销
- 社会责任营销
- 社会媒体营销
- 消费者增权
- 信任营销
- 部落主义
- 系统创新营销

一对一期
- 情感营销
- 体验营销
- 网络营销
- 体验营销
- 赞助营销
- 营销道德

不确定期
- 营销战
- 全球化营销
- 地区化营销
- 大市场营销
- 直接营销
- 关系营销
- 内部营销

动荡期
- 目标市场
- 定位
- 战略营销
- 服务营销
- 社会营销
- 宏观营销

繁荣期
- 4P 理论
- 营销近视症
- 生活方式营销
- 宽泛化营销概念

战后发展期
- 营销组合
- 产品生命周期
- 品牌形象
- 市场细分
- 营销观念
- 营销审计

图 2.1　营销概念的演化

二、市场营销在中国的传播

市场营销学是在我国内改革开放以后才被真正引入的,因为在计划经济时代不存在营销的需求。

改革开放初期,我国的生产力仍然十分低下,许多商品仍非常短缺,市场主要存在结构性过剩问题,部分企业需要解决产品销售问题。中国企业是从广告开始认识了市场营销。由于当时商品信息严重不对称,消费尚不成熟,企业的广告确实发挥了一定的作用。但由于企业还抱着"我生产什么,就卖什么"的观念,广告也雷同。随着消费者日渐成熟,广告效果日渐下降。

1996 年是我国买方市场形成的关键年,由于经济"软着陆"的成功,我国市场开始出现全面过剩现象。20 世纪 90 年代,西方市场营销的理论被全面引入中国,从理论界到企业都兴起了学习西方市场营销理论的热潮。如,菲利普·科特勒的著作《营销管理——分析、计划和控制》对传播营销理论起到了重要的"科普"作用。随之而来的一个个营销理论和营销概念,从"4P"到"4C",从文化营销到知识营销,再到关系营销、绿色营销等概念的引入,无疑是给广大中国企业提供了经营的思路和指导。但是,由于理论界和企业对市场营销并没有全面而深人的理解与把握，产生了许多肤浅、片面理解市场营销的现象。企业的市场营销活动也普遍技术化、短视化。市场营销在中国就出现了跟潮流，广告风、包装风等潮流。

进入 21 世纪以来，互联网给整个社会带来一场革命，人们的思维模式、行为方式和生活习惯等，都因为互联网的普及而发生了改变，也给市场营销带来了前所未有的挑战。经过改革开放 30 多年的中国企业，努力追赶着西方国家企业的先进经营管理模式，同时也在探索适合自己发展的，具有中国特色的营销之路。在一些领域，如电子商务领域，国内企业的实践已处于世界领先，许多市场营销学的理论和模式在国内市场得以检验，甚至创新突破。国内企业在市场营销领域处于学习追赶和创新突破的两重境界。将现代市场营销理论本土化和创新，寻求适合中国市场的营销规则，研究具有中国特色的营销理论是国内学者以及企业界共同面临的重任。

▷ 前沿知识

营销 3.0 时代

进入 21 世纪，一种全新的营销新浪潮正在席卷而来。在新的市场环境中，以媒体的创新、内容的创新、传播沟通方式创新去征服目标受众——相比于以大众营销为核心的 Marketing 1.0 时代、以分众营销为核心的 Marketing 2.0 时代，这种新的营销传播浪潮命名为"创意营销传播"，也即是 Marketing 3.0 时代。如表 2.1 所示。

营销 1.0 时代

这是以产品为中心的时代，其核心是产品管理，营销也被局限于支持生产活动的七大功能之一，它的主要功能是为产品创造需求。麦卡锡的 4P 理论被奉为 1.0 时代的圭臬：开发产品、制定价格、进行促销和建立渠道。简而言之，此时营销尚停留在战术阶段，它几乎不需要任何创新。营销 1.0 时代基本上是卖方市场的时代。

营销 2.0 时代

从 20 世纪 70 年代开始，全球逐渐进入买方市场时代：产品日益丰富，为争夺顾客，企业之间开始了盲目的竞争，营销也因为处于顾客需求不足的时代而愈发引起企业重视，逐渐从战术层面上升至战略层面。营销者认识到，要更有效地创造需求，必须改变以产品为中心的方式，转变为以顾客为中心。

STP 战略的出现是营销 2.0 时代的核心标志，它强调市场细分（Segmenting market)、目标市场(Targeting market)和定位(Positioning)。事实上,这是当下营销中最常用的营销战略模式。

营销 3.0 时代

从 20 世纪 90 年代开始,电脑、互联网逐渐进入人们的生活。随着网络化的深入,人类也开始变得高度互联,信息不再是稀缺资源,消费者的信息变得异常灵通,同时也极大地促进了口碑的传播。

为了适应这些新的变化,营销者又一次开始了营销变革,更专注于人类的情感需求。新时代的营销概念也应运而生,比如情感营销、体验营销、品牌资产营销等。先前的以消费者为目标的传统市场定位模型已经无法继续创造需求,现在的营销者必须同时关注消费者的内心需求。顾客要求了解、参与和监督企业营销在内的各环节。消费者对企业、产品和服务的价值观判断逐渐强烈,不能践行社会责任使命的企业面临重大隐患。

表 2.1　营销 1.0、2.0、3.0 时代的综合对比

	市场营销 1.0 产品导向	市场营销 2.0 顾客导向	市场营销 3.0 价值导向
目标	销售产品	满足顾客留住顾客	让世界更美好
动因	工业革命	信息技术	新浪潮科技
看待市场方式	有生理需要的大众顾客	有思想和选择能力的聪明消费者	具有独立思想、心灵和精神的个体
主要营销概念	开发产品	差异化	价值
企业营销方针	产品设计	产品定位	企业使命、远景、价值观
价值主张	功能性	功能性、感官性	功能性、感官性、精神性
与消费者互动	一对一交易	一对多关系	多对多合作

（资料来源:菲利普·科特勒,何麻温·卡塔加雅,伊万·塞蒂亚万. 营销革命 3.0——从产品到顾客,再到人文精神[M]. 毕崇毅,译. 北京:机械工业出版社,2011.）

三、市场营销学的逻辑结构

根据营销主体的不同,市场营销学可以分为宏观市场营销学与微观市场营销学。当代市场营销学的主流仍然是微观市场营销学,着眼于企业具体的营销活动。目前市场营销学存在市场营销原理和市场营销管理两大系列,但在现实市场中,营销原理和营销管理实务几乎很难进行界定和区分,因而常常采用原理

和管理相结合的理论架构,如图 2.2 所示,这一理论架构遵循以下逻辑思路。

1. 现代市场营销以先进理念为先导,作为具体营销活动的思维指导,贯穿在营销全过程。

2. 体现了现代市场营销活动的合理流程:营销分析——营销战略——营销策略——营销执行,该流程符合市场营销理念和逻辑规律,而营销创新是营销活动中永恒不变的主题,是企业营销活动必不可少的一部分。

3. 包含了市场营销领域的主要概念。从市场营销的核心概念、营销哲学、营销组合理论等理论要素,到环境分析、市场调研和预测等营销基础工作,再到市场细分、目标市场、市场定位等战略要素,以及市场营销组合各策略要素,无一遗漏地进行介绍和阐述。

4. 强调了现代营销活动的系统协调性。强调市场营销职能下属的各具体活动在统一的理论指导下,按照一定的逻辑顺序进行有序分步骤地操作,强调各环节、各要素、各活动之间的整合和协调。

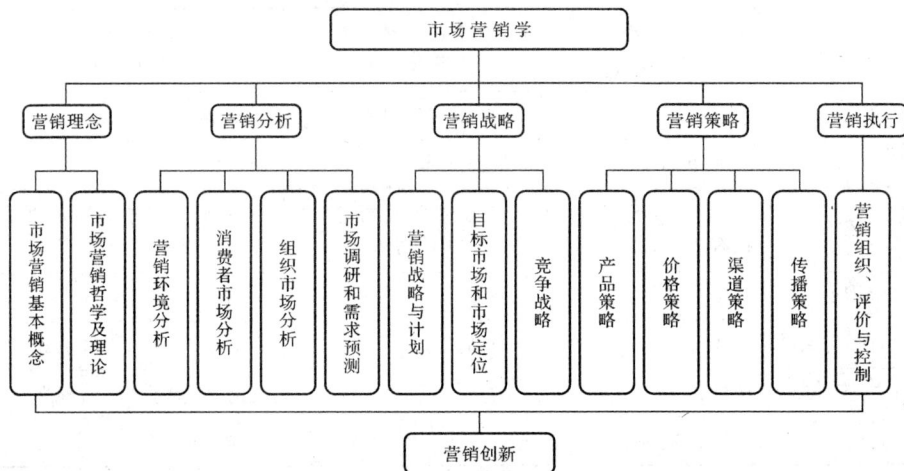

图 2.2 市场营销学逻辑结构

本书的章节结构,是按照企业营销决策和管理的逻辑顺序进行安排的。创新是当今时代的主旋律,在遵循上述市场营销学一般逻辑结构的基础上,本书特别突出营销创新职能,并将创新职能分散在每一个环节和每一个要素中进行体现和阐述,强调市场营销创新的重要性。

第二节　市场营销哲学的演变

市场营销哲学是指企业进行经营决策,组织管理市场营销活动的基本指导思想,它是一种观念,是企业的思维方式。企业的市场营销哲学决定了企业如何看待顾客和社会利益,如何处理企业、社会和顾客三方的利益协调,其核心问题在于:以什么为中心来开展企业的生产经营活动。建立适应时代发展、引领企业竞争的现代市场营销哲学理念,是企业管理层首先要解决的问题。

随着社会、经济的发展以及市场环境的变化,围绕着企业利润、顾客需求以及社会利益三者的关系也在不断演化变迁。纵观西方国家企业的市场营销实践,市场营销哲学理念演变轨迹是从企业导向,以顾客导向再到社会利益导向,如图 2.3 所示。根据市场营销学的发展历程,市场营销哲学理念也经历了生产观念、产品观念、推销观念、市场营销观念和全方位营销观念五个阶段。

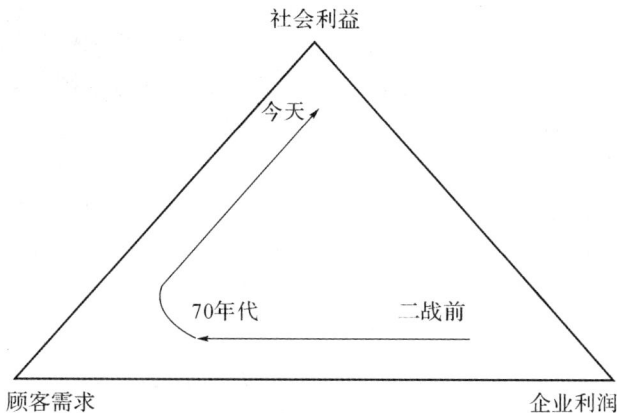

社会利益

今天

70年代　　　　　二战前

顾客需求　　　　　　　　　　　企业利润

图 2.3　市场营销观念的演变轨迹

一、生产观念

生产观念是工业生产最初的经营哲学,产生于 19 世纪末到 20 世纪 20 年代。其社会背景是:生产力低下,生产的发展不能满足需求的增长,多数商品供不应求,在这种卖方市场下,只要有商品,质量过关、价格便宜,就不愁在市场上找不到销路。于是生产观念就应运而生。

生产观念认为:消费者喜爱那些可以到处买到并且价格低廉的产品,企业应集中一切力量来扩大生产、降低成本,生产出尽可能多的产品来获取更多利润。以生产观念为导向的企业其口号是"我们会生产什么就卖什么"。本质上,这个阶段的企业并不需要营销,其核心的任务是组织企业所有资源,集中一切力量提高生产率,降低成本,增加产品的供给量。

显然,生产观念是一种从生产者角度出发,以生产为中心的营销观念。其着眼点是产品,经营的基本策略是生产大量价廉物美的产品来获取利润。生产观念在一定社会背景下是合理的,具有指导作用,但这种观念的局限性也非常明显:不考虑消费者需求和市场变化,忽视了产品质量和消费者需求的差异性。

⯮ 小案例

生产观念的典范——福特汽车公司

福特汽车公司成立于1903年,第一批大众化的福特汽车因实用、优质、价格合理,生意一开始就非常兴隆。1908年初,福特公司做出了战略性的决策,致力于生产规格统一、品种单一、价格低廉、大众需要且买得起的汽车。10月,采用流水线生产方式的著名的T型车被推向市场,当时售价只需850美元,而同行其他价位均在2500~7000美元。此后10多年,由于T型车适销对路,销量迅速增加,产品供不应求,福特在商业上取得了巨大的成功,1921年福特公司在美国汽车市场的占有率高达56%。

到20世纪20年代中期,随着美国经济的快速增长和百姓收入的增加、生活水平的提高,汽车市场发生了巨大的变化,买方市场在美国已经基本形成,道路及交通状况也发生了质的改变,简陋而又千篇一律的T型车虽然价廉,但已经不能满足消费者的消费需求。然而,面对市场的变化,福特仍然自以为是,置消费者的需求变化于不顾,顽固地坚持生产中心的观念,就像他宣称的"无论你需要什么颜色的汽车,我福特只有黑色的",这句话也成为营销观念僵化的"名言"。

同时,通用汽车公司面对市场变化,及时地抓住了市场机会,推出了新的式样和颜色的雪佛兰汽车,雪佛兰一上市就受到消费者的追捧,福特T型车的销量剧降,1927年销售了1500多万辆的T型车不得不停产,通用公司也乘虚而入,一举超过福特,成为世界最大的汽车公司直到今天。

(资料来源:徐向阳.从福特T型车的兴衰谈汽车营销理念的转变[EB/OL]. http://auto. sohu. com/ 20060523/n243372081. shtml,2006-5-23.)

因此,企业奉行生产观念往往具有一定的时代背景和经营需求:①产品供不应求,呈现卖方市场特征;②企业以提高生产率、降低成本来扩大市场为战略选择。20 世纪 20 年代以后,企业的营销观念逐步改变,生产观念也成为时代的产物。但在一些特定的形势下,也有一些企业奉行生产观念。如,在日本战败后的数年内,因商品短缺,生产观念在工商企业经营管理中曾一度流行;我国计划经济时代因物资短缺,许多企业以产定销,也奉行生产观念;目前,还有少数企业由于产品供不应求或存在垄断优势而仍持有此观念。

对大多数企业而言,如果不具备相应的前提条件,一旦市场形势发生了变化,单纯地奉行生产观念将使企业落后于变化的时代,会成为企业经营的严重障碍。

二、产品观念

产品观念与生产观念几乎并存于同一时期,也是典型的"以产定销"的观念。20 世纪 20 年代,整个市场仍处于卖方市场的状态,但商品供不应求的现象得到了缓和,部分商品甚至出现了需求超过供给的状态。因此,企业对产品的质量开始关注。

产品观念认为,消费者最喜欢那些高质量、多功能和有特色的产品,并愿花较多的钱买质量上乘的产品。所以,企业集中一切力量致力于提高生产效率,提高产品质量,改进产品性能,生产高质量、技术独到的产品。

⊡>阅读材料

莱维特:营销近视症

当你惊叹索尼这样一家曾领导影音与视听播放产品行业的公司,为何在苹果公司的冲击下风雨飘摇,风光不再时;或者,当你同样感慨于柯达公司在佳能、尼康等企业的强大竞争压力下,最终以破产重组方式收缩战线时,你会惊讶地发现,这两家公司,以及可能今后还会出现更多类似这样的公司,其实忽视了早在 20 世纪 60 年代初,由哈佛大学教授西奥多·莱维特(Theodore Levitt)提出的一个经典理论——营销近视症的谆谆告诫。

想象一下,索尼公司出品的播放器产品曾一度占据行业的绝对优势,并引领行业的技术标准。柯达公司也曾获得过同样的殊荣——你能想象到的 20 世纪能代表美国,甚至国际企业形象的前 10 家公司,柯达绝对名列其中。

　　影音播放与索尼，相机胶卷与柯达，都是几乎可以画等号的名词。或许，这两家公司一直以来也是这么定义的。但是，根据莱维特的观点，抱有类似这种观点是致命的，因为，这种观点是站在公司产品的立场来定义产品，而非从用户需要角度定义产品——这就是营销近视症所提出的一个核心思想。

　　莱维特在《营销近视症》一文中说："每个重大行业都曾经是增长型行业。但一些目前为人们所追捧的增长型行业在很大程度上却被衰退的阴影所笼罩，其他一些被认为已经成熟的增长型行业其实已经停止了增长。事实上，增长受到威胁并出现减缓或停滞的状况，其原因都不是因为市场饱和了，而是因为管理的失败。""管理者不能认为自己是生产产品的，而要以提供价值满足、创造客户为己任。"

（资料来源：李文．莱维特：营销近视症［EB/OL］.中外管理杂志，2012(6).）

　　虽然与生产观念相比，产品观念开始考虑消费者在产品质量、性能、特色等方面的意愿，但是企业一味认为，只要产品好，顾客就会购买，是典型的"酒香不怕巷子深"的经营理念。相反，企业对该产品在市场上是否迎合时尚，是否朝着不同的方向发展等关键问题缺乏敏感与关心，所以产品观念容易导致"营销近视症"，企业往往过分迷恋产品本身而往往丧失了正确判断市场变化和发展趋势的能力。

三、推销观念

　　推销观念，又称销售观念，大致产生于20世纪20—40年代。第一次世界大战结束以后，由于科技进步及科学管理和大规模生产的推广，商品产量迅速增加，逐渐出现市场商品供过于求的状况，企业间竞争日益激烈，卖方市场开始向买方市场转变。1929年爆发的世界性经济大危机，更使许多企业家认识到产品销路成了企业生命攸关的问题。企业不能只集中力量发展生产，价廉物美的产品也未必能卖得出去，如果听其自然，消费者通常不会足量购买某一企业的产品。企业要在日益激烈的竞争中求得生存和发展，必须重视和加强推销工作。

　　推销观念的基本思想是以销售为中心，其核心任务是主动推销、积极推销。企业必须积极推销和进行大量促销活动。企业如果能针对消费者的心理，采取一系列有效的推销和促销手段，使消费者对企业的产品发生兴趣，刺激消费者大量购买是完全可能的。因而他们提出的口号是"我们卖什么就要尽快卖掉"。

　　推销观念的本质与生产观念、产品观念一样，都是站在企业的立场，从既有产品出发，努力将自己生产的产品推销出去，而不考虑这些产品是否满足消费者的需要以及销售以后顾客的意见，所以，推销观念仍属于以产定销的企业经营哲学,也因此会产生强行推销等负面影响。

通常,购买者不太想到要去购买的非渴求商品,例如保险、百科全书等。这些行业中的企业善于使用各种推销技巧来寻找潜在客户,并用高压式的推销术说服他们接受其产品。对于刚上市的新产品,企业必须通过加强推销工作,来使消费者对企业的产品和服务从了解到感兴趣直至实施购买。

阅读材料

保险投诉数量呈加速增长

保险消费者投诉渠道不断畅通,尤其是 12378 保险消费者投诉热线开通后,投诉案件呈阶梯增长。中国保监会披露的数据显示,2014 年国内前三季度接收保险消费者有效投诉超过 2 万件,同比上升 34.58%,其中三个季度的投诉案件依次为 5984 件、6433 件、7877 件。

对于逐季度增加的投诉量,业内人士分析表示,"这与相继开设的投诉平台和开通 12378 维权热线不无关系。消费者有了更有效的维权渠道,这将倒逼险企规范经营,减少纠纷发生"。

据了解,消费者投诉事项反映的问题主要集中在理赔纠纷、承保纠纷和销售误导引发退保纠纷等三方面。对此,保险专家分析表示,"保险公司过度追求业务规模,而忽略了销售的合规性,导致销售误导案件时有发生,而服务意识不强、惜赔拖赔及无理拒赔现象仍然严重"。

(资料来源:保险投诉数量呈加速增长　众安昆仑健康列首位. 中国广播网,2014-11-17.)

四、市场营销观念

进入 20 世纪 50 年代,第二次世界大战后,随着第三次科学技术革命的兴起,大量新科技、新工艺、新材料应用于民用行业,社会产品供应量迅速增加,消费者的可选择性大大增加,市场竞争十分激烈,以美国为代表的西方国家进入总量产品供过于求的买方市场;同时,西方各国政府纷纷推行高工资、高福利、高消费的政策,刺激了人们的购买力,消费者的需求向多样化发展并且变化频繁,购买选择更为精细。企业想要获得顾客并赢利,产品必须满足和适应顾客需求。市场营销观念正是在这种社会背景下应运而生。

市场营销观念认为,实现企业目标的关键在于正确了解目标市场的需求和欲望,并且比竞争对手更有效、更有利地传送目标顾客所期望满足的东西,满足消费者的需要是企业活动的最高准则。

　　市场营销观念不再从现有的产品出发,而以企业外部的市场为起点,以消费者需求为导向,第一次将顾客放在首位,从本质上改变了企业营销活动的经营顺序,是市场营销学的一次重大革命。在这种观念下,企业一切活动都以消费者需求为中心,企业把满足消费者的需求和欲望作为自己的责任,喊出了"顾客需要什么,我们就生产什么"、"顾客至上"的口号。

　　市场营销观念有四个主要支柱:目标市场、顾客需求、协调营销和盈利率。企业为了能赢得市场,更好地满足顾客需求,必须向顾客提供对竞争对手更有价值的产品。从此,消费者至上的思潮为西方资本主义国家各国普遍接受,保护消费者权益的法律纷纷出台,消费者保护组织在社会上日益强大。根据"消费者主权论",市场营销观念相信,决定生产什么产品的主权不在生产者,也不在于政府,而在于消费者。

▷ 小案例

苹果的营销哲学

　　《史蒂夫·乔布斯传》中,有一个段落描述了"苹果营销哲学",是苹果公司1977年正式成立时制订的,到今天仍然适用。当年乔布斯雇佣了迈克·马库拉,后者当时33岁,从事营销和金融方面的工作;乔布斯希望他能帮助刚刚起步的苹果公司准备一份商业计划书。

　　马库拉将自己的原则写在了一张纸上,标题为"苹果营销哲学",其中强调了三点。第一点是共鸣(empathy),就是紧密结合顾客的感受:"我们要比其他任何公司都更好地理解用户的需求。"第二点是专注(focus):"为了做好我们决定要做的事情,我们必须排除所有不重要的机会。"第三点,也是同样重要的一点原则,名字令人困惑——灌输(impute)。它强调人们会根据一家公司或一个产品传达的信号来形成对它的判断。"人们确实会以貌取物,"他写道。"我们也许有最好的产品、最高的质量、最实用的软件等等;但如果我们用一种潦草马虎的方式来展示,那么顾客就会认为我们的产品同样潦草马虎;而如果我们以创新、专业的方式展示产品,那么优质的形象也就被灌输到顾客的脑中了。"

　　这三个原则也许可以概括为:(1)比别人更好地了解和服务客户;(2)忘记其他一切;(3)确保自己所做的每件小事有效,时时处处都遵循这三个原则。这是非常简单、明确、有针对性的远见,也许正因为此,苹果公司在30年后的今天依然遵循着这些原则。乔布斯比其他任何企业领导者都更了解消费者的需求和渴望,他一直十分关注——有时甚至过度关注——营销策略、产品形象乃至包装的细节。

（资料来源：苹果的营销哲学[EB/OL]. 福布斯中文网，2011-11-10.）

五、社会营销观念

从 20 世纪 70 年代起，为了保护消费者的利益，美国等国家陆续成立了消费者联盟，保护消费者权益主义蓬勃兴起。对此，美国管理学权威彼得·德鲁克指出："消费者主义运动的兴起是市场营销的耻辱。"还有不少人认为，营销观念回避了消费者需求、消费者利益和长远社会利益之间隐含的冲突，同时随着环境恶化、资源短缺、人口爆炸、世界性通货膨胀、社会服务被忽视等问题的日益突出，要求企业顾及社会整体利益的呼声越来越高，认为企业经营不仅要考虑消费者需要，而且要考虑利益相关者以及整个社会的长远利益。这类观念被称为社会营销观念。

社会营销观念要求企业在制定营销决策时权衡三方面的利益，即企业利润、消费者需要的满足和社会利益。社会利益开始成为企业经营决策的一个重要因素，企业决策要兼顾三方面的利益。

社会营销观念是对市场营销观念的进一步完善发展。与市场营销观念相比，社会营销观念在继续坚持通过满足消费者和用户需求及欲望而获取利润的同时，更加合理地兼顾消费者和用户的眼前利益与长远利益，更加周密地考虑如何解决满足消费者和用户需求与社会公众利益之间的矛盾。

⇨小案例

德国大众环保产品投资创新纪录

2013 年德国大众汽车集团研发支出上升 15%，创纪录地达到 102 亿欧元，研发投资的绝大部分用于"绿色"技术。集团强调，在 2018 年前不仅要成为世界领先的汽车制造企业，也要成为环保领域的领先者。

在成为环保领先的汽车企业道路上，大众汽车将始终如一地推进可持续发展，生产方面也取得了显著的进展。集团力争在 2018 年前实现能耗、水消耗量以及二氧化碳排放量降低 25% 的目标。同时，不满足于仅仅在环境友好型工厂内生产环保车型，大众汽车集团还从根本上影响交通出行方式，包括从发电到汽车的研发、生产、销售以及投入使用，再到车辆回收，在各品牌、各地区都坚持可量化的环保战略。

（资料来源：大众汽车集团环保产品投资创新纪录[EB/OL]. 汽车之家，2014-03-14.）

六、市场营销观念的比较

按照以生产者为中心,还是以消费者为中心,可以把上述五种市场营销观念划分为传统营销观念和现代营销观念。生产观念、产品观念、推销观念统称为传统营销观念,市场营销观念和社会营销观念统称为现代营销观念。如图 2.4 所示。

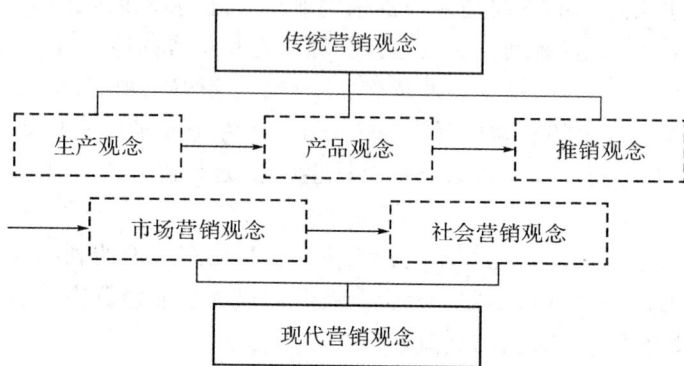

图 2.4　市场营销观念的分类

传统营销观念和现代营销观念在内容和逻辑顺序上存在本质的区别,具体表现为以下四个方面,如图 2.5 所示。

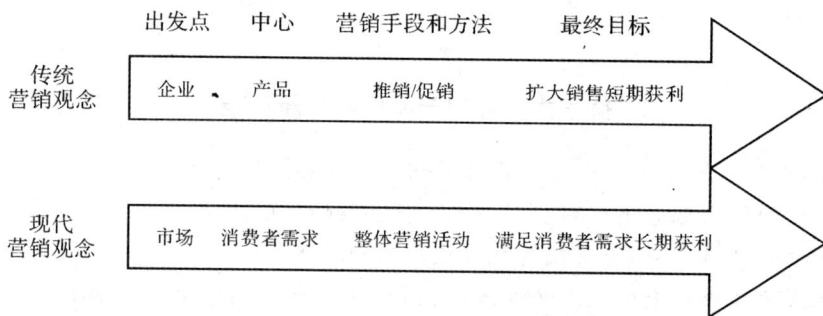

图 2.5　两类营销观念的比较

1. 导向不同。前者是"以生产者为导向",企业重点考虑的是"我能生产什么";后者是"以市场(消费者)为导向",企业首先考虑的是"消费者需要什么"。

2. 出发点不同。前者以产品和企业为出发点,以企业要求为中心;而后者以市场和消费者为出发点,以消费者需求为中心,通过市场调查和预测作为生产的依据。

3. 营销手段和方法不同。前者主要是通过增加生产、改进产品和加强推销来实现；后者则在以生产适销对路的产品为中心的整体营销活动来实现企业的获得。

4. 企业目标不同。前者以卖出产品、扩大销售来获取利润，企业表现为追求短期利润；后者则着眼于满足消费者需求，强调以顾客满意为终点，把从顾客需求满足和履行社会责任中获取利润为最终目标。

每一种营销观念的产生与存在，各有其必然性和合理性，都是与一定的生产力发展水平、一定的商品供求状况以及市场环境相联系的。尽管它们在历史上是依次出现的，但并不能认为它们是此消彼长的迭代关系，在同一时期，不同的企业往往也会有不同的营销观念同时并存。

第三节　营销管理的演变

市场营销哲学是指导企业实践活动的思想指南，而营销管理的实践是市场营销观念的现实检验。在市场营销观念的不断演变中，企业的营销管理活动也随之发生重大的变革。主要体现在以下两个方面：

1. 营销管理的对象在延伸。营销领域出现了"社会营销"、"国家营销"、"非营利营销"等，"宏观营销"把营销活动和人类社会看成一个整体系统；"全球营销"则将全球作为一个整体市场。

2. 营销管理的子领域和二级概念不断丰富。典型的表现在于，营销组合理论的不断演进，"P 字游戏"不断扩大，从"4P"到"6P"，再增加到"10P"和"12P"。另外，随着当代企业营销焦点的不断变化，营销活动的重点关注元素从 4P 扩展到 4C、4R 以及 4V 等。

一、营销组合理论的发展

随着市场环境以及企业营销活动的变化，营销学家对市场营销组合的要素进行不断地提炼和总结，形成了各具特色的营销组合理论。

1. 4Ps 理论——以产品为导向

1960 年，杰罗姆·麦卡锡在《基础营销学》一书中将营销要素概括为 4 类：产品、价格、渠道、促销，即著名的"4Ps"：

产品(Product):注重开发功能,要求产品有独特的卖点,把产品的功能诉求放在第一位。

价格(Price):根据不同的市场定位,制定不同的价格策略,产品的定价依据是企业的品牌战略,注重品牌的含金量。

分销(Place):企业并不直接面对消费者,而是注重经销商的培育和销售网络的建立,企业与消费者的联系是通过分销商来进行的。

促销(Promotion):企业注重销售行为的改变来刺激消费者,以短期的行为促成消费的增长,吸引其他品牌的消费者或导致提前消费来促进销售的增长。

4P理论目的在于用最适宜的产品,以最适宜的价格,用最适当的促销办法及销售网络,最好地满足目标市场的消费者的需求,以取得最佳的信誉及最好的经济效益,该理论的提出奠定了营销管理的基础理论框架,它把企业营销过程中可以利用的成千上万的因素概括成四个大的因素——产品、价格、渠道和促销,非常简明、易于把握,得益于这一优势,它很快成为营销界和营销实践者普遍接受的一个营销组合理论。

但4Ps理论在有些方面也受到了一些批评,如:只从卖方来考虑问题,没有体现市场导向或顾客导向;主要关注的是消费品的销售,针对服务领域的作用要受到限制;营销要素过于简化等。因而,实践中的营销活动根据需求产生不同的营销因素组合,推动着市场营销管理的发展和营销资源的优化配置。如在大市场营销的基础上,科特勒认为,如何确定企业4P战术,还需要战略性要素进行指导,包括研究(Probing)、划分(Partitioning)、优先(Prioritizing)、定位(Positioning),后来学者鉴于人(People)和包装(Packing)在营销中的重要性,再将营销组合发展开为"12Ps"。

2. 4Cs理论——以消费者为导向

1990年,美国学者罗伯特·劳特朋(Robert F. Lauterborn)提出了4Cs营销理论。具体表现为:

顾客(Consumer):指顾客的需求。企业必须首先了解和研究顾客,根据顾客的需求来提供产品。企业提供的不仅仅是产品和服务,更重要的是由此产生的客户价值。

成本(Cost):指顾客的购买成本。不仅包括购买产品的货币支出,还包括顾客耗费的时间、体力和精力,以及相关的购买风险。

便利(Convenience):指通过提供便利降低顾客购买的总成本。如努力提高工作效率,节约顾客的购买时间;通过多种渠道向顾客提供详尽的信息、为顾客提供良好的售后服务,减少顾客精神和体力的耗费等。

沟通（Communication）：同顾客进行积极有效的双向沟通，建立基于共同利益的新型关系。

4Cs理论的核心是顾客战略，其基本原则是以顾客为中心进行企业营销活动的规划设计。同时，4P和4C还是存在着实质上的关联，从顾客需求的角度思考如何设计和研发产品，从顾客成本的角度考虑如何制定最合理的价格，此外，顾客需求本身对于产品价格也有着直接的影响，从与顾客如何实现沟通的角度思考促销和推广的方式，从客户购买的便利性的角度来确定企业通路的选择。

随着经济社会的发展，企业认识到只有以顾客需要为中心，千方百计满足顾客的需要，企业才能生存和发展。但当顾客需求与社会原则相冲突时，单纯的顾客导向显然也不合适。例如，在倡导节约型社会的背景下，部分顾客的奢侈需求是否要被满足。这不仅是企业营销问题，更成为社会道德范畴问题。

3．4Rs理论——以竞争为导向

21世纪初，美国学者唐·舒尔茨（Don E. Schultz）在4Cs的基础上也提出了4Rs营销理论，其营销四要素是：

关联（Relevancy）：建立并发展与顾客之间的长期关系是企业经营的核心理念和最重要的内容，企业与顾客是一个命运共同体。

反应（Respond）：如何站在顾客的角度及时地倾听，从推测性商业模式转移成为高度回应需求的商业模式。

关系（Relation）：企业抢占市场的关键是与顾客建立长期而稳固的关系。

回报（Return）：合理回报是正确处理营销活动中各种矛盾的出发点，也是营销的落脚点。

4Rs理论的最大特点是竞争导向。着眼于企业与顾客建立互动与双赢的关系，不仅积极地满足需求和创造需求，并通过关联、关系、反应等形式建立与顾客的独特关系，形成了独特竞争优势。4Rs在新的层次上提出了营销新思路，真正体现并落实了关系营销的思想。

4R理论也有其不足和缺陷。如与顾客建立关联、关系，需要实力基础或某些特殊条件，并不是任何企业可以轻易做到的。但不管怎样，4R理论提供了很好的思路，是经营者和营销人员应该了解和掌握的。

4．4Vs理论——以差异化为导向

进入21世纪以来，随着互联网、移动通信工具、发达交通工具和先进的信息技术的发展，企业和消费者之间信息不对称状态得到改善，沟通的渠道呈现多元化，越来越多企业开始在全球范围进行资源整合。在这种背景下，4Vs营销理论应运而生，其营销要素是：

差异化(Variation):企业凭借自身的技术优势和管理优势,生产出性能上、质量上优于市场上现有水平的产品,树立起不同一般的良好形象,强调产品的"不完全替代性"

功能化(Versatility):提供不同功能的系列化产品供给,消费者根据自己的习惯与承受能力选择具有相应功能的产品。

附加价值(Value):高技术附加价值、品牌或企业文化附加价值与营销附加价值在价值构成中的比重日益显著。

共鸣(Vibration):强调将企业的创新能力与消费者价值联系起来,通过为消费者提供价值创新使其获得最大程度的满足。

4Vs 理论首先强调企业要实施差异化营销,一方面使自己与竞争对手区别开来,树立自己独特形象;另一方面也使消费者相互区别,满足消费者个性化的需求。其次,4Vs 理论要求产品或服务有更大的柔性,能够针对消费者具体需求进行组合。最后,4Vs 理论更加重视产品或服务中无形要素,通过品牌、文化等以满足消费者的情感需求。4Vs 理论的实践过程也就是培养、形成企业核心竞争力的过程。

⇨前沿知识

4I——网络整合营销原则

在网络媒体时代,信息传播是"集市式",信息多向、互动式流动,传统的营销经典已经难以适用。奥美的网络整合营销 4I 原则给出了最好的指引。

趣味(Interesting):互联网广告和营销必须是娱乐化、趣味性的。

利益(Interests):除"物质利益"外,还包括信息、咨询、心理满足或者荣誉等。

互动(Interaction):充分地利用网络的特性与消费者交流。

个性(Individuality):个性化营销更能投消费者所好,更容易引发互动与购买行动。

(资料来源:4I [EB/OL]. http://www.baike.com/wiki/4I,2014-12-12.)

二、营销管理焦点的转变

营销组合理论的演变最终体现在营销管理重心的转变上。回顾 100 多年来,营销管理的重心和焦点随环境和顾客而发生了重大的变化,构成了营销管理发展的轨迹。

1. 从销售转向顾客价值

曾经错误的观点认为"营销就是推销"、"营销只是一个部门而已"。随着企业营销活动重要性的日益体现，营销管理的焦点从销售开始转向顾客价值。相关的理论也应运而生，如科特勒的"营销绝不等于推销"，"营销并不是以精明的方式兜售自己的产品或服务，而是一门创造真正客户价值的艺术"等，越来越多的企业认识到，营销活动的关键在于以"顾客价值"为中心，并以顾客价值作为整个营销管理的主线和制高点。无论是细分市场、定位、竞争和品牌建立，还是提供、传递和沟通的营销流程，都是以提升顾客价值为目标和宗旨。

2. 从公司产品为中心转向顾客为中心

早期企业的营销管理以公司或产品为中心，从企业为中心转向顾客为中心是营销理论和营销管理的历史性飞跃。因为顾客导向型的企业较之于产品导向型的企业更容易获得成功，营销部门在企业各职能部门的重要性地位也因此提升。目前，顾客导向加上竞争导向所形成的市场导向已经成为广大企业营销管理的主流方向。

3. 从交易转向关系和服务

市场的核心观念是"交换"，但是随着服务行业在国民经济中比重的增加，以及消费者对服务的关注和重视度提升，现代营销活动已经从以商品占主导地位逐渐转变为以服务为主导地位，顾客关系越来越成为主旋律，服务营销和关系营销的崛起，极大地改变了营销管理的核心，进入与顾客共同创造价值的共赢网络时代。

4. 从单一走向组合乃至整合

营销管理从单一要素走向整合、再上升为全方位的系统管理。

第一次转变的焦点是营销组合。营销组合理论随着社会发展不断演变。从产品为导向的 4Ps 理论，到以顾客为导向的 4Cs 理论，再到以竞争为导向的 4Rs 理论，再以差异化、培养核心竞争力为导向的 4Vs 理论，都体现了营销组合工具的不断丰富化。

第二次转变的焦点是整合。"整合"比"组合"更突出内在的协调一致性。20 世纪 90 年代出现整合营销传播，拟在更大范围内以整合营销（产品/服务、价格、渠道和传播的整合）替代过去的营销组合。

第三次转变的焦点是全方位。2006 年，科特勒提出了全方位营销，将内部营销、整合营销、关系营销和社会责任营销统合在一个模型中。如图 2.6 所示。

全方位营销观念指企业针对个别客户的需求，整合企业的全面关系网络，通过掌握客户占有率、顾客忠诚度和客户终生价值来达到获利性的成长。全方位

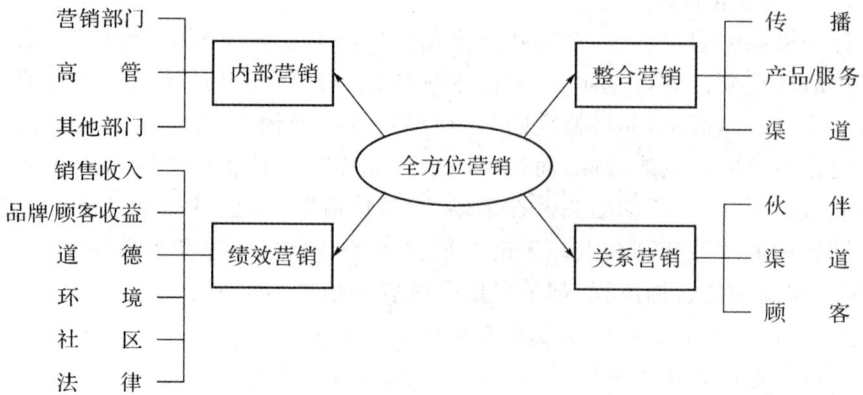

图 2.6　全方位营销的维度

营销观念与营销观念也有很大的不同。其起点是个别客户的需求,重心是客户价值、企业的核心能力和合作网络,手段是资料库管理、可联结协力厂商的价值链,结果是通过掌握客户占有率、顾客忠诚度和客户终生价值来达到获利性的成长。

①关系营销的最终结果是建立公司的独特资产——营销网络,即公司与利益相关者组成的有效关系网。②整合营销是营销者设计营销活动并整合营销项目来最大化为顾客创造、传播和传递价值。其关键主题是:采用大量不同的营销活动来宣传和传递价值,协调所有的营销活动以实现其总体效果的最大化。③内部营销是指成功地雇用、培训和激励有能力的员工,使之更好地为企业服务。④绩效营销是指高层管理者除检查营销活动的商业回报外,还关注营销对法律、社会和环境的影响和效应。其中,以社会营销观念为核心的社会责任营销是重要的考察内容。

很明显,整合的范围越来越大,并从有边界走向无边界,即从公司内部走向外部、从有形走向无形。这意味着营销管理趋向系统解决、资源共享和价值网络的演进方向。

5. 营销职能部门地位的演变

从公司内部观察,营销管理的重点的变化会导致职能部门的地位的演变。营销部门在公司组织架构中的地位表现为几个阶段。最初,营销与企业其他的基本职能是"平分秋色",处于一视同仁的地位,然后营销变得日益重要,再后来变成企业的"主导部门",最后演变为实现以顾客为公司中心的"主导平台",出现公司高层的新职位首席营销官(Chief Marketing Officer,CMO)。越来越多的企业将发展目标定为市场驱动型组织和创新型组织。

尼尔马利亚·库马尔认为,营销职能的变革是为企业带来可赢利的持久成长和显著价值的重要因素。在社会新形势下,商业职能一直在经历着本质性的变革。在未来的市场,营销将转变成一种使组织能够进入未知领域并为顾客不断变化的需求提供服务的战略流程,营销职能将面临七种跨职能的变革创新行为。如图 2.7 所示。

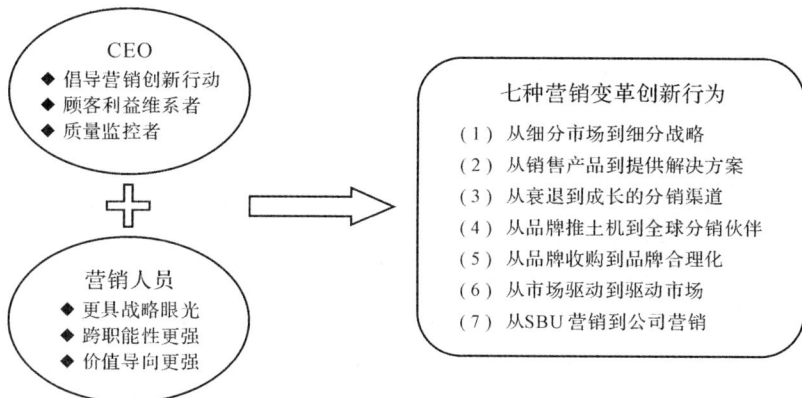

图 2.7　七种营销变革创新行为

6. 从强调投入转向关注营销长期绩效

随着营销职能部门地位的提升,企业对营销的重要性和投入的关注正逐渐被营销绩效所取代。绩效营销作为重要概念出现,标志着营销管理的一个新的努力方向,它强调营销与财务的更紧密结合,强调公司的长期增长。

第四节　营销伦理和社会责任

伦理是主导个人或群体行为与决策的道德准则和价值观。当人们面临道德困境时,它充当如何正确与公平地行事的指导方针。对企业的伦理行为问题已经引起社会的强烈呼吁。

一、营销伦理

营销伦理是指对营销策略、营销行为及机构道德的判断标准。营销伦理影响到企业各个方面的活动,包括营销策略的制定,目标市场的选择,产品策略、价格策略、分销策略以及促销策略中的人员推销、广告、营业推广等等策略的制定和运用。

影响企业营销伦理的因素,主要有四个方面,如图 2.8 所示。

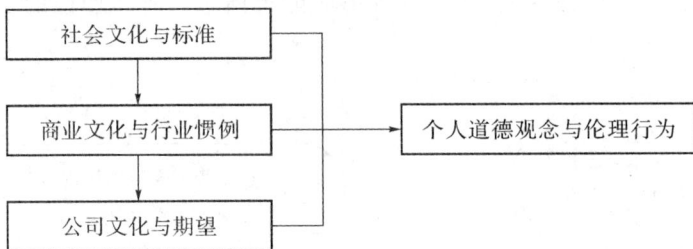

图 2.8　营销伦理行为的影响因素

1. 社会文化与标准。文化是群体成员之间共享的一种价值观、观念和态度,扮演着判定什么是道德上正确与公平的社会性力量,与特定社会相关,这些标准通常反映了影响社会和经济行为的不同法律和规则。

2. 商业文化与行业惯例。商业文化是由"有效的游戏规则、竞争行为与非道德行为间的界限以及商业活动的运作准则构成的"。它不仅影响着买卖双方交易关系中的伦理行为,也影响到卖方之时的竞争伦理行为。

交换伦理:交换是市场营销的核心。买卖双方之间合乎伦理的交换使双方实现双赢。双方交易中,消费者的安全权、知情权、选择权和申诉权等相关权益需要受到保护。

竞争伦理:商业文化同样影响着竞争中的伦理。常见的不道德行为有:(1)经济间谍;(2)贿赂。经济间谍指从公司竞争对手中收集商业秘密和私有信息,这是不合法和不道德的;贿赂是给予或收受贿赂以及回扣,贿赂和回扣常以礼物、咨询费、赞助费等形式出现,在组织市场及对政府营销中更为普遍。

3. 公司文化与期望。公司文化是组织成员之间共享的一套价值观、观念和态度,体现在公司的伦理规范以及管理高层与同事的伦理行为中。伦理规范是道德准则和行为规范的正式表述。在个人行为中,对同事及管理高层的观察、公司对不道德行为的反应的判断起着重要的影响作用。

4. 个人道德观念和行为。伦理选择最终建立在个人的道德观念基础上,主要有两种个人道德观念指导着营销行为的发生:道德理想主义和实用主义。理想主义认为,无论如何个人的权利和义务均为天赋的个人道德观念。实用主义通过评估行为后果的成本和收益,以"最大多数人的最大化利益"的个人道德观念。如果收益大于成本,那么行为即为合乎伦理的,反之就是不合伦理的。

二、社会责任

企业社会责任(Corporate Social Responsibility,CSR)是指企业在创造利润、对股东承担法律责任的同时,还要承担对员工、消费者、社区和环境的责任。企业的社会责任要求企业必须超越把利润作为唯一目标的传统理念,强调要在生产过程中对人的价值的关注,强调对消费者、对环境、对社会的贡献。

社会营销观念强调营销的社会责任,即不仅是满足消费者的需要,还应为社会提供福利。社会责任意味着组织是社会的组成部分,组织行为应对社会负责。社会责任包括三种观念:(1)利润责任;(2)利益相关者责任;(3)社会责任。如图2.9所示。

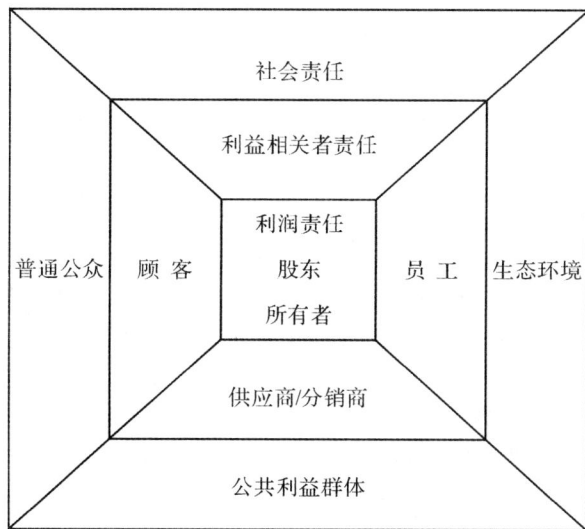

图 2.9　社会责任的三种观念

(1) 利润责任。即为其所有者或股东创造最大化利润。

(2) 利益相关者责任:组织对那些可以影响目标达成的人群的义务。这些个人或群体包括消费者、员工、供应商、分销商等。

(3) 社会责任:主要涉及组织对生态环境保护和公众福利关注的义务。对此常见的企业活动包括绿色营销和事业营销。

绿色营销:企业生产促销和回收环境敏感性产品的营销活动。

事业营销:通过产品的促销活动,将企业的慈善贡献和该活动创造的客户营收直接联系起来。它通过处理社会关注问题,满足消费者需求,将全部三种社会责任观念融合在一起。

▷ 小案例

埃森哲:成功之技

埃森哲(Accenture),一个管理咨询、信息技术和业务流程外包的跨国公司。2013年埃森哲在56个国家、200多个城市有超过28.1万名员工,营业额约286亿美元,是世界上最大的管理咨询公司和《财富》世界500强公司之一。

2月19日,埃森哲公司宣布在"成功之技"项目中的受益人数达到了32万,这个数目已经超过了公司从前拟定的2015年达到25万人受益的目标。

"成功之技"项目是埃森哲公司在全球范围内推出的一个促进就业和创业的企业公民意识项目。公司与全球数个非营利组织进行合作,开展了200多个促进技能学习和就业的活动。在中国,埃森哲已在中西部地区建立多所希望小学,并开展"彩色梦想——埃森哲儿童夏令营";通过与救助儿童会合作,帮助城市流动青少年学习就业技能;携手国际青年成就组织走进高校,为在校大学生提供技能培训。

埃森哲计划到2013年底对这个项目的投入超过1亿美元。此外,公司还将提供给自己的员工志愿服务和无偿服务的机会。

(资料来源:全球最佳企业社会责任营销创意案例[EB/OL].商业价值,2013-05-22.)

三、社会审计

将社会责任观念转化为行动需要周密的计划和对计划的监督。许多企业通过社会审计来开发、执行并评估其对社会责任所做的努力。社会审计,是指以社会责任为标准,对公司的目标、战略以及绩效进行系统评估。社会审计由五个步骤构成:

1. 认识企业的社会期望以及参与社会责任努力的基本原则;

2. 识别与企业使命一致的社会责任事业或计划;

3. 决定组织目标以及将要实施的计划与行动的优先顺序;

4. 细化为达成社会责任目标所以需要的资源种类及数量；

5. 评估社会责任计划及其行动,并估计未来可能遇到的困难。

在全球化经济环境中,企业若寻求可持续发展并改进生活质量,对社会审计的关注也会上升。可持续发展是指在实现经济进步的同时保护自然环境的经营方式。承担社会责任的公司因其努力而获益。研究表明,这些企业一方面从消费者那里获得了良好的口碑效应；另一方面在财务业绩上也胜过那些不负责任的企业。

本章小结

市场营销学是随着社会经济的发展而发展,自 19 世纪末以来,市场营销学经过一个多世纪的发展,经历了起源、发展、变革以及创新四个阶段。市场营销学在中国的传播是改革开放以后引进的,随着中国市场改革的进程,市场营销在国内发展非常迅猛,处于学习追赶和创新突破并行的状态。

市场营销观念是企业营销活动的指导思想,其核心是正确处理企业、消费者和社会之间的利益关系。伴随着社会经济发展,企业的市场营销观念经历了生产观念、产品观念、推销观念、市场营销观念和社会营销观念五个阶段。不同的营销观念有其存在的历史背景和社会条件,不存在相互迭代的关系,但是寻求适应市场和环境变化,平衡企业、消费者和社会利益的营销观念更值得倡导。

随着市场环境和消费者需求的变化,有关市场营销组合要素的相关理论也在不断地变化和演绎着,从经典的 4P 理论,到以消费者为导向的 4C 理论,再到以竞争为导向的 4R 理论,以及以核心竞争力培育为导向的 4V 理论,无不体现出时代对企业营销活动的影响。

无论处于哪个时代,企业营销活动的伦理行为和社会责任都是值得关注的,而在当今社会问题日益突出的背景下,尤为显得迫切。注重营销伦理和社会责任的企业不仅能获得良好的口碑,更能获得更好的业绩追求。

复习与讨论题

1. 试述市场营销观念的演变及其背景,不同营销观念的基本思想和核心内容是什么？

2. 传统营销观念和现代营销观念有何区别？

3. 4P 理论和 4C 理论的联系和区别是什么？

4. 与其他理论相比,4R 理论的特点是什么？

5. 为什么说 4V 理论是培育企业核心竞争力的理论？

6. 企业营销伦理的影响因素有哪些?

7. 企业社会责任包括哪些方面的内容?

实训题

1. 以小组为单位,通过报纸、书刊、网络或咨询他人等途径,了解近年来国内企业市场营销观念的变化,以及企业营销伦理和社会责任中存在的问题,并用专业知识对其进行分析和评价。

2. 结合本章学习内容,基于现实背景,各小组以"市场营销组合理论下一站驶向哪里"为话题,大胆预测,合理想象,充分讨论,思考营销组合理论可能的发展趋势。

案例分析题

亚马逊中国平和演变:完全顾客导向

2011 年底,亚马逊将"卓越亚马逊"改为"亚马逊中国"。2011 年亚马逊中国的交易额为 60 亿元,目前位列中国 B2C 市场第三的位置,该年度同样以图书起家的当当网交易额也不过增长至 35.5 亿元。

虽然亚马逊中国一直很低调,但那些沉淀多年的系统技术以及从一开始便形成的顾客理念传承,都在默默表述亚马逊中国是如何复制亚马逊的。

据说亚马逊董事会主席贝索斯在每次开会的时候,都会在旁边放一把空椅子,这把空椅子代表永远不能来开会但又是最重要一个参会者——顾客。2011 年初的一次会议上,他指着空椅子向与会的高管咆哮:"我们的顾客需要更多、更便宜的商品,哪里有?"当高管们告诉他"中国有"之后,他继续追问:"为什么中国的商品突然没有了?""为什么我们系统内中国的商品这么少?"

所有与会高管们很快一起找到了答案:因为中国商品一直把控在传统的销售渠道内,因为经济危机的影响,传统渠道受到极大的冲击,渠道商的破产导致给中国订单的减少,而中国商品除了依靠国际传统销售渠道,几乎没有任何自我营销能力……

贝索斯终于不再咆哮,他平静地做了一个决策:要让这些中国商品越过渠道商,直接到亚马逊平台开店、卖货。贝索斯想要做的是,将中国商家拉到美国、德国等国家的亚马逊上开店,再将它们的商品卖到世界各地。这就是"全球开店"平台。贝索斯的初衷很简单,就是因为顾客需要更多便宜的商品。

在亚马逊中国内部有一个运营宗旨——能用机器做的事情,绝不用人工做。

亚马逊的系统几乎给他们解决了一切进销存的管理工作。系统可以预测某个产品的某一型号在某一个地区一天能有多少订单,然后根据预测结果可以提前完成备货。所以他们几乎不用加班,这也让国内其他 B2C 企业的员工们羡慕不已。

在亚马逊中国的每个下单页面上,都有一行不起眼的说明:"配送至××地区的日期,今天(×月×日),请在×小时×分钟内下单并选择'快递送货上门'。"其中,"××地区"是可以选择的,意思是,你要是想今天送到指定地点,那么必须在其给出的一定时间段内下单。这就是"定时送货"功能,而亚马逊中国是中国唯一一家可以提供该功能的 B2C 网站。

"定时送货"功能显示出亚马逊中国在供应链整合和物流配送上的强大能力。目前亚马逊中国已有 11 个运营中心(即仓库),总运营面积近 50 万平米。而以打造物流见长的京东商城也不过只有 40 多万平方米的仓储面积。亚马逊中国可以完成 53 个城市的次日送达。

3 月份,部分商家因 QQ 商城年费提价而选择撤离后,腾讯公布了一份业内的收费标准:QQ 商城年费 6000 元;天猫 1 万至 6 万元;当当网每月收 300 元至 1000 元。佣金方面,QQ 商城和天猫均收取销售额的 0.5% 至 5%,当当网 1% 至 4%,京东商城则为 5% 至 30%。相比之下,亚马逊"零投入"和 4% 至 5% 的扣点,尽显优势。

在亚马逊总部始终会设一个客户体验官,任何产品上市之前,都必须通过这个客户体验官,如果他不同意,那么这个产品就无法上市。这就是有名的客户体验官"一票否决制"。

当客户体验更好的时候,流量自然会增加,更多的流量会吸引卖家来网上卖东西,这样消费者就有了更多更丰富的选品,以及获得更方便的服务,这也将进一步提升客户体验。随着飞轮的不断成长,运营成本会被分摊,成本结构将会更加合理,可以将省下来的钱返还给消费者,以形成低价,这也是提升客户体验的一个重要因素。

亚马逊中国完全按照亚马逊"大而全"的思路在发展品类,而更关键的是,它在做品类布局时是从顾客需求出发。一个有趣的现象,在京东商城、淘宝、凡客诚品这类平台上,第三方品牌商往往被单独划出一个频道,比如京东商城的"品牌直销",凡客甚至单独开了一个 V+ 平台专门予以区分,但是在亚马逊中国页面上,他们都是和亚马逊自己的产品混在一起,然后一起按品种分类,一起分享亚马逊的物流。"这样做可以统一顾客体验,而且顾客最先需要的是产品,其次再是品牌诉求。"其实,这些处理细节已经可以看出,亚马逊背后有着严格的顾客导向机制。

（资料来源:陈庆春,滑明飞.亚马逊中国平和演变:完全顾客导向[EB/OL].环球企业家,2012-5-12）

[案例思考]

1. 结合案例,亚马逊中国的顾客导向体现在哪些方向?
2. 从4Vs理论的角度分析亚马逊的营销组合要素。

延伸阅读

菲利普·科特勒,何麻温·卡塔加雅,伊万·塞蒂亚万. 营销革命3.0——从产品到顾客,再到人文精神[M]. 毕崇毅,译. 北京:机械工业出版社,2011.

参考文献

[1]卢泰宏. 营销管理演进综述(续)[J]. 外国经济与管理,2008(3):34—42.

[2]科特勒. 市场营销思想的新领域[R]. 在纪念美国营销协会成立50周年世界营销学大会上所作的演讲报告,1987.

[3]罗杰·A.凯林,史蒂文·W.哈特利,威廉·鲁迪里尔斯. 市场营销(插图第9版)[M]. 北京:世界图书出版公司北京公司,2011.

[4]菲利普·科特勒.科特勒营销新论[M].北京:中信出版社,2003.

[5]吴健安. 市场营销学(精编版)[M]. 北京:高等教育出版社,2012.

[6]尼尔马利亚·库马尔. 营销思变:七种创新为营销再造辉煌[M].李维安,张世云,译. 北京:商务印书馆,2006.

[7]杨洪涛. 现代市场营销学:超越竞争,为顾客创造价值[M]. 北京:机械工业出版社,2011.

[8]黎开莉,徐大佑. 市场营销学[M]. 大连:东北财经大学出版社,2009.

[9]徐亿军. 市场营销学[M].北京:电子工业出版社,2010.

第三章

战略规划与营销计划

≫ ≫ ≫　≫

【知识目标】

　　理解营销战略的重要性,掌握企业总体战略规划的过程以及分析现有业务组合的基本方式,掌握企业增长战略的路径和方法,熟悉波特竞争战略模型,了解市场竞争者的识别方法、掌握竞争性市场营销战略和营销计划的基本要点。

【技能目标】

　　能够识别战略业务单位,界定企业使命,运用"市场增长率—市场占有率矩阵"进行战略业务组合的评估,并规划针对性的成长战略。学会辨别和分析波特竞争战略以及竞争性市场营销战略;学会营销计划书的规范撰写。

【导入案例】

LG 发布 2015 经营战略

　　2015 年 1 月 7 日,LG 电子发布了 2015 年消费电子业务战略,其重点是利用 LG 业界领先的增值产品扩大它在美国及世界其他地区的业务机遇。LG 黑色家电事业部新任 CEO Brian Kwon 勾勒出了该公司 2015 年的技术方案、产品计划和营销计划。这些战略雄心勃勃,旨在进一步提升 LG 的竞争力和盈利能力。

　　他表示:"我们决心通过提供富有创新的解决方案和服务继续加快下一代黑色家电业务板块的增长势头。我们将开发高度异质化的世界一流产品,包括 OLED 电视和 ULTRA HD 电视,来提高 LG 品牌在全球各个市场的形象。同时,我们还要加强融合战略,便于进一步整合一系列新的物联网解决方案,让我们的客户以更加无缝的方式将他们的电视与多种设备连接起来。"Kwon 列举了四项旨在巩固 LG 在家庭娱乐市场领先地位的首要战略。

(1)引领全球 OLED 电视市场

2014 年,LG 积极推动 OLED 电视旗舰系列,已经广受好评;今年,将大幅提升 OLED 电视的市场渗透率。LG 是消费者信赖的全球高端电视市场的领军企业,OLED 技术实现了完美的黑色、完美的色彩和惊艳的观看体验。

同时,LG 正集中精力借助关联公司之间的协同作用以及组件和先进制造技术的改进,进一步增强 OLED 电视的价格竞争力,以推动 OLED 电视的销售增长,让更多消费者体验 LG OLED 技术比其他高端电视产品更出色的优势。LG 将扩大自己的 OLED 电视阵容,增加供应满足市场需求,实施积极进取的营销战略,包括与各个地区的重要零售商建立战略联盟。

(2)扩大 4K ULTRA HD 电视的市场渗透率

在 2015 国际消费电子展上,LG 推出了 ColorPrime 电视系列。ColorPrime 系列采用了量子点技术,进一步彰显了 LG 在消费者中间普及尖端技术的承诺。LG 计划在 2015 年及之后快速增加它在全球 4K ULTRA HD 市场的份额。

(3)立足主导地位,提供出色的用户体验

LG 全新的 webOS 2.0 智能电视,是公司大获成功的原有 webOS 平台的升级版。Kwon 表示,最新版本帮助 LG 维持了自己的领先地位,为消费者带来了一种既引人入胜又大有裨益的用户体验。webOS 最初的设计理念是"让电视回归简单便捷"(Make TV Simple Again),从而消除系统过度复杂造成的困扰。

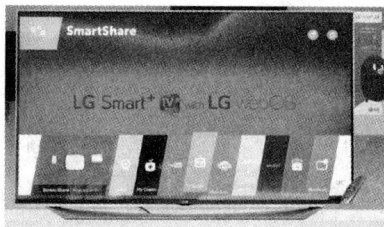

(4)强化视听产品和 IT 产品的竞争优势

展望 2015 年,LG 正在采取措施重整其家庭影院和视频相关业务的结构以提高盈利能力,包括加强 21∶9 UltraWide、曲面显示屏和 ULTRA HD 显示屏等高端显示器的营销活动。LG 还将致力于通过积极营销旗下新款条形音响和多房间音频产品推动公司的增长势头。这两款产品正在消费者中间稳步走俏。与此同时,LG 将利用该公司在 IT 融合和基于物联网的智能家居创新方面的技术力量,继续寻找新的商业机会。

(资料来源:LG 黑色家电事业部新任 CEO 发布 2015 经营战略[EB/OL].中关村在线,2015-01-09.)

营销启示

没有战略的企业往往没有前程的。企业在动荡复杂的环境生存和竞争,不仅需要对消费者需求进行深入研究，更需要企业对经营目标、营销方案、资源配置等做出长远和全局性的思考和布局，未雨绸缪，主动适应激烈变化和严峻挑战的市场环境。LG 电子积极创新产品，引领不断变化的市场值得其他企业借鉴。

第一节　企业战略规划

　　企业战略是企业面对激烈变化、严峻挑战的环境，以未来为主导，为求得长期生存和不断发展，将其主要目标、方针、策略和行动信号构成一个协调的整体结构和总体行动方案而进行的谋划。

　　战略是确定企业长远发展目标，并明确实现目标的手段和途径的规划。它指明了在竞争环境中企业的生存态势和发展方向，进而决定了最重要的工作内容和方式。

　　战略是一种思想，一种思维方法，也是一种分析工具和一种较长远和整体的计划规划，具有全局性、长远性、抗竞争性、客观性、指导性、广泛性及可调性的特征。在一个企业中，战略可以分为三个层次，如图 3.1 所示。

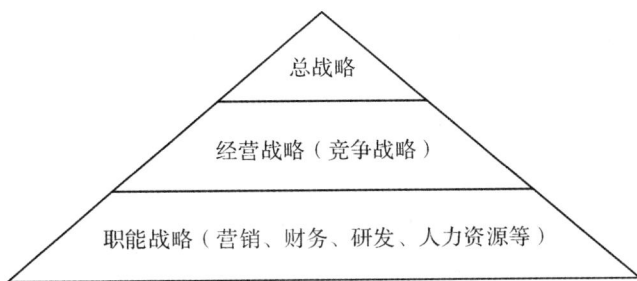

图 3.1　企业战略层次

一、企业总体战略规划

　　企业战略，又称总体战略，是企业最高层次的战略。它需要根据企业的目标，选择企业可以竞争的经营领域，合理配置企业资源，使企业各项业务相互支持，相互协调。

　　企业总体战略的规划包括界定企业使命和目标、区分战略业务单位、规划投资组合和成长战略。一个强有力的组织必须要靠使命驱动。企业需要规划总体战略,以形成公司的整体竞争优势和完成企业使命。确认投资组合后,企业需要考虑如何规划企业的成长战略。

　　1. 界定企业使命和目标

　　企业使命(Mission)是战略管理者所确定生产经营的总目标、性质和未来方向。企业的使命不仅问答企业是做什么的,更重要的是考虑我们的顾客是谁? 我们对顾客的价值是什么? 我们的业务将是什么? 我们的业务应该是什么?

　　企业使命的提出,必须考虑企业的历史和文化、环境要素、企业的资源和能力优势与企业的社会责任。崇高、明确、富有感召力的使命不仅为企业指明了方向,而且使企业的每一位成员明确了工作的真正意义,激发出内心深处的动机。"让世界更加欢乐"的使命令多少迪士尼的员工对企业、对顾客,对社会倾注更多的热情和心血。

　　使命应该从顾客需求出发,因为产品是会变的,而顾客需求,尤其是本质的需求是不变的。使命不应该仅仅描述公司当前的产品线或顾客细分,也要着眼于未来市场发展的可能。如,"我们为顾客提供品质一流的马车"的使命在汽车出现后就不具有指导作用了,如果定位为"为顾客提供方便快捷的交通工具"则具有长远性。

　　一个有效的企业使命应符合适用原则。比如,"使股东财富最大化"不能激励企业中各个层级的人员。使命必须容易理解,便于记忆,言简意赅。企业使命一经确定,就应具体地将其化为企业目标,即指未来一定时期内企业所要达到的一系列具体目标的总称。

⬡⇨小案例

知名企业的使命

通用电器——以科技及创新改善生活品质;

微软公司——致力于提供使工作、学习、生活更加方便、丰富的个人电脑软件;

耐克公司——体验竞争、获胜和击败对手的感觉;

麦肯锡公司——帮助杰出的公司和政府更为成功;

宝洁公司——提供名优产品,真正改变客户的日常生活;

中国移动通信——创无限通信世界,做信息社会栋梁;

万科——建筑无限生活;

蒙牛乳业——强乳兴农,愿每一个中国人身心健康;

联想电脑公司——为客户利益而努力创新。

2. 区分战略业务单位

企业制定战略时,首先要把所有业务分成若干"战略业务单位"(Strategic Business Units,简称 SBUs)。一个战略业务单位具有如下特征:它是单独的业务或一组有关的业务;它有不同的任务;它有其竞争者;它有认真负责的经理;它掌握一定的资源;它能从战略计划中得到好处;它可以独立计划其他业务。

区分 SBUs 的主要依据是各项业务之间是否存在共同的经营主线,注意贯彻市场导向,保证切实可行。如,一个汽车公司划分为轿车部和卡车部,卡车部有面向农村的卡车和面向矿山的卡车。市场不同、需要不同的战略,属于不同的战略业务单位。长虹集团将所有业务划分为:电视、空调、冰箱、手机等多个业务经营范围,集团需要为多个业务单位分配资源。

建立战略业务单元的主要好处在于,保证公司中某一产品不致被销售量大、利润高的其他产品挤掉,还可以使负责指导与推销某一产品或产品系列的经理和职工集中注意力并倾注其全部力量。

▷小案例

海尔 SBU 经营机制

如何将目标、市场和分配等三个基本元素整合为一种管理机制,2001 年,海尔独创性地采用了 SBU 经营机制,实行全员 SBU 经营机制,属于后业务流程再造。海尔 SBU 经营机制则强调"一票到底"的业务流程,提出了 SBU 损益表的操作思路,每个人对市场效果负责,通过市场链咬合的关系,使每一个员工成为自主经营的主体。

SBU 损益表在经营活动中如同一面镜子。海尔将事业部的外部目标转化为内部目标,再将内部目标量化到个人目标,每个部门每个员工的目标完成效果以市场链形式体现,工作指标全部货币化,实时检查经营得失,改进经营质量,实施"以市场链工资激励员工把用户的需求作为自己的价值取向,创造性地完成有价值的定单,不能以货币结算的劳动是没有价值的,属于无效劳动"。

基于现代社会的高度分工和有效的团队合作的理念,2004 年底海尔提出了 SBU 经营团队,即 MMC(迷你公司)的概念,以团队为单位来实施 SBU 经营机制的推进。但是,由于信息化程度和数据信息的可靠度较低,必然导致企业数据信息不准确问题,过分量化来考核,将导致经营结果不准确,评价达不到要求,影响员工积极性,员工流失率较高。

(资料来源:范黎波,张卫.海尔 SBU 经营机制的深层次思考 [J].集团经济研究,2006,(01S))

3. 规划投资组合

为了能够更好地分配企业的人力、资金、技术等资源,首先需要对各战略业务经营单位的现有业务状况进行分评估,以确定目前各项业务的经营效果,为规划未来投资业务的总体战略组合提供依据。

(1)市场增长率—市场占有率矩阵

这是美国著名管理咨询公司波士顿咨询集团(Boston Consulting Group)首创的方法,因此也被称为"波士顿咨询集团法"(BCG 法),所用的矩阵也称为波士顿矩阵。

市场占有率,又称"市场份额",指企业产品的销售量(额)在市场同类产品中所占的比重;"相对市场占有率"表示企业产品的市场占有率与最大竞争者的市场占有率的比较。相对市场占有率反映产品的竞争力,如果大于1,说明企业产品占有最大的市场份额,具有竞争优势;小于 1 则说明企业产品不具有绝对优势。

市场增长率是指产品的年销售增长率,一般认为,大于 10% 的增长率是高增长率,具体要结合行业、企业和产品的具体情况具体考虑。

根据上述两个指标,将矩阵分为四个象限,并将每个 SBU 分别在图中找到相应位置。圆心位置表示每个 SBU 的指标情况,圆圈大小表示其销售额大小。所有业务单位(或产品)可以分为四类:明星产品、金牛产品、问题产品和瘦狗产品。如图 3.2 所示。

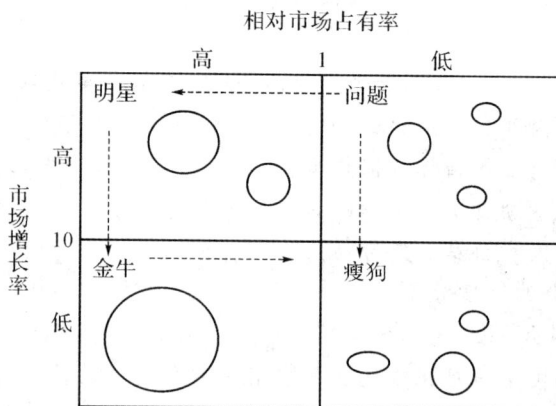

图 3.2　BCG 矩阵图

①问题产品。高增长率说明市场机会大,前景好,低市场占有率则说明在市场营销上存在问题。问题产品财务特点是利润率较低,所需资金不足,负债比率高。例如在产品生命周期中处于导入期、因种种原因未能开拓市场局面的新产品即属此类问题的产品。对问题产品应采取选择性投资战略。

②明星产品。属增长率和相对市场占有率均高的产品,很可能成为企业的现金牛产品,需要加大投资以支持其迅速发展。但高增长率需要企业加大投入予以维持,因而对企业的利润贡献并不一定大。采用的发展战略是:积极扩大经济规模和市场机会,以长远利益为目标,提高市场占有率,加强竞争地位。

③现金牛产品。该类产品销售量大,产品利润率高、负债比率低,可以为企业提供资金,而且由于增长率低,也无需增大投资,是企业主要的现金来源,企业应尽可能维持和延长金牛产品的获利状态,维持现存市场增长率或延缓其下降速度。

④瘦狗产品。该类产品利润率低、处于保本或亏损状态,负债比率高,无法为企业带来收益。对这类产品应采用撤退战略:减少批量,逐渐撤退,对销售增长率和市场占有率均极低的产品应立即淘汰,并将剩余资源向其他产品转移,通过整合产品系列,将企业资源得以效益最大化。

各业务单位在矩阵中的位置不是固定不变的,企业的产品成长一般遵循"问题产品——明星产品——金牛产品——瘦狗产品"的发展轨迹,但也有可能发生突变和异常的情况。如,问题产品因前途不乐观而直接被放弃追加投资,成为瘦狗产品;因经营不善,产品沿着"明星产品——问题产品——瘦狗产品"的不利趋势发展。因此,在对各业务单位进行分析之后,企业应着手制订业务组合计划,确定对各个业务单位的投资战略,以确保产品的良性成长。

对于不同类型的产品,企业可以分别采用发展战略、维持战略、收割战略和放弃战略。对于有前途的问题产品、明星产品一般采用发展战略;金牛产品采用维持战略较多,对于衰退中的金牛产品可以采用收割战略,即在短期内增加企业现金流;对于放弃投资的问题产品和瘦狗产品则采用放弃或转移战略,让企业资源在其他有利可图领域产生效益。

(2)多因素投资组合矩阵

该方法由美国通用电器公司首创的,又称 GE 矩阵。除市场增长率和相对市场占有率之外,还需要考虑更多的影响因素。该矩阵的评价指标是市场吸引力和业务实力。与 BCG 矩阵不同的是,这两个指标都是复合指标。

市场吸引力包括市场大小、市场年增长率、历史的利润率、竞争强度、技术要求和由通货膨胀所引起的脆弱性、能源要求、环境影响以及社会、政治、法律等等因素;业务实力表示战略业务单位在本行业中的竞争能力,其中包括市场占有率、市场占有增长率、产品质量、品牌信誉、商业网、促销力、生产能力、生产效率、单位成本、原料供应、研究与开发成绩以及管理人员等等因素。

对上述指标中的各个因素给出评分,并赋予一定的权重,得出每个指标的加权平均分数。根据高、中、低三级将业务分为九个区域,归属于三个地带,如图3.3所示。

业务实力

	强	中	弱
大	保持优势 ·以最快的可行速度投资发展 ·集中努力保持力量	投资建立 ·挑战市场领先者 ·有选择加强力量 ·加强薄弱地区	有选择发展 ·集中有限力量 ·努力克服缺点 ·若无明显增长就放弃
中	选择发展 ·在最有吸引力处重点投资 ·加强竞争力 ·提高生产/获利能力	设法保持现有收入 ·保护现有计划 ·在获利能力强、风险相对低的部门集中投资	有限发展或缩减 ·寻找风险小的发展办法,否则尽量减少投资、合理经营
小	固守和调整 ·设法保持现有收入 ·集中力量于有吸引力的部门 ·保存防御力量	设法保持现有投入 ·在部分获利部门保持优势 ·给产品线升级 ·尽量降低投资	放弃 ·赚钱机会最小就出售 ·降低固定成本同时避免投资

（左侧纵轴标注：市场吸引力）

图 3.3　GE 矩阵

绿色地带:由"大强"、"中强"、"大中"三个小格组成。这个地带的业务市场吸引力最有利,业务实力也强,企业决策层一般"开绿灯",予以放行和批准,采取增加资源投入的发展策略。

黄色地带:由"小强"、"中中"、"大弱"三个小格组成。这个地带的业务的市场吸引力和业务实力都属中等,一般"开黄灯",采取等待观望策略,维持原有投入水平。

红色地带:由"小弱"、"小中"、"中弱"三个小格组成。这个地带的业务偏弱,一般"开红灯",禁止放行,常采用收割和放弃战略。

4. 规划成长战略

确认投资组合后,企业需要考虑如何规划企业的成长战略。根据企业对业务领域的熟悉程度,主要分为三类:密集化增长(Intensive Growth)、一体化增长(Integrative Growth)、多角化增长(Diversification Growth,又称多元化增长)。

(1)密集化增长战略

密集化增长战略指企业在现有的生产领域内集中力量改进现有产品以扩大市场范围的战略。根据产品和市场两个因素,可以具体表现三种形式:市场渗透、市场开发和产品开发。如图 3.4 所示。

产　　品

	现有	新
现有 市场	市场渗透 Maret penetration	产品开发 Product development
新	市场开发 Maret development	(多角化) (Diversification)

图 3.4　密集化增长战略

市场渗透是指企业在原有产品和市场的基础上,通过改善产品、服务等营销手段方法,逐步扩大销售,以占领更大的市场的战略。企业可通过增加产品新的用途、增设新的渠道、短期削价等措施扩大销售,扩大现有顾客对现有产品的购买,也可通过创名牌吸引竞争者的顾客,或改进广告、加强推销等方式来刺激潜在顾客购买。

市场开发是指企业将现有产品投放到新的市场以扩大市场范围的战略。市场开发的方式主要有两种:一是顾客群体的开发,即开发新的细分市场;二是区域市场的开发,即努力使现有产品打入新的地区市场。

产品开发就是通过改进老产品或开发新产品的办法来扩大市场范围的战略。其基本方法是增加产品的花色品种,增加产品的新功能或新用途,以满足消费者的更多需求。

(2)一体化增长战略

一体化增长战略是指企业利用自己在产品、技术、市场上的优势,向外部扩展的供应链上寻求机会的战略。一般是有广阔发展前途的企业,或者是拥有名牌产品的企业,通过发挥自身优势整合供应链资源,以扩大业务领域。

产品供应链是一个从后向前的资源流向过程,据此,一体化增长战略可分为三种类型:后向一体化、前向一体化和横向一体化。如图 3.5 所示。

后向一体化是生产企业通过建立、购买、联合那些原材料或初级产品的供应

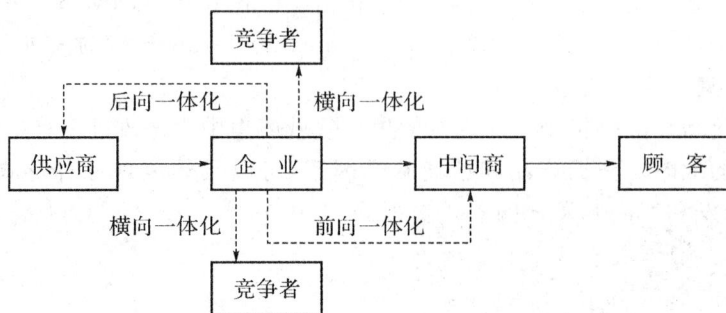

图 3.5　一体化增长战略

企业,向后控制供应商,使供应和生产一体化,实现供产结合。如,云南白药公司为了获得稳定、质量可靠的原材料,自己建立了重要种植基地。

向前一体化是指生产企业通过建立、购买、联合那些使用或销售本企业产品的企业,向前控制分销系统,实行产销结合。例如,20 世纪 90 年代,百事可乐在实施"关联性多元化发展战略"期间,百事可乐就收购、兼并了许多能够扩大百事可乐饮料销售的许多相关企业,比如,收购了肯德基快餐,甚至还兼并了一些物流公司等。

横向一体化,又称"水平一体化",指生产企业通过建立、收买、合并或联合同行业的竞争者以扩大生产规模。例如,联合利华并购了中国的中华、夏士莲、上海家化,德国的多芬等,提高了自身的竞争力,意图为和宝洁一决高低。

一体化增长战略可以通过企业在生产经营中把自己的产品扩大到前向或后向生产的产品中去,也可以通过兼并或购买其他企业,还可以与其他相关的企业联合,共同开发新产品和扩大营销。一体化战略可实现资源的优化组合,达到产业结构的合理化。

▷小案例

联想挑战苹果和三星

带领 PC 行业走向新时代的联想,已经不再满足在自己的地盘上画圈,而是把目光投向了苹果和三星。早在 2012 年,联想为了提升软件开发能力,就收购了美国软件公司 Stoneware。全球并购,是联想迅速提升自己在移动互联网市场的法宝,通过并购迅速学习新技术,并整合自有资源,进军新市场。

联想会定期评估 PC 和智能手机领域的一系列并购机会。在这个市场竞争白热化的时代,任何一个并购机会杨元庆都不会错过,PC＋时代的联想,正在经历整合期。

如今,联想的 PC 业务稳坐全球第一的宝座,PC 和平板电脑业务之和排名全球第二,次于苹果。联想的目标已经不再是惠普、戴尔等 PC 厂商,而是苹果和三星。

在包括 PC、智能手机和平板电脑三种设备的全球智能终端市场中,三星和苹果目前的市场占有率均超过 20％,联想排在第三,份额为 6％。联想坦承与三星、苹果的差距,希望用最短的时间在合并的领域里面力争全球冠军,但不希望仅仅是数量上面的领导者,更希望是创新和创造方面的领导者。

联想收购摩托罗拉移动,确保了联想在世界智能手机市场第三的位置,同时也缩短了与三星、苹果在整体智能终端市场的份额差距。

步入"而立之年"的联想,正在攀越发展的另一座高峰。联想总裁杨元庆说,"我从 1994 年负责 PC 业务,20 年了,从 2 万台到 5000 多万台,有爬山的愉悦。当然,登上了这个山还有更高的山,可能要先下山然后再上山。"这个上山下山的过程,正是联想不断转型,实现新突破的过程,而杨元庆,已经成为联想名副其实的"创新精神领袖"。

（资料来源:罗乐.杨元庆剑指苹果三星[J].支点,2014(3):26—28.）

（3）多角化增长战略

多角化也称"多样化"或"多元化"。多角化增长就是企业通过增加产品种类,跨行业生产经营多种产品和业务,扩大企业的生产范围和市场范围,从而扩大企业规模,提高经营效益。

企业实行多角化增长战略是以企业的技术、市场为基础条件的,根据市场和技术两个因素,多角化增长战略包括三种类型同心多角化、水平多角化和综合多角化,如图 3.6 所示。

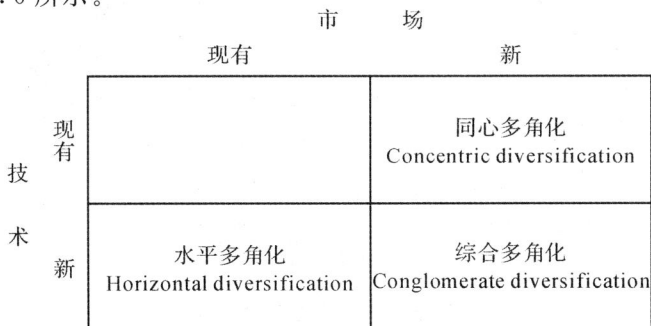

图 3.6　多角化增长战略

同心多角化即企业利用原有的技术、特长、经验等开发新产品,增加产品种类,类似从同一圆心向外扩大业务经营范围。如原来生产家用汽车的企业,后又开发旅游大巴、农地两用车等,虽然市场在改变,但其技术核心还是保持不变。

水平多角化是企业利用原有市场,采用不同的技术来发展新产品,增加产品种类。如生产农用机械的企业,后又增加农用薄膜、化肥等产品,以满足农业者的多样化需求。

集团多角化是指大企业收购、兼并其他行业的企业,或者在其他行业投资,把业务扩展到其他行业中去,新产品、新业务与企业的现有产品、技术、市场毫无关系。如电脑软件企业加入房地产行业。

二、竞争战略

在市场营销学中,竞争战略包括两个层面:一是企业经营层面的竞争,是企业的二级战略,从整体上考虑如何超越竞争对手;二是企业营销层面的竞争,是针对具体竞争产品的战略,归属企业的职能战略范畴。

1. 一般性竞争战略

这里指企业的二级战略,又叫业务战略或经营战略,是战略业务单位在选定的业务范围内,如何超过竞争对手的战略。经营战略从企业整体发展的角度关注战略业务单位该如何开展业务,研究的是产品和服务在市场上的竞争问题,并将企业总体战略所包括的企业目标、发展方向具体化。

著名管理学家迈克尔·波特根据企业所具有的战略优势以及业务的市场竞争范围,认为企业战略业务单位要形成竞争优势,有三种一般性战略可以选择,如图 3.7 所示。

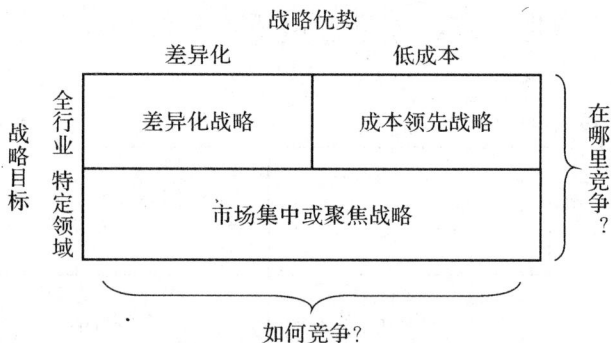

图 3.7　竞争战略

（1）成本领先战略

成本领先战略认为低成本是战胜竞争者的基本前提。企业需要最大努力降低成本，力争使其总成本降到行业最低水平，通过低成本降低商品价格，维持竞争优势。其核心是处于低成本地位的公司可以获得高于产业平均水平的利润。在与对手企业进行竞争时，企业成本低就有足够的主动权和运营空间。

要做到成本领先，企业必须建立起高效、规模化的生产设施，全力以赴地降低成本，严格控制成本、管理费用及研发、服务、推销、广告等方面的成本费用。为了达到这些目标，企业需要在管理方面对成本给予高度的重视，确保总成本低于竞争对手。

⇨小案例

春秋航空：打造具有竞争力的、大众化的低成本航空公司

春秋航空是国内第一家低成本航空公司，也是最大的民营航空公司，是东北亚最大的低成本航空公司。自开航以来，已经初步探索出适合中国的低成本航空发展的商业模式，立足国内，布局东北亚、东南亚市场，受到了广大旅客的普遍欢迎。迄今，已经拥有了 46 架空客 A320 飞机，飞抵 88 个国内、地区和国际城市。

春秋航空自成立以来，一直以科技创新引领企业发展方向，是中国第一家不进中航信系统、自建销售平台的航空公司，是中国第一家自主研发离港系统的航空公司，也是中国第一家以网络直销为主的航空公司。春秋航空还自主研发了旅客自助离港系统、自助登机系统、收益管理系统，自主研发了飞行管理的 FOC 系统、飞机维修管理的 MISS 系统，不断地创新令航空信息化建设成果丰硕。

春秋航空自成立以来平均客座率保持在 95% 左右，在世界航空公司中排名前列，近三年来，飞机单机创利能力在全世界名列前茅。

（资料来源：倪丹.春秋航空：打造具有竞争力的、大众化的低成本航空公司［N］.上海证券报，2015-01-12.）

（2）差别化战略

差异化战略是提供产品或服务差异化，树立起全产业范围内具有独特性的东西。其核心是通过对市场的全面分析，找出顾客重视的利益，集中力量开发不同经营特色的业务，比竞争者更有效地满足顾客的需求。

企业实现差异化战略可以有许多方式，在保持技术、性能特点、顾客服务、商业网络及其他方面的独特性，等等。企业实施差异化战略的活动中，总是伴随着

很高的成本代价,有时即便全产业范围的顾客都了解公司的独特优点,也并不是所有顾客都将愿意或有能力支付公司要求的高价格。

(3)市场集中/聚焦战略

市场集中/聚焦战略是企业主攻某个特定的客户群、某产品系列的一个细分区段或某一个地区市场。其前提是公司能够以更高的效率、更好的效果为某一狭窄的市场服务。

成本领先和差别化战略都着眼于整个市场、整个行业,从大范围谋求竞争优势。集中战略多把目标放在某个特定的、狭小的领域内,在局部市场争取成本领先或差别化,以建立竞争优势。

企业或者通过满足特殊对象的需要而实现了差异化,或者在为这一对象服务时实现了低成本,或者二者兼得。这样的公司可以使其赢利的潜力超过产业的平均水平。

▷前沿知识

迈克尔·波特与物联网时代的竞争

迈克尔·波特(Michael E. Porter),被誉为"竞争战略之父"。他毕业于普林斯顿大学,32岁即获哈佛商学院终身教授之职,拥有瑞典、荷兰、法国等国大学的8个名誉博士学位。

1983年,迈克尔·波特开创了企业竞争战略理论,引发了美国乃至世界的竞争力大讨论。他先后获得大卫·威尔兹经济学奖、亚当·斯密奖、五次获得麦肯锡奖。

迈克尔·波特获得的崇高地位源于他提出的"五种竞争力量"和"三种竞争战略"的理论观点,至今迈克尔·波特已出版了17本书及70多篇文章。其中,《竞争战略》一书已经再版了53次,并被译为17种文字;另一本著作《竞争优势》,至今也已再版32次。迈克尔·波特的三部经典著作《竞争战略》、《竞争优势》、《国家竞争优势》被称为竞争三部曲。

2014年10月23日《哈佛商业评论》中国年会上,迈克尔·波特做了"物联网时代的竞争力再造"的主旨演讲。

"智能互联产品"将开启一个企业竞争的新时代。物联网时代要求企业不应再局限于技术本身,而应聚焦于竞争本质的变化。智能互联产品包含3个核心元素:物理部件、智能部件和联接部件。智能部件能加强物理部件的功能和价

值,而联接部件进一步强化智能部件的功能和价值,这就使得产品价值提升形成了良性循环。

行业结构不断变化,但竞争战略的基本原则并未发生改变,要取得竞争优势,公司必须通过两种方式进行差异化:1.获得比竞争对手高的产品溢价;2.运营成本低于竞争对手;或者做到两者兼备。这样公司就能获得高于行业平均水平的盈利能力和发展前景。

(资料来源:迈克尔·波特[EB/OL].智库百科,2014-12-25.迈克尔·波特.物联网时代的竞争力再造[EB/OL].和讯网,2014-10-23.)

2. 竞争性营销战略

企业要制定正确的竞争战略,需要深入地了解竞争者:谁是主要竞争者,他们的战略和目标是什么,他们的优势与劣势是什么,他们的反应模式是什么,企业应当攻击谁、回避谁等等。

公司最直接的竞争者是那些处于同一行业、同一战略群体的公司。企业所处的行业结构和所涉及的业务范围会影响到竞争者的识别和竞争战略。

根据竞争地位的不同,竞争战略常见的类型有以下 4 种:市场领导者战略、市场挑战者战略、市场追随者与市场利基者战略。竞争者的战略差别表现在目标市场、产品档次、性能、技术水平、价格、销售范围等方面。

(1)市场领先者战略

指在市场中占有最大市场份额,并且在价格变化、新产品开发、分散覆盖和促销手段上,对其他企业起着领导作用。市场领先者的地位是在市场竞争中自然形成的。

一般而言,绝大多数行业中都有一个被公认的市场领先者。领先者的行为在行业市场中处于主导地位,是其他企业模仿、竞争和力图超越的对象。因此,市场领先者必须保持自我清醒,不断地进行自我改造和革新,壮大自己的实力,否则很有可能被超越而失去领先者的地位。市场领先者的竞争战略包括扩大市场总需求、维持市场占有率和扩大市场占有率等。

①扩大总需求

当产品整体市场扩大时,由于所占的市场份额大,处于领先地位的企业获益也最多。为了扩大总市场,市场领先者通常采用以下方法:

寻找新用户。每一种产品有自己的潜在客户,企业通过传递新理念、降低价格、增加新功能、扩大促销力度等营销手段,开发和挖掘一些想使用但未使用者、非使用者、潜在拥护者,以扩大客户群。如香水制造商可以利用市场渗透战略,说服不使用香水的妇女使用香水,利用新市场战略说服男士使用香水,利用地理扩展战略,把香水销到国外等。

寻找产品新用途。初次市场定位往往会集中在产品最具竞争优势的利益点,但并不意味着产品只有一种用途或功能,通过产品新用途的开发,企业可以通过推广产品的新用途来扩大市场。如,飘柔在强调头发柔顺的同时,也有去屑的功能;佳洁士在强调牙齿美白的同时,也有防蛀的功能。

扩大使用量。企业通过促销活动、改变包装和使用方法等方式方法说服消费者提高使用频率、增加每次使用量或增加使用场所,以增加产品的销量,从而扩大整体市场。

②保护现有市场份额

市场领先者在努力扩大市场总规模的同时,还必须注意保护自己现有的市场不受侵犯。市场领先者为了保护市场,一般采取静态和动态防御两种方式。

静态防御是企业把资源和精力用于保护现有产品和现有的经营活动上,如建立行业规则,设置市场进入障碍;补充和扩大产品线,以建立牢固的市场防线等。

➡小案例

长虹重塑行业游戏规则

目前,无论家用中央空调还是轻型商用空调产品,国内厂家的产品技术成熟度都达到了较高的水平,然而市场竞争的结果却往往指向价格,充斥了大量以牺牲产品质量来降低成本,从而低价参与市场竞争的行为,使得行业整体发展陷于无序和混乱。

作为国内第一家敢于承诺将家用中央空调和商用中央空调、家用空气能热水器免费包修期限同时延至6年的企业,长虹以"6年免费包修"作为契机,意欲打破原有的行业规则,并建立一套全新的行业规则,同时提升行业的进入门槛,规范市场秩序,让中国消费者真正享受优质、放心的售后服务。

(资料来源:中央空调6年包修? 长虹意欲重塑行业规则[EB/OL].中国新闻网,2014-09-23.)

动态防御是一种比较积极的防御措施,在竞争对手向自己发动进攻前,企业先向对手发动进攻,使竞争者一直处于防守地位,自己掌握着市场竞争的主动地位。如,率先开始价格战,将弱小企业淘汰出行业;扩大品牌知名度,进一步巩固市场地位;通过顾客忠诚计划,建立良好的客户关系等。

如,德国大众汽车集团是欧洲最大汽车生产商,通过发挥其技术和资金优势,持续不断地推出性能最佳、最具可持续性的产品,进而使集团成为在环保和经济方面皆领先的汽车企业。

③扩大市场份额

市场份额与企业的竞争能力与竞争优势直接相关,更与企业赢利能力有关。市场领先者需要通过扩大市场份额来保持自己领先的市场地位。

企业可以通过产品创新、品牌并购、低价扩张等途径扩大市场份额,但无疑产品创新是扩大市场份额的最有力武器。积极进行产品创新,有利于企业获得领先于竞争对手的市场份额。领先企业的利润也高于后进入者。

⊟▷小案例

逆势扩张:花旗收购瑞信大宗商品业务

据彭博社报道,花旗集团日前收购了瑞士信贷的大宗商品交易业务,包括基本金属和贵金属、煤炭、铁矿石、货运、原油和油品业务,以及美国和欧洲的天然气业务。在大宗商品价格低迷,且其他大行退出该业务之际,花旗进一步逆势扩张。

此前,花旗在夏季和秋季刚刚收购了德意志银行的金属、油品和电力业务。随着包括摩根大通、巴克莱和德意志银行在内的大行关闭或削减了自然资源业务,花旗已经成为大宗商品领域巨头。

(资料来源:逆势扩张:花旗收购瑞信大宗商品业务[EB/OL].华尔街见闻评论,2014-12-23.)

(2)市场挑战者战略

市场挑战者是指在行业中处于第二、第三梯队的企业,他们有能力对市场领先者和其他竞争者采取攻击行为,并能威胁市场领先者的市场地位。如百事可乐公司就是世界著名的挑战者。

市场挑战者通常是市场竞争的挑起者。它可以挑战市场领导者。也可以用"大鱼吃小鱼"的方式挑战弱小企业。市场挑战者通常会采取的以下挑战方式。

①正面进攻:用实力硬碰硬,最常用的是减价来同竞争对手开战。

②侧翼进攻:集中优势攻击强大对手的弱点。

③包围进攻:同时在具有优势的几条战线上开战。

④绕道进攻:避开直接的产品、地域市场,进入无关联的新产品领域或新的地区市场。

⑤游击进攻:发起短期的、小范围的骚扰战。

⭢小案例

谷歌总是挑战者

回顾谷歌过去十几年走过的路,一直目标远大,也时时刻刻直面挑战,其面临的核心挑战则是,如何以最快的速度高速发展。在每一个市场都会有既得利益公司,也有一些新型的挑战性公司,他们总是希望自己是那个提出挑战的公司,必须实现这样的一种大的目标。

谷歌是一家技术性公司,过去 10 年、15 年大家一直以为微软会统治整个技术领域,然而现在的统治者不是微软,而是其他公司,这点一定要记住。这种(被后来者颠覆)的事情也有可能发生在苹果、Facebook、谷歌、亚马逊任何一家公司,实际上这 4 家公司都是发挥全球作用的公司,他们都有非常激进的政策,但是我们看到这些公司变得越来越大,越来越难保持这样一种能量,不断地挑战自己,谷歌正在尽量做到这点。

作为一家大公司,始终保持一个挑战者的心态并不容易。最重要的是要拥有对成功的渴望。大公司员工,很容易坐在舒适的办公室里满足于已有的不错成绩,这对公司领导者的能力提出了很高的要求。要像小型创业公司一样时刻渴求成功,时刻具备创业精神。当公司变得非常之大、非常成功的时候,尤其会面临这样的挑战。谷歌从实验室诞生之时是为了解决斯坦福的问题,然后尝试解决美国的问题,现在致力于解决全球的问题以及其他的问题,越来越大并不会使我们自满,因为谷歌会正视挑战者的存在。

(资料来源:埃里克・施密特. 谷歌总是挑战者[J]. 商业价值,2013(2).)

(3)场追随者战略

市场追随者是指经营资源在数量或质量上均显不足,却具有一定发展潜力的企业。

市场追随者战略的核心是仿制,就是有意识地模仿成功者,如模仿成功产品推出仿制品;模仿成功者的销售模式、奖励机制、广告创意等等。追随策略可以降低经营风险,不容易引起市场领导者的反击和报复。企业在早创阶段都可以属于这一类。追随者战略可分为三种:

①紧紧追随,在尽可能多的细分市场领域中模仿市场领导者。但在市场刺激方面动作很少,不易引起领导者的反击。

②保持一段距离的追随,只在主要市场和产品创新、一般价格水平和分销上追随领导者。

③选择性追随,在有些方面追随领导者,但又有自己的创新能力,在高新技术行业当中尤为明显,通常能成为未来的挑战者。

(4)市场补缺者战略

市场补缺者,也叫市场利基者,是指选择一个不大可能引起大公司兴趣的细分市场或服务,从事专业化经营的企业。

为了避免在市场上与强大的竞争对手发生正面冲突而受其攻击,市场补缺者选取被大企业忽略的、需求尚未得到满足、力量薄弱的、有获利基础的小市场作为其目标市场。市场补缺者战略的关键是提供专门化服务。

如,浙江万向集团早在1980年生产进口汽车维修用万向节,并长期专注于该业务,于1983年成为中国第一,至今已30多年的历史。市场补缺者通常也是差异化营销的成功者,有时甚至击败市场领导者。

三、市场营销战略

市场营销战略是指企业在现代市场营销观念下,为实现其经营目标,对一定时期内市场营销发展的总体设想和整体规划。

营销战略归属于企业的职能战略,是企业战略的第三个层次。经营战略是为贯彻、实施和支持企业战略和竞争战略而在企业营销领域制定的战略。

市场营销战略是企业开展市场营销的战略性纲领,是企业市场营销决策的基础。制定正确的企业市场营销战略,是研究和制定正确市场营销决策的出发点。

企业营销战略是在整体市场营销活动中,在充分调查市场营销环境、消费者行为以及竞争者具体情况的基础上,明确营销目标,完成目标市场战略和营销组合策略的制订,并辅以营销管理活动,以确保战略的有效实施(见图3.8)。

市场营销战略是企业战略、企业资源情况以及环境综合分析的基础上做的规划,其核心环节是市场营销目标、目标市场战略(市场细分、目标市场选择和市场定位)竞争性营销战略及4Ps营销组合策略。

营销战略有助于决策者从整体利益、全局利益出发,高瞻远瞩、细致周全地考虑问题,预测企业可能遇到的各种情况,并制定相应措施,增强营销活动的目的性、预见性和整体性;营销战略也可以明确任务,统一思想和行动,加强公司内部的信息沟通和整体营销活动的有序性,减少摩擦和矛盾冲突,使企业营销资源的利用效率最大化。

```
┌─────────────────────┐
│  企业战略 + 经营战略  │
└─────────────────────┘
            │
            ↓
┌──────────┐  ⇒  ┌──────────┐  ⇐  ┌──────────┐
│ 企业资源 │      │ 营销战略 │      │市场环境分析│
└──────────┘      └──────────┘      └──────────┘
                       │
                       ↓
┌──────────┐  ⇒  ┌──────────┐  ⇒  ┌──────────────┐
│市场营销目标│      │目标市场战略│      │ 竞争性营销战略 │
└──────────┘      └──────────┘      └──────────────┘
                       │
                       ↓
            ┌─────────────────┐
            │   营销组合策略   │
            └─────────────────┘
                       │
                       ↓
            ┌─────────────────┐
            │ 营销计划、组织、执行 │
            └─────────────────┘
                       │
                       ↓
            ┌─────────────────┐
            │  营销控制与评估  │
            └─────────────────┘
```

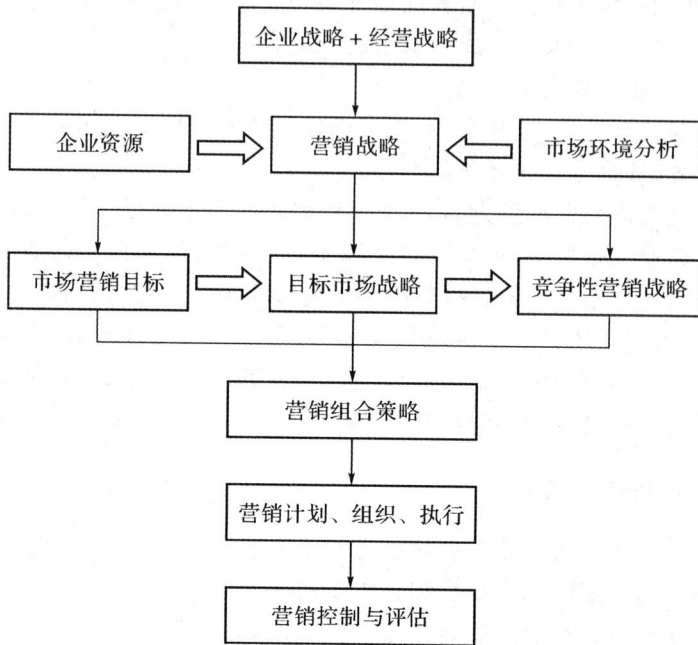

图 3.8　市场营销战略规划

第二节　市场营销计划

市场营销计划是指在对企业市场营销环境进行调研分析的基础上,制定企业及各业务单位的对营销目标以及实现这一目标所应采取的策略、措施和步骤的明确规定和详细说明。

一、营销计划的类型

营销计划是企业的战术计划,营销战略对企业而言是"做正确的事",而营销计划则是"正确地做事"。营销计划充分发挥作用的基础是正确的战略,营销计划的正确执行可以将战略转化为有效的战术,一定程度上可以弥补战略的欠缺。

按时期长短,营销计划可分为长期计划、中期计划和短期计划。长期计划的期限一般 5 年以上,主要是确定未来发展方向和奋斗目标的纲领性计划。中期计划的期限 1～5 年。短期计划的期限通常为 1 年,如年度计划。

营销计划可按涉及范围分为总体营销计划和专项营销计划。专项营销计划是针对某一产品或特殊问题而制定的计划,如品牌计划、渠道计划、促销计划、定价计划等。

也可按计划程度分为战略计划、策略计划和作业计划。战略计划对企业将在未来市场占有的地位及采取的措施所做得策划。策略计划是对营销活动某一方面所做得策划。作业计划是各项营销活动的具体执行性计划,如一项促销活动,需要对活动的目的、时间、地点、活动方式、费用预算等作策划。

二、营销计划要素

营销计划需要详细说明预期的经济效益及所要承担的成本费用,需要描述将要采取的任务和行动有关部门及职责,需要设立各种营销活动的行动和效果。这样,高层管理者可以有效地控制未来的发展状况,有关人员可以有目标、有步骤地去完成自己的任务,利于部门间协调和效果监控。一项典型的营销计划应包括以下要素:

1. 市场环境分析

这部分主要提供与宏观环境因素、市场、竞争、分销以及自身产品和过去营销活动的总结等背景资料。

宏观环境状况分析主要对宏观环境的状况及其主要发展趋势做出简要的介绍,包括人口环境、经济环境、技术环境、政治法律环境、社会文化环境,从中判断某种产品的运营环境。一般采用 SWOT 分析法,这部分内容在第四章进行详细介绍。

市场分析需要列举目标市场的规模及其成长性的有关数据、顾客的需求状况等。

竞争状况分析需要识别出企业的主要竞争者,并列举竞争者的规模、目标、市场份额、产品质量、价格、营销战略及其他的有关特征,以了解竞争者的意图、行为,判断竞争者的变化趋势。

分销状况需要描述公司产品所选择的分销渠道的类型及其在各种分销渠道上的销售分配比例等。

产品状况分析需要列出企业产品组合中每一个品种的销售价格、市场占有率、成本、费用、利润率等方面的数据。

另外,也需要对过去营销活动进行总结,以分析其中的成败得失,以及对本次营销活动的影响。

2. 拟定目标

拟定营销目标是企业营销计划的核心内容,在市场分析基础上对营销目标做出决策,是企业在一定时期内追求和想要取得的成果,包括确定目标市场、定位、营销组合和预算。企业的营销战略目标是一个综合的或多元的目标体系。经营理念、方针、企业战略、市场营销目标等是企业制定市场营销战略的前提条件,是必须适应或服从的。

市场营销目标应包括:可衡量的目标,如销售量、利润额、市场占有率等;质的目标,这是反映沟通情况的营销目标,如提高企业形象、知名度、获得顾客等;其他目标,如市场开拓、新产品的开发和销售、现有产品的促销等。

营销计划的目标应建立营销目标和财务目标,目标要用数量化指标表达出来,要注意目标的实际、合理,并应有一定的开拓性。目标的设立可以参考SMART 原则,即 Specific(明确性)、Measurable(可衡量性)、Attainable(可达成性)、Relevant(相关性)、Time-bound(时限性)。

3. 制订营销战略

营销战略主要包括目标市场战略以及竞争性战略。

目标市场的战略包含市场细分、目标市场选择、市场定位三部分内容,回答两个问题:企业选择服务的目标顾客是谁? 希望企业产品在消费者心目中留下什么印象和位置? 这两个问题将直接影响企业日后的具体营销活动,是开展所有营销活动的基础。

竞争性营销战略是明确企业在市场竞争格局中的地位,明确主要竞争对手,以及将要采用的竞争战略思路。从竞争格局的整体上规划企业的策略方向。

4. 制订营销策略

这是企业可以具体的营销活动的思路,企业拟采用什么样的产品、渠道、定价和促销策略(4Ps策略)。营销是一个较复杂的体系,营销组合会有多种方案,但所有的营销活动都应基于市场环境分析、消费心理分析、产品优势分析和营销策略和方式的选择。

营销预算是公司经营战略的细化,是协调各个部门工作的重要工具,也是公司评价营销部门工作绩效的标准和依据。营销预算通常有销售收入预算、销售成本预算、营销费用预算、行政管理费用预算、研究开发费用预算、税务预算等指标。

简单说,营销预算就是一边是列出预计销售量和销售价格的预计销售收入总额,一边是列出分销成本和营销费用明细的预计支出总额,两边之差,就是预计的利润,即收入和支出的差额。当将企业营销活动与营销费用相对应时,可以看到整个流程、各个环节所潜藏的机会与风险。

5. 行动方案策划

对各种营销策略的实施制定详细的行动方案,并阐述以下问题:将做什么?何时开始?何时完成?谁来做?在哪里做?成本是多少?整个行动计划可以列表加以说明,表中具体说明每一时期应执行和完成的活动时间安排、任务要求和费用开支等。使整个营销战略落实于行动,并能循序渐进地贯彻执行。

6. 营销实行与控制

说明如何对营销计划执行进行检查和控制,用以监督计划的进程。为便于监督检查,具体做法是将计划规定的营销目标和预算按月或季分别制定,营销主管每期都要审查营销各部门的业务实绩,检查是否完成实现了预期的营销目标。凡未完成计划的部门,应分析问题原因,并提出改进措施,以争取实现预期目标,使企业营销计划的目标任务都能落实。

可用的市场营销计划模板非常多,不同机构有其创建的营销计划的独特模式和术语,对于企业来说,制定每个营销计划都是独特的,因此,陈述的模式和顺序也是不同的,但基本要素和具体的表述顺序如表 3.1 所示。一份完整的营销计划书要把上述的营销计划要素都得以说明和体现。

表 3.1　营销计划要素表

要素	内容	内容描述
环境与现状分析	1. 执行摘要	一页,重点概述
	2. 背景与任务描述	总体战略目标,愿景,业务使命,品牌和服务处于总体的什么位置,销售、利润和名誉,发展前景
	3. 品牌	产品或者服务是什么,规格、价格、包装,品牌亮点,SWOT 分析品牌地位,品牌历史、现状与机会
	4. 顾客群	顾客类型、分类、性别、年龄、地理位置、偏好等
	5. 环境分析	可以采用比较分析,涵盖产品、消费者、分销渠道、定价、市场营销、销售情况、人力资源、竞争者、伦理与道德等
营销目标	6. 营销目标	具体说明本计划活动需要实现的市场营销目标和财务目标
营销战略	7. 目标市场战略	需要论证应该把精力集中在哪些与众不同的制胜点;明确现在和以后目标客户,需要调查证明目标客户的合理性,说明促进用户习惯和品牌忠诚度的方法

续表

要素	内容	内容描述
营销策略	8.营销组合策略	营销组合的具体方案,详细说明产品、价格、渠道、促销策略的活动安排
执行评价控制	9. 资源需求的质量和数量	有效实施的人力、财力及时间。
	10. 营销计划的控制要求和标准	采取的衡量标准,例如销售额、市场占有率、利润率、投资回报率、顾客满意度、顾客维系、员工满意度等等。每项活动都需要数字。
	11. 执行线路图	对计划中关键问题的实施的详细描述,比如每一个活动逐一写明目标、成本、人力和预计效果。
	12. 主要团队	团队的资质、分工、招聘计划等

附1所展示的是一份营销计划的批改文稿,由于篇幅的限制,计划书只罗列了主要观点和主要结论。根据以上营销计划的要素以及内容描述,可以了解营销计划写作的注意事项。

附1　猕猴桃酒市场营销计划

猴桃酒市场营销计划	
一、果酒行业发展的环境分析(节选) 　　根据中国酒业市场研究报道:通过总量分析和国际比较可看出中国酒业市场仍有一定的拓展空间,低度多风味的饮料酒是未来发展方向。大力提倡发展果酒生产可以改善酒类消费结构、满足消费者需求、有益于国民健康、有效地促进土地资源的开发利用。中国葡萄酒业的四大特点:市场集中度呈现寡头垄断;东南沿海地区葡萄酒渗透率高;葡萄酒消费品牌意识加强;高学历、高收入、中青年阶层是葡萄酒的主要消费群体。果酒业已进入了健康、平稳、巩固、提高的发展时期,但是品牌多,名牌少。果酒在酒质的风格、类型、包装、技术上都有了新的变化。我国果酒生产历史悠久,利用我国的水果资源,发展民族自己的果酒工业,以我国水果为原料来酿造果酒势在必行。	宏观分析与行业分析为主,趋势分析欠缺

二、市场竞争分析

（一）竞争品牌分析（节选）

目前果酒市场分葡萄酒和其他果酒两大类，全国有果酒生产企业500家，有实力的葡萄酒生产企业20多家，品牌众多，良莠不齐。从市场调查看，以张裕葡萄酒的销量最为看好。该产品市场占有率达30％以上，是成熟的品牌产品，知名度高，营销渠道成熟，是果酒市场的第一品牌。紧跟其后的依次是：长城、王朝葡萄酒，走中高价路线，二线品牌的威龙、野力等产品均以中、低价格亮相。通过多年的运作和实施差异化的推广手段同，各自均营造的不同消费群体，销售区域性非常明显，各大品牌均有属于自己的一块根据地。但随着营养、健康需求迫切性的加强，葡萄酒消费者有相当一部分会转到其他果酒的消费。

（二）消费者状况分析（节选）

据市场调查对沿海八城市消费者购买行为及选择因素进行访问得到：消费者在逢年过节、亲朋好友聚会时选择购买果酒的比例已逐年增高；在饮用时对口感和源自绿色、天然最为关注。中、高收入渴望生活的高质量，一般选择进口品牌或者国产一线品牌，身份和品位的象征。中、低收入者，属于跟风型消费者，同时处于对健康的需要，一般选择国产二线品牌或当地生产品牌。

（三）猕猴桃酒市场营销战略形势分析（节选）

优势（Strengths）	劣势（Weaknesses）
• 含有丰富的营养成分（VC），人所皆知，具有极强亲和力； • 源自原野的无污染绿色营养果酒； • 果酒新品，具有时尚性及后发优势，新鲜感； • 质量与技术保证，与江南大学合作。	• "洋垃圾"的负面报道，对国酒市场形成冲击； • 目前市场上各类葡萄酒、果酒品种已多达300余种，竞争对手如林； • 消费者认知度低，需求张力不够； • 企业缺乏行业的权威性。
＝机会（Opportunities）	挑战（Threats）
• 品饮果酒日趋流行； • "喝少点、喝好点、喝口味、喝天然"是如今饮酒新概念； • 大批休闲中心、酒吧/夜总会和新型上乘酒店的崛起； • 休闲经济/假日经济。	• 关税降低，进口葡萄酒增加； • 进口洋果酒在制作工艺和品牌影响力大； • 国内低品位、低档次果酒冲； • 平衡新品牌塑造与产品销售目标。

竞争者定为葡萄酒，其他果酒品牌分析和竞争地位分析欠缺

消费者需求分析只以收入为主，其他特征分析欠缺

SWOT 分析所对应的战略选择分销欠缺；自身劣势分析欠缺

续表

（四）目标人群细分及目标定位（节选）		目标市场主要为城市消费者，忽视农村市场等利基市场
核心目标人群	特　征	
A—经营者阶层（35—55岁）	拥有较高收入，舍得投资生活，对品牌形象的要求较高，追求营养健康，品质生活指向大于随意生活指向。	
B—高知识、高地位阶层（30—50岁）	收入高且稳定，生活中注重保养，追求高层次有品位的消费方式，对健康新产品易接受	
C—年轻白领阶层（25—35岁）	收入高，受教育程度高，对新事物接受度高，崇尚绿色生态，对品牌形象要求较高，对品质生活舍得花钱。虽然仍属普通消费者，故更容易成为意见领袖。	

（五）市场定位（节选） 　　对于产品功能利益的诉求（即猕猴桃酒高 VC 含量），原则上不作为产品的主要诉求点，以免被消费者误认为保健酒，从而脱离营养、健康酒的主线，只把它作为酒本身以外的一种高的附加价值来体现。所以，总体定位应该是一种高品位的绿色果酒，消费者在喝酒的同时，还提供一种高的附加价值——营养。	市场定位为高端品牌，是否有支撑？
（六）营销战略定位（节选） 　　品牌形象——走高端路线，树立起品位、营养、健康、专业的品牌形象； 　　产品定位——绿色果酒，同时提供高的附加价值； 　　区域拓展定位——为华东、华南市场，与产品的高端形象相吻合； 　　产品组合定位——以干酒作为主打产品，切入市场； 　　品牌延伸——以果酒为龙头，进行农业产业化深加工发展（如果汁、休闲食品等）。	品牌建设分析欠缺；差异性战略不明显
（七）推广目标（节选） 　　1)通过系统性的品牌推广和终端促销工作，使品牌在行业内具有相当的影响力。 　　2)在推广的区域内具有较高的品牌知名度和美誉度。 　　3)分销渠道通畅，终端铺货率达到 A 类终端 80％、B 类终端 90％以上。 　　4)市场占有率跻身行业内前五名。	产品分析基于核心产品，附加价值分析欠缺
（八）产品策略（节选） 　　1)以精品干酒作为形象宣传，塑造产品高端形象；以干酒系列为主打产品，打击对手抢占市场；以半干系列、甜酒系列为跟进产品，作为企业的赢利点。	产品分析基于核心产品，附加价值分析欠缺

续表

2）根据不同区域市场的消费习惯、消费行为，出品与之相适应的产品来迎合消费者的特殊要求（考虑到某些地区特殊的风俗习惯），比如修改瓶标或酒体颜色等，以此与竞争对手形成区隔，实行差异化营销。

3）礼盒装主要面对元旦、春节的节日礼品市场。甜酒作为满足其他消费者需求的补充品种和低端礼盒装的搭配品种。

（九）定价策略（节选）

根据产品的市场定位，而价格又是定位的直接表现形式，并根据形象产品、主打产品跟进产品的分类，将制定与之相匹配的价格体系，并通过宣传等非价格因素，来影响购买者对产品"价值"的认识，使消费者感到购买我们的产品能获得更多的相对利益和附加价值，从而规避消费者将猕猴桃酒跟葡萄酒类比的心理因素，提高他们价格接受的程度。

定价策略不明确

（十）销售渠道分析（节选）

根据产品的流向，将通路分为三大类：

餐饮渠道：主打产品进入（干酒、半干酒），市场启动期为主渠道，经终端促销，解决消费者的初次购买行为。

商、超渠道：主打产品与跟进产品并行（甜酒系列、干酒系列、佐餐酒、礼品装），市场成熟期的主渠道，产品的高知名度、高美誉度，从而解决消费者的重复购买行为。

特殊渠道：侧重于礼品装，主攻节庆、喜事市场。

是否拥有销售资源？如何促进品牌忠诚度？渠道创新性不足，现有渠道竞争激烈

（十一）促销策略（节选）

宣传总原则：地面（SP 活动为主，户外广告为辅）为侧重，空中（电视、报纸）为辅助。

1）SP 活动为主：广场 SP 活动、代表性商超形象展示、重点酒店、陈列专柜、灯箱、促销小姐的推荐、小礼品赠送、节日进广场促销活动和商超销售拉动、游戏活动。但切忌现场销售。

2）户外广告：市中心选择人流大的街道，竖立大型广告牌，不选择分散的公交站点。在县城、乡镇市场以户外过街横幅为主。

3）空中媒介以软性文章、综艺节目为主，硬性品牌输出为辅。报纸软文，从营养健康、优秀品质、独特口感的角度进行产品宣传，通过科学的依据引导消费者饮用健康酒，做个健康人。报纸软文以美食、健康版面投放为主，报纸平面一律投放方通，报纸媒体主要选择目标人群阅读率高的当地主流报刊。投放时间一般放在每周 2～4 之间为宜，投放频次依据资金状况一般安排每周 1～2 次，节假日期间严禁投放。

4）选择受众与本公司产品目标消费者相吻合的电视综艺节目，进行专场宣传。广告标板放在周末和元旦、春节期间集中投放，也可以考虑价格相对较低的美食专栏，以专题片的形式推广本产品，电视广告主要在当地主流电视台投放，广告标板投放，每晚一般不低于三次。非正一、倒一位置原则上不允许投放。

促进策略创新性较低，费用较高

续表

(十二)营销战略实施(节选) 　1.区域开发:(20××年 5 月):开发代表性的目标市场,分别为上海、杭州、泉州、深圳地区。 　2.设立分支机构:(20××年 5 月底):在已开发区域成立驻外营销代表处,协助代理商工作。 　3.组建销售通路(20××年 7 月):四地区同时举行大型"产品上市推广会",由代理商组织邀请当地分销商、终端代表、媒体记者、政府领导、行业专家等,扩大影响,造大声势,将产品快速分流至各级终端网点。 　4.媒体宣传(20××年 8—10 月):上市之初大众媒体以电视宣传品牌、报纸诉求 VC 营养价值,提升品牌知名度,配合现场促销活动。 　5.整合传播(20××年 11 月至次年 2 月):为销售的黄金季节,在大众媒体的高密度宣传下,加强地面的促销活动,进行有效的终端拦截。对于酒店终端,必须抢占一部分制高点进行买专场;大型卖场、商超架堆头,派驻促销人员。拿出一款主打产品进行有奖销售,打击竞争对手。 　6.销售促进(次年 1 月):推出代理商奖励计划(年终返利、免费培训、出国旅游、物质奖励—货物运输车)。	关键问题不清晰,例如人、财、物的分配
(十三)营销战略评价(节选) 　1)优点:营销战略的实施,在产品销售上获得巨大成功,基本实现既定销售目标;在品牌推广方面取得阶段性成就,猕猴桃酒品牌在四个市场具有较高的知名度和美誉度。 　2)缺点:策略的实施受到一些市场因素干扰而未能得到彻底的执行;资源未能进行有效的组合导致推广的脱节;战略系统的复杂导致决策反应速度的过慢、滞后。 资料来源: 　[1]2012—2016 年中国猕猴桃酒行业市场发展趋势及投资规划分析报告[EB/OL].中国产业洞察网,http://www.51report.com/research/207723.html,2012. 　[2]果酒市场营销战略[EB/OL].和锐方略,http://www.docin.com/p-689485499.html,2003.	评价标准不清晰

本章小结

　　企业总体战略的规划经过界定企业使命、区分战略业务单位、规划投资组合、规划成长战略四个步骤。战略业务单位可以采用波士顿咨询集团法,分为四类:明星类;金牛类;问题类;瘦狗。规划成长战略主要分为三类:密集化增长、一体化增长、多角化增长战略。密集化发展战略的三种形式:市场渗透战略、市场开发战略和产品开发战略。一体化增长战略分为三种类型:后向一体化、向前一体化、水平一体化。多角化增长战略分同心多角化、水平多角化和综合多角化。

　　经营战略分为成本领先战略、差别化战略及市场聚焦战略。提升竞争性市场营销战略需要网站识别竞争者、判定竞争者的战略。竞争战略常见的类型有以下 4 种：市场领导者战略、市场挑战者战略、市场追随者与市场补缺者战略。

市场营销计划需要了解营销计划要素，包括现况分析、拟定目标及营销策略行动方案、策划营销实行与控制。

复习与讨论题

1. 企业使命界定依据是什么？
2. 如何用 BCG 矩阵分析战略业务单位？
3. 为什么说 GE 分析法是对 BCG 分析法的完善？
4. 成长战略有几种规划分类？
5. 波特的竞争战略包括哪几种类型？
6. 如何识别竞争者？根据竞争地位的不同，竞争战略常见的类型有哪些？
7. 一份完整的营销计划应包括哪些要素？

⇨案例分析题

拆解优衣库的 O2O 战略

2014 年，服装行业优衣库创造了日本首富，是中国快时尚的领导品牌之一，每年 80～100 家的增速度。优衣库竞争力在哪？零库存、基本款、数据化管理、旗舰店、快时尚？2013 年优衣库进行品牌重新再定位，将品牌理念从"Made for all（造服于人）"更新为"Life Wear（服适人生）"。品牌的定位分三个层面：第一，增加品牌的力量，将品牌附加价值在整个零售供应链包括服务里去体现出来；第二，打造全球化的零售品牌，将品牌的理念、价值、创造体现在与消费者的互动，创造品牌体验、提升好感度，并建立一支可以更好服务品牌推广的团队；第三，将一个传统的零售企业转变成为 360 度全方位的数字化 O2O 的企业，让顾客可以随时、随地、任意渠道体验到产品。

面对互联网时代对零售企业的巨大冲击与变革，在品牌与渠道等营销变革中，优衣库根据消费者需求，线上线下跳转。与其他零售企业不同，优衣库欢迎消费者在店内"掏出手机的动作"，扫描商品上的条码，了解该款产品的详细介绍，产品材质、价格、款式、搭配，部分还配有该系列产品的广告视频，在页底部可以查询门店或者天猫店内的实时库存。优衣库在全国 14 座城市推出虚拟试衣镜，采用数字化的创新服务和跟随着的数字统计，产生与客户有效地深入沟通，包括他花费多长时间进行浏览，在看过海报相关的系列产品之后是否有查看其他产品,是否有分享、收藏、购买兴趣等等。Digital POP、海报到微信产品页面的链接、顾客自助体验三者结合,追求"深度十广度"、"互动性"、"娱乐化服务",实现各个环节的设置,给消费者多种跳转的不同路径的便捷可能,增加了有效营销和顾客的有效购买。

优衣库对于电商的定位是,它只是我们众多零售门市中的一个,只是具备了跨越时空限制的性质;而APP更多具备一种服务性质和内容传达性质;微信等社交媒体平台则是与消费者深入对话的渠道。每个平台都有不同的属性,要根据这个平台的属性来做事情,并不让全渠道都导向直销售,而不是根据企业的需求硬要设计功能。优衣库的微信主动分享和传播效果很好,以"中秋法兰绒设计"为例,采用品牌故事、设计理念、趣味互动游戏进行传播,它的阅读量将近10万多,分享率可以到87%。通过"教育消费者如何搭配衣服"活动,引起了二、三线城市的消费者强烈反应。现在优衣库官方微信账号的粉丝数已经超过100万。

整合营销活动数据成为区域销售指引。优衣库10月开始在东北地区推广"热能使者"落地活动,让使者穿着HEATTECH保暖内衣在室外与大家拍照,顾客可以通过朋友圈分享和热能使者拍照的信息和照片。虽然只是一个很简单的活动,但因为不同地区气温的原因,活动先在北方的四个城市进行,而后随着气温逐渐低落,活动再进入华东等区域。而在线上,这个活动是持续进行、不分地域的。但是消费者在线上,就会"自动划分出自己的区域",从北向南陆续反馈,而这种反馈的信息又马上可以被下一个区域做销售或者产品的参考信息。

（资料来源:马晓丹.拆解优衣库O2O战略[EB/OL].V-Marketing成功营销,2014.）

[案例思考]

1. 优衣库O2O战略是属于什么类型的增长战略?
2. 从竞争的角度看,优衣库O2O战略就什么竞争战略?

实训题

1. 以小组为单位,通过互联网进一步搜集有关资料,制定一份实行O2O模式的企业（例如顺丰嘿客）的营销计划,说明其目标市场、使命、竞争者、营销战略以及可能实施的营销策略。

2. 以小组为单位,选择一家大型制造业生产厂家,搜集资料,考察其产品组合的现状,运用波士顿矩阵法分析其现有的业务单位,画出BCG图,并制定相应成长战略和经营战略,为其营销组合和组织形式提出建议。

延伸阅读

[1] Roger A Kerin,Robert A Peterson. 战略营销:教程与案例(第 11 版)[M]. 范秀成,译. 北京:中国人民大学出版社,2011.

[2] 孙科炎. MBA 式案例训练教程:营销策划技能案例训练手册 2.0 [M]. 北京:机械工业出版社,2013.

参考文献

[1]马晓丹. 拆解优衣库 O2O 战略[EB/OL]. V-Marketing 成功营销,2014.

[2]范黎波,张卫. 海尔 SBU 经营机制的深层次思考 [J]. 对外经济贸易大学国际商学院,集团经济研究,2006(01S).

[3] 2012—2016 年中国猕猴桃酒行业市场发展趋势及投资规划分析报告[EB/OL]. 中国产业洞察网,http://www.51report. com/research/207723. html,2012.

[4]果酒市场营销战略[EB/OL]. 和锐方略,http://www. docin. com/p-689485499. html,2003.

第四章

营销环境与创新机会

$\gg\gg\gg\quad\gg$

⊟▷【知识目标】

了解环境的特点,以及影响企业营销的宏观环境因素和微观环境因素,明白环境和企业的互动关系,掌握营销环境的分析和评价方法,了解寻找创新机会的思路。

⊟▷【技能目标】

掌握市场营销环境的基本分析方法,学会如何适应环境的变化并影响和改造环境,懂得如何判断并把握企业的市场创新机会。

⊟▷【导入案例】

20万亿:养老业遍地金币谁来捡

当前,"银发浪潮"正快速向中国奔涌而来。第六次全国人口普查数据显示,我国(除香港、澳门、台湾外)人口为 13.4 亿人,其中 60 岁及以上人口占比达到 13.26%。按照联合国的标准,一个地区 60 岁以上人口占比超过 10%,即称为老龄社会。据权威部门测算,未来不到 40 年,中国老龄人口占比将超过 30%。由于我国多数属于"421"式家庭结构,届时将面临前所未有的压力和挑战。

养老产业属于劳动密集型产业,其发展对扩大社会就业大有裨益。据估算,

从 2010 年至 2030 年,我国养老产业从业人员将从 2000 万人激增到 7800 万人,提高就业率约 2% 以上。如果按照老年人口与护理人员 3：1 的比例配备,仅此一项就能增加就业 1000 多万人。同时,养老产业具有产业链长、涉及领域广等特点,并对上下游产业具有带动效应。预计未来 20 年,我国养老产业规模有望达到 20 万亿元以上,对 GDP 的拉动作用将会十分明显。

可以预见,中国未来的养老产业将是一个充满无限发展潜力的产业。从更高的层次看,老人受尊敬,是人类精神领域最美好的一种特权。未来,中国的养老产业不仅是要照顾好老人的衣食住行,更重要的是能够给予他们精神上的慰藉、心理上的呵护以及全面的关怀,让每个老人都能在体面与尊严、健康与快乐中走过人生最后的旅程。

(资料来源:刘翔霄,朱国亮,王骏勇. 20 万亿:养老业遍地金币谁来捡[J]. 半月谈,2011 (09).)

营销启示

老龄化的社会趋势是企业无法回避的市场现实,对于部分以年轻人为目标市场的企业而言,这可能是威胁,因为老龄化的人口将减少健身、教育等产品的消费需求,但对于其他企业而言,则又是一个巨大的市场商机。中国人口结构的变化,影响着企业的经营策略的选择。如同电影《音乐之声》里所说:"上帝关上一扇门,一定会打开另外一扇窗。"企业要做的是审时度势,及时发现的环境变化,灵活采取应变措施,规避环境变化带来的风险,抓住变化中的机遇,以取得企业持续发展。

市场营销环境是与企业市场营销活动有关的内外部因素的总和,分为宏观环境和微观环境两大类,如图 4.1 所示。市场营销对企业的经营业绩有着巨大的影响力,"台风来时,猪都能飞",可见环境对企业经营的影响和重要性。

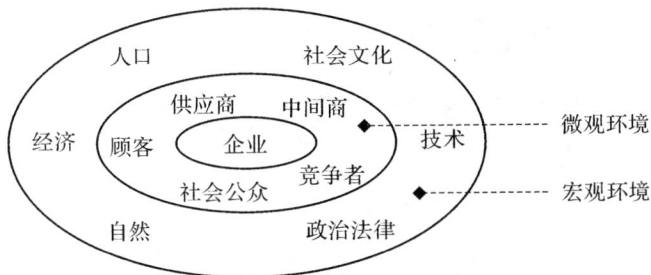

图 4.1 市场营销环境

"适者生存"是自然界的生存法则,也是企业在市场环境中生存法则,企业要处理好市场营销活动与环境的适应性,使企业在复杂多变的环境中处于不败之地。

第一节　宏观环境分析

宏观环境(Macro-environment)是指间接影响企业经营活动的外部因素。宏观环境因素对所有在同一个领域或地域范围中的企业是相同的,但不同企业受到的厉害程度却不同,需要企业进行认真识别。宏观环境可以分为人口、自然、技术、经济、政治法律、社会文化六大因素。

一、人口环境

人是构成市场的第一要素。人口环境通过人口统计学得出数据分析结果进行描述,主要包括人口的数量、密度、性别、年龄、家庭规模和结构、教育/文化程度、职业、宗教信仰等方面情况及其变化趋势。目前,中国人口的主要特征是:总量巨大,居中世界第一;人口老龄化非常迅速;城市化趋势明显。而由此给企业带来的影响也不尽相同。

1. 人口数量

人口数量取决于人口的自然增长率。经济学家指出,人口的适度增长会自动促进经济的增长。如果一个国家的劳动年龄人口占总人口比重较大,抚养负担比较轻,则为经济发展创造了有利的人口条件,这一现象被称为"人口红利"。

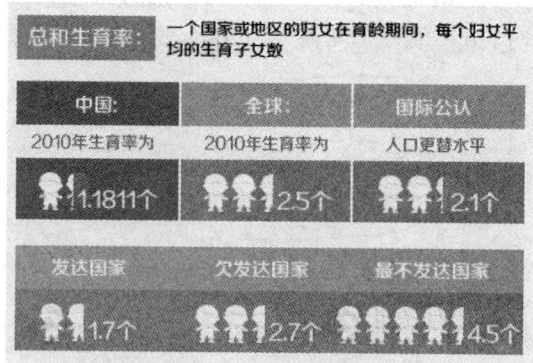

图 4.2　2010 年中国和世界的生育率状况

反之,当人口下降时,经济就会陷入衰退中。俄罗斯、德国、日本等一些国家由于种种原因陷入人口数量衰退的趋势,不仅导致人口老龄化和劳动力相对紧缺,而且使消费品市场缺乏活力,经济处于停顿或者衰退的状态。

中国是实行计划生育的国家,经过几十年的政策执行,国内高增长的生育率得到控制,但劳动年龄人口数量的首次下降意味着中国人口红利消失的拐点已在 2012 年出现,如图 4.3 所示,这给国内一些行业带来了直接压力,将对经济增长产生显著影响。

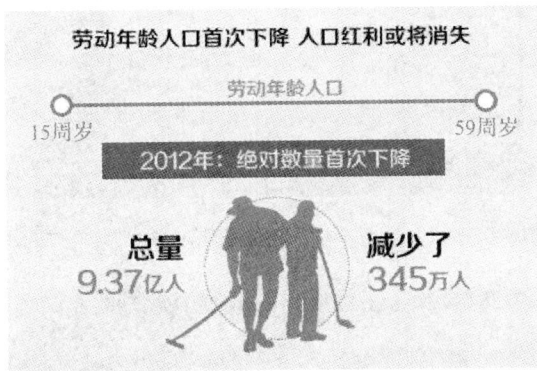

图 4.3　中国人口红利下降

目前世界人口已达到 70 亿总量,部分地区的儿童食物、衣服、教育需求会面临严重供不应求的状态,人口爆炸性的增长对社会带来诸多压力,而且高增长的人口并不意味着有足够的购买力。因此,企业需要对人口数量进行一分为二的分析。

2. 人口年龄组合

一个老龄化的社会,其消费品必然更多地面向老年人,对医疗、护理、养老等行业的需求就会增加。而新生婴儿的增加或减少,也会影响婴幼儿商品、教育等产品的消费,并随着时间的推移,其影响具有外扩效应。

目前,国内少子化现象趋势明显,如图 4.4 所示,自 2000 年起国内已步入老龄化社会,人口老龄化日益严重,如图 4.5 所示。对企业而言,无论是小孩的生活用品和文化教育,还是老人的生活用品和医疗保健服务,都存在大量的变数,关键在于企业能否正确了解和把握消费者的需求。

考察人口的年龄分布通常还有另外一个方法,即按照特定的出生年份区间把人群分为不同的"代"。比如,美国通常把第二次世界大战以后至 60 年代初出生的人群称为"婴儿潮一代",60 年代中期至 70 年代中后期出生的人群称为"X

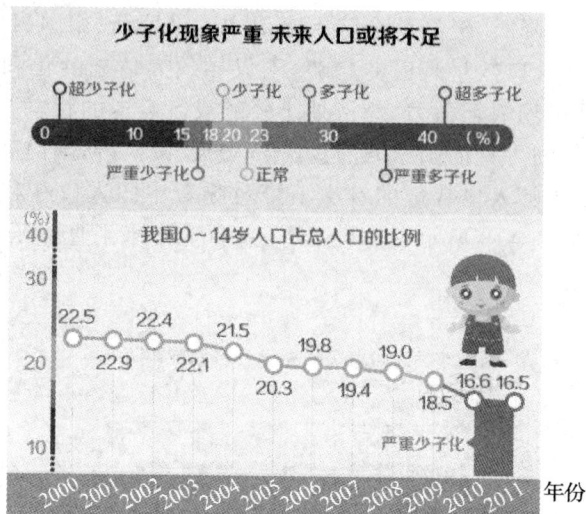

图 4.4 国内少子化现象

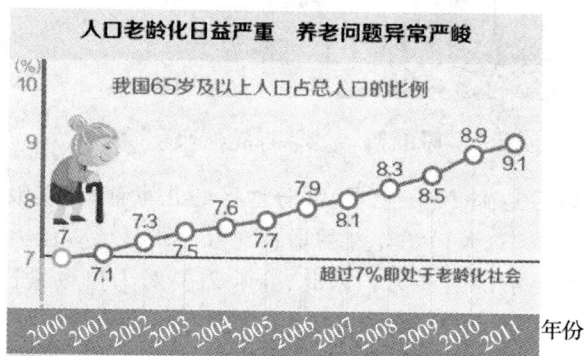

图 4.5 国内人口老龄化现象

一代",而 70 年代末至 2000 年出生的称之为"千禧一代"。同一"代"的人群通常具有相同或者类似的生活习惯和消费特性。

在我国,50—60 年代中期可以作为一代,60 年代中期至 70 年代末也可以作为一代。再往后,"80 后"、"90 后"和"00 后"分别以他们鲜明的个性依次登场。以"90 后"为例,他们非常感性,追逐时尚,崇尚个性,喜欢 IT 产品,热爱旅游等。相比"80 后",他们的消费能力更强,也更加注重消费的品位和体验。

3. 人口密度

人口密度是反映人口密集程度指标。对企业而言,人口密度大的地区或城市,往往意味着潜在市场的容量可能会大。人口密度受自然条件、经济发展水平以及国家政策等因素的影响,企业不但要了解目前区域人口密度的现状,还应关注其变化的趋势。

如,在我国内蒙古的鄂尔多斯市,由于周边煤炭的开采使得该城市的许多人财富暴涨,整个城市的消费水平迅猛上升。于是,借助于全国的房地产热潮,鄂尔多斯的房地产开发也蓬勃兴起。可好景不长,由于人口总数和人口密度都难以和沿海一线、二线城市相比,大量的房子无人问津,于是鄂尔多斯的新城就成了"空城"和"鬼城"。

4.家庭结构

作为社会中最小的组织单位——家庭,对市场营销环境的影响也很大。家庭规模大小会在一定程度上影响到生活用品、住房、旅游等产品的消费方式和购买习惯。

如,两口之家的小夫妻会热衷于休闲旅游,而等到变成三口之家之后,以培养下一代为目标,消费重点就转移到小孩的身上,家庭的生活方式和消费内容发生明显的改变,其中,教育开支会占据越来越高的比重。

随着老龄化社会的进程,空巢家庭作为一种特殊的家庭结构开始被人们关注。来自民政部的数据显示,2009 年我国城市老年人空巢家庭(包括独居)的比例已达 49.7%,大中城市更是高达 56.1%,显然空巢家庭的消费需求将成为企业的一类商机。

5.人口地理迁移

人口的地理迁移主要体现在人口从农村向城市流动,或从城市向农村流动。

"十二五"期间,中国城镇化进程的加速推进,带来人类历史上最大规模的人口迁移。2010 年流动人口约 2.2 亿人,未来将超过 3 亿人。这既会带来社会的变化,也会给很多以农村人口为目标市场的企业带来威胁,但也直接拉动了国内交通运输服务业、城市的住房租赁市场以及其他城市的消费用品。

另一方面,随着城市人口密度的增加,人均社会资源下降,部分有条件的城市居民开始向农村寻求更好的居住环境、食物需求以及休闲娱乐服务,直接带动了"农家乐"、"家庭农场"等消费市场。

除了以上因素外,人口的性别结构、教育水平、民族等都会对企业经营活动产生有利或不利的影响,企业需要对人口环境进行深入细致的研究和分析。

二、自然环境

自然环境提供了人类和其他生物生存的基础,比如水、阳光、空气、食物和适宜的温度等等。自然环境还为人类经济的进一步发展提供了其他基础资源。如石油、煤炭、铁矿石等。

人类现在面临的自然环境问题主要有三大类：第一，自然环境的突变；第二，资源的稀缺；第三，人类对自然环境的破坏。

自然环境的突变除了台风、地震等常见的自然灾害以外，更令人担忧的是气候的剧烈变化。如，曾经有不少科学家研究过气候变暖问题。倘若地球温度持续升高，那么海平面将上升，沿海大部分城市将被淹，人类将面临一场浩劫。

资源的稀缺也是困扰经济发展的重要因素。比如，我国经济发展需要大量的能源。如果国际市场上石油紧缺、价格高企，就会给我国的经济发展带来负面影响。同时，塑料、化纤等石油制成品的价格也会水涨船高。

人类对环境的破坏对人类自身的生存和发展造成了很大的威胁。比如，地下水被污染了，不仅会影响到水和土壤，而且会影响到所有的农作物，进而影响到食用这些农作物的动物。人类处于食物链的最高层，所有的污染物最终都会被人类所"享用"。所以，保护环境，减少或消除对环境的破坏是每一个人、每一个政府和每一个企业刻不容缓的要务，是企业必然的社会责任。

三、技术环境

技术进步促进了生产力的提高，也改变了人们的生活方式。

瓦特发明蒸汽机以前，任何产品都是手工制作的。由于手工制作效率低下，产量难以大幅度提高，因而社会商品一直处于供不应求的状态。英国工业革命以后，采用蒸汽机等动力机械生产纺织品等，产量高、经济效益好，为英国成为那个时代的头号帝国提供了物质基础。

当今世界正处于一个技术发展日新月异的时代。技术进步不仅带来了许多划时代的新产品，而且极大地改变着人们的生活和消费方式。

比如，自行车、汽车、轮船、火车、飞机和高铁，大大提高了人们的交通效率和活动范围。报纸、广播、电视以及互联网，使得人们均为千里眼和万里耳。

多数情况下，技术进步对整个人类社会的作用是正面的。但是对企业而言，如果一个企业没有能力或者没有办法赶上技术的潮流，那么技术的进步对它而言就是致命的，技术的进步将加速产品的更新换代，缩短产品生命周期，加快产品的淘汰速度。比如手机技术的发明和逐渐成熟，成为了 BB 机厂家和运营服务商的噩耗。

➡前沿知识

第六次科技革命

第一次科技革命发生在 16—17 世纪，其标志就是近代科学的诞生，表现为哥白尼、伽利略、牛顿力学等学说的产生。

第二次科技革命发生在 18 世纪中后期，其标志就是蒸汽机与机械革命，表现为蒸汽机、纺织机、工作母机的出现。

第三次科技革命发生于在 19 世纪中后期，其标志就是内燃机与电力革命，表现为内燃机、电机、电信技术的产生。

第四次科技革命发生在 19 世纪中后期至 20 世纪中叶，其标志就是进化论、相对论、量子论、DNA 双螺旋结构等理论诞生，表现为进化论、相对论、激光、量子力学、高能粒子、DNA 与基因等。

第五次科技革命发生在 20 世纪中后期，其标志就是电子计算机、信息网络的出现，表现为电子技术、计算机、半导体、自动化、信息网络等。

当前，世界又处于第六次科技革命的"拂晓"。国内学者预测第六次科技革命的核心内涵是：(1)大化学的科技革命；(2)新生命科学和技术革命；(3)大成智慧革命和新的信息及互联网革命；(4)物理科学的革命。第六次科技革命必将深刻影响人类的生活方式和思维方式，并不断涌现出一批重大的理论突破和重大的经济效益。

科技革命也让"有准备"的国家受益良多：英国引领了第一次、第二次和第四次的科技革命，抓住机遇，成为世界强国；德国在英国之后，引领了第三次和第四次的科技革命，曾经是世界上最发达的国家，现在仍然如此；美国引领了第三次、第四次、第五次科技革命，是当代最强的国家；日本抓住了第三次、第四次和第五次科技革命，升级为发达国家；芬兰和爱尔兰也一样抓住了机遇，成为发达国家。

相反，苏联忽视了第五次科技革命，科技发展受到严重制约。葡萄牙忽视了第一次和第二次技术革命，降级成为一个中等发达国家。"中国错失了前四次科技革命的机遇"，为此付出了巨大的代价。

历史深刻地说明了一个道理：科技革命对国家的兴衰具有重大影响。第六次科技革命将是一次难得的机遇，值得科技界和全社会重视和思考。中国再也不能与新科技革命失之交臂，必须密切关注和紧跟世界经济科技发展的大趋势，在新科技革命中赢得主动。

（资料来源：徐光宪.第六次科技革命的内涵[N].中国科学报,2013-04-01.）

四、经济环境

经济环境是指构成企业生存和发展的社会经济状况和国家经济政策，是影响消费者购买能力和支出模式的因素，它包括收入的变化，消费者支出模式的变化等。经济环境是企业最为敏感的环境因素之一，同时影响着企业和消费者。

1. 经济周期和经济形势

经济周期是指经济运行中周期性出现的经济扩张与经济紧缩交替更迭、循环往复的现象。经济周期一般经过繁荣、衰退、萧条、复苏四个阶段。复苏和繁荣阶段，经济形势良好，企业有一个较宽松的外部环境，市场需求增加，商品销售顺畅，资金周转灵活，价格在不断攀升，是投资的好机会。相反，衰退和萧条阶段，往往商品销量下降，库存增多，市场行情恶化，商品价格下降，企业经营困难。

经济发展快，使得大家可以获得更多的劳动机会或者更好的劳动回报，人们的收入就能增加，消费能力自然就提高，市场需求也就旺盛了，更重要的是，人们对未来的预期看好，消费行为会更加大胆。企业要对经济周期波动进行了解和把握，制定相应的对策来适应周期的波动，以增强市场适应能力。

2. 消费者收入

消费者收入是消费者从各种来源中所得的全部收入，是社会购买力的重要组成部分，它直接制约着消费者购买力的强弱。收入水平越高，购买力就越大。对企业营销而言，应关注消费者的以下收入。

（1）个人可支配的收入。即个人收入中扣除各种税款和非税性负担（如工会费、养老保险、医疗保险等）后的余额。它是消费者个人可以用于消费或储蓄的部分，形成实际的购买力。

（2）个人可任意支配的收入。即个人可支配收入中减去用于维持个人与家庭生存所必需的费用（如水电、食物、衣服、住房等）和其他固定支出（如学费等）后剩余的部分。这部分收入是消费者可任意支配的，因而是影响消费需求最活跃的因素，也是企业开展营销活动所要考虑的主要对象。

（3）家庭收入。许多产品的消费是以家庭为单位的，如冰箱、电视、空调等，因此家庭收入的高低会影响许多产品的市场需求。

3. 消费者支出模式和结构

消费者支出模式，是指消费者收入变动与需求结构之间的对应关系。一般情况下，消费者会根据消费的急需程度，对自己的消费项目进行排序，一般首先满足主要的消费，如温饱和治病消费；其次是住、行和教育；再次是舒适型、提高型的消费，如保健、娱乐等。

随着家庭和个人收入的增加,收入中用于食品方面的支出比例将逐渐减小,这一定律被称为恩格尔定律;用于购买生存性的食物的支出在家庭或个人收入中所占的比重被称为恩格尔系数。恩格尔系数表明,当家庭收入增加时,收入中用于食物开支部分的增长速度要小于用于教育、医疗等方面的开支增长速度。恩格尔系数是表示人们生活水平高低的一个指标。恩格尔系数越高,生活水平越低;反之,则恩格尔系数越低,生活水平越高。

根据恩格尔系数的高低,联合国对世界各国的生活水平有一个划分标准,即一个国家平均家庭恩格尔系数大于 60% 为贫穷;50% ~ 60% 为温饱;40% ~ 50% 为小康;30% ~ 40% 属于相对富裕;20% ~ 30% 为富足;20% 以下为极其富裕。目前,国内城镇和农村的恩格尔系数持续下降,如图 4.6 所示,国内消费者的消费结构也发生了很大的变化,关注恩格尔系数有助于企业对未来消费趋势的预测和把握。

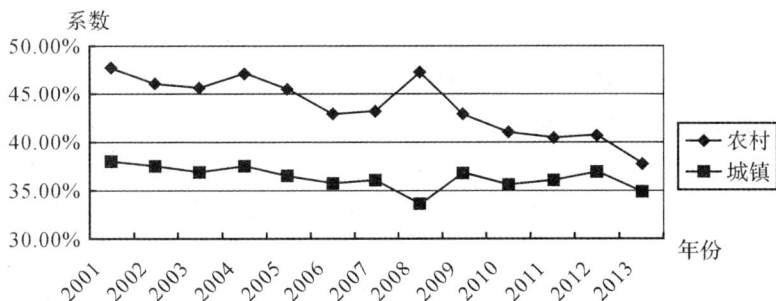

图 4.6　2001—2013 年国内城乡恩格尔系数

五、社会文化环境

社会文化环境是影响企业营销诸多变量中最复杂、最深刻、最重要的变量。社会文化是人类社会在其长期发展历史过程中形成的,由特定的价值观念、行为方式、伦理道德规范、审美观念、宗教信仰及风俗习惯等内容构成,影响和制约着人们的消费观念、需求欲望及特点、购买行为和生活方式,对企业营销行为产生直接影响。

任何一个自然形成的人群,都拥有不同的文化特征。在一个相对固定的群体中,通常拥有共同的文化特征。同时,有时候也会形成内部不同小群体的文化,称之为亚文化。一个国家或民族具有本国或本民族特有的文化,一个企业、一个家庭也会形成自己的文化,甚至学校里的班级和寝室都可以形成自己的亚文化。东部吃甜,西部喝辣,饮食习惯不同是文化对市场需求产生差异的最好体现,也称"饮食文化"。

⬡ 阅读材料

星巴克"入驻"灵隐寺折射了什么?

星巴克,代表着美国典型的咖啡文化;灵隐寺,则承载着中国千年佛教文化。2012年9月22日,当星巴克"入驻"杭州灵隐景区的消息一出,社会上一片沸腾。

网友"our80"的一句"进去这家星巴克店后,服务生会微笑地问:施主,您是大悲还是超大悲,或者是大瓷大悲?"的幽默吐槽,被上万网友转发。

2009年,在故宫九卿值房"驻扎"7年的星巴克在争议中正式告别故宫。而此次,星巴克入驻灵隐寺景区,网友"唐伯小虎"称:星巴克入不了皇城,只有遁空门。

星巴克在争议中退出故宫,最重要的原因是作为"美国并不高级的饮食文化的载体和象征",星巴克在故宫开店被认定一种"文化侵略",侵蚀了中国传统文化。在公众意识中,星巴克的文化格调与故宫的文化氛围依然格格不入。

星巴克在灵隐景区开店再次引发"文化入侵"之忧,也是因为"看简单了它是一杯咖啡,看复杂了它是一个文化符号"。星巴克与灵隐寺代表的文化意义有所冲突,公众一时难以接受。

(资料来源:新华社.星巴克"入驻"灵隐寺折射了什么?[N].北京晚报,2012-09-25.)

不同的文化背景下的人们的世界观、社会观和自然观都会产生差异,同时包括非语言沟通、宗教、时间、空间、颜色、数字、美学、风俗习惯、身份意识和食物偏好等方面的差异,进而带来对市场需求的不同,所有这些对企业而言都是可能的潜在的陷阱。企业需要对目标市场的文化环境进行深入了解,以免触碰文化禁忌,影响整体营销活动的效果。

六、政治法律环境

政治环境包括一个社会的政治力量对经济的反应,其中法律/法规是政治力量的规范化体现。具体表现为一个国家或地区的政治制度、体制、方针政策、法律法规等方面。这些因素常常制约、影响企业的经营行为,尤其是影响企业较长期的投资行为。

法律法规对企业的约束是十分必要的。但是切忌限制过多,把市场管得过死。比如,长期以来,我国对汽车行业控制较严,吉利等民营企业直到十几年前才有机会进入这一市场和跨国企业、合资企业开展竞争,这在一定情况下导致了我国汽车行业虽然产销量世界第一,但是技术和品牌知名度一直落后于外企。

反观家电行业,无论是彩电、冰箱、空调还是微波炉,国家没有进行限制,内企和外企很早就已经同台竞争了。现在,国内企业已经拥有了强大的技术开发能力,并且占据了家电产品产销量的主导地位。

除了成文的法律以外,各种社会团体出于自身利益的考虑会对社会舆论产生压力和影响。比如在美国,许多大企业或者企业联盟(行业协会),都会在华盛顿部署游说力量,以影响议员们的观点,以期通过对自己有利的法律法案,或者删除对自己不利的条款。

宏观环境中政治(Politics)、经济(Economic)、社会(Society)、T 是技术(Technology)四个环境的分析,可统称为 PEST 分析法。PEST 分析法是战略外部环境分析的基本工具,它通过以上四个方面的因素分析,从总体上把握宏观环境,并评价这些因素对企业战略目标和战略制定的影响。

第二节　微观环境分析

微观环境(Micro-environment)是直接影响企业经营活动的外部因素,包括供应商、企业内部、营销中介、顾客、竞争者和公众。微观环境和宏观环境的区别在于,不同企业的微观环境往往是不相同的。

一、企业内部

企业自身是经营活动的核心和关键所在。企业内部的运作环境会直接影响企业的经营效益,这些因素包括企业管理的组织层次、职能部门、业务运作流程、管理标准和体系、技术研发力量、生产、营销能力,以及企业内部的组织文化。

企业的正常或有效运转,离不开企业内部每一个部门、每一位员工的付出,需要各部门各司其职,也需要部门之间的沟通协作和能力配合。

一个好的企业不仅仅要有先进的技术、雄厚的资金实力,更要有好的管理团队、务实而有严格的制度,还要有与其行业、产品相一致的企业文化。比如,对于高科技企业而言,创新文化是它成功的关键因素之一。而对于传统制造业,严格的科学管理可以提高产品质量,降低成本。

二、供应商

供应商处于企业的产业链上游,为企业的生产经营提供各种资源,如能源、水、原材料、零部件、工具、设备和专业服务等。

企业和供应商的关系非常微妙。一方面,双方处于交易中博弈的对立面,难免产生利益冲突。如果供应商具有垄断资源或者独特的技术优势,那么就会较强的谈判能力和议价能力。反之,如果企业可以寻找到多个供应源,在合作中就会占主导地位。

另一方面,企业和供应商的利益往往又是相互影响的,需要双方相互支持,才能实现共同发展。随着市场经济的发展和竞争的加剧,越来越多的企业和供应商认识到,双方需要从原来的交易买卖关系发展为风险共担、利益共享、互通有无的战略关系,从原来单纯的竞争关系发展为合作关系,以实现一损俱损,一荣俱荣,达到"双赢"和共同发展。

三、营销中介

营销中介包括渠道中介(经销商、批发商、零售商等)、物流中介、金融服务中介和营销服务中介。

渠道中介除了经销商、批发商和零售商以外,还有经纪人和代理商。通常前三者取得商品所有权,需要进货后再转售给下游企业或者最终用户。后两者是不取得商品所有权,只从事商品销售。经纪人的业务模式是撮合买方和卖方,然后向其中一方或者双方收取佣金。代理商只是代表卖方或卖方进行交易,本身也不进货。

物流中介包括提供运输、仓储、配送和物流信息服务的各种企业。

金融服务中介包括银行、第三方支付中介、信贷公司、保险公司等。支付宝、Apple Pay 等第三方支付中介体验好、接地气,受到了商家和消费者的欢迎。

营销服务中介包括广告商、营销调研机构等。

营销中介的合作有利于企业提高营销效率,节约交易成本,以便集中更多的精力更好地与顾客沟通,创造顾客价值。

四、顾客

顾客是指购买商品的人,是商业服务或产品的采购者,他们可能是最终消费者,也可能是中间商或供应链内的其他中间人。对于不同的企业或者是不同的产品,顾客的类型也不相同。根据不同的顾客群体,可分为消费者市场、生产者市场、政府市场、国际市场等。如图 4.7 所示。

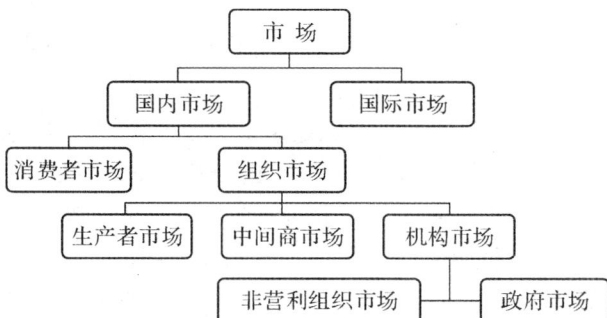

图 4.7 市场类型

消费者市场是指为满足自身需要而购买的一切个人和家庭构成的市场。组织市场是指一切为了自身生产、转售或转租或者用于组织消费而采购的一切组织构成的市场,主要包括生产者市场、中间商市场、政府市场和非营利组织市场。消费者市场是最终市场。

顾客是企业产品和服务得以价值转换和实现的承接者。一个企业想要成功,就必须注意倾听顾客的心声,不断适应顾客的需求变化,努力让顾客满意。比如,顾客对服装的色彩、款式偏好会经常改变。企业要做的是及时把握市场变化的脉搏,及时调整产品营销策略,以适应市场的需求。

同时,企业还要研究不同顾客群体的需求特点,购买动机等消费者心理和市场需求发展趋势,研制和开发新产品,以激发顾客需求。

五、竞争者

竞争者是和企业争夺同一客户群体资源的其他企业和个人。从消费者需求的角度划分,企业竞争者可以包括四种类型。

(1)品牌竞争者。指同一行业中以相似的价格向同一顾客群体提供类似产品或服务的,不同品牌的其他企业。如汽车市场中,奔驰公司和宝马公司之间的竞争关系。

由于产品相互替代性较高,品牌竞争者之间的竞争非常激烈,企业均以培养顾客品牌忠诚度作为争夺顾客的重要手段。

(2)行业竞争者。指提供同种或同类产品,但规格、型号、款式不同的企业称为行业竞争者。所有同行业的企业之间存在彼此争夺市场的竞争关系。如,苹果公司生产高端手机,而小米公司生产中低端手机,它们之间就是行业竞争者的关系。

（3）需要竞争者。指提供不同种类的产品，但满足和实现消费者同种需要的企业。如中长距离的高铁和航空公司之间就构成需要竞争关系，而中短距离的高铁又和长途汽车构成需要竞争关系。

（4）一般竞争者。又称为消费竞争者或愿望竞争者，指仅向同一目标消费群体提供不同产品，以满足消费者的不同需求的企业。如，卡拉OK厅、台球房、网吧、电影院等，从表象上来看是不同的企业，他们的产品和服务可以满足消费者不同的需求。但实际上他们争夺的是同一群想要消磨时间或者休闲放松的消费者。同一时间，消费者只能选择一家去消费。这样，这四种不同的企业就构成一般竞争关系。

企业应从不同的角度，分析并识别自己的竞争对手，以把握竞争环境，实施正确的营销策略。

六、公众

公众是对企业经营活动有实际或潜在影响的群体，包括投资者、媒体、政府部门、群众团体、社区居民、内部公众等。公众尽管不直接影响企业的经营业绩，但是也能对企业的经营产生重要的影响。

投资者包括股民、债券购买者或者是提供贷款的银行，是企业的资金来源。

媒体会通过它的报道对企业施加正面或者负面的影响。

政府部门可以运用它的行政力量对企业的经营进行干预。如，环保部门对企业环保设施的检测以及超排放的处罚等。

群众团体可以通过各种活动施加影响。如，绿色和平组织经常出动小艇去干扰日本捕鲸船的作业。

企业要和社区居民搞好关系。如，在居民小区经营的网店，需要考虑自己的销售和物流活动是否影响到社区居民的正常生活秩序。

内部公众是指企业所有的组织成员，形成企业内部的舆论力量。要想获得良好的经营业绩，内部成员的凝聚力和一致性至关重要。

许多企业会成立公共关系部门，收集相关公众的意见和态度，专门筹划与各类公众的建设性关系，发布消息，沟通信息，以期树立良好的公众形象，同时在企业处于负面报道或消极影响时，能排解纠纷，缓解和妥善处理与公众的关系。

第三节　环境评估与创新机会

　　企业经营与周围环境息息相关,无时无刻不受到环境的影响。经营有方的企业往往能客观地分析环境,并能从中正确识别出有利因素和不利因素,并采用合适的应对性的策略。因此,分析环境是企业制订战略和策略的基础,了解环境的各类因素就是为了寻找市场的创新点和企业的增长点,促进企业发展壮大。

一、企业与环境的互动关系

　　1. 环境的特征

　　与企业内部的各要素不同,企业的市场营销环境具有以下特点:

　　(1)客观性。环境存在于企业外部,是不以企业意志为转移的因素,对企业营销活动的影响具有强制性和不可控性的特点。

　　(2)差异性。不同的企业受不同环境的影响,同样一种环境因素的变化对不同企业的影响也是不尽相同。企业为适应不同的环境及其变化,必须采用各有特点和针对性的营销策略。

　　(3)相关性。市场营销环境是一个系统,在这个系统中,各个影响因素是相互依存、相互作用和相互制约的。

　　(4)动态性。市场营销环境是一个动态系统,变化是环境的主流趋势。营销活动必须适应环境的变化,不断地调整和修正自己的营销策略。

　　2. 企业与环境的互动关系

　　传统理论认为,环境是外在的、客观的,企业没法影响或者改变环境,只能被动地适应环境。现代营销理论认为,企业与环境互动的关系有三种途径。

　　(1)被动适应。当环境发生变化时,迅速采取措施,及时调整营销策略,以适应环境的变化。

　　(2)主动调整。企业应密切注意环境的变化,并对环境未来可能的变化趋势进行预测,提前做好应对的准备。当环境发生变化时,企业可以同步调整营销策略,与环境的变化相匹配。这样不仅不会受到环境的负面影响,而且因为比别的企业动作快,抢占了先机,能够取得新环境下的竞争优势。

　　(3)努力影响和改变环境。企业应该努力去影响和改变环境,以使环境向有利于本企业发展的方向发生变化。无论是人文环境还是自然环境,企业或多或少都能够对环境施加一定的影响。比如,美国经常拿"倾销"说事,指控我国企业不正当竞争。假如企业不去应诉,那么就会面临丢掉市场的风险,而在理由充分的条件下积极地应诉,就有可能说服法官取消制裁措施。

企业应该根据不同的环境,选择不同的应对策略,通过自身的努力去适应和影响环境,以创造适合企业发展的宽松的市场环境。对此,首先要进行环境分析。

二、营销环境的分析评价

环境中凡是对企业经营有利的因素,称为市场机会,而所有对企业经营不利的因素称为市场威胁。机会和威胁不是绝对的,对一家企业的不利因素,可能是另一家企业的有利因素。需要企业根据自身经营状况、资源状况以及环境变化进行综合分析,寻找机会,回避威胁。

一般,在环境分析中常用到 SWOT 分析法。SWOT 分析是著名管理咨询公司美国麦肯锡公司发明的,用于分析企业环境和制订战略的定性分析方法。它原理简单,操作方便,被广泛应用于企业管理之中。

SWOT 分析法,又称优劣势分析法,用来确定企业自身的竞争优势(Strength)和劣势(Weakness)、外部的机会(Opportunity)和威胁(Threat),从而将公司战略与公司内部资源、外部环境有机地结合起来。SWOT 分析的步骤如下:

1. 罗列环境因素和自身状况

罗列和分析营销环境因素的过程,也称环境扫描,即获取和利用外部环境信息的行为,以协助企业的高级管理层制定其未来行动方案。因此,企业首先需要组织由相关专家和营销人员将所有已有的、可能的环境机会和威胁,以及企业自身所有的优劣势,全部罗列出来。这是制定策略的信息基础,尽量做到不遗漏信息。

2. SWOT 因素的识别和排序

对于已经罗列出来的影响因素和自身状况,需要逐一确定其对企业的重要程度。因为并非所有的机会同有吸引力,也并非的威胁是严重的。企业可以用"市场机会矩阵图"和"环境威胁矩阵图"来加以分析和判断。

假如这是一家汽车公司,共罗列出 10 条环境因素,其中威胁有 6 条,机会有 5 条。根据"威胁实现的可能性"和威胁"潜在的严重性"两个指标,对全部威胁逐一进行梳理和定位,其结果如图 4.8 所示。

威胁实现的可能性

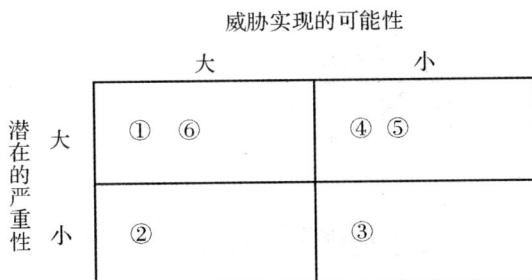

图 4.8　环境威胁矩阵图

从图 4.8 可以看出，第①和第⑥条信息最危险，其很可能实现而且潜在危害也大，是需要重点处理的内容。第③条信息可以忽略不计；第②条信息虽然实现可能性大，但问题不严重，属于缓后处理的内容；第④、⑤条信息虽然危害严重，但实现可能性小，属于需要关注的信息。可见，根据分析结果，第①和第⑥条信息是最主要的威胁。

根据"成功可能性"和"潜在吸引力"两个指标对机会进行逐一梳理和排序。潜在吸引力表示盈利能力。从图 4.9 可知，第⑧条信息最有利，其很可能成功而且潜在盈利性最大，是需要重点开发的内容。第⑨条信息可忽略不计；第⑦条信息虽然成功可能性大，但盈利空间不大，属于观望待定的内容；第⑩条信息虽然盈利空间大，但成功可能性小，需要企业慎重决策的信息。显然，第⑧条信息是最主要的机会。

机会成功的可能性

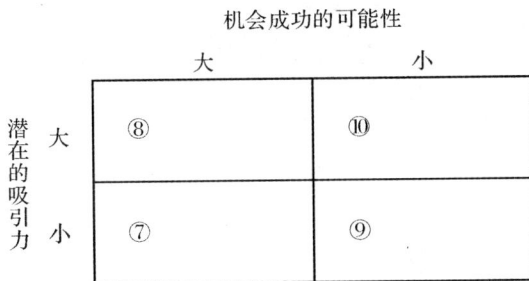

图 4.9　市场机会矩阵图

通过对机会和威胁因素的逐一分析，外部营销环境的评价结果 可以描述为四种类型，如图 4.10 所示。

同理，通过比对竞争者的相关资料，对企业自身状况进行评价，分析其优劣势。评价时，可从以下四个角度考虑每一个因素：是否容易被复制？优势能够持

威胁水平

		低	高
机会水平	高	理想业务	风险业务
	低	成熟业务	困难业务

图 4.10　市场机会矩阵图

续多久？能否真正在竞争中保持上乘价值？是否会被竞争对手的其他资源或能力所抵消？根据评价结果,对各项要素进行排序,并将所有优劣势因素进行排序,将对企业发展有重要的、迫切的影响因素优先排列出来。

3. 构建 SWOT 矩阵

根据各因素的评价结果,将优势、劣势分别与机会、威胁相组合,形成 SO、ST、WO、WT 战略,如图 4.11 所示。

内部环境 / 外部环境	优势—S 1.…… 2.…… ……	劣势—W 1.…… 2.…… ……
机会—O 1.…… 2.…… ……	SO 策略 发挥优势 利用机会	WO 策略 利用机会 克服劣势
威胁—T 1.…… 2.…… ……	ST 策略 利用优势 回避威胁	WT 策略 减少劣势 回避威胁

图 4.11　SWOT 分析矩阵

SO 策略是充分利用企业优势与外部机会的战略,是一种理想的战略模式。当企业具有特定方面的优势,而外部环境又为发挥这种优势提供有利机会时,是增长性的战略模式。

WO 策略是利用外部机会来弥补内部弱点,使企业改劣势而获取优势的战略。存在外部机会,但由于企业存在一些内部弱点而妨碍其利用机会,可采取措施先克服这些弱点,是一种扭转性的战略模式。

ST 策略是指企业利用自身优势,回避或减轻外部威胁所造成的影响,企业可利用开发新技术产品等途径回避威胁,体现多元化的经营思路。

WT 策略旨在减少内部弱点,回避外部环境威胁的防御性技术。企业可采取目标聚集战略或差异化战略,以回避成本劣势及其带来的威胁。

4. 选择应对策略

策略制定后,企业决策层需要对 SO、ST、WO、WT 策略进行甄别和选择,确定企业目前应该采取的具体战略与策略,一般要结合企业使命、价值观、经营战略、竞争态势、政策导向等多种因素进行综合考虑。

SWOT 分析方法简单易用,但是对于环境的判断,难免会比较主观。如,某地开了一家餐馆,生意不错。过了不久,它的隔壁开了一家小吃店,对面又开了一家饺子馆……通常,这些竞争对手的出现被视为环境的威胁。但是,同类厂商的聚集往往会带来市场的集中效应,消费者都知道这一带好吃的比较多,就都会上这儿来用餐,使得整个区域变成了美食一条街。消费者群集而来,使每一个商家都获得了大量的客流,就有可能获得比单个餐馆更加可观的利润。从这个角度来看,竞争对手的出现和聚集效应反而给商家带来了新的机遇。因此,进行SWOT 分析时,一定要充分考虑各项因素正反两方面的效应。

三、寻求创新机会

SWOT 分析的目的是扬长避短,利用机会,回避威胁。企业在市场格局中要取得主动地位,需要坚持创新的理念和思路,寻求创新机会,开发创新产品,永远走在市场和竞争者前面。

环境的变化是时刻在发生或已经发生的。社会和市场的不断"变化"为企业提供了创造新颖的、与众不同的事物的机会。企业的创新往往在于有目的、有组织地寻找变化,并对这些变化可能提供的经济或社会创新的机遇进行系统的分析。绝大多数成功的创新都是利用变化而达成的。根据德鲁克的创新思想,企业创新是指全面把握"创新机遇的七大来源"。

1. 意外之事

即意外的成功、意外的失败或意外的外在事件。如,20 世纪 70 年代,所有主流意见认为主机型计算机是发展趋势时,一个意外情况发生了——10 岁的小娃娃们竟然玩起了计算机游戏,他们的父亲马上想到要一台自己的办公用计算机或个人计算机——分开的、独立的小机器,运行能力小都没有关系。IBM 预测，独立的机器要比主机计算机贵许多倍，而且运行能力也大为降低。但是，这种机器如雨后春笋般出现，到 1984 年美国个人计算机市场的年销售总额是"主机"30 年来的总和。

2. 不协调之事

即现实与设想或推测的不一致，包括产业的经济现状之间存在的不协调；产业的现状与设想之间存在的不协调；产业的付出与价值和客户的期望之间存在的不协调；程序的节奏或逻辑的内部不协调，凡是对现状存在不满意状况的，都是企业创新来源。

如，随着快递量的增多，顾客开始抱怨送货速度和快递员服务，顺丰注意到这个不协调现象，采用空运货物，在国内快递市场占领了高端地位。但是顺丰的高价又与顾客期待不协调，那么像高铁或动车，往往早上第一班坐不满，如果此时利用它来运送快递，既利用了社会资源，又降低了成本，提高了速度和效益，就是创新的思路。

3. 程序创新

即以任务为中心，始于需要完成的某项工作，通过完善已存在的程序，替换薄弱的环节，用新知识重新改造一个旧程序，解决或者弥补某个"欠缺的环节"就能产生一个创新的机会。如，对于没有专业技术的消费者而言，相机的操作往往有点复杂，得不到良好的拍摄效果，因此"傻瓜相机"出现，把其中最复杂的程序简化为自动变焦和自动曝光，一下赢得了消费者的认可。

4. 工业结构或市场结构的变化

工业结构或市场结构的变化往往潜移默化的，是渐进的，敏锐的企业往往能从工业结构的调整或市场结构的变化找到创新和发展的机会，因为任何一个产业，都需要有配套的基础设施和服务支持。如当美国西部矿业发展时，矿工们需要的工具、水、食物和牛仔裤，就是一个创新机会。又如，2008 年我国政府决定投资 4 万亿，一些反应快的企业家知道房地产肯定会热，马上花巨资投资房地产，获得了非常可观的回报。

5. 人口变化

人口变化的影响有很长的间隔时间，一个新生儿需要 5 年时间才能成为幼儿园的学生，才会需要教室、游戏场和老师，需要 15 年时间才能成为重要的顾客。如，现在的家长很想了解孩子在校或在外的动向，但又怕他们玩物丧志，用手机玩游戏。针对这个特定的市场，就有厂家开发了体积小巧、色彩绚丽、家长放心的青少年功能手机。

6. 认知的变化

人们知识的更新,看待事物的态度、认知事件的角度发生变化都会给企业带来创新机会。如,现在国内消费者普遍增加了养生保健意识,对亚健康状态越来越重视,这带动一批保健产业的发展,为健身、营养、饮食等行业提供新的市场机会。

7. 知识变化

基于知识的创新是企业家精神的"超级巨星",是人们通常所指的完整意义上的创新。在创造历史的创新中,基于知识的创新占有很重要的分量。基于知识的创新捉摸不定,善变而且难以驾驭,但一旦驾驭往往拥有巨大的市场空间。

一个有趣的事例是,人们发现西红柿的时候,没有人敢去尝试吃它(没有需求),而如今,消费者接受的教育都是西红柿是一种补充维生素 C 很好的蔬菜,所以现在消费者对西红柿的需求很旺盛(知识让消费者对它产生需求)。

另外,如目前的转基因技术,是一种新知识,尽管在人类食品领域上的应用颇受争议,但如果应用在药物领域治疗疾病,无疑是一种全新的创新机会。

本章小结

市场营销环境包括宏观环境和微观环境两大类。宏观环境主要体现在人口、自然、经济、技术、社会文化和政治法律六个方面,而企业的微观环境是由企业内部、供应商、营销中介、顾客、竞争者和公众构成。

环境具有客观性、差异性、相关性和动态性的特点,企业可以通过被动适应、主动调整中、努力影响与改变环境三种方式与环境进行互动。

学会环境分析很重要,可以采用 PEST 分析法和 SWOT 分析法。SWOT 分析法应用较广,其关键是对外部环境因素和内部优劣势进行综合评价,并提供增长性、扭转性、多元化和防御性战略思路以供决策层选择。

只有不断寻求创新机会并主动开发创新产品的企业才能在市场上拥有主动权,创新机会可以来源十个不同的思路。

复习与讨论题

1. 中国人口老龄化趋势会对企业产生哪些方面的影响?
2. 第六次科技革命会使企业带来哪些机会和威胁?
3. 简要说明网络技术的发展带给企业的影响。
4. 国内恩格尔系数下降给居民的消费结构带来哪些改变?
5. 举例说明企业与环境互动的三种模式。

6. 是否还有其他发现商机的途径？

实训题

1. 以小组为单位,选择一个熟悉的产品,通过搜集资料和市场调查,并对其进行 SWOT 分析,详细写出分析过程以及策略选择方案。

2. 观察周边的生活环境,寻找一个自己力所能及的商机,并思考其可行性。

⟳ 案例分析题

工业 4.0:信息化引爆制造业革命

清晨,当睡眼惺忪的你打开房门,你可能还没有意识到,一些细微的变革正在发生。因为门上那个精美的金属把手,正是我国沈阳新松公司新研制的国产研磨抛光智能机器人的"杰作"。

"全面感知+可靠通信+智能驾驶"的汽车;自主上菜、送餐、站一边听招呼的机器人服务员;顾客自我设计所需产品;自动实现生产、包装、运送的智能工厂……

近年来,随着网络信息技术、大数据、云计算运用威力初显,互联网技术正在参与到生产过程中去,信息化与制造业不断深度交织,一种以智能制造为主导的新工业革命——工业 4.0 正在到来。

这种以智能制造为主导的新型工业形式,首先是德国人在 2011 年的德国汉诺威工业展览上提出,以实现资源、信息、物品和人相互关联的"虚拟网络—实体物理系统(Cyber-Physical System,CPS)"为标志。2013 年,德国政府将其上升为国家战略。

根据德国版"工业 4.0"描绘的美好前景,在现代智能机器人、传感器、数据存储和计算能力成熟后,现有工厂将能够通过工业互联网把供应链、生产过程和仓储物流智能连接起来,真正使生产过程全自动化,产品个性化,前端供应链管理、生产计划、后端仓储物流管理智能化。人类从此进入智能制造时代。

可以预见,在这一进程中,无数传统行业界限将被打破,产业链将分工重组,由此迸发的生产力将堪称颠覆性。面对这场工业变革,无论前途充满光明,还是充满了无数暗流,我们都无法逃避,只能勇敢面对。

(资料来源:彭训文.工业 4.0:信息化引爆制造业革命[N].人民日报海外版,2014-12-13 第 8 版.)

[案例思考]

1．结合案例,你认为工业 4.0 会给国内传统制造行业带来什么样的打击?

2．面对工业 4.0 的冲击,如果你是一家传统制造企业的总裁,你会采取哪种应对模式?

3．伴随着工业 4.0 的进程,市场上会出现哪些全新的商机?

延伸阅读

[1]迈克·欧德罗伊德. 市场营销环境[M]. 杨琳,译. 北京:经济管理出版社,2005.

[2]彼得·德鲁克. 卓有成效的组织管理[M]. 杨剑,译. 北京:机械工业出版社,2014.

参考文献

[1] 中国人口红利面临拐点　专家呼吁调整生育政策[EB/OL].中国文化传媒网,2013-08-20.

[2]董艳春.140 万流动人口享市民待遇[N].新晚报,2011-10-28.

[3]德尔·I.霍金斯,戴维·L.马瑟斯博. 消费者行为学(第 11 版)[M]. 北京:机械工业出版社,2011.

[4]菲利普·科特勒.市场营销原理(第 13 版)[M].北京:清华大学出版社,2011.

[5]吴健安等. 市场营销学(第 4 版)[M]. 北京:高等教育出版社,2011.

[6]彼得·德鲁克. 杨剑,译.卓有成效的组织管理[M].北京:机械工业出版社,2014.

第五章

消费者需求与行为分析

》》》》　　》

【知识目标】

　　掌握消费者需求的基本含义，了解产生——影响——识别——转移的需求发展路径，熟悉需求和动机的关系，掌握消费者行为的7O模型以及消费者行为模式，掌握消费者购买行为的四大类型和消费者购买决策的一般过程，熟悉创造消费需求的关键，了解消费需求的发展趋势。

【技能目标】

　　学会识别不同层次的消费者需求，分析消费者的购买行为和消费者购买决策的过程，能够判断消费者的购买行为类型，明确在消费者决策每一环节的企业营销努力，初步尝试创造需求。

【导入案例】

香蕉牛奶想要爆？那都不是事儿！

　　2014年香蕉牛奶很忙。自从2012年韩剧《屋塔房王世子》在国内热播，剧中宾格瑞香蕉牛奶也跟着水涨船高，成为年轻消费群追捧的新饮品。随即，本土乳企与饮料巨头纷纷在2013年跟进推出香蕉牛奶。但时隔一年有余，在大力度的推广下，香蕉牛奶在国内却不温不火，不禁让人思考，香蕉牛奶到底该如何做。

　　集体风尚化：香蕉牛奶成为乳饮

　　在香蕉牛奶流行后，本土乳企与饮料巨头

似乎发现"乳饮料口味"的新大陆,纷纷扎堆推出香蕉牛奶。在包装上,所有跟进品牌都以纸盒装为主要包装形态,并以黄色为主色。第一是为了迎合消费者对宾格瑞包装的喜好。第二也是契合"香蕉"在消费者大脑中黄色的颜色认知,更能体现产品内容物。但当所有香蕉牛奶都以黄色为包装主色后,一旦品牌名去掉,消费者无法识别出到底是哪个品牌的香蕉牛奶。而且,大部分乳企是将香蕉牛奶作为一种香蕉风味的乳饮,而不是香蕉牛奶品类。

在价格上,与宾格瑞超高端定价不同,国内香蕉牛奶的零售价基本在 5 元左右,与宾格瑞在价格进行错位。渠道上,香蕉牛奶借助乳企原有的渠道优势,进入现代渠道进行箱货的销售。而这些均不是香蕉牛奶没能做成百亿元大单品的根本原因。根本原因在于这些品牌为香蕉牛奶塑造的价值需求是弱需求。那么,这些品牌都为香蕉牛奶塑造了什么价值呢?

在利益诉求上,很多品牌都在口味上进行类似"美味香浓"的诉求。如伊利味可滋香蕉牛奶诉求"如此浓郁美味";新希望诉求"香醇配搭,美滋美味";蒙牛奶特诉求"口味香浓,滴滴诱人"等。正是这种诉求,使消费者将香蕉牛奶作为一款新口味的饮品进行消费。

作为新口味,香蕉牛奶满足的是消费者对口味追新追异的心理,具有风尚化、潮流化的特征。除了利益风尚化之外,"美味香浓"不具备独特性。在韩流的影响,香蕉牛奶可能会制造短期内热销的氛围。但在满足了消费者求新求异的心态后,香蕉牛奶缺乏让消费者长久消费的理由。

从目标群体看,将香蕉牛奶作为一种乳饮品的新口味品项,这个需求是建立在消费者喝乳饮品的需求上的,抢夺的消费群体仍然是目前消费乳饮品的群体,是在现有乳饮料市场做市场,并没有创造新的市场。

百亿市场需求在哪里

在韩国,"香蕉牛奶"已成为街头便利店的必备品,目前已连续三年名列韩国饮品销售排行榜第一。

韩国人喜欢吃辛辣刺激和生冷腌制、烧烤过度的食物,以及摄入大量酒精。这种饮食习惯导致了韩国人肠胃癌发病率高于其他国家,韩国男性的大肠癌发病率居亚洲第一、世界第四。

而香蕉在大众的消费者心智中具有通便润肠的作用,正好满足了韩国人吃辛辣食物后需要润肠的需求,这是"香蕉牛奶"成为韩国畅销饮品的本质原因。那么,香蕉牛奶是否也能以"通便润肠"的价值满足国内消费者的需求呢?

第一,从品类分化上看,香蕉牛奶贴合"乳饮料"大品类的市场需求。香蕉牛奶品类是由香蕉融入牛奶制成的乳饮料,是从"乳饮料"中分化出来的新品类,贴合乳饮品的巨大需求。2011 年，含乳饮料工业总产值达 648.78 亿元，实现销售收入 620.94 亿元，同比增长 37.09%。而在 2012 年，作为乳饮料中的黑马营养快线单品销量已近 200 亿元。因此，从乳饮料分化出来的"香蕉牛奶"，本身就具有巨大的市场基础需求。

第二，从产品价值上看，香蕉牛奶价值来自于产品原料的价值。而主原料香蕉在消费者心智中普遍存在"通便润肠"的认知。而另一种主原料"牛奶"在中国的消费者心智中普遍存在营养的概念。但以"营养"作为"香蕉牛奶"的品类价值，并不能成为其独特的差异化价值。因为市场上已存在很多以营养为诉求的产品，如伊利纯牛奶、娃哈哈营养快线。而以"香蕉"的口味来诉求，口味无法建立持续性的消费。

所以，对于"香蕉牛奶"来讲，其独特的价值应落在香蕉"通便润肠"的价值点上。

第三，"通便润肠"的需求强烈，并且量大。首先，人们的生活与工作方式发生了很大改变，加班、应酬、熬夜等一系列不规律的生活习惯，导致了人们肠胃系统混乱，表现出了"便秘、肠胃不通畅"的身体问题。据调查，我国大肠癌发病率正以每年增加 4.2% 的方式逐年上升。其次，具有"通便润肠"的益生菌，乳酸菌饮料已创造了 200 亿元市场，需求巨大。近年，基于人们"便秘、肠胃不通畅"的问题，出现了众多的有助于"通便润肠"的产品品牌。如益力多、养乐多、每益添、蒙牛的冠益乳等品牌。而作为专业益生菌品牌益力多，在 2011 年 9 月份，创下了日销量 150 万瓶的历史最高纪录，都说明"通便润肠"具有巨大的需求。

所以，香蕉牛奶应从卖口味，转向卖"通便润肠"的利益诉求，重新定义为"通便润肠"的饮品。早前雀巢推出 TANG 果珍诉求"冲水泡出来的美味味道"，在 2008 年才真正抓住了消费者需求，针对儿童群体的家长，诉求"让孩子爱上喝水"，从味道的弱需求，到替妈妈解决孩子不喝水的硬需求上。这也是基于需求之上的思维转变，创造新市场的品牌。

所以，只有将香蕉牛奶重新定义在为消费者解决肠胃问题的品类，才能开辟新的市场空间，才有可能创造 100 亿元的需求规模。这就是需求有多大，市场就有多大，品牌价值就有多大的道理。

（资料来源：林树林. 香蕉牛奶想要爆？那都不是事儿！[J]. 销售与市场，2014(9)：75—77.）

营销启示

消费者是检验产品在市场上是否取得成功的唯一标准。乳企以乳饮料的新品类思维来运作香蕉牛奶，并没有贴合消费者的实际需求，这是导致香蕉牛奶没有做大市场的本质原因。乳企需要突破性思维,即基于香蕉牛奶的差异化价值,挖掘消费者真正的需求,只有这样它能传递给消费者所需要的真正价值,才有可能让产品赢得消费者长久的青睐。

消费者需求(Consumer demand)是市场营销的核心,只有了解消费者的需求,才可以把握市场,实现以消费者需求为导向的营销策略。现代市场营销理论认为,企业并不应仅仅满足消费者需求,更应创造需求和引导需求。在营销活动中,企业经常做出各种努力作用于消费者的需求,经历"产生需求——影响需求——引导需求"的轨迹。显然,引导需求才是企业营销的高境界。

第一节　消费者需求分析

企业所有的营销活动应该建立在深入洞察消费者需求的基础上,并对消费者需求产生、发展变化的每一个环节做出实质性的努力和影响,这需要从消费者需求的产生开始进行了解和分析。

一、产生需求

1. 产生原因

消费者的需求源于其需要,需要是人类的本性。人类的需要主要体现在两个方面:自然属性需要和社会属性需要。

自然属性需要是人类维系生命体所必需的基本生存条件,是与生俱来的,由其生理特征决定,也称为生理需要,如衣食住行、健康、安全等。

社会属性需要是人类在社会环境影响下形成的、具有人类社会特点的渴望和要求,是社会成员在后天的社会生活中习得的,是由其心理特征决定,因此也被称为心理需要。如,社会交往、组织归属、荣誉感、自尊、自我表现等。

马斯洛将人类需要分为五个层次,具体地需要又可以延伸和泛化为各种表现形式,如图5.1所示。因此,真正的需求创造者,把所有的时间和精力都投入到对"人"的了解上,一直在努力了解消费者心中的渴望,并能敏锐地察觉到消费者最真实的希望、疲倦、压力等内心世界。

基于需要,如果消费者对某个满足物有欲望,同时又有购买力,则消费者需求产生,在诱因的激发下,产生购买动机,从而产生购买行为。因此,人类需要是

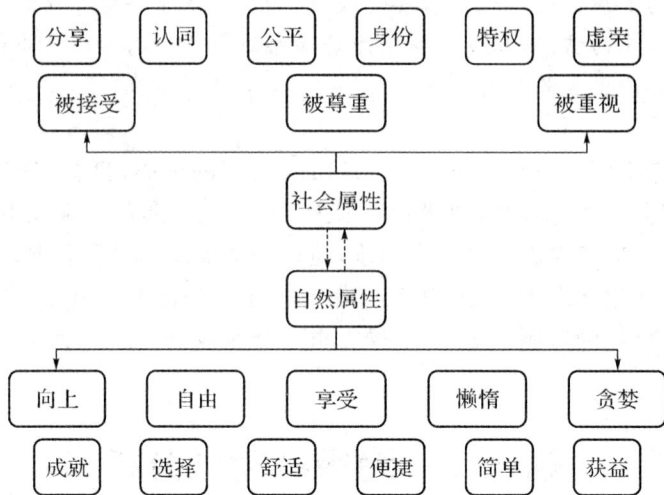

图 5.1 人类需要

所有营销活动的出发点,如图 5.2 所示。

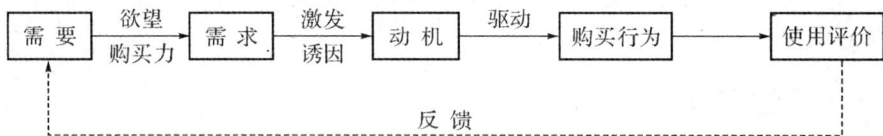

图 5.2 消费者的需要、动机和购买行为

围绕人类的基本需要,企业可以通过各种营销活动进行物质和精神的诱发,改善生活方式,提升生活品质,拉大现实与期望的差距,使其能产生购买欲望和消费需求。

2. 需求特性

需要表现的是人类的共性,消费者需求是现实市场中的真实反映,它具有以下特点。

(1)多样性。由于年龄、性别、经济收入、地理位置等因素的不同,消费者对不同产品的需求千差万别,对同一类产品的需求也呈现出多种多样。消费者需求具有巨大的差异性。

(2)发展性。随着生活条件的改善,生活品质的提升,消费者需求从低层次向高层次发展。当消费者某种需求被满足以后,新的、更高级的需求将会被激发,产品在市场中的地位也因此而改变。如,原来作为高档消费品的手机现在已经是消费者的必需品。

（3）伸缩性。由于内外因素的影响,消费者的需求可以扩大、增加和延伸,也会减少、抑制和收缩,生活必需品的需求弹性相对较小。随着国内恩格尔系数的逐年下降,非生活必需品的需求体现出更大的弹性。

（4）周期性。消费者需求会呈现出周期性的变化,具体表现在当某种消费需求满足以后,经过一定时间这种需求又重新出现。对大多数产品而言,消费者不是一次性需求,往往会产生重复需求。

（5）可诱导性。由于大多消费者需求的弹性较大,所以消费者的需求是可以被诱导、引导和调节的,这为企业进行有效的营销提供了可能。企业通过大量广告、营业刺激以及其他促销手段等,使消费者的需求意识由弱变强,由潜在需求转变为现实需求,从而成功地销售产品。

3. 需求类型

除了生理需要和心理需要引发的需求外,根据不同的认知角度,消费者需求可以分为不同的类型。

（1）按需求利益分类

按照消费者追求的利益不同,需求可以分为功能需求和情感需求。

功能需求是指顾客购买产品时所寻求的实际的产品利益,如冰箱的保鲜、手机的移动通信、空调的温度调节等,这种需求是由产品性能决定的。

情感需求是指顾客购买产品时所寻求的感情上的满足和心理上的认同,追求的是精神上的享受,如名贵的字画,奢侈品消费、豪华汽车、流行服饰等,这种需求是由产品背后体现的消费品位、社会地位、身份等因素决定的。

美国学者斯莱沃斯基,最近被美国《工业周刊》评为管理界最有影响力的六位人物之一。他对需求的界定,得到业内人士广泛的认同。他认为,一个有魔力的产品才能吸引到消费者的关注,才能激发消费者的热情,而魔力的大小同时取决于功能需求和情感需求。

产品魔力 M＝超越功能 F×情感诉求 E

如,"愤怒的小鸟"这款游戏让人快乐且充满成就感,漂亮精细的画面满足了人们对漂亮事物的需求,小有难度但是都能闯过的难关满足了人们对经过一些努力而获得成就的满足。整个游戏过程轻松而有小小的冒险,冒险中又有新的发现,这一切满足了人们追求成就又不需要花费太大力气的心理和情感需求。

（2）按需求表述分类

根据消费者对需求的表述程度不同,需求可以分为显性需求和隐性需求。

显性需求是顾客已经意识到、能够清楚地表达出来的,有明确的要求以达到其期望水平的需求。

隐性需求是指消费者尚未意识到的、朦胧的、没有明确的和具体表述的内在需求。这种需求有两类,一是隐藏在消费者内心,不清晰描述和没有表露出来的想法,这种情况需要企业进行引导;二是连消费者自己都不清楚、连自己都没有意识到的需求,这种情况需要企业进行挖掘。

对企业而言,消费者需求适合冰山理论的解释。企业看得到的、显露在外的消费者需求永远只是一小部分,如图5.3所示。随着竞争的加剧,产品、服务越来越相差无几,此时,真正能吸引客户的就是隐性需求。因此,企业需要挖掘和激发消费者的隐性需求,以赢得更广阔发展空间。

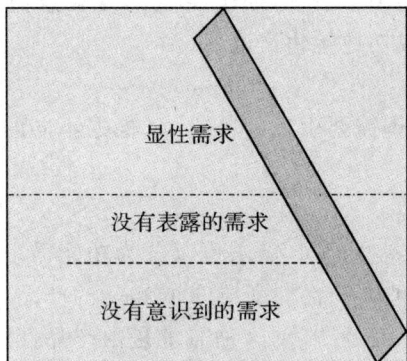

图5.3　需求冰山

(3)按需求满足度分类

根据消费者对产品的需求满足程度不同,日本学者狩野纪昭提出KANO模型,将需求分为基本型需求、期望型需求和兴奋型需求。如图5.4所示。

基本型需求是消费者认为产品"必须有"的属性或功能。当其特性不能满足消费者需求时,顾客会不满意;当其满足消费者需求时,则会消除不满意,但无所谓满意。这类需求的边际满意度是递减的。

期望型需求是消费者希望提供的产品或服务比较优秀。有些期望需求连消费者自己都不太清楚,但是他们希望得到的。产品的期望型需求实现越多,消费者就越满意。这类需求的边际满意度是匀速的。

兴奋型需求要求提供给消费者一些完全出乎意料的产品属性或服务行为,使其产生惊喜。当其特性不充足时,并且是无关紧要的特性,则消费者会感到无所谓,当产品提供了这类需求中的服务时,顾客就会对产品非常满意,从而提高顾客的忠诚度。这类需求的边际满意度是递增的。

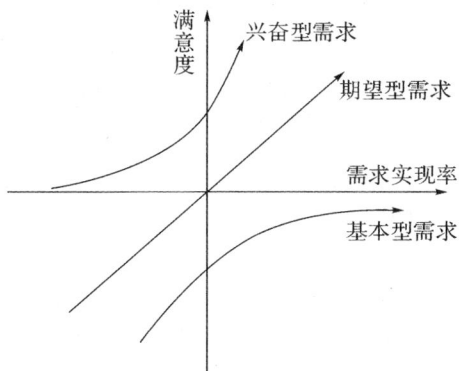

图 5.4　KANO 模型

以上三种需求分类可以看出,情感需求、隐性需求、期望型需求和兴奋型需求是企业需要重点关注的需求。对消费者需求类型的划分,有助于企业更加完整地理解需求的内涵,一方面认识到消费者的需求的无限潜力和发展性,另一方面也认识到创造需求的可能性和必要性。

二、影响因素

将隐性的、潜在的消费需求转化为现实的需求,将现实的需求转化为购买行为,这些过程需要有内外部因素的刺激和诱导。影响消费者需求形成和消费者行为的因素很多,主要包括消费者个体因素、环境因素和市场营销因素等三类。

1. 个体因素

影响消费者需求的个体因素包括消费者的生理因素(如消费者年龄、性别、健康状况、生理、嗜好等)、心理因素(如动机、兴趣和认知等因素)、行为因素(如重复购买、选择购买等)和经济因素(指消费者的收入状况)等。

(1)感觉

感觉是人脑对作用于感觉器官的客观事物的个别属性的反映,是其他一切心理现象的基础。是消费者对外界事物的初步印象。由于第一印象的首因效应,感觉将直接影响到消费者后期的认知和判断。因此,企业需要了解消费者对产品的感觉,并据此确定一些感觉评价标准,在产品研发、品牌包装、价格制定、营销沟通等方面考虑与消费者感觉相适应的设计与策略制定。

(2)知觉

知觉是人脑对作用于感觉器官的客观事物的整体反映,是各种感觉综合在一起的总体印象。消费者对产品的知觉往往会产生选择性注意、选择性扭曲和选择性保留三种处理方式。因此,企业尽可能地让消费者关注到产品,留下好的产品印象,并能记得住产品。对此,企业往往在与消费者进行营销沟通的每一个环节,考虑消费者的感受和评价,强化形象记忆和良好口碑,以实现良好的产品知觉。

(3)动机

动机是消费者产生购买行为的驱动力,购买动机指人们产生购买行为的原因。动机的产生必须由三种因素构成:需要驱使、足够的需求强度、刺激诱因。

动机的形成是以需求为基础,当个体受到诱因的刺激,产生某种迫切的需要或愿望,并且达到足够的强度时,才有可能产生驱使行为发生的动机。如,当消费者感受到的炎热强烈到一定程度,并且商店有空调出售时,才会产生购买空调的动机能够引起个体需要或动机的外部刺激称为刺激诱因。诱因指驱使有机体产生一定行为的外在刺激,可分为正诱因和负诱因。正诱因指能够满足需要,引起个体趋向和接受的刺激因素。负诱因指有害于需要满足,引起个体逃离和躲避的刺激因素。比如,对于饥饿的人来说,米饭是正诱因,体罚是负诱因。诱因可以是物质的,也可以是精神的。同事对某种服装的称赞,就是驱使消费者购买该服装的精神诱因。

需求和诱因对产生动机缺一不可,一定程度两者可以相互补充,达到一定的强度,从而产生购买动机。如,消费者非常饥饿的时候(需求强),即使附近没有食物(诱因弱),也会主动地到处寻找和购买食物。又如,消费者有时并不饥饿(需求弱),但是看到美味食品(诱因强),也会产生购买和进食的动机。

消费者在购买某一种或某一件商品时,可能是出于一种动机,也可能出于多种不同的动机,这种现象称为动机的组合性,即动机和行为之间并不完全是一一对应的关系。同样的动机可能导致不同的行为,而同样的行为也可以是由不同的动机所引起的。

⇨阅读材料

消费者购买动机:七成中国人只认品牌

美国波士顿咨询公司针对9种不同的购买动机,访问了美国、欧盟、日本、巴西、俄罗斯、印度和中国的消费者。

调查结果显示,发展中国家的消费者对品牌的热衷程度往往高于发达国家消费者,其中70%的中国消费者会单纯因为品牌而进行消费,比欧美和日本高出一倍以上。欧美国家消费者的购买动机显得更加单纯、理性,一半以上的人更看重实用性(带来更好结果、有意义的技术差异)而非盲目追求品牌。尽管意大利、法国、英国等欧洲国家是众多顶级品牌的发源地,却只有19%的欧盟国家消费者会因为品牌而掏腰包。

中国目前跃升为世界第一大奢侈品消费国,奢侈品消费份额占全球的28%,消费总额达126亿美元。波士顿咨询公司的报告还指出,中国消费者对奶制品、果汁和新鲜食物的消费需求正在迅速上升,对食物来源和质量也更加考究。尽管中国消费者对品牌趋之若鹜,中国却不是一个盛产优质品牌的国度。

在发达国家的行列里,日本消费者似乎显得过于拘谨。日本消费者以"有意义的技术差异"和"更重要的类别"为消费动机的占大多数,极少人依赖主观感受("享受购买/使用的感觉")。尤其在日本大地震后,日本人的消费观变得更加谨慎和保守,更多日本人倾向以节能产品替代普通产品。

(资料来源:消费者购买动机:七成中国人只认品牌[EB/OL].网易新闻,2012-12-02.)

(4)态度

态度是消费者对商品和服务等表现出来的心理反应倾向。

消费者态度的三种成分分别是:品牌信念、评估品牌和购买意向。品牌信念是态度的认知成分,评估品牌是态度的情绪或情感成分,购买意向是态度的意动成分或行为成分。品牌信念、评估品牌和购买意向之间的关系构成了态度研究的重点。如图5.5所示。

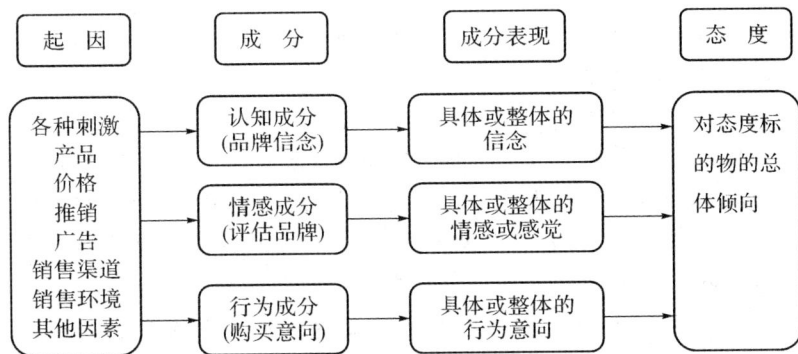

图5.5 态度的组成成分及表现

消费者态度三成分的作用是相互协调一致的。但是,在特殊情景中,三种要素亦可能发生背离,呈反向作用,以至消费者的态度呈现矛盾状态。同时,由于消费者对商品或服务的需求动机不同,三种要素的重要性却也不尽相同。例如,对某些高档耐用品,消费者认为有必要而且愿意购买,但在行动上却因支付能力所限而一再拖延。

在态度的构成要素中,任何不同的组合都会导致消费者态度的不同。如图5.6所示,态度三要素的不同排序形成了不同的态度:基于信息处理过程形成的态度、基于行为认识过程形成的态度,以及基于享用式消费形成的态度。这三种态度分别代表着消费者不同的行为特点:

标准认知:消费者像解决问题一样完成对产品的决策;消极参与:消费者对态度标的物(如品牌)并不关心;经验层次:消费者根据其情感反应行事。

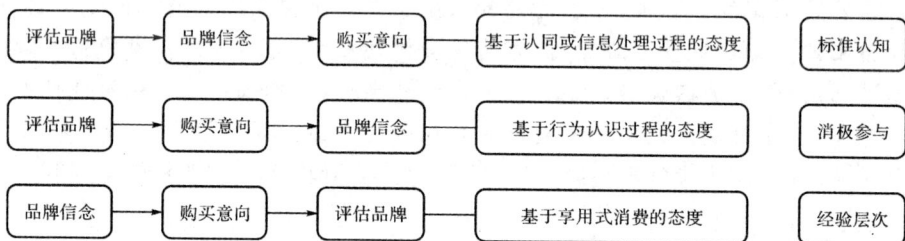

图 5.6　态度三要素的影响层次

阅读材料

移动互联网时代的消费者,是怎样的一群人?

85后、90后日渐成为当代商业的主力消费群,面向移动互联网转型的企业,首先需要做的功课就是深度理解当代消费者。

1. 物质安全时代的新人类

不同于前人的物质匮乏时代,在物质安全、资源充裕前提下成长起来新人类,对于物质财富的理解、对于社会形态的认识、对于灵魂自由的追寻、对于个性体验的重视,都将汇聚为强大的潮流力量,并最终改写商业世界的游戏规则。

2. 快乐观发生极大变化

越来越多人的价值观中,都会把扫去物质追逐过程中的迷茫与焦虑置于首位。人们渴望得到足够的休憩,渴望与家人有足够的共处,渴望拥有随性而轻松的体验,渴望有志同道合的精神伙伴,渴望得到聆听与关切,渴望在心理上的自主与强大。所有这些,都被纳入到现代快乐观的条目之中,而无关物质财富的数量堆积。由此,我们可以理解微信、微博为什么火爆。

3. 消费正在变成一种表达

2013年的天猫"双十一"破350亿元,其中有相当一部分是"表达性需求",

即参与"双十一"是为了表达"我在潮流中",是为了寻求共襄盛举的快感。所有这些以消费名义出现的行为背后,都深深地隐藏着现代人的表达诉求,表达对自由选择的渴望、流露对个人幻想的追求、展现对品质境界的向往。

4. 个性诉求与 C2B

从 T 恤衫上印制的个性话语,到偏爱物品的 DIY 改装,从网上订购家具到购买小众物品,当代人的个性诉求之强大,已经从根本上颠覆了以标准化为标志的 20 世纪商业逻辑。

移动互联网的出现,成为当代人最能够展现自我生命价值的主阵地。从在论坛上晒晒自己私密,到 QQ 中的亲密群体,从微信中极富创意的作品,到电商社区中温馨可爱的小店,"我"已经越来越作为一个重要的主语,成为这个个性化时代最强劲的诉求表达。

5. 商业娱乐化,娱乐商业化

娱乐已经日益充斥于商业空间的各个角落,越来越多的商业理念需要寄托于娱乐形态表达,越来越多的消费交互需要嫁接于娱乐传递,越来越多的商业价值倚赖于娱乐模式实现。

以 2013 年中国好声音、我是歌手、快乐男声等为标志,娱乐现象快速流传的同时,也暗示着现代营销与传统营销的分野,提醒着所有人已经身处一个泛娱乐的时代。商业娱乐化,娱乐商业化,已经成为现代社会的主要风景之一。

6. 通过消费来做自己,成为当代主流消费者核心诉求

这一代消费者的需求可以表达为:我要购买那些能够带给我个性化生活的东西。我要购买那些能够让我实现心理自主的服务。我要购买那些能够让我创造自己、了解自己、成为自己的东西。

7. 当代消费浪潮与简单标准化、过分功利化的商业之间的裂谷,将掀翻很多传统企业。

当代消费者已经越来越不满足于"被安排"的命运,他们希望得到真正的尊重与信任,他们希望自己的声音得到真诚的聆听,他们希望自己的心理得到深度的支持与庇护。

问题在于,一方面,要正视移动互联网时代消费浪潮的惊涛拍岸。另一方面,大规模制造的逻辑统治商界已达一百年之久,绝大多数的企业资产、流程、战略、思维模式乃至价值观,都是为大规模制造而生,两者之间的断裂显而易见。

严格地说,移动互联网属于所有人,不是移动互联网颠覆了谁,而是受制于传统观念的企业被移动互联网化的主流消费人群所抛弃。要么适应,要么被边缘化。这就是商业。

（资料来源:沈拓.移动互联网时代的消费者,是怎样的一群人? ［EB/OL］.新浪博客,
2013-11-12.)

2.环境因素

影响消费者需求和行为的环境因素指外部世界中能对消费者需求产生影响
的物质和社会要素的总和,包括宏观环境因素和微观环境因素,社会环境因素和
物质环境因素,功能环境和非功能环境。功能环境指可视环境,如商场购物环
境;非功能环境指非可视环境,如法律环境、文化环境等。

参照群体是重要的影响因素。参照群体是指影响消费者需求的正式和非正
式团体。参照群体最初是指家庭、朋友等个体与之具有直接互动的群体,现在也
涵盖了与个体没有直接面对面接触但对个体行为产生影响的个人和群体。参照
群体有会员群体、渴望群体、回避群体之分。

参照群体之所以对消费者需求产生影响,具有规范和比较两大功能。能够
在行为规范、信息、价值这三个方面影响消费者,它影响着消费者的信息、态度和
渴望程度。

意见领袖是参照群体中的重要角色,是能对他人施加直接或间接影响的人。
意见领袖的意见和选择会影响消费者的决策。

3.市场营销因素

市场营销因素指企业在市场营销活动中可以控制的因素,包括产品因素、价
格因素、渠道因素和促销因素。企业所采用的营销策略不一,对消费者需求产生
不同的影响和引导作用。本章后续章节所介绍的内容多数以影响消费者的需求
和行为决策为目的,在此不再累述。

⮕小案例

娃哈哈:最成功的商业逻辑,为何失灵了?

2014 年度是近几年来娃哈哈集团整体销售最差的一年,销售额不但没有增
长,反而下滑了 7%左右。近年推出的诸多新品,也都不温不火。娃哈哈尝试多
元化发展,乃是食品饮料主业遭遇发展瓶颈,意图以副业补主业,寻求新的增长
动力。但是,从当前情况来看,其多元化并未能为其主业分忧,反而可能成为
拖累。

成功商业逻辑跨界失灵,娃哈哈的"五个病因"之一:缺乏消费者导向思维,
缺乏市场敬畏。

企业要成功,必须深入了解消费需求,对市场保持敬畏之心。然而,娃哈哈

成功太久了，从它近年来一系列无视市场需求的"奇葩"产品来看，娃哈哈已经不再那么在意消费者的需求，不再对市场抱有敬畏之心了。当抱着这种心态进入新行业，消费者必定用钞票来投票。

就娃欧商场主打欧洲二线品牌的商业定位来看，国人真的对欧洲二线品牌有需求吗？

这些二线品牌本身在国内没有宣传推广配合，品牌力度等于零；国人没听过没见过，谁知道是不是哪个国外地摊货。要实用的话，国货物美价廉，全球公认；要张扬的话，只有大家都知道的一线品牌才有力度。也许只有了解国外品牌，又有节俭美德的企业家才会认可欧洲二线品牌，但这肯定不是广大消费者的需求，门可罗雀也就自然而然。

"领酱国酒"意图打造"老百姓喝得起的国酒"，而事实上，老百姓心目中的国酒，只有茅台，如果源自茅台镇的酒都能成为国酒，茅台镇早就国酒林立了。"领酱国酒"只能是成为不入流的茅台跟风者，而消费者选白酒可不像选饮料那样，会图便宜选个"仿品"。

奶粉是一个具有高度品牌专一度的行业，奶粉消费绝不只有"安全"需求，给孩子喝哪里产的奶，什么牌子的奶，消费者都会有无限耐心了解、挑选。在购买奶粉时，传统的品牌、价格、产地、技术等因素只是初级参考标准，品牌的长期美誉度，圈子人群消费选择，以及面子消费需求等需要长期市场培养的口碑更是消费者关心的话题。目前畅销的婴幼儿奶粉品牌，无不是针对消费需求，经过了长期的经营和积累，"爱迪生"奶粉简单以为有了国外奶源，背靠娃哈哈大树就能够打动消费者，未免太过乐观。

（资料来源：娄向鹏. 娃哈哈：最成功的商业逻辑，为何失灵了？[EB/OL]. 中国营销传播网，2014-12-11.）

三、识别需求

消费者需求是消费者对某种产品的具有货币支付能力的欲望和购买能力的总和，它是无形的。消费者需求通常在一定场合下将内在想法以某种形式表达出来。对企业而言，要正确地识别消费者需求并不是一件容易的事。因此，企业要对消费者需求进行充分调查，深入市场，以把握真实的消费者需求，常用的方法在第七章进行详细介绍。消费者需求内容是主观的、内在的，消费者需求的识别只有通过外化的因素加以识别，具体包括环境因素和表述内容。

1. 环境因素的识别

首先，企业要了解影响消费者需求的内部和外部因素。通过消费者需求影响的了解,可以判断需求的变化原因和变化趋势。

其次,要对当前影响消费者需求的主要因素进行评估和预测,判断其对消费者需求的影响程度以及未来可能的趋势。

最后,识别出正在形成中的需求影响因素。

通常情况下,企业先提出假设需求(可能即将出现的需求),进而对影响这个需求的因素展开分析。企业如果能够识别出形成中的需求影响因素,甚至创造出这种因素,将会在竞争品牌赢得先机。

2. 表述内容的识别

鉴于各种原因,消费者需求并不一定能够完整、清晰、正确地表达出来。自我表达能力、知识经验等因素,局限了消费者正确地表述需求;由于情绪障碍、自尊心、人际关系、面子等因素的限制,消费者不愿或不好意思完整地表达出需求;由于消费者自身都未意识到可能提升和改善的空间,没有意识到需求或自己都不想要;等等。

例如,顾客说自己想要"一辆价廉物美的车",这个显性需求背后可能有很多种需求。

(1)显性的需求:顾客想要一辆价格不贵的、好用的车;

(2)真正的需求:顾客想要的是整体运营成本低的车(而不仅仅是售价低)、同时基本设施都齐全、车辆故障要少,要经久耐用;

(3)未表明的需求:顾客期望从经销商处获得更多的售后保值服务;

(4)令人愉悦的需求:顾客买车时会得到免费的车饰用品和配套小用品;

(5)秘密的需求:希望自己是个理性的、精明的消费者。

因此,企业仅仅了解消费者的显性需求是不够的,还需要对其深层次的需求进行研究和预测,以便帮助消费者了解他们需要什么或应该需要什么。

四、需求转移

从市场总体情况考察,消费者需求往往产生于某一小群体,然后由于各种因素的刺激和失去,需求会慢慢扩散和放大,产生需求转移的状况。对企业而言,消费者需求转移往往意味着市场的扩大或目标市场的变化,因此需要关注消费者需求的转移情况。消费者需求的转移包括群体内和群体外转移两种类型。

1. 群体内转移

群体内转移是消费需求在同一消费群体内逐步扩散和传递。尽管同一群体中的消费者有着大致相同或类似的需求,但对于满足需求的具体产品的接受速度是不尽相同的。总有个别人或少数人成为其中的消费领袖,在他们的购买和消费的示范作用下,引起其他人的仿效,使之迅速在群体内扩散开来。

⬡ 小案例

小学校园流行"悠悠球"

如果问起现在什么玩具在校园中最流行,不少人会脱口说出"悠悠球"。在某小学门口,不少学生拿着悠悠球边走边玩,还有的三五成群地聚在一起,相互比试、交流玩法。

一名四年级的小学生告诉记者,班上的男生几乎人人都有悠悠球,有三四个的也不稀奇,一些女生也买。自己玩悠悠球已经两年了,掌握了许多高难度的技巧。他一边说,一边得意地向记者展示悠悠球的玩法。只见他手中的悠悠球在绳子牵引下,一会飞出,一会收回,时而上下翻飞,时而绕圈打转。

记者随后来到学校附近的一家超市,店主告诉记者:"悠悠球品种繁多,有标准球、碟型球,还有鼓型球等。因厂家、功能、材料不同,价格也不一样,最便宜的不到 10 元,最贵的近千元。除了悠悠球,还有悠悠球的手套、球套、润滑油、绳子等配件。"

据了解,小学生玩悠悠球的现象很普遍,动画片《火力少年王》在小学生中也得到热播,"片子里的主角悠悠球玩得非常帅。"一个孩子这样说。

家长洪女士认为,玩悠悠球对孩子是有益处的,它是一项锻炼手眼协调能力的手上技巧运动,这也正是她支持孩子玩悠悠球的原因。

（资料来源:扈理.我市小学校园 流行"悠悠球"[N].鹤城晚报,2014-11-28.）

2. 群体间转移

群体间转移指消费需求从一个消费群体向另一个消费群体的扩散和传递。消费流行是需求在群体间转移的最典型现象。按照需求转移的方面,可以分为滴流、横流和逆流三种方式。

滴流是消费需求自上而下的转移方式。通常以权威人物、名人、明星等意见领袖的消费需求及行为为先导,慢慢从上层社会向下层社会扩散,如服饰的流行。

横流是消费需求在各社会阶层之间相互转移的方式。具体表现为某种产品或消费时尚由某一阶层率先使用,然后向其他阶层蔓延、渗透、扩散开来,如星巴克的消费流行等。

逆流是消费需求自下而上的转移方式。由社会下层开始产生,进而转移到中上层社会阶层。最典型的是牛仔裤、领带的流行。

需要指出的是,需求的转移不是单一线性的,而是相互影响、相互渗透,交叉重叠在一起的。群体内转移和群体间转移相互可以转化。

产生需求——影响需求——识别需求——需求转移,这是企业面对消费者需求可以努力和影响的路径。企业需要在每一个环节可以介入营销活动,从而对消费者需求更有准确和真实的把握,使企业能更好地服务市场,更好地引领市场需求。

第二节　消费者行为分析

消费者需求在市场上最终表现为消费者行为。消费者购买行为的研究是市场细分和选择目标市场,以及制定市场营销组合策略的基础。

一、消费者行为模式

消费者行为是指消费者以货币、信用或其他方式的支出而获得所需商品和劳务时表现出来的各种反应与活动,既包括商品购买中的选择、决策和实际购买活动,也包括购买前的搜寻、整理信息、购买后的使用、保养、维修和评价等活动。

企业研究消费者市场,主要是要解决以下 7 个主要问题:购买者(Occupants)、购买对象(Objects)、购买目的(Objectives)、购买组织(Organizations)、购买方式(Operations)、购买时间(Occasions)以及购买地点(Outlets),也称为"7O"研究法。

消费者行为的一般规律可以归纳为"刺激—反应"模式(Stimulus and response model),又称 S—R 模型,如图 5.7 所示。消费者在市场营销因素和外部环境因素的双重刺激下,根据自己的内在特征对信息进行处理,做出购买决策,并在市场上完成一系列的购买决定。企业的任务是要了解在外部刺激和购买决策之间消费者的内在特征是什么样的,其购买决策是如何完成的,以便更好地介入其决策过程加以引导和影响。

二、消费者行为类型

消费者购买决策过程受诸多因素影响,其中最主要的影响因素是消费者的涉入程度和品牌的差异程度。

涉入是一种内在心理状态,消费者受到产品、情境或其他特殊刺激的影响,

营销刺激	外部刺激
产品 价格 渠道 促销	经济 技术 政治 文化

购买者特征	购买决策过程
文化 社会 个人 心理	问题认识 信息收集 比较评估 购买决策 购后行为

购买者反应
产品选择 品牌选择 经销商选择 购买时机 购买数量

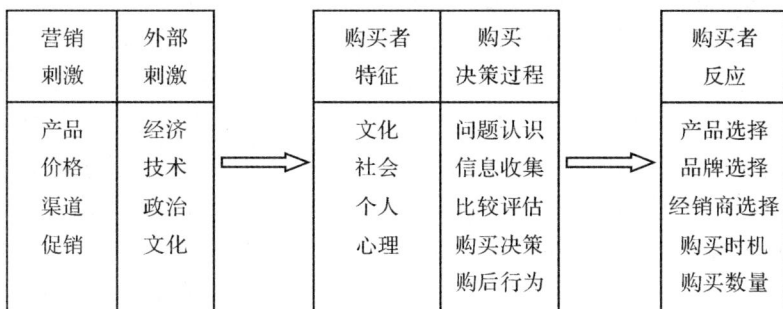

图 5.7　消费者购买行为模式

感受到产品对自己的重要性和相关性,进而对事物产生不同的关注程度。关注程度越大,消费者花在产品选购上的时间、精力就越多,涉入度也就越高。

同类产品不同品牌之间的差异越大,产品价格越昂贵,消费者越是缺乏产品知识和购买经验,感受到的风险越大,购买决策过程就越复杂。比如,牙膏、纸巾与电脑、轿车之间的购买复杂程度显然是不同的。

根据购买者的涉入程度和品牌的差异程度,阿萨尔(Assael)将消费者行为分为四种购买类型,见表 5.1 所示。

表 5.1　购买行为的四种类型

购买涉入程度 品牌差异程度	高	低
大	复杂的购买行为	寻求多样化的购买行为
小	减少失调感的购买行为	习惯性的购买行为

1. 复杂的购买行为

复杂的购买行为指消费者购买决策过程完整,要经历大量的信息收集、全面的产品评估、慎重的购买决策和认真的购后评价等各个阶段。

条件:消费者属于高度涉入,并且了解现有各品牌、品种和规格之间具有的显著差异。

营销策略:制定策略帮助购买者掌握产品知识,运用各种途径宣传本品牌的优点,影响最终购买决定,简化购买决策过程。

2. 减少失调感的购买行为

减少失调感的购买行为指消费者并不广泛收集产品信息,并不精心挑选品牌,购买决策过程迅速而简单,但是在购买以后会认为自己所买产品存在某些缺陷或其他同类产品有更多的优点,进而产生失调感,并怀疑原先购买决策的正确性。

例如:地毯、房内装饰材料、服装、首饰、家具和某些家用电器等商品的购买大多属于减少失调感的购买行为。此类产品价值高、不常购买,但是消费者看不出或不认为某一价格范围内的不同品牌有什么差别,无须在不同品牌之间精心比较和选择,购买决策过程迅速,可能会受到与产品质量和功能无关的其他因素的影响,如因价格便宜、销售地点近而决定购买。购买之后,会因使用过程中发现产品的缺陷或听到其他同类产品的优点而产生失调感。

条件:消费者属于高度涉入,但是并不认为各品牌之间有显著差异。

营销策略:提供完善的售后服务,通过各种途径经常性地提供有利于本企业和产品的信息,使顾客相信自己的购买决定是正确的。

3. 寻求多样化的购买行为

寻求多样化的购买行为指消费者购买产品有很大的随意性,并不深入收集信息和评估比较就决定购买某一品牌,在消费时才加以评估,但是在下次购买时又转换其他品牌。转换的原因是不是厌倦原口味,只是想试试新口味。消费者寻求产品的多样性,不一定有不满意之处。

条件:消费者属于涉入度低,并了解现有各品牌和品种之间具有的显著差异。

营销策略:对于寻求多样性的购买行为,市场领导者和挑战者的营销策略是不同的。市场领导者力图通过占有货架、避免脱销和提醒购买的广告来鼓励消费者形成习惯性购买行为。而挑战者则以较低的价格、折扣、赠券、免费赠送样品和强调试用新品牌的广告来鼓励消费者改变原习惯性购买行为。

4. 习惯性的购买行为

习惯性购买行为指消费者并未深入收集信息和评估品牌,只是习惯于购买自己熟悉的品牌,在购买后可能评价、也可能不评价产品。

条件:消费者属于低度涉入,并认为各品牌之间没有什么显著差异。

营销策略:

(1)利用促销手段吸引消费者试用。因为产品无差异,只能通过合理价格与优惠、展销、示范、赠送、有奖销售等销售促进手段吸引顾客试用,促使顾客了解和熟悉产品后,就可能经常购买以至形成购买习惯。

(2)开展大量重复性广告,加深消费者印象。消费者只是被动地接受各种营销传播信息,并根据品牌的熟悉程度来决策。消费者选购某种品牌不一定是被广告所打动或对该品牌有忠诚的态度,只是熟悉而已。因此,企业必须开展大量广告使顾客增加品牌的熟悉度。

（3）拉大品牌差异，提高购买涉入程度。企业通过技术进步和产品更新，将低涉入产品转换为高涉入的产品，扩大与竞争品的差距。主要途径是：在产品中增加较为重要或新的功能和用途，进行差异化运作。如，仅能洗净头发的洗发水属于低涉入产品，只能以低价展开竞争；若增加去屑、保养等功能，则产品差异拉大，消费者的涉入度提高，即使提高价格也能吸引购买。

三、消费者购买决策

不同的消费者行为类型反映了消费者购买决策过程的差异性或特殊性，消费者的购买决策过程也有其共性或一般性，消费者购买决策过程一般分为五个阶段，如图 5.8 所示。

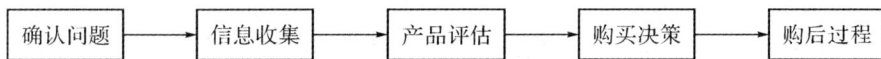

确认问题 → 信息收集 → 产品评估 → 购买决策 → 购后过程

图 5.8　消费者购买决策过程五阶段模式

五阶段模式适用于分析复杂的购买行为，因为复杂的购买行为体现出最完整、最有代表性的购买决策，其他类型的购买行为是复杂购买行为的简化形式，其中省略了一些步骤。模式显示，消费者的购买决策过程早在实际购买以前就已开始，并延伸到实际购买以后，这就要求营销人员注意购买决策过程中的各个阶段，而不是仅仅注意销售环节。

1. 确认问题

确认问题指消费者确认自己的需要是什么。消费者需要可由内在刺激或外在刺激唤起。内在刺激是人体生理的驱动力，如饥、渴、冷等等；外在刺激是外界的"触发诱因"。需要被唤起后，才有可能形成需求，并逐步增强，最终驱使人们采取购买行动。

营销人员在这个阶段的任务是：

（1）了解与产品有关的现实的和潜在的需要。同等条件下，能够满足消费者多重需要的产品更能吸引消费者购买。

（2）了解消费者需求随时间推移以及外界刺激强弱而波动的规律性，并以此设计诱因，增强刺激，唤起需要，最终促成人们采取购买行动。

2. 收集信息

营销人员在这一阶段的任务是：

（1）了解消费者信息来源。消费者信息来源有 4 种：①经验来源。指直接使用产品得到的信息。②个人来源。指家庭成员、朋友、邻居、同事和其他熟人所提供的信息。③公共来源。指社会公众传播的信息,如消费者权益组织、政府部门、新闻媒介、消费者和大众传播的信息等。④商业来源。指营销企业提供的信息,如广告、人员推销、包装说明、商品展销会等。

(2)辨别不同信息来源对消费者的影响程度。从信息数量上看,消费者从商业来源获得的信息最多,其次为公共来源和个人来源,最后是经验来源。但是从消费者对信息的信任程度看,经验来源和个人来源最高,其次是公共来源,最后是商业来源。

商业来源的信息在影响消费者购买决定时只起"告知"作用,而个人来源则起评价作用。口碑是对消费者最有力量和真实性的信息来源,当今社会通过网上论坛、聊天室、博客、网站、移动终端等渠道,口碑的影响力被放大。营销人员应通过市场调查了解消费者的信息来源以及信息影响程度。

(3)设计信息传播策略。除利用商业来源传播信息外,还要设法利用和刺激公共来源、个人来源和经验来源,也可多种渠道同时使用,以加强信息的影响。

⇨阅读材料

尼尔森:消费者购车决策在加快

"77%的受访者表示他们从萌生购车想法到成交提车只花了不足90天时间,其中甚至有30%在一个月内就买定成交。"这是尼尔森与汽车之家最新的联合调研所显示的数据。在尼尔森看来,汽车消费者的购车决策在加快,但购买决策时间的缩水,并不意味着鲁莽和冲动——得益于丰富的互联网信息,如今购车族更加理性精明。

调查显示,在如今的信息化时代,购买决策过程如漏斗一般充满着层层筛选和诸多变数。消费者在买车过程当中有意或者无意浏览不少其他品牌的车型。数据显示,仅在"汽车之家",一个消费者一个月的车型浏览数量平均可达42款,并对其中16款车型有深入了解过。

而在信息浏览当中,消费者对于意向车型的态度也在不断变化。在比较筛选阶段,高达61%的消费者改变了他们原有的车型偏好,即使在购买的最终阶段,这一比例也高达31%。可见,对品牌最初的好感并不能保证最终的购买决定。

研究显示,仅有30%的中国受访者能回忆起电视广告的内容,而在他们中间,仅有29%的受访者表示能回忆起品牌,使得最终的整体广告品牌传播效果仅为9%。

与此同时,传统大众媒体在消费者信息来源序列中的地位逐渐被互联网新媒体超越。汽车消费者更看重4S店(64%)、亲戚朋友的介绍(62%)和专业汽车网站(42%)。尼尔森的研究发现,仅"汽车之家"一家网站,购车族在购买决策阶段每个月平均浏览超过20小时。

如今,善于使用互联网的购车族的决策流程可以分为三个阶段。首先,消费者会设定购车预算,基于安全口碑、实用性口碑等考虑因素,初步筛选车型。之后,消费者会对这个数据库中的车型进行比较和评估,深入了解口碑、性能和外观设计等因素,筛选出心仪的两至三款车型。最终环节是去4S店体验,外观、舒适性和促销活动是促使购买决定的最终因素。

同时,调查显示,在不同阶段,品牌制胜的因素不尽相同。在最开始的品牌筛选阶段,最重要的因素是安全性比较好(42%),其次是在预算之内(33%)及青睐的品牌(33%)等;但在比较阶段,开始更多关注产品的设计(49%)、车辆性能(46%)及消费者口碑(37%);而在消费者踏进4S店准备进行最终决定时,开始更为关注驾乘舒适性(40%)、口碑(23%)、促销(22%)和油耗(21%)。

(资料来源:唐福勇.尼尔森:消费者购车决策在加快[N].中国经济时报,2014-12-01.)

3. 产品评估

消费者在获得全面的信息后,采用一定的方法,对同类产品的不同品牌加以评价并决定选择。一般而言,消费者的评价行为涉及四个方面:

(1)产品属性。指产品所具有的、能够满足消费者需要的特性。产品在消费者心中表现为一系列基本属性的集合。在价格不变的条件下,具有更多属性的产品将增加对顾客的吸引力,但也会增加成本。营销人员应了解顾客主要对哪些属性感兴趣,以确定产品应具备的属性。

(2)品牌信念。指消费者对某品牌优劣程度的总体看法。消费者对产品每一属性的实际表现给予评价,然后将这些评价连贯起来,就构成对该品牌优劣程度的总体看法,即品牌信念。

(3)效用要求。指消费者认为产品每一属性的效用功能应当达到何种水准的要求。或者说,该品牌每一属性的效用功能必须达到何种水准消费者才会接受。

(4)评价模式。明确了上述3个问题以后,消费者会有意或无意地采用不同的评价方法进行评价和选择。

4. 购买决策

(1)介入因素

消费者经过产品评估后会形成一种购买意向,但不一定导致实际购买,从购买意向到实际购买还有一些因素介入其中。

①他人态度。比如,某人决定购买某个品牌的汽车,但是家人不同意,其购买意向就会降低。他人态度的影响力取决于三个因素:其一,他人否定态度的强度。否定态度越强烈,影响力就越大。其二,他人与消费者的关系。关系越密切,影响力越大。其三,他人的权威性。他人对此类产品的专业水准越高,则影响力越大。

⇨ 阅读材料

顾及情面,消费者选择并非多样化

每到节日庆典,人们免不了要大吃几顿,接着为自己制定减肥计划。然而,很多人并未意识到其中暗含的社交和礼貌的需要。

杜克大学福夸商学院研究发现,人们之所以会选择垃圾食品招待客人,是因为害怕冒犯他们。福夸商学院开展了一项试验,旨在发现人们在为自己和他人挑选食物的倾向有哪些不同。

在试验中,参与者被分为两组,他们的任务是,从全麦饼干和巧克力夹心饼干中二选一,送给一位刚结识的"朋友"。在第一组中,这个"朋友"穿着普通的衣服,看起来很瘦。第二组中,这个"朋友"加上了一层服装道具,比之前的体重增加了65磅。试验结果显示:60%的人会为自己和新结识的"胖朋友"选择同样的饼干,但如果这个新朋友和自己体型相当,仅有30%的人会选择相同的饼干。当被问到原因时,参与者表示,给自己选择健康食品,而给"胖朋友"选择不健康食品,或者反之,都会冒犯他们。

为一个比自己胖的朋友选择食物时,为了避免产生冒犯行为,人们往往会选同样的食物。这也意味着人们在节日里会为自己和朋友们选择更多的不健康食品,因为担心不这么做会伤害别人的感情。

研究结果不仅适用于食物选择上。商家应该逐渐意识到消费者并不仅仅是"买东西的人",人们在挑选商品的时候会考虑"周边人"的喜好。商家应该考虑"购物者在挑选商品时总是希望能够避免冒犯他们的家人和朋友"这一因素。研究建议,商家应该努力推出一款产品,能满足家庭所有成员的需求,让消费者在挑选商品时不会担心"会令某人不舒服"。

(资料来源:杜克大学福夸商学院. 顾及情面,消费者选择并非多样化[J].商学院,2014(1):22—22.)

②意外因素。消费者购买意向是以一些预期条件为基础形成的,如预期收

入、预期价格、预期质量、预期服务等,如果这些预期条件受到一些意外因素的影响而发生变化,购买意向就可能改变。比如,预期的奖金收入没有得到、原定的商品价格突然提高、购买时销售人员态度恶劣等都可能导致顾客购买意向改变。

（2）购买决策内容

顾客一旦决定实现购买意向,必须做出以下决策:①产品种类决策,即在资金有限的情况下优先购买哪一类产品;②产品属性决策,即该产品应具有哪些属性;③产品品牌决策,即在诸多同类产品中购买哪一品牌;④时间决策,即在什么时间购买;⑤经销商决策,即到哪一家商店购买;⑥数量决策,即买多少;⑦付款方式决策,即一次付款还是分期付款,现金购买还是其他方式等等。

5. 购后过程

现代市场营销观念最重要的特征之一是,重视对消费者购后过程研究以提高其满意度。消费者的购后过程分为三个阶段:使用和处置、购后评价、购后行为。

（1）购后使用和处置

消费者在购买所需商品或服务之后,会进入使用过程。购后使用和处置有时只是一个直接消耗行为,比如喝饮料、看演出等;有时则是一个长久的过程,如家电、家具、汽车等耐用消费品的使用。

营销人员应当关注消费者如何使用和处置产品,以解产品的真实反映,为后期营销提供决策依据。如果消费者使用产品的频率很高,说明产品有较大的价值,有的消费者甚至为产品找到新用途,说明产品满足消费者需求;如果对于一个本应高频率使用的产品,消费者实际使用率很低或闲置不用,说明该产品无用或价值较低,或消费者不满意;如果消费者把刚买不久的产品转卖他人或用于交换其他物品,甚至丢弃,说明消费者已经放弃该产品了,企业需要调查和反思。

（2）购后评价

消费者通过使用对产品和服务有了更加深刻的认识,并检验自己购买决策的正确性,确认满意程度,作为以后类似购买活动的参考。消费者的购后满意不仅仅取决于产品的质量和性能及其发挥状况,心理因素也具有重大影响。反映顾客满意的理论主要有预期满意理论和认识差距理论。

①预期满意理论认为,顾客满意是产品可感知效果与期望值比较后形成的心理感受状态,即消费者满意程度取决于购前期望得到实现的程度。

②认识差距理论认为,消费者在购买和使用产品之后对商品的主观评价和商品的客观实际之间总会存在一定的差距,可分为正差距和负差距。正差距是消费者对产品的评价高于产品实际和企业预期。负差距是消费者对产品的评价

低于产品实际或企业预期。比较而言,企业更应关注和解决负差距的存在。

(3)购后行为

根据对产品的评价,顾客对产品形成信赖、忠诚或者排斥等态度,并影响其购后行为。如,信赖产品,重复购买相同产品,并推荐产品给周围人群。或者,抱怨产品,索赔,个人抵制或不再购买,劝阻他人购买,向有关部门投诉。

企业应当采取有效措施减少或消除消费者的购后失调感。比如,有的企业在产品售出以后,定期与顾客联系,感谢购买,指导使用,提供维修保养,通报本企业产品的质量、服务和获奖情况,征询改进意见,建立良好的沟通渠道处理消费者意见,并迅速赔偿消费者所遭受的不公平损失等。事实证明,购后沟通可减少退货和退订现象。如果让消费者的不满发展到投诉或抵制产品的程度,企业将遭受更大的损失。

⇨ 阅读材料

美国消费者的最爱:不是苹果

美国的一项评比显示,2014 年美国消费者满意度最高的公司既不是"高大上"的苹果,也不是去年排名居首的亨氏公司,而是亚马逊。

据密歇根大学编制的美国消费者满意度指数(American Consumer Satisfaction Index)显示,亚马逊高居榜首,排名第二的是亨氏,好时和戴姆勒旗下梅赛德斯奔驰则并列第三。电子商务顾问布莱恩·艾森伯格指出,亚马逊的采购品类经理重点关注四种服务:货品选择、价格、可获得性和消费者购物体验。亚马逊已经证明,如果一家公司只把重点放在销售上,那么就会丢掉"民心":"这是一种新的思考方式,让人们重新考量价值和品牌问题,但现在只有很少公司会关心这些东西。"

科技和媒体公司 Quantum Networks 的首席执行官阿里·佐尔丹指出,亚马逊之所以能大受消费者欢迎,靠的是快速投递服务和免费送货服务这两大法宝。"人们就是那么不遗余力地喜欢亚马逊。""毫无疑问,这家公司未来面临着一些重大挑战,但是,亚马逊已经成功地建立起了自己在电子商务生态系统中的行业领导者地位。"

(资料来源:美国消费者的最爱:不是苹果[EB/OL]. 千峰教育,2015-01-02.)

第三节　创造和引领需求

　　每一个成功的企业都会适应市场需求,满足顾客的需求,以便在市场中立于不败之地。每一个伟大的企业都会创造需求,去引领市场需求,是市场的强者。捕捉和创造消费者需求成为现代市场营销的关键。差异化价值可以超越竞争,成为企业竞争的不二法宝。

一、创造需求

　　杰出的公司从来都摒弃一味地迎合消费需求的理念,而是通过创新的产品去开创市场需求。例如苹果公司以其独创的一系列电子产品改变了消费习惯,让消费者跟着苹果走。

　　通过观察消费者在现实生活中的种种行为,并持续与人交流,需求创造者找出解决办法,让消费者的生活变得更加轻松方便,收获更多,乐趣更多。在消费者自己都不了解自己的需求时,需求创造者就似乎已经看透了消费者的内心,创新产品,令消费者无法抗拒,更令竞争对手无法复制。美国学者斯莱沃斯基认为,成功创造需求需要把握以下关键因素。

　　1. 为产品赋予魔力,创造无法割舍的情感共鸣

　　"产品优秀不等于充满魔力",企业的成功在于能将产品打造成为具有令人无法抗拒的魔力。而且,一个基本的现实是,赢家通常不是先行者,而是第一个能创造出情感共鸣并能把握住市场方向的产品的企业。

　　情感需求是创造需求的基础。在需求与人性的微妙关联中,左右消费者做出重大决策的,通常是不起眼的小事。情感诉求与功能完备的产品相结合时,就形成了对客户的超强魔力。如,iPod 和 MP3 播放器在播放音乐上并没有两样,但它通过新颖的设计、绝妙的用户界面和创新的内容组织方式让用户爱不释手,这个爱不释手就是情感上的共鸣。

　　2. 解决顾客还没告诉的麻烦

　　无论在哪个领域,对于尚待实现的潜在需求而言,麻烦都是最先出现的提示线索和最早的闪光信号。需求,以解决顾客问题为中心,而不仅仅是满足需求为中心。企业成功的密钥是,以用户问题为中心的创新方案,而不是将目光锁定在设备性能本身,新技术不等新需求。需求创造者往往能找到化解问题的妙计。

从人性需求看,"一键"式综合解决问题的方案是创造需求的契机。

如,乔布斯凭借 iPod 打入消费电子领域后,将其与 iTunes,这个世界第一、最优秀的在线购买、整理和享受音乐与视频的软件,整合起来;而后他又以 iPhone 进军电信业,把它与更庞大的应用与服务系统整合。苹果创造出来的需求成果,让世界的消费者赞叹它的炫酷、优雅、强大,更把它们当成了直观、简便、有趣的代名词。

3. 看似无关的因素左右产品成败

成就一个卓越的产品,事先必然全盘兼顾,把所有因素联系在一起。成就或摧毁一部产品的力量,通常隐藏在看不见的地方。如,行业的背景因素。由背景因素构成的基础设施与消费者需求之间,是共同成长、相互储存的关系。企业要利用外界资源来创造背景因素,而不能一切只靠自己。因为创造新需求的过程中,企业不可能拥有足够的时间、金钱等要素,为自己备齐所有的背景因素。充分利用资源,是创造需求不可忽视的力量。

开创了在线电影租赁新纪元的美国奈飞公司,其成功的秘密武器让众多企业惊讶,不是互联网和 DVD 镭射碟片的结合,也不是优秀的软件,而是低技术含量的投递系统——美国邮政局,利用已经存在的递送设施,实现其碟片在全国范围安全发送的目标。

4. 寻找激发力,让潜在需求转变为真正需求

创新不停、进步不止,需求创造者总会一刻不停地搜寻,持续不断地实验,以期尽快找到将观望者转变为客户的关键力量。撬动消费者的临界需求,是创造需求的加速器。

人们的购买决策很大程度上受控于惯性、疑虑、懒惰、习惯和冷漠。推进力是商业设计中至关重要的环节,它可以让冷淡的、犹豫的消费者变得热情,并最终自觉自愿地成为磁力产品的客户。口碑相传,是最为有效的推进力,也是最难创造起来的一种。

Nesproesso 发明了咖啡胶囊,但仅凭一款创新产品,并不足以激发大规模的市场需求。公司通过俱乐部成员实现口碑相传,有效地带动了销售的增长;但这还不够,公司又借助瑞士航空,把产品打造成专门飞机头等舱的品牌;另外,借助法国巴黎老佛爷百货,让 Nesproesso 直接进入高档零售终端。如今,Nesproesso 已经成为雀巢旗下成长最为迅速的品牌。

5. 打造 45 度产品精进曲线

缓慢的改进等于平庸。45 度产品精进曲线意味着以强大的 45 度角向上攀升,甩开模仿的竞争者,只有快速迭代才能将创造需求的成败者区分开来。产品

每实现一点提升,就会打开新一层的市场需求,并把东施效颦、采取跟随策略的竞争者挤压到更小的空间中去。

需求创造从来都不是一次成型的事,也不可能因成功的产品发布就告终。持续地改进需求,超越竞争,是创造需求的持续动力。

6. 去平均化

世上没有"一招鲜吃遍天"的偷懒办法,要采取高效且成本低廉的方法,实现产品的差异化,更精准地满足各类客户的不同需求,去除不必要的冗余,填上需要弥补的缺陷。平均主义不可行,平均客户不存在。设计出一款用来吸引所有客户的产品,永远都是浪费时间与金钱。追求个性化的差异需求,是创造需求的终极力量。

⇨小案例

用创新产品创造市场需求

2012 年是中国家电行业的调整年。面对行业增速下滑及内外部环境的深刻变化,美的集团大力从注重增长数量向注重增长质量转型,从低附加值向高附加值转型,从粗放式管理向精细管理转型。转型的成果逐渐体现出来。根据近日美的电器发布的 2012 年第三季度报告,1～9 月美的电器净利润达 30 亿元,同比增长 4.18%。业绩逆市增长主要归功于美的电器持续深入推进战略转型,使得经营业绩趋势良好,毛利率和净利润持续稳步提升。

立足于品质为本、科技制胜的美的集团,依靠科技创新,研发出高技术含量的差异化产品创造出了新的市场需求,正在以技术嬗变迎接着消费升级驱动下的家电产业升级转型,以提升品牌的美誉度与附加值。

近年来,美的集团推出了多款让竞争对手无法效仿的革命性产品。例如:

· 美的空调正式发布行业首创的"一晚 1 度电"全直流变频空调新品;

· 通过"蒸"功能和传统微波炉的创新结合推出了"蒸立方"微波炉;

· 旗下小天鹅推出的自动投放洗涤剂洗衣机把智能科技和洗衣实践相结合,不但大幅简化消费者操作程序,而且使洗涤剂投放更科学精准,无残留更健康;

· 国内首台 IH 全智能微压设计的美的电饭煲,彻底打破了日本品牌对高端市场的垄断格局;

· 让厨房刮起"超薄风"的最新款超薄电磁炉仅 25mm,实现了技术和艺术的完美融合;

·美的中央空调率先推出的全直流变频多联机与水源热泵多联机系统在能效上再创新高,使其成为最专业的解决方案提供商。

目前美的集团已经拥有完备的大、小家电产品阵营和空调压缩机、冰箱压缩机、电机、磁控管、变压器等家电配件产品集群。在"创新理念"牵引下,美的在技术方面已经形成"研发一代、储备一代、生产一代"的3级研发体系,在产业方面形成"核心部件—整机制造"的全产业链优势,并整合"供应商—厂商—经销商—消费者"价值形成"全产业链—全价值链"平台竞争优势。"创新力"已经成为美的集团持续深化转型升级的内在驱动力。

(资料来源:张晓航. 用创新产品创造市场需求[N].中国质量报,2012-12-07.)

二、引领需求

引领需求的重要途径是消费者教育。消费者教育就是通过一定的手段,将公司、产品、服务、政策、策略等期望消费者了解的信息传播给消费者,并获得认同的过程。

1. 产生背景

消费者教育的产生源于消费者发展阶段理论。国外消费者研究认为,消费者发展可以分为"聪明的消费者"、"自立的消费者"和"自觉的消费者"三个阶段。聪明的消费者强调消费购物的自我保护能力,自主的消费者强调消费行为的合理判断能力,自觉的消费者强调的是对企业和社会的影响。消费者应当站在更高的角度审视生存的社会价值,自觉重视消费行为给环境带来的影响,使消费者成为美好生存环境的创造者,培养"自觉的消费者",这就是消费者教育的本质。

2. 社会层面的消费者教育

政府和社会团体倡导实施的消费者教育活动,作为市场营销环境的一部分,间接影响着企业的行为。主要通过俱乐部、相关院校等社会团体、公益活动教育、公共教育等方式,以传播商品知识,介绍消费经验和产品特殊利益为目的,对消费者进行教育。如,假冒伪劣商品识别活动、设立义务咨询维修点等,或在更广阔的时空范围内,利用大众传媒将教育内容传播给社会公众,如商品知识的连续介绍、消费者热线、公益广告等。

⤷小案例

上海设立家具消费教育体验基地

近日,上海首家家具消费教育体验基地正式免费开放。该基地由上海市消费者权益保护委员会在吉盛伟邦家具村设立,展示面积约 3000 平方米,包括实物展示区、视频展示区和消费维权展示区等三部分。

针对消费者关注的家具材质以及样品与实物不符等问题,实物展示区共分实木家具、红木家具、板式家具、沙发、软床垫五个专业展示区,通过各种家具白坯及解剖实物,配以详细文字介绍,让消费者了解家具的构造和用料,家具工艺和制造过程。同时,展出假冒家具实物,供消费者了解和识别。

上海市消保委还专门到家具厂拍摄了家具生产过程,为消费者展示实木家具、红木家具、床垫等生产过程。在消费维权展示区,主要展示家具消费警示、家具典型案例,并向消费者免费赠送规范的《上海家具买卖合同》《家具定做合同》等资料。除了实物展示之外,还有木工雕刻师现场展示家具制作工艺,家具专家就热点问题接受消费者咨询,吸引了不少消费者观看、咨询。

信息不对称是导致消费投诉的重要原因之一,家具消费教育体验基地有助于消费者了解家具的选材及制作过程,深入了解家具消费知识,确立节约资源和保护环境的消费理念,科学、合理选购各类家具,提高对家具材质的鉴别能力。该基地还将定期组织举办各类家具咨询、消费知识讲座和消费体验活动,为消费者答疑解惑,受理消费者投诉咨询。

（资料来源：刘浩.上海设立家具消费教育体验基地［N］.中国消费者报,2014-10-10.）

3. 企业层面的消费者教育

由于社会商品和交易的复杂性,消费者行为的有限理性,以及需求与利益的不一致等原因,消费者的需求和行为并不一定都是正确的,这会给企业带来"误导",给社会带来负面影响。"消费者教育"的基本内涵是,企业仅仅"迎合"需求是远远不够的,还必须进一步分析消费需求,辨别消费需求的合理性,判断这种需求的满足对消费者个体利益、社会整体利益以及未来长远利益的影响。

消费者需求并非都应满足和迎合的,一味满足和迎合消费者,不符合科技发展的规律,也不符合行业发展的利益,更与社会进步相违背。因为消费者对商品知识的掌握是非专业的,很多是凭借自己的经验或习惯,而其中许多都不一定是正确的。如,许多消费者习惯地认为,泡沫越多的洗衣粉去污效果越好,其实不然,而且泡沫越多则漂洗越麻烦,越浪费水,对环境也会加重影响等。

➩小案例

宜家的消费者教育

宜家家居,来自瑞典的全球知名家具和家居用品零售商,以为大众创造更美好的日常生活为理念,通过产品的设计、摆设、体验以及服务等与顾客进行沟通,利用卖场终端对顾客进行消费教育,传达宜家的理念。

1. 情感教育

卖场中一个个根据独特创意设计出来的样板间,温馨舒适,给人以"家"的感觉。宜家通过这种产品展示方式向顾客暗示家庭的重要性——家是让我们倍感舒心的地方。

宜家还会在不同的时期针对顾客的需求进行情感的沟通和教育。比如,在孩子用品区,可以看到:"女儿要上小学了,她需要更多的学习空间和玩耍空间。我们需要重新整理我们的家和生活,以适应这个新的开始"。这一段短小的标语就像是两个家长之间关于孩子成长的交流。宜家向家长们传达一种懂得关爱孩子,为孩子的成长增添快乐的情感和理念,为顾客营造出浓浓的人情味,带来情感的沟通和教育,让顾客倍感亲切。

2. 知识教育

宜家还注重为顾客提供更多的家居知识和家居灵感。例如,如何巧妙利用墙面的灵感分享;如何选择适合墙面的安装件;如何收纳更加井井有条;如何轻松挂画以减少对墙体的破坏;如何选对酒杯尽享品酒之旅等。宜家通过这些家居知识的教育,向顾客传达了一种理念——我们不仅仅在购买一种产品,更是在购买一种家居生活。

3. 环保教育

如,放置灯泡回收站,教育顾客将不能使用的灯泡回收以循环再造,保护环境,将这种"可持续发展"的理念融入到顾客的购物体验中,教育和引导消费者培养智能环保的家居习惯。

随着科技的进步,消费者对于创新、换代的产品并不一定能了解和熟知,这就需要企业加以引导,使其消费行为更为先进,更为理性,也更符合社会的整体发展。引领消费者需求不但是企业的营销活动,更是一种社会责任。企业需要运用营销手段,引导消费者、教育消费者,增强消费者的理性程度和科学程度,提高消费者的素质,通过产品的创新,消费者需求的引领,实现企业、消费者、社会三方利益的共赢。

三、消费需求发展

根据西方营销理论的研究,消费者需求发展大致可以分为三个阶段:

第一是量的消费时代,它由于社会生产力、社会经济条件和物质资源的限制,在进入商品经济的初期,人们没有能力支付额外的消费,消费者对于消费品的需求只是停留在生活必需品上。这个消费时期,只要商品能够满足他们最基本的生存需要就足够了,甚至可以忽略商品质量的优劣。

第二是质的消费时代,在这个时期由于收入水平的提高,自我意识的提升,对应的消费需求也发生了变化,消费不仅要满足生存需要,同时也要满足生活和自我肯定的需要,于是开始更加注意消费的品质,而不是仅仅关注在物质层面。商品开始向高品质、多样化、差异化等方向发展。

第三是感性消费时代。当消费者进入信息社会后,人们的生活节奏日益加快,消费者购买商品的目的更多地表现为满足一种情感上的渴求,更加注重精神愉悦、个性实现和感情满足等方面的需求倾向。

消费者需求的转变与人类需要发展相适应。当今人类社会进入一个以新技术革命为标志的崭新的历史发展时期,消费环境也发生了很大的变化,消费者需求的内容、形式、层次在不断改变和进步,并呈现出新的消费趋向。了解消费需求的发展趋势,有助于企业创造新的商业机会和新的产品。

1. 低碳、自然、健康的生活需求

低碳、自然、健康消费成为环保生活方式的代名词,其不仅仅在于排放更少的二氧化碳,更多的是强调节约能源,保护环境,注重自然,追求健康。越来越多的消费者愿意以实际行动来支持低碳生活,表示即使贵一点,也愿意购买环保节能型的产品。天然无添加将会更吸引他们的眼光。对于企业而言,低碳已经不是"锦上添花",而成为"必不可少",是企业的社会责任。满足消费者对健康的渴望,将成为未来市场的一大需求源泉。

2. 奢侈品需求

奢侈品不再是遥不可及的产物,消费者对奢侈品的接受度和偏爱度日渐提高。奢侈品的入门消费,跨界结合等迎合了国内消费者消费奢侈品的心理满足感。奢侈品平民化使得消费者可以用较少的钱获得奢侈的感受,据预测,在未来几年中国将超过日本成为世界上最大的奢侈品消费国。

３．男性需求——"他"消费

男性成为不断崛起的市场，以男性为主导的消费需求引起的经济效益日益壮大，"他"时代已经悄然来临。由于男性在消费领域处于崛起阶段，他们更需要经验、信息的分享，男性对时尚、美容类产品的消费渠道也需要改变，网购和专卖店将成主力。

４．虚拟需求

种种迹象表明，国内消费者对虚拟产品的认可度得到很大的提升，腾讯 QQ 是虚拟消费的典型例子，它的 Q 币、游戏点卡以及其他充值升级的消费，都展示了虚拟消费的巨大市场。从最初的虚拟货币、虚拟形象，到如今的虚拟课程、云计算引导的消费改革，无不显示出虚拟革命所带来的市场机会和潜力。

５．数字化需求

随着信息化社会进程的深入，消费者对数字和信息的需求在不断增强。提供海量信息或帮助消费者在最短的时间内检索到自己需要的信息，希望随时随地能掌握无线或网络的相关信息，等等，都成为现代消费者的需求特点，数字化产品也随之涌现，更延伸以其他相关产业，如数字客房。

⇨阅读材料

互联网时代下，消费者的 7 大数字需求

消费者的生活形态正在逐渐改变，爱立信消费者行为研究室针对新兴的需求进行调查，通过访问巴西、印度尼西亚与美国三地的智能手机用户，归纳出七项数字服务需重视的关键需求：

１．随处可实时接入服务：为了满足"on-the-go"（随时随地可使用）的生活形态，人们需要大量可随选、随用的实时服务。

２．可定制个人界面：人们需要更多适合自己生活方式的个人化服务与提醒功能。

３．可随时关闭：为了平衡"always-on"（随时在线）所带来的压力，人们会需要一些能帮助暂时离线以放松身心的服务。

４．提高生产力：人们需要能有效管理和安排每日行程的服务，以达到生活时间的充分利用。

５．强化人际关系：在繁忙的生活当中，人们更需要依赖科技来与各处的朋友或家人保持联系。

６．让消费者自己做主：人们希望随时了解追踪自己在消费、资料使用和信

息的最新状态,使自己能够花更多时间在生活中重要的事情上。

7. 掌握周边有用信息:不论身在何时何处,人们都希望能得到与当下环境最为相关的信息。

爱立信消费者行为研究室指出,符合这些需求的服务有一个共同点,就是通过集中管理以及支出和使用的有效控制,来帮助消费者简化复杂性、节省时间以及减轻压力,以下即为此次研究的重要发现:

·消费者相当重视服务的简单性,希望服务都能直观操作,并与原有的使用习惯无缝接轨。

·对消费者来说,移动化必须要能做到依据使用时间与地点,实时提供定制化服务。

·消费者的需求将可带来新的市场机会,必须去找出在目前几乎全面联网的生活形态下,还有哪些概念可以突破现有服务。

（资料来源:互联网时代下,消费者的 7 大数字需求[EB/OL].创业网,2014-02-12.）

总之,随着社会自身不断地发展,人类的需求水平是由物质性走向情感性的,从低层次向高层次发展的。现代社会消费逐渐从"机能价值"的实现转变为对"情感满足"的重视,重视情感的满足和精神的愉悦是消费需求的重要趋向。同时,顺应社会环境的发展,未来的消费需求也将围绕数字化、环保等主题发展变化着。

四、消费行为趋势

与消费者内在需求的发展趋势不同,消费者外在的行为表现也呈现鲜明的发展趋势。

1. 网购消费日益成熟

国内城镇居民对网购呈现出巨大的热情,网购逐渐"日常化"和"大胆化"。国家商务部公布的数据显示,网购销售增速比实体店普遍高出 20 个百分点以上。2013 年,我国网络购物市场交易规模达到 1.85 万亿元,增长 42.0%。随着网购市场的日渐成熟,电商品牌也成为影响消费者购物的重要因素。2013 年我国网络购物市场中 B2C 交易规模达 6500 亿元,在整体网络购物市场交易规模的比重达到 35.1%,预计到 2017 年,B2C 在整体网络购物市场交易规模中的比重将超过 C2C,达到 52.4%。

2. 移动消费成为主力军

坐上火车用手机预订房间,外出就餐先用手机进行点菜,逛商场时先登录手机淘宝领优惠券……目前,手机已成为人们生活中不可缺少的个人服务中心。

2013年底，亚马逊中国发布的数据显示，其移动端购物占比增长了142％，已经有越来越多的消费者开始频繁使用移动端进行购物。未来社会，消费者的"指尖上的消费"将爆发出巨大的能量。

3. 追求感官体验消费

产品再具有吸引力，第一步也是需要引起消费者的"感官刺激"。现代消费者追求极致的感官享受，想要最真实的接触，以"感"取物将是必然的趋势。苹果的成果是感官享受的完美制胜，它使数码产品不再是冰冷的科技产物，与消费者的感官相结合，提供了最舒适、最直观的科技享受。

提供给消费者更多的机会参与到产品的生产过程中，如进店参观，自己组装小零件，DIY服务等，让他们亲自感受产品的形成过程，已经成为一种全新的宣传和公关形式。

⇨ **小案例**

海天酱油开放工厂：品质能看见，消费者才能更放心

近日，海天酱油"和汪涵一起，参观海天阳光工厂"大型活动，引起了社会、媒体的高度关注和传播，整个活动参与人数超过250万人次，大受网友追捧。在消费者对食品质量和安全高度重视的今天，海天酱油开放工厂，让产品品质透明的做法，得到了消费者的认可。

品质要敢于"晒"出来

海天作为拥有300多年历史的老字号品牌，早已是中国亿万百姓家庭熟悉和信赖的味道。好酱油是依靠天然的阳光晒出来的，海天酱油不仅依靠天然的阳光发酵，真正晒出来，亦把自己的工厂开放性地"晒"在消费者的眼前，以透明的心态，让产品直面消费者和市场，让消费者真正了解海天的产品。正是海天人"诚信做产品、踏实做品质"的产品理念，和"永远为消费者提供放心美味的产品"的生产态度，铸就了海天产品的广受欢迎和中国调味品领导品牌的地位。

酱油"迪士尼"，打造至具童话特色的调味王国

据了解，为了能让消费者在参观海天酱油工厂的过程中充满知识、趣味和观赏性，海天斥资3000多万元精心打造了"海天开放工厂大型工业旅游项目"，参观项目全长3公里、共17个景点。

整个参观过程充满创意、美味和惊喜，仿佛置身"美味的童话世界"。在景点中，结合生产场景雕塑的"酱园古风"再现三百年前"佛山古酱园"的传统工艺；独具童话色彩的"海天剧场"播放动漫传奇主题影片《美味向前冲》，讲述了"一颗黄

豆变酱油的奇妙旅程";"立体彩仓"、"旋转圆盘"、"沐光之谷",游人可透过空中参观走廊的巨大玻璃墙,零距离解密酱油制造过程。

和汪涵一起,参观海天酱油阳光工厂

今年海天首次启动了代言人战略,牵手湖南电视台当家主持人汪涵代言,在传播过程中,不仅通过电视及平面广告进行宣传,同时也试水网络,开展了"和汪涵一起,参观海天酱油阳光工厂"的大型网络及线下活动,一个半月,参与人数已超过 250 万人次,成为九、十月份最受关注品牌网络活动之一。

据了解,12月底,前期网络海选的全国各地的消费者将与汪涵一起,走进海天酱油阳光工厂,亲眼见证真正晒出来的好酱油。

(资料来源:海天酱油开放工厂:品质能看见,消费者才能更放心[EB/OL].西楚网,2014-12-11.)

4. 基于 SNS 口碑的消费

如今消费者打开网络,第一个不是登录邮箱或搜索引擎,而是登录开心网之类的 SNS 网络平台,进入网络社交群体中进行浏览信息,这意味着口碑传播不只是在熟人之中存在,消费者也开始愿意相信陌生人。由于有了 SNS,品牌一旦有了问题,其传播速度和范围都是史无前例的。意见领袖在 SNS 传播中的重要性不言而喻,寻找意见领袖的同时,品牌在 SNS 平台的自身传播也相当关键。如今,随着手机终端的盛行和应用多功能化,移动终端的 SNS 也需要格外关注。

▷ 小案例

Sweet & D-mousse——美国乡村派甜点的崛起

Sweet & D-mousse 是美国一家主打乡村派甜点的糕点店,由于选址远离市区,S&D 在开店之初便采用了电子商务模式,用户不仅可以在 S&D 官网购买糕点,同时也可以通过 S&D 在 Facebook 上的主页购买。

S&D 成立之初为了提高影响力,特意寻找了一批互联网上活跃的美食客,然后给这些达人们邮寄 S&D 的甜点,并且会写一封真挚的邀请信:"你好,这些是我们手工烘焙的甜点,希望你能喜欢,我们也非常愿意得到你专业的点评,帮助我们更好地提高产品口味。"这些美食达人本身就是热于分享的社交狂人,于是收到甜点的美食客们纷纷在社交网站上传播 S&D 的产品使用体验,S&D 也在一夜之间通过互联网被更多的人所熟知。

(资料来源:体验式营销案例分享.[EB/OL].泰得学院网站营销分院,2014-12-28.)

5. 小众化消费趋势明显

小众化消费是消费者追求个性化消费的表现方式。小众化在大众化和个性化之间的过渡期,拥有个性,不希望随波逐流,但又希望找到同道中人,获利归属感。各类垂直式网站、回力运动鞋、蜂花洗发精等部分国货的回归,小众化旅游路线等,都反映出消费者需求日益分散化和群体化,需要企业采用新的营销方式加以关注。

前沿知识

零关键时刻模型

在消费者购物决策过程中,"决胜点"应该是何时? 宝洁发现有两个关键时刻:FMOT(First Moment of Truth)和 SMOT(Second Moment of Truth),这就是传统的消费者决策过程,如图 5.9 所示。

图 5.9　传统的消费决策过程

刺激(Stimulus)

刺激就是驱动消费者考虑进行购买的现象,包括不限于电视广告、海报、在线广告、促销活动等等,如图 5.9 的数码相机广告。

第一关键时刻(FMOT)

消费者在货架前,面对一大堆洗发水,脑子里决定买哪个的那 3～7 秒。这个关键的 3～7 秒,宝洁称之为:"First Moment of Truth",简称为"FMOT":"第一关键时刻"。例如这个故事中的球迷在数码相机展示柜前的时刻。

第二关键时刻(SMOT)

第二关键时刻(Second Moment of Truth)是用户体验的最后环节。一个品牌是成功地履行了它的承诺还是令人感到失望,这永远是最重要的一点。在第二关键时刻,如果消费者得到了愉快的体验,那么他也许会成为一个品牌的粉丝并关注他们的微博,他还可能会同朋友在线上或线下分享他的消费成果,甚至抽空写下评论,分享给他的朋友。

第零关键时刻（ZMOT）

到了移动互联网时代，有了新的变化：消费者在尚未造访商品/服务之前，就已经开始尝试体验，寻找信息，做出决策。

这些行为就是 ZMOT（Zero Moment of Truth），从 FMOT 的"First"变成 ZMOT 的"Zero"，从"第1"变成"第0"。FMOT 注重最后陈列架上和其他竞品 PK，而 ZMOT 更早一步，在搜寻的阶段就 PK。宝洁认为重点在他们抵达陈列架的 3～7 秒，但 Google 认为，在消费者姗姗抵达的时候，其实早就已经做出决定了！如图 5.10 所示。

图 5.10　ZMOT 消费者决策过程

（资料来源：移动互联网时代，消费者如何进行购物决策？[EB/OL].极客公园，2014-11-21.）

爱立信消费者行为研究室指出，符合这些需求的服务有一个共同点，就是通过集中管理以及支出和使用的有效控制，来帮助消费者简化复杂性、节省时间以及减轻压力，以下即为此次研究的重要发现：

• 消费者相当重视服务的简单性，希望服务都能直观操作，并与原有的使用习惯无缝接轨。

• 对消费者来说，移动化必须要能做到依据使用时间与地点，实时提供定制化服务。

• 消费者的需求将可带来新的市场机会，必须去找出在目前几乎全面联网的生活形态下，还有哪些概念可以突破现有服务。

（资料来源：互联网时代下，消费者的 7 大数字需求[EB/OL].创业网，2014-02-12.）

本章小结

本章着重讨论了消费者需求和消费行为的决策过程，消费者购买行为类型以及消费者购买决策的一般过程，最后介绍了消费者需求的新趋势。

消费者的需求是对有能力购买的某个具体产品的欲望。需要是活动的最初原动力，驱使人朝特定目标行动。按照不同的划分角度，消费需求可以分不同的类型。影响消费者需求的因素主要有三类：消费者个体因素、环境因素和市场营销因素。需求识别主要通过环境识别和表述识别,消费者需求的转移包括群体内转移和群体外转移。

刺激—反应模式反映了消费者行为的基本原理。根据消费购买的涉入程度和品牌差异性,消费者的购买行为可以分为复杂的购买行为、减少失调感的购买行为、寻求多样的购买行为和习惯性的购买行为四种类型。消费者购买决策的一般过程可以分为确认问题、信息收集、备选产品评估、购买决策和购后行为等五个阶段。营销人员的任务是要了解消费者在购买决策过程不同阶段的行为特点,制定相应的营销策略。

引领和创造需求是企业超越竞争的有力武器。创造需求需要对产品赋予魔力,解决顾客的麻烦,注意看似无关的因素,寻找激发力,打造45度的产品精进速度,去平均化以创造产品差异。当前的市场环境下,消费者需求和行为朝低碳化、健康化、虚拟化、体验式、口碑化等方面发展,企业需要关注消费需求的新趋势。

复习与讨论题

1. 需要如何成为驱动力?
2. 可以怎样划分消费者需求?
3. 消费者需求的影响因素主要有哪些?
4. 消费者需求是如何进行转移的?
5. 消费者的态度有哪些成分?
6. 消费的购买行为有哪些类型? 对每种类型举例说明?
7. 简述消费者购买决策的一般过程?
8. 创造需求要注意哪些事项?
9. 为什么要进行消费者教育? 消费者教育包括哪些内容?
10. 当今社会,消费者有哪些新需求?

实训题

1. 以小组为单位,通过报纸、书刊、网络或咨询他人等途径,了解互联网背景下消费者的新需求,分析消费者的购买行为与传统的购买行为的相同点和不同点,并据此开发和创造一两个生活中的新需求。

2. 以"本校的大学生"为调查样本,结合本章学习内容,根据7O的行为模式,设计问卷,调查你所在的学校的学生对某产品或某品牌的消费行为,了解其信息影响的来源以及决策过程,并制定相应的营销策略。

➡️案例分析题

某公司对非处方药市场(OTC)消费者行为的分析

　　某制药公司要进入非处方药市场,所以该公司委托某咨询公司对该市场的消费者行为进行分析,已确定该公司是否进入该市场,同时如果明确进入该市场,应该如何满足消费者的需求。

　　非处方药品主要面对成年人,他们有一定的疾病判断能力,能较为准确地判断疾病的类别和病情严重程度,有一定的药品使用经验;在经济上有一定的基础,可以自主支配药品费用;文化程度较高,具有较高的医疗保健意识;工作节奏较快。

　　在非处方药市场中,影响消费者购买的因素主要有文化、社会、个人、心理四个方面的因素。

　　(1)文化因素

　　随着消费者文化水平的提高,保健意识增强,对于预防疾病和身体保健逐渐的重视起来,特别是高收入阶层和中老年人对补充维生素、增强免疫功能、防病强身、改善生活质量的非处方药的消费支出增加。同时,现在的中青年女性更加青睐减肥和养颜的非处方药类。

　　(2)社会因素

　　消费者的相关群体、家庭和社会角色与地位都对非处方消费者产生影响。因此,这些因素影响消费者购买该类药品的档次。儿童和老人的购买收到的父母、子女的影响,白领阶层的购买更倾向于品牌和公司的声誉。

　　(3)个人因素

　　消费者购买非处方药类的决策也受到个人特征的影响,例如,消费者对自己的病情变化的感知、对品牌特征的感知、对其他备选品牌的态度。同时,还受到年龄、职业、经济环境、生活方式、个性和自我概念的影响。

　　成年人对病情判断力强,购买非处方药的可能性较大;自我保健意识强的人、工作节奏快的人、不享受医疗费用报销的人、购买的次数较多。许多慢性疾病患者,如高血压、慢性胃炎、糖尿病患者会长期购买非处方药品。

　　(4)心理因素

　　中国消费者的认识中,受传统中医药文化的影响较多。普遍认为中药的毒副作用小,比西药安全;中药对于一些慢性病更有疗效;中药作用全面,可以治本。因此,一般家庭都会备有红花油、健胃消食片、三七伤药片。但是,在起效方面,普遍认为西药比中药快。

在了解了上面影响消费者购买的因素之后,我们有调查研究了消费者购买的决策过程,发现该市场消费者购买过程与普通消费品购买决策类似。

(5)购买者的角色

发起者:患者,包括儿童、老人、男性和女性家庭成员。

影响者:家人、朋友、医生、药店职员、广告代言人等。

决策者:在是否购买、如何购买、在哪里购买等方面做最后决定的人。

购买者:实际采购者。

使用者:实际患者或实际使用者。

在家庭中,妻子可能帮助丈夫购买非处方药品。儿童药品的决策者一般是父母。

(6)购买行为——与普通消费品购买决策类似

非处方药品有很详细的说明书,因此,非处方药具有安全性高、疗效稳定、质量稳定、使用方便等特点,所以购买决策过程相对简单。但是,由于同一治疗类别的非处方药品牌很多,差异较大,在价格、包装、公司声誉上的不同,消费者寻求多样化的购买行为。

因此,消费者购买分为认识问题、信息收集、对非处方药的评价、购买决策和购后行为5个阶段。

认识问题阶段主要是指引起消费者购买非处方药的原因:急病发作,季节影响,蚊虫叮咬、广告宣传等因素。

信息收集阶段主要指顾客的4种信息来源:个人来源,家庭、朋友、邻居、熟人;商业来源:广告、推销、陈列等;公共来源:大众媒体、消费者评审团;经验来源,例如使用产品。

评价阶段主要指消费者的非处方药的评价。评价的主要因素有:功效、安全性、服用方便性、包装、公司声誉等。对于评价较高的产品,那么顾客购买的意图就会较高。

购买决策阶段是顾客形成购买意图、购买偏向后,可能会受到他人的态度、未预期的情况因素影响。例如,专业人士、医生护士、药店职员的影响。他们会改变顾客的初衷,并最终形成购买行为。

购后行为阶段是指消费者的使用阶段,在这一阶段,顾客的使用情况会对消费者未来的购买产生影响。非处方药都有详细的说明书,因此,顾客可以很简单的使用该类药品。顾客使用后是否有不良反应、疗效如何都会对顾客产生影响。如果一个好产品,没有被正确使用,或是没有对症下药的话,也不会产生好的疗效。一旦顾客有了好的治疗效果,那么会刺激顾客下次购买行为。同时,如果出现不良反应,顾客可以在药盒上面找到药品制造商或者销售商的联系方式,一般问题的解决,避免不良后果的产生。

[案例思考]

1.非处方药市场消费者购买行为的研究对企业的营销策略将产生什么样的影响?

2.是否可以找到其他的影响消费者行为的因素?

3.你认为消费者的购后行为重要吗?

延伸阅读

[1]利昂·G.希夫曼,莱斯利·拉扎尔·卡纽克.消费者行为学(第10版)[M].北京:中国人民大学出版社,2011.

[2]巴里·J.巴宾,埃里克·G.哈里斯.消费者行为学[M].李晓,译.北京:机械工业出版社,2011.

[3]亚德里安·斯莱沃斯基,卡尔·韦伯.需求[M].龙志勇,魏薇,译.杭州:浙江人民出版社,2013.

参考文献

[1]约翰·奈斯比特.大趋势改变我们生活的十个新方向[M].北京:中国社会科学出版社,1984.

[2]吴健安.市场营销学(第3版)[M].北京:高等教育出版社,2007.

[3]亚德里安·斯莱沃斯基,卡尔·韦伯.需求[M].龙志勇,魏薇,译.杭州:浙江人民出版社,2013.

[4]尚扬媒介.2011年消费趋势前瞻[R].中国2011年消费者的消费习惯研究报告,2011.

[5]桑雪骐.网购市场渐入成熟期[N].中国消费者报,2014-02-19.

[6]邢焱.客户需求与企业创造力谁引导谁?[J].客户世界,2012(4).

第六章

组织市场需求与行为分析 ➤ ➤ ➤ ➤

⇨【学习目标】

　　了解组织市场的概念和基本市场类型，掌握组织市场的需求特点及其影响因素，熟悉组织市场的供需关系，掌握组织市场的行为类型，了解组织市场购买的影响因素，掌握组织市场的决策过程以及采购方式，熟悉机构市场的行为特点和影响因素，了解组织市场的在线采购方式。

⇨【技能目标】

　　学会分析组织市场的需求和购买决策过程，了解在电子商务快速发展的背景下，组织市场购买和决策行为的变化及趋势。

⇨【导入案例】

彭尼公司：购买纸张是全球性的商业决策

　　彭尼公司是美国第五大零售商和西半球最大的百货目录销售商，而彭尼媒介是为其印刷和采购纸张的部门，主要负责彭尼公司的销售目录、报纸插页和直邮信件的纸张采购。全球有包括美国的国际纸业公司、加拿大的 Catalyst 纸业公司、瑞士的斯道拉恩索公司和芬兰的芬欧汇川公司等在内的十多家公司向彭尼媒介供应纸张。

　　作为彭尼媒介公司的高级采购经理，金·纳赫勒对纸的看法和绝大多数人不同。他和一支专业采购团队每年要花费上亿美元购买 26 万多吨纸张。

　　由于牵涉到相当大的收入和支出，纸张和其供应商的选择也是一个重大的商业决策。因此,彭尼媒介的纸张采购人员与彭尼公司的营销人员密切协作,保证在预算范围内,以最有利的价格购入保质保量的纸张,以满足彭尼公司每年数以百万计的产品目录、报纸插页和直邮信件的用纸需要。

除了纸张的质量和价格以外,采购人员还要考虑供应商的实力,包括按要求生产运送从特殊用纸到报刊用纸等不同级别纸张的能力、在规定时间内生产特定纸张的能力以及正在实施的环境方案等。比如,一家供应商所实施的森林管理与环保措施等就属于彭尼媒介在购买过程中需要考虑的因素。

下次当你翻阅彭尼公司的产品目录、广告或直邮信件时,可以注意一下纸张。金·纳赫勒和彭尼媒介的采购团队在纸张挑选和购买上都花了相当大的功夫。

（资料来源：罗杰·A.凯林,史蒂文·W.哈特利,威廉·鲁迪里尔斯.市场营销（插图第9版）[M].北京：世界图书出版公司北京公司,2011.）

营销启示

对于一家大型零售商而言,纸张是一种辅助的材料物品,但在组织市场,即使最微小的材料的购买,也是一种重大的决策。美国彭尼公司对纸张的商业决策,反映出组织市场采购行为的特点。在购买的决策过程中,供应商是非常重要的因素,必须寻找合适的供应商,形成紧密的合作模式,以配合企业的整体营销战略并赢得竞争优势。

组织市场不以个人或家庭消费为主要目的,而是以再生产或再销售为目的的一类市场,与消费者市场有明显的区别。理解组织市场以及其购买行为是有效营销工业品的必要前提。

第一节　组织市场需求

一、市场类型

组织市场指不以个人或家庭消费为目的产品和劳务的需求总和,即为从事生产、销售等业务活动以及政府部门和非营利组织为履行职责而购买产品和服务所构成的市场。与消费者市场最大的区别在于购买目的不同。

组织市场通常包括生产者市场、中间商市场、机构市场,如第四章中的图4.7所示。

1. 生产者市场

指购买产品或服务用于制造其他产品或服务,然后销售或租赁给他人以获取利润的单位和个人。组成生产者市场的主要产业有工业、农业、林业、渔业、采矿业、建筑业、运输业、通信业、公共事业、银行业、金融业、保险业和服务业等。

2. 中间商市场

也称为转卖者市场,指购买产品用于转售或租赁以获取利润的单位和个人,包括批发商和零售商。

3. 机构市场

包括非营利组织和政府市场。非营利组织泛指不以营利为目的、不从事营利性活动的组织。非营利组织市场指为维持正常运作和履行职能而购买产品和服务的各类非营利组织。政府市场指购买或租用产品的各级政府和下属各部门,目的是为了维护国家安全和社会公众的利益。

从行业的角度,生产者市场又可以分为工业品市场、企业服务市场、农资市场等,从地理区域的角度,机构市场还有国际性组织市场等。

营销学上把这种以非个人消费为目的,向个人和组织销售产品和服务的营销活动,称之为产业营销。

⊡▷阅读材料

国内农资市场潜力巨大

随着土地流转进一步推进,农业生产的集约化程度也在不断提升之中。在现代化农业生产方式需求和资本的双轮驱动下,孕育农资巨头的环境和市场土壤已渐趋成熟。

目前,我国农资市场的构成主要为种子、农药和化肥,这三种农资产品在目前三大作物成本中占据绝对比重(55%)。种业方面,杂交水稻和玉米种子市场规模不断扩大,2015年预计市场容量将分别达到185亿元和276亿元,小麦种子市场容量135亿元;农化方面,农药和化肥的使用量稳定增长,目前农药的市场容量约500亿元,化肥的市场容量约1000亿元。简单测算,这三种农资产品的市场容量近2000亿元,而上述三大农资产品目前均呈现行业低集中度的现状。

另一方面,随着土地流转的加速推进,在适度规模经营的原则下,农村种植大户和家庭农场的数量将持续增长,预计这些种植主体对于农化服务的深度、广度等要求提高,对产品和服务一体化的需求提升。但目前各地农技部门服务能力和覆盖范围较为有限,均不能提供一体化解决方案。

此外,随着互联网尤其是移动互联网的发展,使通向农村地区的"最后一公里"也在逐渐打通。分析人士指出,以往农资销售主要依赖于各级经销商以及农技站渠道,渠道成本高企,无形中增加农民使用农资的负担。

(资料来源:张玉洁. 上市公司竞逐千亿大农资市场[N]. 中国证券报,2014-12-30.)

二、需求特性

相对于消费者的个人生活需求,组织市场的需求与消费者市场截然不同。生产者市场是组织市场中的最主要的类型,它的需求特点能够反映出组织市场需求的概貌。生产者市场需求是一种生产性需求,具有派生性、复合性、弱价格弹性、波动性等特点。

(1)派生需求

派生需求(Derived demand),也称为引申需求或衍生需求。组织市场的业务用品需求是由消费品需求派生出来,并且随着消费品需求的变化而变化。例如,消费者的饮酒需求引起酒厂对粮食、酒瓶和酿酒设备的需求,连锁引起有关企业和部门对化肥、农资、玻璃、钢材等产品的需求。派生需求往往是多层次的,形成一环扣一环的链条,消费者需求是起点,是原生需求,是组织市场需求的动力和源泉。

⬚▷阅读材料

原油暴跌下游需求低迷 苯乙烯价格创5年新低

2014年1—10月苯乙烯市场表现相对平稳,然而进入11月下旬,苯乙烯成为下跌产品大军中一分子。到12月份,华东地区苯乙烯价格较今年最高位跌幅高达47.7%,价格创下5年来新低。究其原因,原油暴跌,下游需求低迷是主导苯乙烯市场的两大因素。

首先是上游市场方面。2014年6月中旬以来,国际原油价格一路下滑,相较于6月高位已下跌近40%左右。雪上加霜的是,11月27日,作为全球原油市场最有影响力的组织,OPEC决定保持石油生产目标在3000万桶/日不变,减产希望破灭,油价暴跌。据统计,OPEC的原油供应量约占全球石油供应量的40%,在OPEC不减产的大前提下,美国石油供应量的增加和全球需求的减少势必导致原油市场供需关系失衡,若 2015 年 6 月的会议上 OPEC 仍不能达成减产协议,国际原油价格或将持续沉沦,化工市场一片阴霾笼罩。

苯乙烯上游产品纯苯价格紧跟油价步伐,7 月起开启了下滑通道,下跌势态持续至年底。上游原油和纯苯价格的持续下滑造成商家操作心态悲观,以低价出货为自主,生产商利润大幅缩水,市场氛围日趋紧张。

苯乙烯下游市场同样利空充斥。受国内建筑业需求降低影响,11 月底下游产品市场需求大幅缩减。从整体来看,近几年来中国聚苯乙烯产能以年均 7% 左右的速度增长,2012—2014 年累计新增产能约 80 万吨,然反观需求方面,2012 年需求增长步伐却有所放缓。聚苯乙烯市场供需矛盾愈发突出。为缓解积压的库存压力,大多生产商选择降低开工率,对苯乙烯的需求越来越少。

近期苯乙烯外盘价格大跌,低价进口货源集中到港,更是给本已疲软的国内市场沉重一击。据统计,2013 年我国苯乙烯自给率为 58.1%,不难看出,苯乙烯是一种进口依存度很高的化工产品。在如此高进口占比的背景下,进口量的骤增势必会影响国内市场的供应局面。2014 年,苯乙烯整体盈利情况大幅缩水,少有新项目投资开工。

总而言之,原油暴跌,需求低迷和进口货源的冲击是造成近期苯乙烯价格大幅走低的主要原因。

(资料来源:原油暴跌下游需求低迷　苯乙烯价格创 5 年新低[EB/OL].钢之家,2014-12-17.)

(2)复合性

组织市场中的原材料、零部件及加工设备、人员之间存在严格的配套关系和数量比例关系。一种产品的生产所需要的原材料、零部件及配套的加工设备、人员的组合是有机的,组织需求具有复合性。因此,组织市场的需求常常是联合需求,即两个或多个产品一起应用到最终产品中所发生的需求。如,内存条供应量的减少会影响电脑的生产,而这反过来会减少对磁盘驱动器的需求。

(3)价格需求弹性低

组织市场对产品和服务的需求总量受价格变动的影响较小。一般规律是:在需求链条上距离消费者越远的产品,其价格的波动越大,需求弹性越小。比如,在酒类需求总量不变的情况下,粮食价格下降,酒厂未必就会大量购买,除非粮食是酒成本中的主要部分且酒厂有大量的存放场所;粮食价格上升,酒厂未必会减少购买,除非酒厂找到了其他代用品或发现了节约原料的方法。原材料价值越低或原材料成本所占的比重越小,其需求弹性就越小。组织市场的需求在短期内基本无弹性,因为企业不可能经常性地改变产品原材料和生产工艺。

（4）需求波动大

组织市场需求的波动幅度大于消费者市场需求的波动幅度。如果消费品需求增加某一百分比，为了生产出满足这一追加需求的产品，工厂的设备和原材料需求会以更大的百分比增长，经济学家把这种现象称为加速原理或乘数效应。有时消费品需求仅上升10％，下一阶段工业需求就会上升200％；消费品需求下跌10％，就可能导致工业需求全面暴跌。组织市场需求的这种波动性使得许多企业向经营多元化发展，以避免风险。

▷阅读材料

牛鞭效应（Bullwhip Effect）

"牛鞭效应"是指营销过程中的需求变异的放大现象，指供应链上的信息流从最终客户向原始供应商端传递时候，由于无法有效地实现信息的共享，使得信息扭曲而逐渐放大，导致了需求信息出现越来越大的波动。

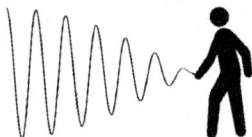

"牛鞭效应"是市场营销活动中普遍存在的高风险现象，是销售商与供应商在需求预测的修正、订货批量决策、价格波动、短缺博弈、库存责任失衡和应付环境变异等方面博弈的结果，增大了供应商的生产、供应、库存管理和市场营销的不稳定性。

（资料来源：牛鞭效应［EB/OL］.智库百科，2014-12-21.）

（5）需求方信息充足

组织购买者一般比最终消费者掌握更多的信息，更了解供应来源与竞争产品，主要是因为组织市场的可选择替代方案较少，组织采购人员一般专职负责几项产品的采购，需要充分了解所负责的几项产品，而且组织市场的采购金额巨大，如果组织采购错误，可能造成巨大损失。

对采购人员而言，信息是非常重要的。目前，互联网提供了方便获取信息的渠道，也让采购人员更有效率地集中采购，以获得最好的采购价格，扩大了接触区域范围，为满足组织市场的需求提供很多全新的生意机会。

三、需求影响

满足组织市场需求的前提，同样也需要了解影响组织市场需求的影响因素。由于组织市场的购买目的、购买者的特殊性，影响组织市场的需求的因素主要包括组织用户数、购买力、采购动机等。

1. 组织用户的自然属性

（1）用户数量

相对于消费者市场而言,组织市场的购买者数量较少,需求来源比较明确和有限。如,发电设备生产者的顾客是各地极其有限的发电厂,大型采煤设备生产者的顾客是少数大型煤矿,某轮胎厂的命运可能仅仅取决于能否得到某几家汽车厂的订单。

（2）用户规模

组织市场的购买者数量虽然有限,用户规模一般都相当强大,单次需求量比较大。很多组织市场的用户只集中在少数几家企业,这种现象在汽车业、飞机制造业等行业更是明显。组织市场的用户每次购买数量都比较大,有时一位买主就能买下一个企业较长时期内的全部产量,有时一张订单的金额就能达到数千万元甚至数亿元。因此,供应方对用户都比较重视,采取大客户营销方式。

➪ 小案例

施乐大客户营销管理"一对一"执行战略

富士施乐在办公设备领域是一个耳熟能详的品牌,在高端的印刷领域的地位如同联想在中国的品牌价值一样,没有哪家公司会小觑富士施乐的产品与工艺。近几年富士施乐的崛起可以说在各方面都快于其他竞争对手一步,其中很重要的因素就是渠道运营的创新与大客户执行战略的独到有直接关系。

随着中国文件市场的竞争日趋激烈,富士把重点放到企业级客户上,即通过20%的客户,来完成自己80%的营业额。现在,富士施乐的大客户包括西门子、海尔、联想等为了更好地夺取到大公司的业务,富士施乐为大客户提出了全面解决方案,帮助客户进行集中管理。即基于对客户工作流程和特殊需求的深入了解,为用户定制个性化方案,并提供增值服务。如针对电信行业的数码文件处理解决方案,不仅能出色完成个性定制话费账单的工作,同时由于其提供的附寄个性化广告的方案,有效地帮助用户拓展新的业务空间和利润增长点,因而得到深圳电信等行业用户的欢迎。富士施乐的增值服务在针对其他行业,如金融、保险、工程设计等行业提供的解决方案中都有体现,可以说这一宗旨已渗透到其商务运作的每一环节。

（资料来源:施乐大客户营销管理"一对一"执行战略[EB/OL].工业品营销研究院,2014-06-17.）

（3）用户区域分布

整体而言,组织市场的用户表现出相当程度的区域集中特性,以至于这些区域的业务用品购买量占据全国市场的很大比重,需求的地理集中性倾向明显。例如,我国珠江三角洲、长江三角洲、环渤海经济圈的业务用品购买量就比较集中。

(4)垂直型或水平型市场

当企业的产品仅被一到两个行业使用时,即为垂直型组织市场,如,飞机降落装置主要用于飞机专业制造厂,则任何飞机制造工厂都是潜在客户。

水平型组织市场指产品可用于很多行业。例如,马达可用于多个行业。

产品的市场类型会影响需求的特殊程度。在垂直型组织市场中,组织用户的需求往往比较特殊,而水平型组织市场的需求就具有较广泛的适用性。

2. 组织用户的购买力

与消费者市场一样,购买是影响组织市场需求大小的重要经济因素,决定着组织市场规模需求规模的大小。所有组织的费用支出或其销售额可以用来评估组织用户的购买力。不过,这些信息不易获得,也难以预测。因此,有时需要通过其他宏观指标加以反映,如采购人经理指数等。

▷阅读材料

采购经理人指数(Purchase Management Index)

采购经理人指数是指美国的采购经理人指数,它是衡量美国制造业的"体检表",是衡量制造业在生产、新订单、商品价格、存货、雇员、订单交货、新出口订单和进口等八个方面状况的指数,是经济先行指标中一项非常重要的指标。

2005 年 4 月,我国首次发布了由国家统计局和中国物流与采购联合会合作完成的"中国采购经理人指数",它包括制造业和非制造业采购经理人指数,与 GDP 一同构成我国宏观经济的指标体系。

中国制造业采购经理人指数体系共包括 11 个指数:新订单、生产、就业、供应商配送、存货、新出口订单、采购、产成品库存、购进价格、进口、积压订单,它是一个综合指数,计算方法全球统一。如果制造业 PMI 指数在 50% 以上,反映制造业经济总体扩张;低于 50%,则通常反映制造业经济总体衰退。

目前,采购经理人指数调查已列入国家统计局的正式调查制度。

(资料来源:采购经理人指数[EB/OL].智库百科,2014-12-21.)

3. 采购动机

采购动机对组织用户的需求有很大的影响,组织用户的采购动机包括组织目标和个人利益。理论上,组织采购是有规律、有组织性的,大多数情况下组织采购动机被认为是理性的,因此采购需求是不带有个人色彩,是综合考虑价格、质量和服务来满足组织目标的要求。

但现实中,组织采购人员也会考虑其个人利益或职位等因素,采购需求也会夹杂一些个人需求,这会对产品的实际采购产生不同的影响。

四、供需关系

鉴于组织市场需求的特点和影响因素,与消费者市场相比,组织市场上购买者与供应商的关系更加密切。双方除了买卖关系以外,组织市场的供需双方更容易出现供应伙伴关系和战略联盟的关系。

1. 价值链关系

这是产品价值形成过程中形成的最基本的、最客观的关系,双方只是简单的上下游关系和交易关系,购买者关注于短期收益和经营策略,双方的交易关系是不一定是连续,也不一定是友好的,购买者还会不断地寻找新的供应商,以获利更有利的价格。

2. 供应伙伴关系

供应伙伴关系是指购买者和其供应商为了降低成本,增加传递给最终消费者的产品价值而共同建立的互惠互利的目标、政策和程序关系。供需双方在价值链关系是又向前发展了一步,购买者倾向与关键的供应商保持良好的合作关系。购买者不是单纯地降低供应商的价格以降低成本,而是与供应商共同分享节约的利益,达到共赢。

购买者需要有源源不断的货源,供应商需要有长期稳定的销路,供应伙伴关系对交易双方都具有重要的意义,因此供需双方互相保持着密切的关系。如,沃尔玛和宝洁公司就建立长期订货及补货关系,通过计算机控制收银台,并与宝洁直接联网,沃尔玛每天能够及时通知宝洁所需的种类、数量、时间及送货店址等。

▷阅读材料

哈雷摩托的供应商合作关系

被别人赞赏的感觉是美妙的。哈雷-戴维森摩托公司因其创新、产品质量、卓越的管理及员工而拥有当之无愧的声誉,它在《财富》杂志评选的"最受赞赏的美国公司"名单里常年占据一席之地。

哈雷-戴维森摩托公司也因为它在产品设计上与供应商合作的方式而受到供应商的尊重。据公司主席杰夫·布卢斯坦说:"在发展未来产品和新产品的过程中,我们尽量多拉拢供应商,使他们能跟我们通力合作。"公司着重强调质量基准、成本控制、交货时间表和技术创新,同时也对建立共同受益、长期的合作关系十分重视。在这里,面对面的交流备受鼓励,很多供应商在哈雷-戴维森的产品发展中心都设有人事部门。

　　哈雷-戴维森摩和 Milsco 制造公司的关系就是一个典型例子。从 1934 年开始,Milsco 制造公司就是哈雷-戴维森摩托公司传统摩托车座位的唯一供应商,而且还是其售后部分和附件(如工具包)的主要货源。Milsco 制造公司的工程师和设计师同哈雷-戴维森摩托公司的同行紧密合作,设计出每年的新产品。

　　Milsco 制造公司的工业品设计经理这样表述"共同受益关系"这一概念:"哈雷-戴维森摩托公司把我们看成跟项目的成败息息相关的利益相关者。我们双方共同担责任。"他还说,哈雷-戴维森摩托公司是 Milsco 制造公司唯一的顾客,而只是它尊重的顾客。

　　(资料来源:罗杰·A.凯林,史蒂文·W.哈特利,威廉·鲁迪里尔斯. 市场营销(插图第9版)[M]. 北京:世界图书出版公司北京公司,2011.)

　　3. 战略联盟

　　战略联盟(Strategic alliances)是厂商之间的合作协议,两个或两个以上的企业为了达到共同的战略目标而采取的相互合作、共担风险、共享利益的联合行动。双方通过许可或销售协议、合资协议、合作研发协议等形式,目的在于通过结合其他企业的资源(技术、资金、渠道等)来增强自己的实力。组织市场中,供需双方可以通过战略联盟的方式达成深度合作。

　　战略联盟是供需双方更为高级和密切的合作形式,供需双方关系更具战略性。除了交易的产品外,还可以在其他领域、其他资源上进行更广泛的合作,以谋求双方更高的利润水平和更大的发展空间。

▷ 小案例

恒大地产与供应商建立战略联盟

　　恒大地产与 200 余家上游供应商就楼盘 8.5 折促销后的产业链内部整合达

成战略协议。恒大表示,将在确保品质的前提下,通过招标标准化和集中采购,大幅降低材料及设备的价格,同时,依靠全国统一的采购配送体系,材料及设备直接送达施工现场,有效降低采购环节中的流通成本、运输成本、仓储成本。

目前,恒大主要选择世界五百强企业或全国十强的企业进行长期战略合作,该公司计划通过产业链资源的优势整合,在降价促销扩大市场份额的同时,保证企业合理的利润空间。

资料显示,从 2007 年开始,恒大已陆续同供应商建立战略合作关系。目前,恒大已与美标、奥的斯、松下、海尔等设备供应商建立战略合作联盟;与世界第三大的设计公司 Skidmore、Owings & Merrill LLP 等建立合作;与中建总公司等国内十大一级资质的施工企业结成联盟。

(资料来源:林喆.恒大地产与供应商建立战略联盟[N].中国证券报,2010-05-09.)

第二节　组织市场购买决策

与消费者市场的非专家购买特点不同,组织市场的购买决策往往具有一批专业的人员,一套专门的制度和流程,体现出更为专业和理性的决策特点。

一、参与者

组织市场中的购买决策单位被称为"采购中心"(Procurement centre),指围绕同一目标而直接或间接参与采购决策并共同承担决策风险的所有个人和群体。采购中心通常由来自不同部门和执行不同职能的人员所构成,涉及技术、财务、管理、法律等方面的人员,以应对购买过程中的所有可能。

采购中心的成员在购买决策中分别扮演着以下 7 种角色中的一种或几种:

(1)发起者。指提出购买要求的人,可能是使用者,也可能是其他人。

(2)使用者。指用户内部使用产品或服务的人员。多数情况下,使用者往往提出购买建议,并协助确定产品规格。

(3)影响者。指用户内外部能够直接或间接地影响采购决策的人员。他们协助确定产品规格和购买条件,提供方案评价的情报信息,影响采购选择。技术人员大多是重要的影响者。

(4)决策者。指有权决定买与不买,决定产品规格、购买数量和供应商的人员。有些购买活动的决策者很明显,有些却不明显,供应商应当设法弄清谁是决策者,以便有效地促成交易。

(5)批准者。指有权批准决策者或购买者所提购买方案的人员。

(6)采购者。指被赋予权力按照采购方案选择供应商和商谈采购条款的人员。如果采购活动较为重要,采购者中还会包括高层管理人员。

(7)信息控制者。指用户内部能控制信息流向的人员。比如,采购代理人、商品经理、技术人员、接待员、电话接线员、秘书、门卫等都可以阻止推销者与使用者或决策者接触。

不同产品的购买,其购买决策的参与者也不同。小金额常规购买,往往由单个采购者或采购经理单独决定,但涉及新产品购买或重大产品购买时,就会涉及多个决策参与者。为了实现成功销售,企业营销人员必须分析以下问题:谁是购买决策的主要参与者? 他们影响哪些决策? 他们的影响程度如何? 他们使用的评价标准是什么? 等等。

当采购中心包含许多参与者时,企业营销人员难以同每一参与者接触,此时大公司与小公司的策略有所不同:小公司将重点接触关键性的参与者;大公司则尽可能地接触更多的参与者,采取多层次的深度推销。

二、决策影响

影响组织市场购买决策的基础性因素是经济因素,即商品的质量、价格和服务。在供应商的产品差异较大的情况下,采购人员会高度重视这些因素,仔细收集和分析资料,进行理性的选择。但是在产品基本没有差异的情况下,其他因素就会对购买决策产生重大影响。

影响用户购买决策的主要因素可分为 4 大类:环境因素、组织因素、人际因素和个人因素,如图 6.1 所示。

1. 环境因素

环境因素是指生产者无法控制的宏观环境因素,包括国家的经济前景、市场需求水平、技术发展、竞争态势、政治法律状况等。如,经济因素,假如国家经济前景看好或国家扶持某一产业的发展,有关生产者用户就会增加投资,增加原材料采购和库存,以备生产扩大之用。在经济滑坡时期,生产者会减少甚至停止购买,供应商的营销人员试图增加生产者需求总量的努力往往是徒劳的,只能通过艰苦努力保持或扩大自己的市场占有率。

2. 组织因素

组织因素是指用户自身的经营战略、组织和制度等因素,包括经营目标和战略、政策、程序、组织结构、制度等。不同的组织背景其采购的偏好会有所不同,

环境因素	组织因素	人际因素	个人因素
需求水平	目标	职权	年龄
经济前景	政策	地位	收入
资金成本	程序	态度	教育
技术变革率	组织结构	说服力	工作职位
政治与规章制度	制度		个性
竞争发展			风险态度
			文化

购买者

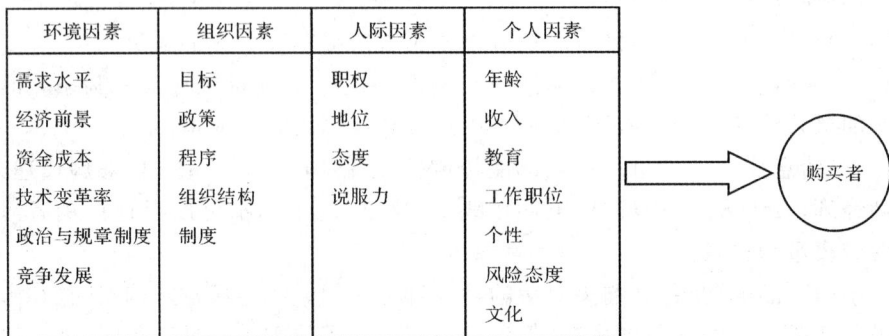

图 6.1　组织市场购买行为的影响因素

如,以追求总成本降低为目标的企业,会对低价产品更感兴趣;以追求市场领先为目标的企业,会对优质高效的产品更感兴趣。

企业营销人员必须了解的问题有:生产者用户的经营目标和战略是什么?为了实现这些目标和战略,他们需要什么产品? 他们的采购程序是什么? 有哪些人参与采购或对采购发生影响? 他们的评价标准是什么? 该公司对采购人员有哪些政策与限制? 等等。

▷阅读材料

公共采购开始"电商时代"

电商正在改变我们的生活方式,在 2014 年"双十一"这天,淘宝网实现 675 亿的销售额,电商的采购模式同样也激荡着公共采购的传统采购方式。

"大力推进电子采购,着力提高采购效率。积极开展电子商城试点,逐步替代协议供货方式,并作为批量集中采购方式的有益补充,探索建立批量集中采购与电子商城相结合的模式,实现效率和效益的统一。"财政部政府采购管理办公室主任王瑛在第九届全国政府采购监管峰会上说。

2014 年 11 月,在武汉召开的全球公共采购论坛上,中国物流与采购联合会副会长程远忠表示,一两年内公共采购电商化将在全国铺开,这不仅有利于降低成本、提高效率,还能实现公共采购阳光化和公信力,政府采购电商化这一转型更能促进智慧政务的实现。

据了解,目前已有上海市、天津市、深圳市、成都市、杭州市等 10 多个地方政府采购开通了网上商城。其中,杭州市 2009 年即推出政府采购"网上超市",产品种类涵盖台式电脑、办公家具等 17 项货物类品目和公车定点维修、小型基建、信息化项目监理等 3 项服务类品目,共计 1814 种产品。

2014 年 7 月 1 日,中央国家机关政府采购中心网上商城正式上线。这并非是第一个上线的公共采购网上商城,从 2011 年以来,全国各地的政府采购中心和公共资源交易中心都开始建立网上商城。

(资料来源:公共采购开始"电商时代"[EB/OL].东北新闻网,2014-12-17.)

3. 人际因素

用户内部参与购买过程的各种角色(使用者、影响者、决策者等)的职务、地位、态度、利益和相互关系通常会对购买行为产生影响。供应商的营销人员应当了解每个人在购买决策中扮演的角色是什么、相互之间关系如何等等,以便利用这些因素促成交易。

4. 个人因素

个人因素是指用户内部参与购买过程的有关人员的年龄、教育、个性、偏好、风险意识等因素对购买行为的影响。比如,有些采购人员是受过良好教育的理智型购买者,他在选择供应商之前经过周密的竞争性方案的比较;有些采购人员个性强硬,总是同供应商反复较量。

在个人因素中,应特别关注文化因素。不同国家与地区的文化差异很大,在外地或外国做业务时,要了解当地的社会和业务文化标准。例如,在我国,交易过程中供需双方业务人员相互间建立良好情感和牢固的个人关系非常重要。北方人性格豪爽,在交易过程中表达意见比较直率;南方人性格细腻,在交易过程中表达意见比较委婉。

三、购买决策

理论上,组织市场用户完整的购买过程可分为 8 个阶段,如图 6.2 所示。

问题识别 → 描述需要 → 明确产品规格 → 寻找供应商 → 征求供应建议书 → 选择供应商 → 签订合同 → 绩效评价

图 6.2 组织市场购买决策过程

1. 问题识别

指用户认识自己的需要,明确所要解决的问题。问题识别是购买决策的起点,当由于内在或外在刺激的作用,用户认识到当前某个问题或某种需要可以通过获得某一产品或服务来解决时,采购过程就开始了。

问题识别可以由内在刺激或外在刺激引起。如,企业决定推出一种新产品,需要新设备或原材料来制造;机器发生故障;已购进的商品不理想或不适用等;或者,用户通过广告、展销会或人员推销等途径了解到有更理想的产品,从而产生需要。

2. 描述需要

指通过价值分析确定所需项目的总特征和数量。标准化产品易于确定,而非标准化产品需由采购人员和使用者、技术人员乃至高层经营管理人员共同协商确定。供应商应向买方介绍产品特性,协助买方确定需要。

3. 明确产品规格

指需要说明所购产品的品种、性能、特征、数量和服务,写出详细的技术说明书,作为采购人员的采购依据。买方会委派一个专家小组从事这项工作,卖方也应通过价值分析向潜在用户说明产品和价格的竞争优势。

4. 寻找供应商

指采购人员根据产品技术说明书的要求寻找最佳供应商。调查表明,采购部门信息来源及重要性的排列顺序是:内部信息,如采购档案、部门信息和采购指南,推销员访问和亲自访问;外部信息,如卖方的产品质量调查、其他公司的采购信息、新闻报道、广告、产品目录、电话簿、商品展览等。

5. 征求供应建议书

指企业邀请合格的供应商提交供应建议书。对于复杂和花费大的项目,买方会要求每一位潜在供应商提出详细的书面建议,经选择淘汰后,请余下的供应商提出正式供应建议书。供应商须擅长调查研究、写报告和提建议,这些建议是营销文件而不仅仅是技术文件,从而能够坚定买方的信心,使本公司在竞争中脱颖而出。

6. 选择供应商

指用户对供应建议书进行分析评价,以确定供应商。评价内容包括供应商的产品质量、性能、产量、技术、价格、信誉、服务、交货能力等属性,各属性的重要性随着购买类型的不同而不同。

采购中心还需要决定供应商的数量。有时只用一家大供应商,以保证原材料供应和获得价格让步;有时同时保持几条供应渠道,以免受制于人,并促使卖方展开竞争。各供应商都要及时了解竞争者的动向,制定竞争策略。

7. 签订合约

指用户根据所购产品的技术说明书、需要量、交货时间、退货条件、担保书等内容与供应商签订最后的合同。许多用户愿意采取长期有效合同的形式,而不是定期采购订单。买方若能在需要产品的时候通知供应商随时按照条件供货,就可实行"无库存采购计划",降低或免除库存成本而由卖方承担。卖方也愿意接受这种形式,因为可以与买方保持长期的供货关系,增加业务量,抵御新竞争者。

8. 绩效评价

指用户对各个供应商的绩效加以评价,以决定是否维持、修正或中止供货关系。评价方法有:询问使用者;按照若干标准加权评估;把绩效差的成本加总,修正包括价格在内的采购成本。供应商必须关注该产品的采购者和使用者是否使用同一标准进行绩效评价,以求评价的客观性和正确性。

第三节　组织市场购买行为

组织市场范围宽泛,由于购买者和采购产品不同,不同的市场具有自身的购买特点及其影响因素,同时也具有众多共性和类似的行为方式。

一、购买行为类型

根据不同的角度,组织市场购买行为的类型可以分为不同的类型。

1. 根据决策程序的复杂程度分类

根据购买决策过程的完整性和决策的复杂程度,组织市场购买行为可以分为新购、修正重购和直接重购三类,见表 6.1 所示。

表 6.1　购买决策过程

决策阶段	购买类型		
	新　购	修正重购	直接重购
1.问题识别	是	可能	否
2.总需要说明	是	可能	否
3.明确产品规格	是	是	是

续表

决策阶段	购买类型		
	新　购	修正重购	直接重购
4.物色供应商	是	可能	否
5.征求供应商建议书	是	可能	否
6.选择供应商	是	可能	否
7.签订合约	是	可能	否
8.绩效评价	是	是	是

（1）新购

新购是指生产者用户初次购买某种产品或服务。指购买者对是否购进以及向谁购进以前未经营过的某一新产品做出决策，这是最复杂的购买类型。采购者要在一系列问题上做出决策，如产品规格、购买数量、价格、交货条件、时间、服务、付款条件、供应商等。购买的成本和风险越大，购买决策的参与者就越多，需要收集的信息就越多，购买过程就越复杂。由于顾客还没有一个现成的"供应商名单"，因而这对所有的供应商都是机会，也是挑战。

（2）修正重购

修正重购是指生产者用户改变或部分改变原先所购产品的交易条件后再行购买。用户会与供应商协商新的供货协议甚至更换供应商。原来的供应商会感到一定的压力，努力继续保持交易，新的供应商感到这是获得交易的最好机会。这种决策过程较为复杂，买卖双方都有较多的人参与。

改善交易条件的采购属于修正重购，是希望现有供应商在原交易条件上再做些让步，使自己得到更多的利益。如果同类产品的供应增多或其他供应商提出了更有诱惑力的价格和供货条件，购买者就会要求现有供应商加大折扣、增加服务、给予信贷优惠等等。他们并不想更换供应商，只是作为一种施加压力的手段。

（3）直接重购

直接重购是指生产者用户的采购部门按照过去的订货目录和基本要求继续向原先的供应商购买产品。这是最简单的购买类型。直接重购的产品主要是原材料、零配件和劳保用品等，当库存量低于规定水平时，就要续购。采购部门对以往的所有供应商加以评估，选择感到满意的作为直接重购的供应商。被列入直接重购名单的供应商应尽力保持产品质量和服务质量，提高采购者的满意程度。他们经常提议采用自动化再订购系统，以减少再订购的时间。未列入名单的供应商会试图提供新产品和满意的服务，以便促使采购者转移或部分转移购买，以少量订单入门，然后逐步争取买方、扩大其采购份额。

2. 按照产品所有权的转移分类

根据交易过程中商品所有权的转移过程，可以分为购买、租赁和互惠三种类型。

（1）购买

购买是交易双方通过交换，购买方有偿获得商品所有权的行为，也是组织市场中最常见和最普遍的行为。购买行为的所有权转移是单向的，是卖方转移给买方的过程。

（2）租赁

租赁是出租人将自己所拥有的物品交与承租人使用，但物品的所有权仍保留在出租人手中，承租人为其所获得的使用权需向出租人支付一定的费用（租金）。与消费者市场不同，组织市场的设备（建设设备、生产仪器、搬运器械、电脑、汽车等）经常以租赁的形式进行交易，这样可以使购买者减少资金流出，也可以得到最新产品和服务，也可少纳税。

（3）互惠

互惠是组织市场特有的现象，是交易双方约定互相购买对方的产品和服务的行为。这是双向交易的过程，也是不同物品所有权双向流动的过程。互惠是双方的市场行为，在自愿基础上形成，可以是长期的，也可以是一次互惠行为。

二、非营利组织购买特点

1. 预算限定

非营利组织设立的目的是为了推进社会公益，而不是创造利润，其正常运转的活动经费主要来自政府拨款或社会捐助，其经费的预算与支出都会受到严格的控制。因此，非营利组织的采购必须量入为出，不能随意突破预算总额。

2. 价格低廉

非营利组织由于受到经费预算的限制，因此，其在采购时要仔细计算，争取选择商品价格低廉的供应商，以便用较少的钱办较多的事。

3. 品质保障

非营利组织购买商品不是为了转售，也不是使成本最小化，而是维持组织运行和履行组织职能，所购商品的质量和性能必须保证实现这一目的。比如，医院以劣质食品供应病人就会损害声誉，采购人员必须购买价格低廉且质量符合要求的食品。

4. 控制严格

为了使有限的资金发挥更大的效用,非营利组织采购人员受到较多的控制,只能按照规定的条件购买,缺乏自主性。

5. 程序复杂

非营利组织购买过程的参与者多,程序也较为复杂。比如,政府采购要经过许多部门签字盖章,受许多规章制度约束,准备大量的文件,填写大量的表格,遇有官僚气息严重的人则更加难办。

三、政府采购特点

政府采购(Government procurement)是指国家各级政府为从事日常的政务活动或为了满足公共服务的目的,利用国家财政性资金和政府借款购买货物、工程和服务的行为。完善、合理的政府采购对社会资源的有效利用,提高财政资金的利用效果起到很大的作用。

1. 采购主体的特定性。在我国,政府采购的主体是指行使有关国家权力或从事某种公共职能的国家机关、事业单位和社会团体。按照世界贸易组织(WTO)的《政府采购协议》规定,政府采购的主体是"由直接或基本上受政府控制的实体或其他由政府指定的实体",不仅包括政府机构本身,而且包括其他实体,如政府代理机构。

2. 资金来源的公共性。政府采购所使用的资金都为财政性资金,资金的来源是纳税人的税收或政府公共服务收费。

3. 采购活动的单向性。政府采购不同于商业性采购,不是为卖而买,而是通过买为政府部门提供消费品或向社会提供公共利益。

4. 采购对象的广泛性。政府采购的对象包罗万象,大到宇宙空间站,小到一张办公用纸,既有有形产品又有无形产品,都是政府采购的范围。国际惯例是将采购对象分为货物、工程和服务三大类。

5. 采购过程的规范性。政府采购要按照有关政府采购的法律、法规,根据不同的采购规模、采购对象及采购时间要求等,采用法定的采购方式和程序组织采购,使每项采购活动都要规范运作,体现公开、竞争的原则,接受社会监督。

6. 采购结果的政策性。政府采购必须遵循国家政策的要求,如节约支出、购买国货、保护中小企业、环境保护等。同时在很多国家,政府采购金额已占一个国家国内生产总值的10%以上,成为各国政府经常使用的一种宏观经济调控手段。

⏏️阅读材料

政府采购"偏爱"社会组织　市场潜力6000亿

2014年2月18日,财政部发布《关于支持和规范社会组织承接政府购买服务的通知》,重点培育和优先发展行业协会商会类、科技类、公益慈善类、城乡社区服务类社会组织。在购买公共服务项目时,同等条件下优先向社会组织购买。

上海财经大学刘小川教授认为,《通知》的出台是政府转变职能、改善公共服务一大举措,同时也深化行政管理体制改革,让脱离政府序列的社会组织能够顺利转型。去年政府采购规模达1.6万亿元,其中服务类采购规模达1534.4亿元。未来政府对社会组织采购规模将会显著扩大,社会组织发展潜力巨大,而且会带动一批服务性产业起来,比如鉴定行业等。

《通知》明确,加强社会组织的培育,其中将重点培育和优先发展行业协会商会类、科技类、公益慈善类、城乡社区服务类社会组织。刘小川认为,政府搞行政体制改革,一大内容就是把一些事业单位推向市场,不再由政府买单。此次大力推行向社会组织购买服务,可以推进行业协会的市场化,协助事业单位分类改革。

《通知》提出,政府将逐步扩大承接政府购买服务的范围和规模。具体来说,在民生保障领域,重点购买社会事业、社会福利、社会救助等服务项目。在社会治理领域,重点购买社区服务、社会工作、法律援助、特殊群体服务、矛盾调解等服务项目。在行业管理领域,重点购买行业规范、行业评价、行业统计、行业标准、职业评价、等级评定等服务项目。

另外,此次政府采购聚焦行业管理领域。政府一批行政审批权限取消,并不代表就不需要。此次政府重点购买行业规范、行业评价、行业统计、行业标准、职业评价、等级评定等服务项目,也体现了政府把这部分职能交给社会组织,是政府的转型。

政府一方面在大力支持社会组织承接购买服务,另一方面也在规范社会组织承接购买服务行为。这包括对社会组织承接政府购买服务要有相应的资质和条件。另外,《通知》要求,按照公开、公正、公平原则,推进社会组织登记管理和承接政府购买服务的信息公开和信息共享,加强政府向社会组织购买服务的绩效管理和绩效评价。各级民政部门要建立完善社会组织信用体系,协助核实社会组织的资质及相关条件,及时收录承接政府购买服务的社会组织绩效评价结果和对违法社会组织的处罚决定等内容,每年按时向社会公布社会组织名录和信用记录。

（资料来源:政府采购"偏爱"社会组织　市场潜力6000亿[N].第一财经日报,2014-12-18.)

四、购买方式

组织市场的购买方式有公开招标选购、议价合约选购、竞价采购、日常性采购等,其中以公开招标为最主要方式。

1. 公开招标选购

采购部门通过传播媒体发布广告或发出信函,说明拟采购商品的名称、规格、数量和有关要求,说明对所需产品的要求和对供应商能力与信誉的要求,邀请供应商在规定的期限内投标。有意争取这笔业务的企业要在规定时间内填写标书,密封后送交采购部门。招标单位在规定的日期开标,选择报价最低且其他方面符合要求的供应商作为中标单位。

采用这种方法,用户处于主动地位,供应商之间却会产生激烈竞争。供应商在投标时应注意以下问题:(1)自己产品的品种、规格是否符合招标单位的要求。非标准化产品的规格不统一,往往成为投标的障碍。(2)能否满足招标单位的特殊要求。许多用户在招标中经常附带提出一些特殊要求,比如提供较长时期的维修服务、承担维修费用等等。(3)中标欲望的强弱。如果企业的市场机会很少,迫切地需要赢得这笔生意以维持经营,就要降低标价;如果还等其他更好的机会,只是来尝试一下,则可以提高标价。

2. 议价合约选购

非营利组织的采购部门同时和若干供应商就某一采购合同的价格和有关交易条件展开谈判,最后与符合要求的供应商签订合同,达成交易,这种方式适用于复杂的工程项目,因为它们涉及重大的研究开发费用和风险。有时也发生在缺乏有效竞争的情况下。

3. 日常性采购

非营利组织为了维持日常办公和组织运行的需要而进行采购。这类采购金额较少,一般是即期付款、即期交货,如购买办公桌椅、纸张文具、小型办公设备等。

针对不同的采购对象,采购商可以选用不同的采购方式,办公用品等间接生产材料的采购一般选用竞价或直接采购;战略资源、重要的直接生产材料的采购一般选用招标或谈判采购;采购量较小的维修、服务资料的采购一般选用直接采购;技术性较复杂、非标准型产品或采购金额较大的材料一般选用招标或谈判采购

五、组织市场的在线采购

1. 在线采购发展迅猛

在线采购，又称网上采购，是 B2B 电子商务的一种交易方式，具体是指用户以 Internet 为平台，通过采购商的买方交易系统或供应商的卖方交易系统，或者第三方的交易平台完成采购行为的一种交易方式。特别是对于组织采购中的标准化产品，如塑料、柴油和钢铁原料、办公用品、大量采购的零部件等，是不需要买卖双方多次沟通和互动。因此，越来越多的企业通过互联网来采购标准化产品，这样会更便利。如，美国 B2B 市场呈井喷式发展，57％的商业买家已开始进行网上采购，37％的买家表示希望能够在网络采购预算上投入更大的比例。

在线采购在组织市场中迅猛发展的原因，主要在于：

（1）互联网信息传递迅速及时。组织市场的需求特点之一是买方具有较为充足的信息。在采购之前，购买者往往要收集充分的信息，这些信息包括产品可获得性、技术规格、产品用途、价格和送货日期等。这些信息在互联网上可以迅速、详尽地传达，对买方选择、评估供应商有极大的帮助。

（2）在线采购可以大幅度降低采购成本。在线采购中货物价格透明，大大增加了买方的选择范围，增加交易的透明度和竞争性，减少暗箱操作的可能性；信息的公开、充分、透明有利于买方得到一个最优惠的价格，降低采购成本；在线采购也可以把价格谈判的时间从几个月压缩到几个小时，并减少了环境剧烈变化对价格影响的可能性，提高了采购效率。以通用电气为例，在线采购已将每次采购成本从 50～100 美元降低到 5 美元左右。

（3）在线采购可以降低营销成本。在线采购公司对整个采购过程通常实行一条龙服务，从联系确定供应商，到确定采购时间，最后完成采购竞价，一直全线跟踪服务。供应商通过实时联结买方的仓库系统，可以为企业提供零库存的可能。基于广阔的网络平台，销售和广告的费用单位成本也下降，并可以扩大多种产品和服务的潜在顾客基础。

基于这些原因，在线采购在生产者市场、中间商市场和机构市场都开始流行，目前组织市场的在线采购成为一种必然趋势。

➭阅读材料

京东联手中采　进军公共采购电商市场

一家是美国上市的电商巨头，一家是香港上市的公共采购平台运营商，12

月16日,京东公司宣布正式与中国公共采购有限公司签订合作协议,双方将在公共采购领域开通合作,共同推进公共采购的信息化、电商化。与中采的强强联合,将有助于京东在一般消费市场红海之外,开辟公共市场的蓝海市场。京东新身份:电商型"公共采购供应商"。

京东作为国内最大的自营式零售电商,以正品、优质、高效物流,在一般消费市场建立了自己的差异化优势,但也受到了天猫、苏宁、1号店等电商的阻击。自去年以来,京东有意先于阿里等电商企业打通公共采购渠道,因而在B2G(公共采购电商)领域动作频频。

中采作为我国公共采购领域唯一经有关部门授权的平台投资、运营商,先后与全国22个省市政府采购中心签署了共建电子化平台的协议。这些平台都与中国公共采购网实现数据互通、供应商共享,共同组成一个全国统一的公共采购电子化平台。

中采在各地、各类公共采购电子化平台中,拟建设一个面向全国中小规模采购人的"公共电子商城",整合零散的公共采购需求,实现便捷的电商化。根据协议,中采在每个电子化平台和电子商城同步部署完成后,协助京东成为电子商城的首批接入供应商。

成为公共采购电子商城的供应商后,京东将把产品SKU直接推送到政府内网商城。借助于内网比价软件,采购人员在对包含京东在内的多家电商的商品价格进行比较、选择并下单,由京东安排物流配送服务。

这一做法将解决公共采购领域饱受诟病的"质次价高"、"天价采购"等问题。以计算机采购为例,政府部门实行多年的协议采购亦存在其短板,众所周知,协议价格一签就是半年或一年,而电子产品的市价是随时间下跌的,年初谈定的协议价格,年尾已远高于市价。如果通过电子商城进行采购,供应商通过数据接口将商品SKU导入公共采购电子商城并进行价格的实时刷新,保证商品价格与市价一致。采购部门在下单采购时还能获得供应商专门给予公共采购大客户的折扣率,保证公共采购价格低于一般市价,确保纳税人的钱花得物有所值。此外,中采有意实现各地公共采购网上商城的价格联动和共享,这意味着偏远地区的采购价格能够与一线城市价格保持一致,从而杜绝暗箱操作和采购腐败。

(资料来源:京东联手中采　进军公共采购电商市场[EB/OL].中国经济网,2014-12-17.)

2. 电子市场:虚拟的组织市场

组织购买的重大进步就是网上交易社区的形成,即有效连接买卖双方组织的电子市场,这种网上社区又被称为B2B电子商务,或电子集散中心,使得信息、资金、产品、服务的即时交换成为可能。

按照其交易内容分类,电子市场分为综合电子市场和专业电子市场。按照平台运营模式分,可以分为第三方平台、买方交易平台和卖方交易平台。

(1)综合的电子市场

指第三方交易平台通过提供互联网技术交易平台,使买卖双方交易成为可能,市场从中收取一定费用。第三方交易平台中,买卖双方数量巨大,地理分布广泛,便于购买者比较商品和价格。第三方交易平台对中小型商家尤其有利,因为它可以扩大小企业的客源并降低产品和服务的成本。独立的电子市场一般集中多行业的产品,供不同行业的买主采购,如阿里巴巴。

☞ 小案例

浙江政府采购中心平台亮相阿里巴巴

2014 年 3 月 10 日浙江省财政厅、省政府采购中心与阿里巴巴集团联合宣布,省政府采购将与阿里巴巴集团旗下全球最大采购批发平台 1688 进行全面战略合作,携手探索更加公开透明、公平竞争、公正诚信的政府"阳光采购"新模式。

同时,浙江政府采购专区(zjzfcg.go.1688.com)正式在阿里巴巴 1688 网站政府"阳光采购"平台上线亮相,首次在 1688"采购必应"平台招募新一轮省级行政事业单位"办公耗材"的政府采购定点供应商,产品具体包括 U 盘、版纸、硒鼓、硬盘、录音笔等 12 个品目。

1688 全网拥有 940 万供应商,这意味着今后这些供应商,都可通过政府采购平台一起参与竞争浙江每年千亿元的政府采购市场蛋糕,并有效降低采购交易成本。

据了解,此次与阿里巴巴的网上采购合作是我省运用市场机制推动政府采购制度改革的开始。今后,部分省级政府采购项目,除在浙江政府采购网接受供应商报价外,也可同时在 1688 平台上接受供应商的报价,并逐步扩大到市、县政府采购项目。

(资料来源:李倩.政府采购也上网 浙江政府采购中心平台亮相阿里巴巴[N].浙江日报,2014-03-11.)

(2)专业电子市场

该类市场虽然也是为买卖双方提供交易平台,但是具有行业的特性,为某类着重服务于某类客户,经营某个行业产品的网上市场,如钢材、化工、能源等,主要吸引本行业中的买主,例如,中国粮食贸易网和中国饲料在线是农粮领域的电子市场;中电网是以电子元器件产品的在线采购和网上拍卖为核心业务;亚商在线是办公用品采购专业门户网站。

3. 网络竞拍

在电子商务平台,公开招标选购、议价合约选购、日常性采购等采购方式同样适用。另外,利用网络竞拍日益流行。网络竞拍分为传统竞拍和竞价采购。

传统竞拍,又称"拍卖采购",是指一个卖家给出欲售商品,邀请多个买家竞价购买。买家越多,价格越高。当最后只剩下一个出价最高的竞标者时,传统竞拍就结束。传统竞拍一般用于处理过剩商品。如戴尔公司在其 dellauction.com 网站上销售过剩、翻新或库存的电脑产品。

竞价采购,又称"逆向拍卖采购",是把招标采购和网上竞价相结合的一种采购方式,它通过供应商在线降价竞争,使采购商获得一个最优惠的价格,大幅度降低采购成本。目前,网上竞价采购广泛运用于工业品采购、政府采购及全球采购等领域,例如,沃尔玛、家乐福、IBM、微软等知名跨国企业都运用网上竞价进行全球采购。

本章小结

组织市场可以分为生产者市场、中间商市场、机构市场三类,其中机构市场包括非营利组织市场和政府市场。受组织市场购买者用户、购买力以及购买动机的影响,组织市场的需求具有派生性、复合性、弱需求价格需求、波动性和需求信息充足的特点。组织市场的供需关系体现在价值链关系、供应伙伴关系以及战略联盟三个层次。

组织市场的购买决策者是采购中心,由不同部门及人员组成,在购买过程中扮演着不同的角色。在产品同质化的条件下,环境因素、组织因素、人际因素、个人因素和文化因素会成为影响购买的主要因素。组织市场的购买过程一般分为问题识别、总需要说明、明确产品规格、物色供应商、征求供应建议书、选择供应商、签订合约、绩效评价等八个步骤。供应商应了解生产者在各阶段的具体需求和特点,采取相应的营销策略促进购买。

组织市场的购买行为可以分为新购、修正重购和直接重购三种,也可以分购买、租赁和互惠活动。非营利组织的购买特点主要有限定总额、价格低廉、质量保证、受到控制、程序复杂等5个方面。政府采购主要体现出主体特定性、资金公共性、活动单向性、对象广泛性、过程规范性和结果政策性的特点。通常的采购方式是公开招标选购、议价合约选购、日常性采购等。电子商务兴起促使在线采购的发展,成为组织市场常见的购买方式。

复习与讨论题

1. 组织市场的概念和内涵是什么？具体包括哪些市场？
2. 生产者市场的需求有何特点？哪些因素会影响生产者市场的需求？
3. 与消费者市场相比，组织市场的供需双方的关系如何？
4. 举例说明组织市场完整的购买决策过程。
5. 根据决策的复杂程度，组织市场购买可以分为哪几种类型？
6. 组织市场常见的购买方式有哪几种？
7. 互联网的普及对组织市场的购买行为有何影响？
8. 非营利组织购买有何特点？
9. 政府采购的特殊性体现在哪些方面？

实训题

1. 以小组为单位，拜访一家当地的生产企业，了解其零部件的来源，以及零部件的采购者、供应商数量、采购决策程序和采购方式等，运用所学的知识撰写一个完整的生产者市场采购案例。

2. 以小组为单位，假设你们是一家电脑生产厂家的营销团队，其产品的质量、性能、价格均为市场中等偏上，现在面对生产者市场、非营利组织市场以及政府采购市场，分别设计不同的营销思路和方案。

案例分析题

怎样成为跨国零售巨头的供应商

对于中国企业来说，如果能成为跨国零售商的供应商，就意味着自己的产品能够通过它们的供货渠道，走出国门，得到在世界各国的舞台上展示的机会。

国内企业如何成为跨国零售企业的供应商呢？家乐福（中国）公司有关人士表示，它们主要是采取一种"政府搭台，企业唱戏"的方式，即通过政府推荐可选择的企业，在家乐福举办的大型订货会上达成交易意向。

家乐福选择供应商又有哪些标准呢？家乐福的有关人士表示，家乐福选择供应商不只看规模，更注重产品质量。如果企业规模小，但是产品具有不可替代性，那么家乐福也会把他们考虑在内。要成为家乐福全球采购供应商，必须具备以下条件：有出口权的直接生产厂商或出口公司；有价格竞争优势；有良好的质量；有大批生产的能力；有迅速的市场反应能力；有不断学习的精神；能够准时交货。企业通过家乐福公司的审核,即能加入家乐福的全球采购系统,把产品出口到全球的 30 多个国家。

在以上条件中,家乐福尤其看中产品的质量。同时,随着人们对环保的要求越来越高,家乐福在产品品质方面也对供应商有着更详细的要求。一旦通过家乐福的审核,家乐福将对企业在改进产品外包装和设计等方面给予指导和帮助。

沃尔玛的全球采购办事处列举了成为沃尔玛供应商的条件。例如,提供有竞争力的价格和高质量的产品、供货及时、理解沃尔玛的诚实政策、评估自己的生产和配额能力是否能接受沃尔玛的订单(因为通常沃尔玛订单的数量都比较大)等。此外,沃尔玛需要供货商提供其公司的概括,其中包含完整的公司背景和组织材料,以及供应商工厂的资料,包括每年的库存周转率、生产能力、拥有的配额、主要的客户有哪些等。

零售业的采购环节都有一个不可避免的问题,即有些供应商会想方设法通过一些"灰色手段"贿赂采购员。对此,家乐福(中国)公司的人士表示,即使产品通过灰色手段进入了家乐福全球采购系统,如果没有价格上的优势,也会被自然淘汰。家乐福会尽量与供应商建立健康的联系。而沃尔玛打算引进到中国来的技术中包括一套"零售商联系"系统,这个系统使沃尔玛能够和主要的供应商实现业务信息的共享。

中国的超市零售商在传统上就是通过向供应商收取进店费、陈列费、促销费和年度销售返利来挣钱的。换句话说,从传统上而言,中国的零售商没有,而且也无法通过提供增值服务和在商品上加价来赚钱。但是,最近家乐福与康师傅,以及中国国内知名企业如中粮集团和九三粮油等供货商之间在近期爆发的高调冲突也从另一个侧面反映出零售商—供应商关系之间微妙的变化。毋庸置疑,中国零售业市场激战正酣。在中国市场的外资零售企业中,总部位于台湾,大股东为法国零售商欧尚集团的大润发独占鳌头,家乐福排名第二,而沃尔玛则紧随其后。

自打年前家乐福被爆出价格欺诈后舆论就没消停过,一会儿标错价,一会儿收进场费,一会儿和供应商大战,一会儿消费者投诉……到底是怎么了?"家乐福事件"能让人们想到的,就是不应满足于个别个案的曝光、处理,而应尽快健全相关监管体系,并充分重视、尊重民间消费者组织和消费者个体的意见、力量,共同编织一张覆盖面广、反应迅速的监管网络,从制度上、全局上堵塞类似"家乐福事件"重演的漏洞。

[案例思考]

1. 跨国零售巨头的采购方式有哪几种?

2. 跨国零售巨头是根据哪些变量或属性来评价和选择它们的供应商？

3. 进入跨国零售巨头的全球采购系统对组织有何重要意义？

4. 国内企业怎样做才能成为跨国零售巨头的供应商？

5. 如何看待跨国零售巨头与中国供应商的冲突？

延伸阅读

[1] James C. Anderson，James A. Narus. 组织市场管理：理解、创造和传递价值（第 2 版）[M]. 王永贵，译. 北京：北京大学出版社，2007.

[2] 彼得·德鲁克. 非营利组织的管理（珍藏版）[M]. 吴振阳，译. 北京：机械工业出版社，2009.

参考文献

[1] 刘宇. 美国 B2B 交易成井喷态势[N]. 北京商报，2013-06-06.

[2] 罗杰·A. 凯林，史蒂文·W. 哈特利，威廉·鲁迪里尔斯. 市场营销（插图第 9 版）[M]. 北京：世界图书出版公司北京公司，2011.

[3] M. J. 埃策尔，B. J. 沃克，W. J. 斯坦顿. 新时代的市场营销（第 13 版）[M]. 北京：企业管理出版社，2008.

[4] 吴健安. 市场营销学（第 3 版）[M]. 北京：高等教育出版社，2007.

[5] 钱旭潮，王龙，韩翔. 市场营销管理：需求的创造、传播和实现（第 2 版）[M]. 北京：机械工业出版社，2011.

第七章

市场需求调研和测量

> > > >

☞【知识目标】

了解营销信息系统内容及其功能;掌握市场营销调研的基本类型,熟悉市场调研的全过程,了解不同调查方法具有的优缺点;理解市场需求层次,掌握市场需求测量的方法,了解定性预测和定量预测方法的区别,了解大数据时代的调研新趋势。

☞【技能目标】

学会市场调查,能够设计规范的调查问卷以及撰写规范的市场调研报告,正确操作市场调查过程的步骤。掌握市场需求测量的方法,学会对具体市场的分层估算。掌握市场需求预测中定性预测方法的操作步骤。

☞【导入案例】

德系设计启示录:寻求市场需求

2014 年,受诸多因素影响,日系车销量大幅下滑,而德系车则成为最受中国消费者青睐的汽车品牌。越来越多的中国车主成为德系车的"铁粉",究竟是其可靠的品质还是别具一格的设计吸引了中国消费者?

近日,德国驻华大使馆举办"德国在华汽车设计成功之秘诀"研讨会,邀请了大众中国设计总监罗西蒙、奔驰全球设计中心总负责人斯蒂芬·科尔和宝马上海设计总监石磊 3 位资深设计师,与中国艺术家马军一起探讨德系汽车设计在华成功之道。

"何为德国设计的特征? 实际上就是功能主义,在设计中体现出精简,少即是多。"石磊认为,在德系车设计方面,包豪斯主义(Bauhaus)占到了很大比重。"包豪斯设计学院的影响力还是无处不在的,德国学派系统学习的学生遍布全球。"这一点也获得了罗西蒙的认可,"没有包豪斯,就没有大众,这是几乎所有德国设计的基本价值观,设计也是有历史元素影响的。"

包豪斯是位于德国魏玛的一所艺术设计类大学,是世界现代设计的发源地,对世界艺术与设计的推动有着巨大的贡献,她也是世界上第一所完全为发展设计教育而建立的学院。其有3个基本观点:艺术与技术的新统一;设计的目的是人而不是产品;设计必须遵循自然与客观的法则来进行。

中国车主之所以"钟情"于德系车,与其产品的可靠性能有很大关系,崇尚技术至上的德系车在操控性能以及安全性能方面的好口碑是众所周知的。而且,德系车在进入中国市场后,在车型方面进行了必要的本土化调试。如,大众现在越来越多地在学习中国消费市场发展的趋势,努力打造专门为中国市场量身定制的产品。

产品本土化开发成为越来越多汽车厂商市场角逐的一大利器。罗西蒙表示:"虽然3家都有一些不容影响的设计要素,但是在进入中国市场之前也要了解中国的市场,并且要知道中国与欧洲有哪些不同,不仅要知道不同,还要知其然知其所以然,了解为什么不同。同时知道中国市场对汽车在艺术上和使用功能上的要求,当了解了这种不同的审美诉求以及用户需求后,在设计的过程中才能明确要帮助客户建立起的适应性东西。要把这些要求融入到各自的设计中来,要在品牌特质以及区域审美之间做出一个平衡。"

科尔表示,如果真的想了解一个市场的话,方式可以说是多种多样的,3家企业除了在中国有设计中心,还有一些旗下公司在中国,还有营销部门对中国市场做市场分析,他们的意见也是中国消费者需求的一个缩影。"3家公司的设计工作并不是只单凭他们3个单独的力量来完成的,其背后有强大的团队共同支撑,中国这么重要的市场,我们要获得信息有很多渠道。"

对于中国消费者来说,汽车产品的外观和性能以及配置是缺一不可的,车型的审美又呈现出区域差异化的特点,这也就是德系车设计师为什么要了解中国市场,了解中国消费者喜好,要考虑中国市场的最新趋势的原因,他们试图融入更多的中国元素,使产品更能受到本土市场的热捧。

同时,设计师们也注意到中国市场的喜好正在出现变化。纵观中国汽车市场消费,消费者更愿意选择一些内部空间较大的车型,例如SUV。这与日本、美国汽车消费市场发展过程有相似之处,而随着经济的发展,中国消费者选择可能会有所变化,日渐趋于理性,对于乘用车的消费趋势也由大变小。

科尔表示,汽车设计首先有时尚的因素在,但也要考虑变化的东西,例如当地的环境,交通状况等,这些都可能改变人们的购车需求。罗西蒙认为设计师在设计过程中不应该是问客户"现在需要什么或者未来需要什么",要发现的应该是先机,在刚有苗头时就要发现有什么样的问题,设计师来给这些问题找到解决方案,然后由设计师在动态中找到未来态势,更像是一个引路人的角色。

(资料来源:杨楠.德系设计启示录:寻求市场需求[N].中国产经新闻报,2014-12-04.)

营销启示

善于了解中国消费者的需求,适应中国这样本土化特色浓厚的使用环境,根据中国消费者的需求在车型方面进行必要的本土化调试,是德系车进入中国市场后获得中国消费者认可的主要原因。可见,市场的调查和研究是一切营销活动的起点,即使是已经功成名就的产品和企业在具体的市场开展营销活动,都首先进行消费者需求情况的调查和预测。

企业营销活动的有效性,首先取决于对市场进行正确的把脉,即了解市场、分析市场和预测市场。市场需求的了解主要通过市场调查收集数据、分析数据,并进一步对市场未来的趋势和走向进行预判和估计。市场需求调研和预测需要科学、严谨的方法和程序。

第一节　市场调查

一、营销信息系统

市场营销信息系统(Marketing information system,MIS)是一种由人员、设备、程序以及相关数据构成的,用以企业为决策者收集、挑选、分析、评估和分配所需的、及时而准确的信息。营销信息的开发主要通过内部报告、营销情报系统、营销调研系统和营销分析来进行,如图 7.1 所示。

1. 内部报告系统

内部报告是企业内部数据,反映企业营销状况,由财务、生产、销售等部门定期提供,包括订货、销售、库存、生产进度、成本、现金流量、应收应付账款及盈亏

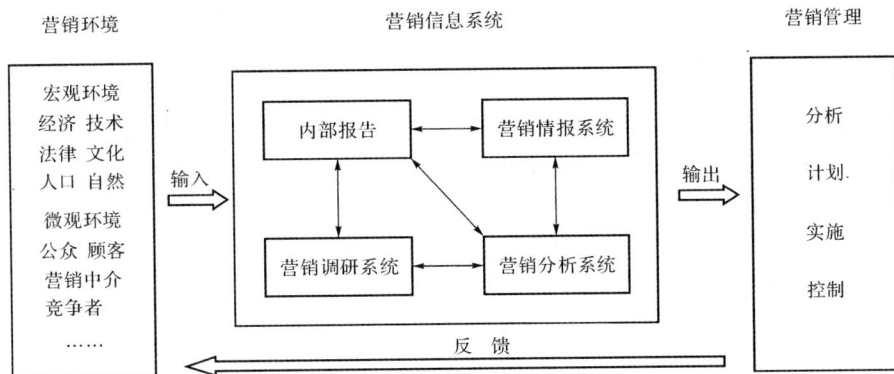

图 7.1　营销信息系统

等方面的信息。内部报告是结果数据,通过分析内部信息,比较各种指标的计划和实际执行情况,可以及时发现企业的市场机会和存在的问题。

2. 营销情报系统

企业营销人员获得的有关外部市场营销环境的资料,提供外界市场环境所发生的有关动态的信息。营销情报系统提供的偶发事件数据。

企业通过从各种途径取得市场情报信息,如,查阅各种商业报刊、文件、网上下载,利用政府资料、直接与顾客、供应者、经销商交谈,向情报商购买市场信息等。现在许多企业利用数据库组织各种信息,以便决策者更加及时和全面地了解市场最新动态。

3. 营销调研系统

指系统地设计、收集、分析并报告与特定营销状况的数据和结果。其任务是:针对确定的市场营销问题收集、分析和评价有关的信息资料,并对研究结果提出正式报告,供决策者针对性地用于解决特定问题,以减少由主观判断可能造成的决策失误。因各企业所面临的问题不同,所以需要进行市场研究的内容也不同。

4. 市场营销分析系统

指一组用来分析市场资料和解决复杂的市场问题的技术和技巧。这个系统由统计分析模型和市场营销模型两个部分组成,第一部分是借助各种统计方法对所输入的市场信息进行分析的统计库;第二部分是专门用于协助决策选择的市场营销模型库。

可以看出,市场营销信息系统每个子系统都具有自己独特的作用,具有收集——处理——分析——储存——评估——传递信息的重要职能,营销信息系统的健全与否对于全面了解市场、正确把握市场趋势具有关键性的影响。

二、市场调研类型

市场调研可根据不同的标准划分为不同的类型。如按调研目的可分为探测性调研、描述性调研、因果关系调研和预测性研究。按调研数据的性质可分为定性研究和定量研究。

1. 按调研目的的分类

（1）探测性调研

企业在情况不明时为找出问题的症结,明确进一步调研的内容和重点,需进行非正式的初步调研,收集一些有关资料进行分析。探测性调研研究的问题和范围比较大,在研究方法上比较灵活,在调研过程中可根据情况随时进行调整。有些比较简单的问题,如果探测性调研已能弄清其来龙去脉,也可不再做进一步调研。

（2）描述性调研

针对已明确所要研究问题的内容与重点,通过详细的调查和分析进行客观的描述和具体的回答。一般要进行实地调查,收集第一手资料,摸清问题的现状,进行分析研究,寻求解决问题的办法。如,企业要进入一个新的市场,需要对该市场的营销环境、消费者需求等方面做一个全面的描述,为以后的营销活动做前期准备。

（3）因果关系调研

企业营销活动存在许多相关关系,大多可以归纳为由变量表示的一些函数。如,企业自身可以控制的产品产量、价格、促销费用等,也包括企业无法完全控制的产品销售量、市场竞争格局与供求关系等。描述性调研可以说明这些现象或变量之间存在的相互关系,因果关系调研则要在描述性调研的基础上进一步分析问题发生的因果关系,可分为由因及果和由果及因两种情况。如,某促销活动产生的效果,或产品销量下降的原因调查等。

（4）预测性调研

预测性研究的目的是预先估计未来市场的潜力和变化趋势,其方法有定性的方法,也有涉及统计分析的数学模型方法。预测性研究的内容比较明确和具体,研究方法也相对独立,是市场需求调研的一个重要的分支领域。

2. 按调研数据性质分类

（1）定性研究

定性研究是选择少量样本,凭借研究者的经验、情感及相关技术进行访谈,以弄清问题,发掘内涵,为随后的正规调查做好准备。主要包括:焦点小组访谈、深度访谈和投影技术等。

定性调研被用来定义问题、提出研究框架和假设以及确定变量。如,了解消费者的动机、态度和行为等因素的变化及态势,为定量研究提供强大的信息支持等。

(2)定量研究

定量研究的目的是获取样本的定量资料,试图通过样本的某些数字特征推断总体的数字特征。定量研究方法主要包括访问法、观察法和实验法等。

定性研究和定量研究的区别,详见图 7.2。

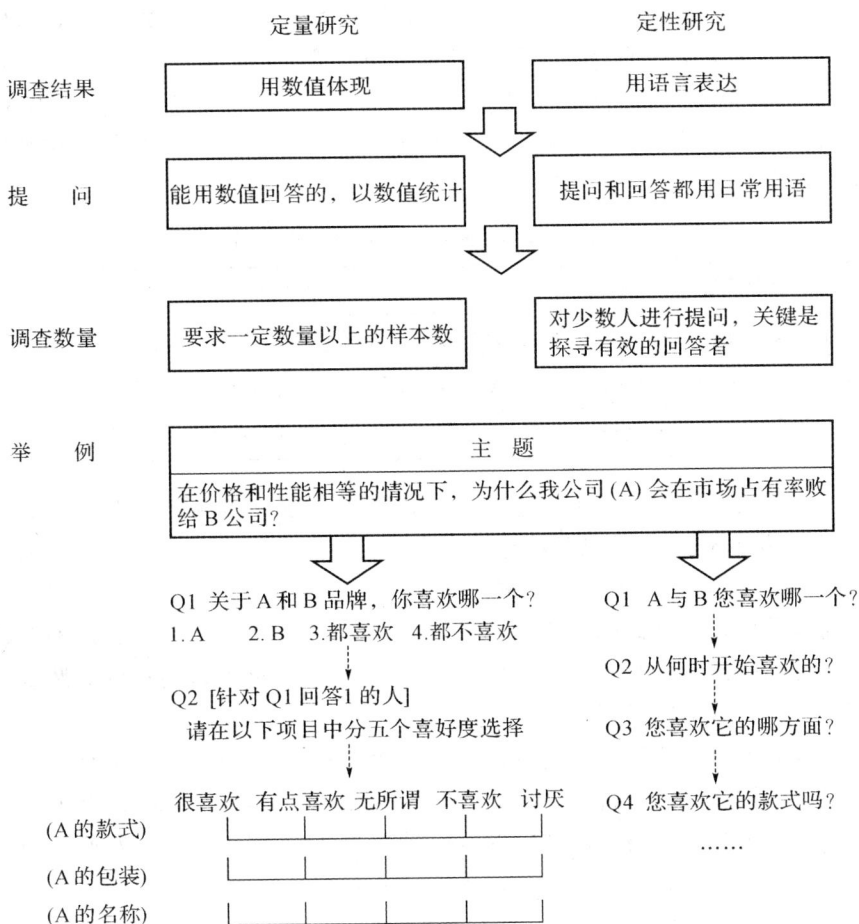

图 7.2　定性与定量研究的区别

三、市场调研过程

有效的市场调研包括以下五个步骤,如图 7.3 所示。

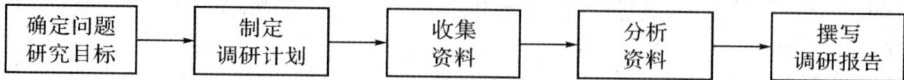

| 确定问题 研究目标 | → | 制定 调研计划 | → | 收集 资料 | → | 分析 资料 | → | 撰写 调研报告 |

图 7.3　市场调研步骤

1. 确定问题及研究目标

调研的问题源自营销管理问题,但在提出问题的角度和表述等方面与营销管理的问题不同。营销管理问题以行动为导向,回答决策者需要做什么、可能采取什么行动,是决策者面对的问题,例如"是否应实施降价策略"、"是否应增加广告支出",而研究人员则要调查清楚,降价对消费者的影响,广告的效果等问题,以帮助营销决策者正确决策,研究人员的问题则为"某类产品的价格需求弹性"、"顾客消费行为中的广告支出效应"等。见表 7.1 所示。

表 7.1　营销管理问题和营销研究问题

营销管理问题	营销研究问题
1. 是否应该引进新产品?	1. 针对提议的新产品了解消费者偏好和购买意向
2. 新产品应该如何定价?	2. 了解市场规模、需求弹性、顾客知晓和竞争程度
3. 如何减少顾客的抱怨?	3. 了解顾客对客户服务部门的评价、顾客抱怨的影响因素

因此,首先必须要准确识别企业的营销管理问题。市场研究人员一般需要借助二手资料收集和分析以及小范围的定性研究来进行背景分析。小范围的定性研究经常通过与相关人员访谈进行筛选。

其次,研究人员据此确定营销调研问题,并遵循三个基本原则:(1)确保调研者获得营销决策所需的全部信息;(2)能指导调研者开展调研活动;(3)调研问题不能过于宽泛,也不能过于狭窄。

最后,随着营销管理问题与调研问题的逐步明晰,调研目标便可相应得到确认。如某公司因原材料涨价导致利润降低,管理层考虑将成品提价,有关调研目标可描述为:通过对价格需求弹性的调研研究,确定不同价格水平对产品销售和盈利的影响,为公司制订合适的价格政策提供依据。

2. 制定调研计划

调研计划是指导调研活动开展的纲领性文件,其内容包括确定数据来源、调研方法、调研工具、抽样方法、接触方法、时间进度、经费预算等。

（1）数据来源

调研数据包括一手资料和二手资料。一手资料是自己从实践或调查中直接获得的原始材料。二手资料是已经发表的，或已经被使用过的数据，由其他机构或个人所提供的资料，其来源比较广泛，如官方统计、出版物、专业机构的调查数据等。二手资料容易获得，成本低，但是往往对研究的适用性不强。尽管二手资料不可能提供特定调研问题所需的全部答案，但二手资料在许多方面是很有用的。

首先要确定本次研究的数据来源是一手资料还是二手资料。一般，在可以使用二手资料的情况下，需要充分使用二手资料，毕竟二手资料的收集省钱、省力、省时间。但在针对具体问题时，往往需要进行实地调查，收集一手资料，以便了解实际情况。

（2）调研方法

要根据研究信息的不同选择不同的信息搜集的方法，选择方法的基本原则是保证获取方法可行、时间可行和成本低廉。定性研究和定量研究的具体调研方法有所不同，一手资料的定性研究包括焦点小组访谈、深度访谈和投射法；定量研究包括调查法、观察法和实验法，如图7.4所示。

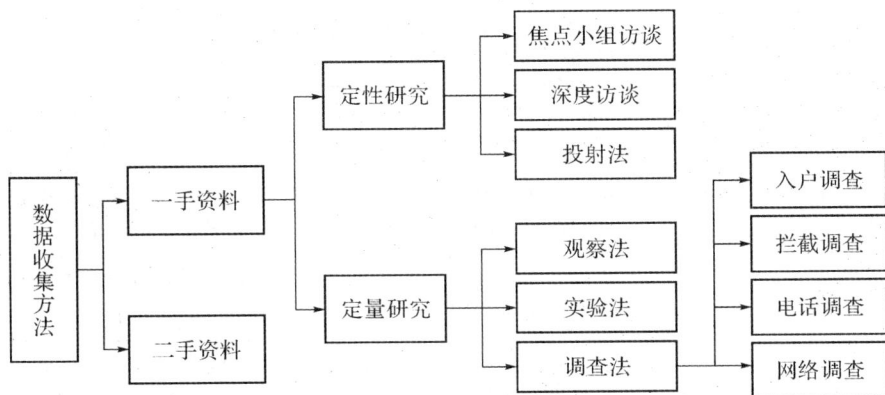

图7.4 市场调研方法

①焦点小组访谈

在训练有素的主持人的主持下，邀请6～10人为一个小组，对研究主题进行交流，通过小组的互动收集真实的想法和感受。焦点小组访谈也可以利用视频会议和网络技术远距离进行实时访谈。

　　焦点小组访谈已经成为获取消费者内心想法和感觉的一种主要的调研形式,但也存在一定的挑战。如,访谈的样本量小,结论的代表性有待斟酌。此外,访谈中小组同伴的压力和影响也会妨碍被访者真实意图的表示。

　　②深度访谈

　　深度访谈法,也称深层访谈,是一种无结构的、直接的、个人的访问,以揭示对某一问题的潜在动机、信念、态度和感情,主要用于获取对问题的理解的探索性研究。如,为发掘目标顾客的深层购买动机。

　　深层访谈法能深入地探索被访者的内心思想与看法,而且可与被访者自由地交换信息。由于对调查者的要求较高(通常要求有心理学或精神分析学的知识),深度访谈不如焦点小组访谈普及。同时,调查结果十分容易受调查员自身的影响。

　　③投射法

　　调研者为消除受访者在面对面访谈时的自我防卫心理,让被试者通过一定的媒介,建立起自己的想象世界,在无拘束的情景中,显露出其内心思想的一种测试方法。投射法可以采用各种投射技术,如表 7.2 所示。

表 7.2　投射法的类型

类　型	描　述	典型应用
词语联想法	提供一个词,要求迅速(3秒)说出脑海中出现的一串词语	考察消费者对某品牌/产品的印象,品牌记忆
句子和故事完型测试法	提供一个不完整的句子或故事,要求将其补完整	购买最新款手机的人是……
漫画测试法	提供漫画或其他图像,要求补充画面说明或人物对话等	测试对某两种包装的不同态度的评价
照片归类法	出示一组与测试目的相关的照片,让被试者进行归类	将产品照片与可能的用户对应起来
绘图法	要求被试者画出自己的感受,或者对事物的认知	画出你最喜欢的香水瓶子形状

　　④调查法

　　按准备好的调查提纲或调查表,通过口头、电话、邮寄、书面或网络等方式,向被调查者了解情况、收集资料。调查法可以用来全面把握当前的状况,也可以是为了揭示存在的问题,弄清前因后果,为进一步的研究或决策提供观点和论据。

优点是能在短时间同时调查很多对象,获取大量资料,并能对资料进行量化处理,经济省时。主要缺点是被测试者由于种种原因可能对问题做出虚假或错误的回答。

⑤观察法

调研人员凭借自己的眼睛或摄像录音等器具,在调查现场进行实地考察,记录正在发生的市场行为或状况,以获取各种原始资料的调查方法。由调查人员到现场对调查对象的情况有目的、有针对性地观察记录,据以研究被调查者的行为和心理。这种调查多是在被调查者不知不觉中进行的,除人员观察外,也可利用机械记录处理。如广告效果数据,国外多利用机械记录器来收集。

观察所得的资料比较客观真实,能捕捉到正在发生的现象或无法言表的材料;其局限性在于只能看到现象,往往不能说明原因、动机或意向,同时也受制于时间地点等因素的影响。

⑥实验法

从影响调研对象的若干因素中选出一个或几个因素(即自变量)作为试验因素,在其余诸因素均不发生变化的条件下,了解试验因素的变化对调研对象(即因变量)的影响程度的方法。一般用于调查两变量之间的因果关系,如调查某一促销活动可能会产生的效果等。

实验法的调查结果比较真实,是现实市场的真实反映。但是实验法往往受制于样本、实验时间等因素的代表性,需要慎重选择,同时营销实验往往耗时较长,也需要有较大的投入。

(3)调研工具

收集原始数据时,有三种工具可以选择:问卷、定性测量技术和机械装置。

问卷是最常用的工具。问卷需要仔细地设计、测试和调整,才能在大范围内使用。问卷可以包括封闭式问题和开放式问题,封闭式问题先列出所有可能答案,便于解析和制表;开放式问题由受访者用自己的话来回答,在探测性调查中较常用。问卷的结构一般如图7.5所示。

定性测量的技术包括观察、绘图、摄影和录像等,调研人员对这些工具记录下来的文字和图形再进行详细的分析。

机械装置是用来调查的仪器,如视觉跟踪系统等,用以观察眼球等器官在营销活动中的各种生理反应,以此推断受访者的真实反映。

(4)抽样计划

抽样计划需要解决三个问题:抽样对象、样本量和抽样程度。调研人员需要根据问题以及目标确定调查的目标人群,并建立抽样框架,以便目标人群中的每

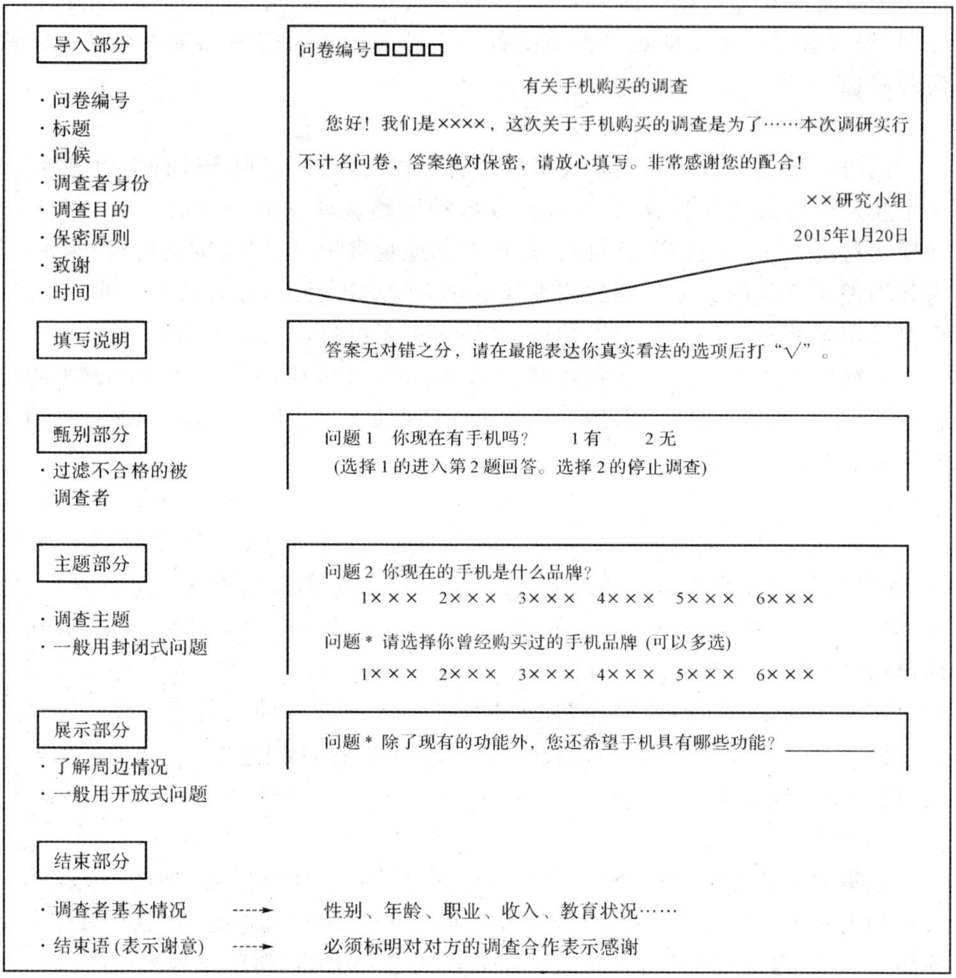

导入部分	问卷编号□□□□
·问卷编号 ·标题 ·问候 ·调查者身份 ·调查目的 ·保密原则 ·致谢 ·时间	有关手机购买的调查 　您好！我们是××××，这次关于手机购买的调查是为了……本次调研实行不计名问卷，答案绝对保密，请放心填写。非常感谢您的配合！ ××研究小组 2015年1月20日
填写说明	答案无对错之分，请在最能表达你真实看法的选项后打"√"。
甄别部分 ·过滤不合格的被 　调查者	问题1　你现在有手机吗？　　1有　　2无 　(选择1的进入第2题回答。选择2的停止调查)
主题部分 ·调查主题 ·一般用封闭式问题	问题2 你现在的手机是什么品牌？ 　　1×× 　2×× 　3×× 　4×× 　5×× 　6×× 问题* 请选择你曾经购买过的手机品牌 (可以多选) 　　1×× 　2×× 　3×× 　4×× 　5×× 　6××
展示部分 ·了解周边情况 ·一般用开放式问题	问题* 除了现有的功能外，您还希望手机具有哪些功能？＿＿＿＿＿
结束部分 ·调查者基本情况　──▶ ·结束语(表示谢意)　──▶	性别、年龄、职业、收入、教育状况…… 必须标明对对方的调查合作表示感谢

图 7.5　调查问卷的结构

个人有同样的机会被抽中。一般,大样本比小样本的结果更可靠,但如果采取了可信的抽样程序,小样本也是可靠的。为了获取有代表性的样本,应该使用概率抽样的方法。非概率抽样虽然成本较低,但抽样误差会增大。

(5)接触方式

确定抽样计划后,调研人员需要决定如何接触目标人群,可选的方法包括入户访问、拦截访问、电话调研、邮寄问卷、在线调查等都是具体的询问形式,这些方法的优缺点在表 7.3 中进行了总结。

表 7.3　营销调研接触方法

接触方法	优　点	缺　点
入户访问	面对面沟通,可对复杂问题进行解释,观察受访者的表情等身体语言	入侵受访者的私人空间,受访者不易接受,费用高,调查时间较长
拦截访问	操作简单,成本较低,面对面可启发	外界干扰大,样本有局限性,问卷复核难度大
电话调研	成本较低,调查过程容易控制,调查面广	拒访率高,问题不宜过长,不能展示实物
邮寄问卷	调查详细,可了解不适合当面调查的问题	回收率低,反馈慢
在线调查	快捷高效,覆盖面广,敏感性问题更易真实反馈	网络信息的失真性,受网络技术影响,样本代表性难以控制

（6）制定进度和经费预算

在总体方案的设计或策划过程中,要制定整个调研工作完成的期限以及各个阶段的进程,即必须有详细的进度计划安排,以便督促或检查各个阶段的工作,保证按时完成调研工作。进度安排一般包括如下几个方面,如表 7.4 所示:

表 7.4　调研进度安排

顺序	进度内容	所需时间（举例说明）	费用预算说明
1	总体方案的论证、设计	一周	
2	抽样方案的设计,调研实施的各种具体细节的制定	一周	
3	问卷的设计、测试、修改和最后的定稿	一周	问卷设计费
4	问卷印刷和礼品		按实际计算
5	访问员的挑选和培训	一天	
6	调研实施	一月	按问卷计算
7	调研数据的计算机录入和统计分析	一周	按问卷计算
8	调研报告的撰写	一周	按份数计算

每一种调研方案的选择都会有其优缺点,这就需要研究人员进行综合的考虑和权衡。在进行预算时,要将可能需要的费用尽可能考虑全面,以免将来出现一些不必要的麻烦而影响调研的进度。一般来说,主要需要权衡的是调研成本

和调研信息的质量之间的关系、时间限制和调研类型等,通常所获得的信息越精确,错误越少,成本就越高。

3. 收集资料

研究方案认可后,信息收集是执行计划的重要步骤。它是市场研究的核心阶段和主体部分,是研究人员根据研究方案采用各种手段和方法通过各种途径和渠道获取所需信息的过程。

在此阶段要尽量预防和控制非抽样误差的产生。非抽样误差是指由于抽样以外的因素而产生的误差。如,错误的样本、错误信息、访问员记录错误等。为了避免非抽样误差的产生,在资料收集过程中必须实施有效的组织管理与质量控制。

4. 分析资料

信息收集完成以后,研究人员必须按照一定的标准和要求对所获取的一手资料和二手资料进行处理与分析,形成有用的信息,给出一定的结论。其中涉及的活动有资料的接收、编码、录入、统计预处理、统计分析等。调研人员需要将数据列成表格,得出频率分布,并计算关键变量,一些高级统计技术和决策模型被用于资料分析。

5. 撰写调研报告

在对所获取的资料进行深入的分析研究之后,调研人员应按照一定的格式和要求撰写营销调研报告并呈交决策层。调研报告的组成部分,详见图 7.6 所示。

市场调研报告的撰写与提交并不意味着市场研究过程的结束,有些调研项目还需要进一步实施追踪研究,以检查研究结论与现实状况是否存在偏差、偏差大小及其原因。调研报告的质量对决策层的决策选择产生直接的影响。

第二节　需求测量

市场需求测量是指对目前需求的估计,着重估计现实市场潜量和企业可能的市场份额,这对发现和分析市场机会、研究和选择目标市场至关重要。在分析市场机会时,最重要的工作是评估整个市场的需求规模、不同细分市场的需求规模及其发展趋势。

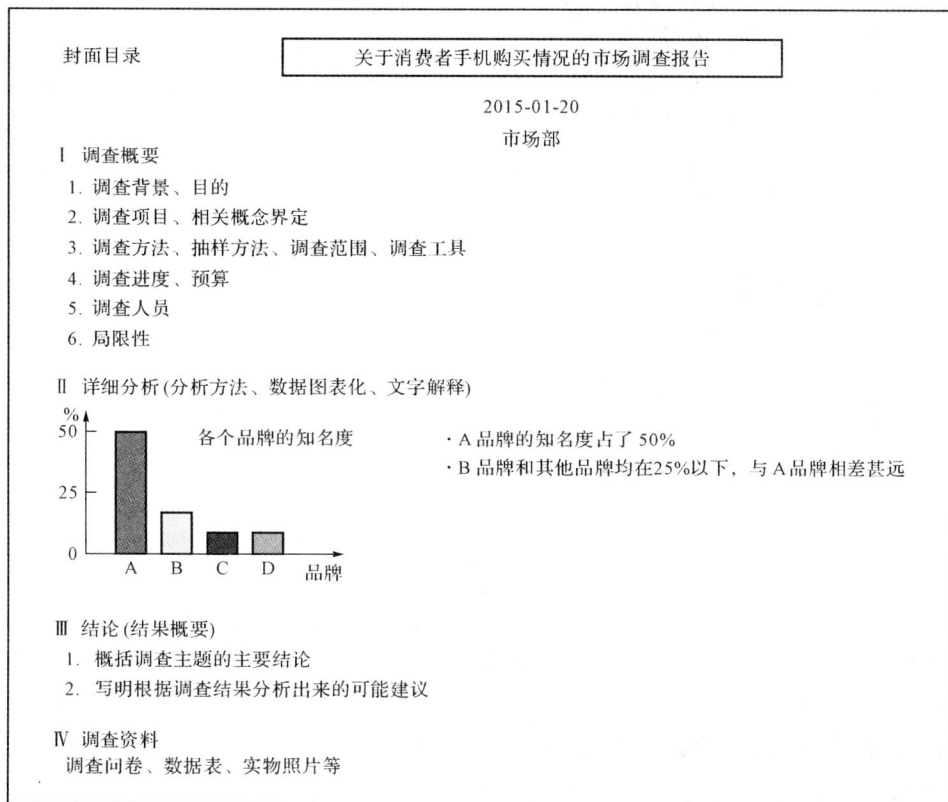

图 7.6　调研报告结构

一、市场层次

市场作为营销领域的范畴,是指产品的实际购买者和潜在购买者的总和,是总体市场中对该产品有兴趣的顾客群体,也称为潜在市场。但兴趣不足以确定一个市场,除非潜在的消费者有足够的收入和购买产品的渠道。

顾客身份的确认取决于三个方面:兴趣、收入和购买途径。兴趣指购买需求和欲望,是采取购买行为的基础;收入决定支付能力,是采取购买行为的条件。市场规模是兴趣与收入两者的函数。购买途径决定购买者能否买到所需产品。据此,市场通常可以分成四个层次,如图 7.7 所示。

(1)有效市场:对某产品感兴趣、有支付能力并能够获得该产品的顾客群体。

(2)合格有效市场:某些产品需要购买者具备某一特定条件才能获取,比如化妆品,必须到一定年龄才能购买。有效市场中符合这种条件的顾客群体,就是该产品的合格的有效市场。

(3)目标市场:企业根据自己的资源和优势,有目的地选择合格有效市场的某一部分作为自己的服务领域。

(4)渗透市场:就是购买该产品的顾客群体,由现实购买者构成。

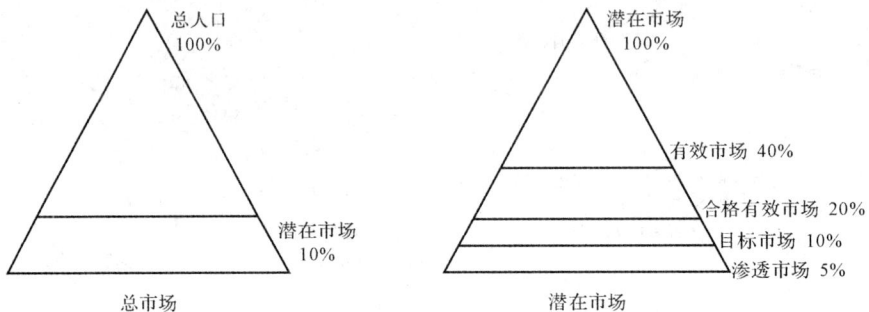

图 7.7　市场层次

图 7.7 显示,潜在市场占总人口的 10%,而有效市场仅占潜在市场的 40%,其中符合条件的合格有效市场只占有效市场的 50%,即潜在市场的 20%。经过市场细分,企业选定合格有效市场的 50% 作为目标市场,而已经渗入的市场目前只占目标市场的 50%,即占潜在市场的 5%。

二、市场需求测量

1. 市场总需求和市场潜量

市场总需求是指在一定的营销努力水平下,一定时期内在特定地区、特定营销环境中,特定顾客群体可能购买的该种产品总量。

市场总需求并不一定是一个确定的常数,而是综合各种要素的函数。对于需求的概念,可从产品、总量、购买、顾客群、地理区域、时期、营销环境以及企业营销努力等 8 个方面考察。

市场需求也称为市场需求函数。图 7.8 反映了市场总需求与行业营销费用的函数关系。

图 7.8(A)表示,假设在一个特定的营销环境下,基本销售量或市场最低量 Q_1 在不支出营销费用时也会发生。随着行业营销费用的增加,刺激消费的力度加大,市场需求一般会随之增大,但报酬率由递增转入递减。当营销费用超过一定水平后,就不能进一步促进需求,市场需求所达到的极限值称为市场潜量 Q_2。

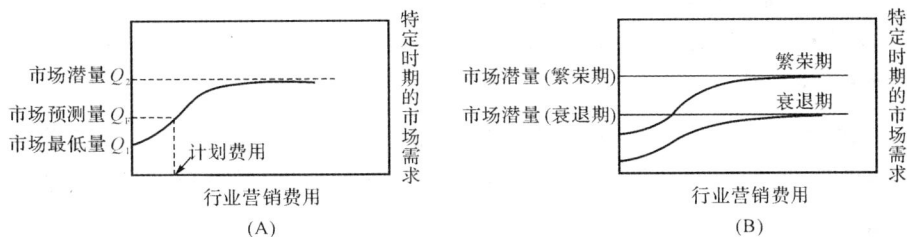

图 7.8 市场需求函数

图 7.8(B)表示,是假设在两个不同的市场营销环境下,由于市场环境变化深刻地影响着市场需求的规模、结构和时间等,也深刻地影响着市场潜量,经济繁荣期的市场潜量比经济衰退期要高。

市场潜量可以用一种普遍的、实用的方法来估计:

$$Q = n \times q \times p \tag{7.1}$$

式中,Q 为市场潜量;n 为既定条件下特定产品的购买者人数;q 为每一购买者的平均购买数量;p 为单位产品平均价格。

其中,最难估计的是购买者数量,企业在市场总人口的基础上,运用排除法,排除不会购买的群体,得出潜在购买者数量。在公式(7.1)基础上,一个基数乘以几个修正率,即由一般相关要素移向有关产品大类,再移向特定产品,层层往下推算,得出市场潜量,这种方法即连锁比率法。

⑥▷阅读材料

营养啤酒的销量估计

某啤酒厂开发出一种新营养啤酒,估计其市场潜量时,可以运用连锁比率法,通过以下要素层层推算:

新营养啤酒的需求量＝人口×每人可支配的个人收入
　　　　　　　×可支配收入中用于食品的比例
　　　　　　　×食品支出中用于饮料的比例
　　　　　　　×饮料支出中用于酒精饮料的比例
　　　　　　　×含酒精饮料支出中啤酒的比例
　　　　　　　×啤酒支出中营养啤酒的比例
　　　　　　　×喝新营养啤酒的预计百分比
新营养啤酒一年的销售额＝营养啤酒的需求×人均每月喝新营养啤酒的量

×12个月×新营养啤酒的平均单价。

(资料来源:菲利普·科特勒. 营销管理——分析、计划和控制[M].梅汝和,等译.上海:上海人民出版社,1990.)

以此类推,如果需求影响因素中包括更详细的附加变量或者其他有意义因素时,通过调整比例、平均量、平均价格等值的假设,可以推算市场潜在销量。

⊡>阅读材料

日用消费品的市场估计

对于每天使用量不是很多的日用消费品,估计市场规模的步骤如下:

1. 估计每一种包装规格的市场规模,下面三项资料对计算市场规模很有用。

(1) 该包装规格使用者所占的比例;

(2) 该包装规格的每一件产品能用多少天;

(3) 上次购买该包装规格的产品的平均价格。

某包装规格的年市场规模(销售量)=目标市场人口数×该包装规格使用者的比例×(365天/每件包装规格产品所用的天数);

某包装规格的年市场规模(销售额)=该包装规格的年市场规模(销售量)×上次购买该包装规格的平均价格。

2. 估计全部产品的市场规模:

年总市场规模(销售额)=所有包装规格的年市场规模(销售额)之和。

上述总市场规模也表示所有品牌销售金额之和,所以从这个数字可以估计每一新品牌或现有品牌的销售机会。

2. 地区市场潜量

企业在测量市场潜量后,为选择拟进入的最佳区域、合理分配营销资源,还需要测量各地区的市场潜量,主要有两种方法:市场累加法和多因素指数法。前者多为工业品生产企业采用,后者多为消费品生产企业采用。

(1)市场累加法

先识别某一地区市场的所有潜在顾客并估计每个潜在顾客的购买量,然后计算得出地区市场潜量。如果公司能列出潜在买主,并能准确估计每个买主将要购买的数量,则此法无疑是简单而又准确的。问题是使用该方法获得所需要的资料难度很大,花费也较高。目前我们可以利用的资料,主要有全国或地方的各类统计资料、行业年鉴、工商企业名录等。

（2）多因素指数法

消费品市场上由于顾客很多,现实中影响需求的因素甚多,且各因素影响程度不同,不可能采用市场累加法,因而通常采用多因素指数法。多因素指数法由美国《销售与市场营销管理》杂志提出,借助与区域购买力有关的各种指数以估算其市场潜量,公式（7.2）。

$$B_i = 0.5y_i + 0.3r_i + 0.2p_i \qquad (7.2)$$

式中,B_i 为 i 地区的购买力占全国总购买力的百分比;y_i 为 i 地区个人可支配收入占全国的百分比;r_i 为 i 地区零售额占全国的百分比;p_i 为 i 地区人口占全国的百分比;0.5,0.3,0.2 是三个因素的权数,表明该因素对购买力的影响程度。

上述公式用以反映许多既非高档奢侈品,也非低档品的消费品的地区市场潜量,是相对的行业机会。若产品不同,权数也应有所调整。如需精确的测量,还应考虑季节性波动、市场特点等因素。

3. 行业销售额

为识别竞争对手及其销售额,同时正确估量自己的市场地位,企业有必要了解全行业的销售额和本企业的市场占有率状况。

企业一般是通过国家统计部门、新闻媒介、行业主管部门或行业协会公布的数据,了解全行业的销售额。通过对比分析,计算本企业的市场占有率,还可将企业的市场占有率与主要竞争对手进行比较,以计算相对市场占有率。每个企业可以利用这些数据评估自己的行业地位,如企业的年销售增长率是 6%,而行业销售增长率为 10%,则说明企业正在丧失行业中相应的地位。

4. 企业需求

企业需求是企业在特定的时期内在不同的营销努力下所估计的市场需求份额,即在市场需求总量中企业所占的份额,以公式表示为:

$$Q_i = S_i \times Q \qquad (7.3)$$

式中,Q_i 为 i 公司的需求;S_i 为 i 公司的市场占有率;Q 为市场需求,即市场总需求。

企业的市场需求取决于市场内同行竞争者对需求的供应程度,如竞争者数目、产量和销售额等。

公司销售预测,是与企业选定的营销计划和假定的营销环境相对应的销售额,即预期的企业销售水平。这里,销售预测不是为确定营销计划或营销努力水平提供基础,而是既定的营销费用计划产生的结果,即图 7.8（A）中的 Q_F。

　　与销售预测相关的还有两个概念：一个是销售定额，即公司为产品线、事业部和推销员确定的销售目标，是一种规范和激励销售队伍的管理手段，分配的销售定额之和一般应略高于销售预测。另一个是销售预算，主要是为当前采购、生产和现金流量做决策。销售预算一般略低于销售预测，以避免过高的风险。

　　企业潜量即公司销售潜量，指与竞争者相比，公司的营销努力增大时企业需求所达到的销售极限。当公司的市场占有率为100％时，企业潜量也就是市场潜量，但这只是少见的极端情况。

第三节　需求预测

　　科学的营销决策不仅要以市场营销调研为出发点，而且要以市场需求预测为依据。预测就是用已知推断未知，用现在推断未来。市场预测就是用已知的经验和所掌握的资料，利用科学的方法来推断未来市场的容量和变化趋势等，来为决策提供支持。在市场经济的竞争越来越激励的情况下，市场预测可以更好地发现市场机会，更好地规避市场风险。从而减少决策的盲目性和失误。

一、市场需求预测方法

　　市场需求预测是在营销调研的基础上，运用科学的理论和方法，对未来一定时期的市场需求量及影响需求的诸多因素进行分析研究，估计未来一定时间内产品需求量和金额，寻找市场需求发展变化的规律，提供未来市场需求的预测性信息。

　　需求预测的目的在于通过充分利用现在和过去的历史数据、考虑未来各种影响因素，结合本企业的实际情况，提出切合实际的需求目标，为具体的营销活动提供指导性意见。

　　由于产品种类不同，因而有许多不同的预测方法。但实际上预测的信息基础只有三种。

　　（1）人们所说的。指购买者及其亲友、推销人员、企业以外的专家的意见。在此基础上的预测方法有：购买者意向调查法；销售人员综合意见法；专家意见法。

　　（2）人们要做的。建立在此基础上的预测方法是市场试验法，即把产品投入市场进行试验，观察销售情况及消费者对产品的反应。

（3）人们已做的。建立在此基础上的方法是用数理统计等工具分析反映过去销售情况和购买行为的数据,有两种方法:时间序列分析法;统计需求分析法。

总体上,市场需求预测的方法主要可以分成定性预测方法和定量的预测方法,详见表7.5。

表 7.5　定性预测法与定量预测法比较

	定性预测法	定量预测法
核心区别	不依托数学模拟模型	依托数学模拟模型
依据	预测人员经验、信息和综合判断能力	客观数据,完整的资料
要求	对资料的完整性要求不高 对行业经验的要求较高	对资料和数据的完整性要求较高 对数据处理能力要求较高
难度	相对较小,应用很广	相对较大,探索性很强
优点	注重事物发展在性质方面的预测,具有较大的灵活性,易于发挥人的主观能动作用,简单迅速,省时省费用	重视预测对象的变化程度并从数量上的准确描述,受主观因素的影响较少,可利用现代化的计算方法
缺点	主观性比较强,对事物发展作数量上的精确描述	应用性受到模型假设条件的限制,不易掌握,对信息资料质量要求较高
常用方法	类推法、生命周期法、市场因素推算法 专家意见综合法(德尔菲法)	回归分析 时间序列分析

企业从事销售预测一般经过三个阶段,即环境预测、行业预测和企业销售预测。环境预测就是分析通货膨胀、失业、利率、消费者支出和储蓄、企业投资、政府开支、净出口以及其他一些重要因素,最后对国民经济发展做出预测。以环境预测为基础,结合具体的行业特征及影响因素进行行业销售预测。最后,根据对企业未来市场占有率的估计,预测本企业的销售额。

二、定性预测方法

定性预测是指不依托数学模型的预测方法。这种方法在社会经济生活中有广泛的应用,特别是在预测对象的影响因素难以分清主次,或其主要因素难以用数学表达式模拟时,预测者可以凭借自己的业务知识、经验和综合分析的能力,运用已掌握的历史资料和直观材料,对事物发展的趋势、方向和重大转折点做出估计与推测。定性预测的主要方法有领先指标法、专家预测法、销售人员意见综合预测法和购买意向调查预测法等。

1. 领先指标法

(1)领先指标

社会各种经济现象之间的内在联系是十分紧密的,表现在经济指标上,则反映为时间序列上的先后关系。例如,原材料价格的变动,先于制成品价格的变动;教育事业的发展,先于科学技术的发展等。

在变化时间上早于预测对象的变量称为领先指标(或先行指标);变化时间与预测对象完全同步的变量被称为同步指标(或同行指标);变化时间上迟于预测对象的变量被称为滞后指标(或后行指标)。

基本建设的投资,是机械产品、钢材、木材、水泥等建筑材料需求量的先行指标。根据国家公布的基本建设投资规划,可以预测一段时间后这些生产资料的需求情况。人口增长和人均收入的变化是生活资料需求量的先行指标。根据国家的人口规划和提高人民收入水平的计划,可以预测一定时期之后某些消费品的需求量。

领先指标预测法的基本思想是,因为变量之间有着直接的关系,可以设想通过某些经济变量的变化趋势来预测另一些经济变量的变化趋势。

(2)领先指标法预测步骤

①根据预测的目标和要求找出相关联的领先指标。例如,预测化工产品的价格变动,可把石油价格变动作为领先指标。②画出领先指标、同步指标、滞后指标的时间序列图。③进行预测。

(3)应用领先指标法的条件

指标之间的关系是根据以往的经验和历史数据来确立的,国家的某些政策很可能已改变了指标之间以往的伴随关系,领先指标与预测对象之间的提前时间也不一定是常数。认真分析这些情况,确认指标之间的伴随关系到现在是否仍然存在、间隔时间有什么变化,是应用领先指标法进行预测的必要条件,也是减少预测风险的要求。

2.专家预测法

根据专家的经验和判断以求得预测值,其具体形式有三种:个人判断法、集体判断法和德尔菲法。

(1)个人判断法

个人判断法是由每位专家单独提出预测意见,再由项目负责人员综合专家意见得出结论的预测方法。这种方法依赖于专家的专业知识和特殊才能,其优点是能利用专家个人的创造能力,不受外界影响,简单易行,费用也不多。但是容易受专家的知识面、知识深度、信息量以及兴趣等影响,结论难免带有片面性。

专家的个人意见也容易忽略或贬低其他相关学科的研究成果,因此,这种方法最好与其他方法结合使用。

(2)集体判断法

召集专家集体讨论,互相交换意见,取长补短,发挥集体智慧,做出预测。这种方法将专家个人的见解综合起来,寻求较为一致的结论的预测方法。由于参加的人数多,所拥有的信息量远远大于个人拥有的信息量,因而能凝集众多专家的智慧,避免个人判断法的不足,在一些重大问题的预测方面较为可行可信。但是,集体判断的参与人员也可能受到感情、个性、时间及利益等因素的影响,不能充分或真实地表明自己的判断。

因此,会议主持人要尊重每一位与会者,鼓励各抒己见,积极发言,并保持谦虚恭敬的态度,尊重任何意见。同时还要掌握好会议时间和节奏,既不能拖得太长,也不要草草收场等。

(3)德尔菲法

德尔菲(Delphi)是古希腊神话中的地名,城中有阿波罗神殿,可预卜未来。美国兰德公司在20世纪40年代末制定此法,用系统的程序,采取不署名和反复进行的方式,先组成专家组,将调查提纲及背景资料提交专家,轮番征询专家意见后再汇总预测结果。该方法的特点是专家互不见面,可避免相互影响,且反复征询、归纳、修改,有时要经过四五轮,意见才能趋于一致,其结论比较切合实际。

德尔菲法是为避免集体判断法的不足而采用的预测方法,在国外颇为流行。德尔菲法进行市场预测的步骤包括:

①做好准备。拟定专家名单,准备好已搜集到的有关资料,并提出问题(问题要提得明确)。

②请专家初步判断。成立专家小组,将书面问题及相关资料寄发各专家,请他们在互不知情的情况下,对所咨询的问题做出自己的初次书面分析判断,在规定期限内寄回。

③请专家修改意见并再次判断。对专家寄回的第一次书面分析判断意见进行汇总,归纳成几种不同意见,并配以文字说明和评论,再次以书面形式寄发给各专家,请他们比较自己与别人的不同意见,斟酌和判断是否需要修改第一次的意见,给出第二次意见和结论,按期寄回。如此反复修改多次,直到各专家对自己的判断意见比较固定,不再修改时为止。经过多次反馈,预测结果逐渐趋于统一。

德尔菲法具有匿名性、反馈性和统计性的特点,集合了个人判断法和集体判断法的优点,在定性预测中是较为科学的预测方法,但也存在耗时长,成本高,投入大的不足。

3. 购买意向调查预测法

购买意向预测法是以问卷形式征询潜在的购买者未来的购买量,由此预测出市场未来的需求。即通过直接询问购买者的购买意向和意见,据以判断销售量。如果购买者的购买意向是明确清晰的,这种意向会转化为购买行为,并且愿意向调研人员透露,这种预测法特别有效。但是,潜在购买者数量很多,难以逐个调查,故此法多用于工业用品和耐用消费品,如表 7.6 所示。

表 7.6　购买意向概率调查表

问　　题	今后六个月中你有购买住房的打算吗?					
购买概率	0.00	0.20	0.40	0.60	0.80	1.00
购买意向	没有可能	不太可能	有可能	很有可能	非常可能	要买

由于购买者意向会随着时间转移,故购买意向预测法适宜做短期预测。调查购买者意向的具体方法比较多,如直接访问、电话调查、邮寄调查、组织消费者座谈会等。

由于市场需求是由未来的购买者实现的,因此如果在征询中潜在的购买者如实反映购买意向的话,那么据此做出的市场需求预测将是相当有价值的。在应用这一方法时,对生产资料和耐用消费品的预测较非耐用品精确,这是因为对非耐用消费品的购买意向容易受到多种因素的影响而发生变化。

4. 销售人员意见综合预测法

通过听取销售人员的意见预测市场需求,销售人员包括基层企业的营业员、推销员及有关业务人员。销售人员最接近市场,比较了解顾客和竞争者的动向,熟悉所管辖地区的情况,能考虑到各种非定量因素的作用,可以较快地做出反应。由于销售人员中没有受过预测技术教育的居多,往往因所处地位的局限性,对经济形势和企业营销总体规划不够了解,可能存在过于乐观或过于悲观的估计。但在销售人员较多时,过高或过低的期望值可互相抵消,从而使预测结果趋向合理。这一方法的主要优点是比较简捷,无须复杂的计算;缺点是容易受个人认识水平等主观因素影响。

三、定量预测方法

定量预测是使用历史数据或因素变量来预测需求的数学模型,是根据已掌握的比较完备的历史统计数据,运用一定的数学方法进行科学的加工整理,借以揭示有关变量之间的规律性联系,用于预测和推测未来发展变化情况的一类预测方法。主要特点是利用统计资料和数学模型来进行预测。

1. 时间序列预测法

时间序列预测法是一种历史资料延伸预测,也称历史引申预测法,是以时间数列所能反映的社会经济现象的发展过程和规律性,进行引申外推,预测其发展趋势的方法。在市场预测中,把需求量作为时间的函数,假定未来预测期内影响需求的各种因素不变的情况下,将时间序列按照分析得出的数量关系进行延伸,即或获利预测期的预测值。

时间序列预测的具体方法包括简单平均法、移动平均法、指数平滑法和季节指数法等。

时间序列预测法在分析现在、过去、未来的联系时,或未来的结果与过去、现在的各种因素之间的关系时,效果比较好。数据处理时,并不十分复杂。但时间序列法只突出时间因素而不考虑外界其他因素影响,当遇到外界发生较大变化,往往会有较大偏差,时间序列预测法对于中短期预测的效果要比长期预测的效果好。

2. 相关分析预测法

回归分析预测法,是在分析市场现象自变量和因变量之间相关关系的基础上,建立变量之间的回归方程,并将回归方程作为预测模型,根据自变量在预测期的数量变化来预测因变量。回归分析预测法是一种具体的、行之有效的、实用价值很高的常用市场预测方法。

回归分析预测法有多种类型。依据相关关系中自变量的个数不同分类,可分为一元回归分析预测法和多元回归分析预测法。依据自变量和因变量之间的相关关系不同,可分为线性回归预测和非线性回归预测。

回归分析预测法比较容易理解,运用也就比较广泛,预测结果也就会比较令人满意的。当然实际情况却常常是千变万化的,有时偶然因素的影响也会超过必然,这时预测结果也就不能很如意,这就要求在预测工作中不能机械,要会灵活运用,要注意了解会影响预测结果的偶然情况,以便对预测结果进行适当修正,这样才能使预测结果更接近实际。

进行定量预测,通常需要积累历史统计数据,掌握数理统计工具和数理统计方法,具体的预测方法的介绍可以参阅有关数理统计的专业书籍。当然,定量预测并不意味着定量方法完全排除主观因素,相反主观判断在定量方法中仍起着重要的作用。

四、大数据时代的市场研究方法

大数据时代新的市场研究方法使"无干扰"真实还原消费过程成为可能,智能化的信息处理技术使低成本、大样本的定量调研成为现实,这将推动消费行为及消费心理研究达到一个新的高度,帮助快速消费品企业更为精准地捕捉商机。

1. 互联网市场调研提高了效率,降低了成本

网络调研具有传统调研方法无可比拟的便捷性和经济性。快速消费品企业在其门户网站建立市场调研板块,再将新产品邮寄给消费者,消费者试用后只要在网站上点击即可轻松完成问卷填写,其便利性大大降低了市场调研的人力和物力投入,也使得消费者更乐于参与市场调研。同时,网络调研的互动性使得企业在新产品尚处于概念阶段即可利用3D拟真技术进行产品测试,通过与消费者互动,让消费者直接参与产品研发,从而更好地满足市场需求。

⤷**阅读材料**

以色列开发出网上市场调查新技术

以色列 1st2c 网络技术公司开发出一种网上市场调查新技术,利用该技术可获取博客等网络平台上发表的长达 32 页的文字内容,而不仅仅是浏览文章标题,这是一般搜索引擎无法比拟的。

传统的市场调查由于受规模和形式的限制,在信息获取上有一定局限。网上市场调查技术,不仅可以对从网上论坛、博客、留言板、聊天室、新闻组和网络视频等获取的大量数据进行归类、分析,最终提炼出对客户有较强参考价值的有用信息,而且还可以通过文字和说话者的语气来判断消费者的情绪,这对了解他们的真实想法十分有益。

研究人员表示,通常人们在问卷调查中回答问题总是有所保留,但在网上交流则更加真实、自然,这就使网上调查结果更接近现实。通过网上市场调查,不仅可以回答客户提出的许多问题,还可发现许多新的商机。这方面研究的关键,是发现人们尚未知道而且从其他渠道也难以知道的事情。为此,他们不仅对数据进行分析,同时也试图找出这些信息的含义、所反映的热点,以及下一步应采取的措施等,以便更好地满足客户的需求。

(资料来源:郑晓春.以色列开发出网上市场调查新技术[EB/OL].科技日报,2007-08-19.)

2. 挖掘网络社交平台信息成为研究消费态度及心理的新手段

脸谱、QQ、微博等社交平台已日渐成为新生代消费群体不可或缺的社交工

具,快速消费品的消费者往往有着极高的从众性,因此针对社交平台的信息挖掘成为研究消费潮流趋势的新手段。例如,通过微博评论可以统计分析消费者对某种功能型产品的兴趣及偏好,这对研究消费态度及心理有非常大的帮助。更重要的是,这类信息属于消费者主动披露,与访谈形式的被动挖掘相比信息的真实性更高。

3. 移动终端提供了实时、动态的消费者信息

随着3G网络及智能手机普及,市场研究已渗透到移动终端领域。大量的手机APP应用(例如二维码扫描等)为实时采集消费信息提供了可能性,移动终端的信息分析在购买时点、产品渗透率及回购率、奖励促销效果评估等方面将发挥不可估量的作用。

⯈前沿知识

大数据背景下的调查新技术-TCS

基于二维码的自主研发调查系统(简称TCS),已申请国家知识产权专利,受访者可通过随身携带的手机或Pad等移动终端,扫描二维码进行问卷回答。

二维码调查系统的推出,对样本而言,容易参与、主动性强、回答更方便。对调查企业而言,样本更加丰富,时效性更强,调研成本大大降低。

二维码调查系统应用于开放式和定向式调查两种:

开放式调查问卷基于广告、会议、热点新闻事件而设计,所承载的问卷为同一个二维码置于开放的场合,有天然大量的人群接触观看到。当受访者看到二维码及相应的提示后,可用手机或Pad等移动终端设备扫描二维码进入问卷调查系统参与调查,节省了受访者登录公司网页,注册成为会员步骤,可以方便的参与调查,同时不受时间和地点的限制。适用于社区民情调查、读者满意度调查、展会效果评估调查等行业。

定向式调查问卷基于研究对某个特定人、产品的评价而设计,如:医生、服务员、包装食品等,所承载的问卷为不同的二维码,与被评价对象一一对应,受访者接触到所含二维码的载体后,可用手机或Pad等移动终端设备扫描二维码进入问卷调查系统参与评价反馈。适用于医院服务满意度调查、银行服务满意度调查和产品留置使用调查等行业。

(资料来源:大数据背景下的调查新技术-TCS〔EB/OL〕.北京益派市场咨询有限公司,2015-01-25.)

4. 零售终端信息采集系统帮助企业了解市场

目前,PC-POS 系统在零售终端得到了广泛的应用,只要扫描商品条形码,消费者购买的商品名称、规格、购进价、零售价、购买地点等信息就可以轻松采集。通过构建完整的零售终端信息采集系统,快速消费品企业可以掌握商业渠道的动态信息,适时调整营销策略。

传统的市场研究包括定性研究及定量研究,以座谈会为主的定性研究受制于主持人的访谈技巧,以街头拦截访问为主的定量研究虽然以严谨的抽样理论为基础,但同样不能完全代表总体的客观情况。而大数据时代革命性的调研方法为市场研究人员提供了以"隐形人"身份观察消费者的可能性,超大样本量的统计分析使得研究成果更接近市场的真实状态。

5. 智能化信息采集、储存及分析

(1)超大容量的数据仓库

数据仓库具有容量大、主题明确、高度集成、相对稳定、反映历史变化等特点,可以有效地支撑快速消费品企业进行大数据研究与应用。数据仓库可以更有效地挖掘数据资源,并可以按照日、周、月、季、年等周期提供分析报表,有助于营销人员更有效地制定营销战略。

(2)专业、高效的搜索引擎

旅游搜索、博客搜索、购物搜索、在线黄页搜索等专业搜索引擎已经得到了广泛应用,快速消费品企业可以根据自己的特点构建专业化的搜索引擎,对相关的企业信息、产品信息、消费者评价信息、商业服务信息等数据进行智能化检索、分类及搜集,形成高度专业化、综合性的商业搜索引擎。

(3)基于云计算的数学分析模型

市场研究的关键是洞察消费者需求,基于云计算的数学分析模型可以将碎片化信息还原为完整的消费过程信息链条,更好地帮助营销人员研究消费行为及消费心理。这些碎片化的信息包括消费者在不同时间、不同地点、不同网络应用上发布的消费价值观信息、购买信息、商品评论信息等。基于云计算的智能化分析,一方面可以帮助市场研究人员对消费行为及消费心理进行综合分析;另一方云计算成本低、效率高的特点非常适合快速消费品企业数据量庞大的特性。

⊳ 阅读材料

互联网的新金矿:个人隐私

打开电脑,登录 MSN、QQ,浏览喜欢的网站,在论坛上参与某个新鲜话题的

讨论……

你或许已经习惯了这样的生活，但是你一定不会想到：就在你每次敲击键盘、点击鼠标的瞬间，在网络的另一端，有一双双巨大的"眼睛"在注视着你。对于他们来说，你在互联网上的每次行为，正在积聚成一笔大大的财富。

研究发现，监测互联网用户早已成为互联网上成长速度最快的生意之一，与此同时，消费者追踪行为的广度和侵入程度早已远远超出了人们的认知。

研究发现，全美最大的 50 家网站在每个访问者的电脑上平均安装了 64 种追踪技术，而且通常都不给任何提示；约有十多家网站安装的追踪技术甚至超过上百种。值得一提的是，非营利机构维基百科没有安装任何一种追踪技术。

追踪技术正在变得越来越巧妙，越来越具有侵略性。在过去，对消费者的监测行为一般都局限在记录用户访问网站情况的 Cookie 之中，但《华尔街日报》发现，新的监测工具会实时扫描人们的在线操作，然后立即对其所在地、收入、购物兴趣，甚至健康状况等信息进行评估。一些工具甚至可以在用户试图删除它们时悄悄地自我复制。

这些用户的个人资料处于持续更新状态，在各种类似股市的交易所里进行买卖。这些市场在过去 18 个月中如雨后春笋般涌现出来。

应该说，新的互联网用户习惯追踪技术的突破性发展改变了网络经济的面貌。广告客户原先购买特定网页上的特定广告位置，而今，广告客户心甘情愿多付出一点钱，购买消费者的网络行为数据。在广告商的需求刺激下，包括追踪公司、数据中间商和广告投放者网络等中间机构如雨后春笋般出现在互联网用户和广告投放者之间。他们彼此竞争，以满足企业对消费者行为和偏好日益增长的数据需求。

网络用户隐私成为整个行业新的金矿，引得无数公司趋之若鹜。然而，对于广大在互联网上"生活"的网民而言，可能不是一个振奋人心的消息。

（资料来源：王琛元. 互联网的新金矿：个人隐私［EB/OL］. 商业价值，2010-09-25.）

本章小结

市场需求的调查和测量是所有营销活动的起点。企业的营销信息系统包括内部报告、营销情报系统、营销调研系统和营销决策系统四个组成部分，为企业决策提升了有力的支撑。根据调研的目的不同，市场调研可以分为探测性调研、描述性调研、因果性调研和预测性调研四种类型。营销调研是用科学的手段、有目的、有计划地收集、整理和分析有关营销的信息，包括一手资料和二手资料的收集。一手资料的收集方法主要有观察法、实验法和调查法。本章主要介绍调查法的基本运用。

需求是有购买力的人群构成，市场需求分不同层次，主要包括有效市场、合格的有效市场、目标市场和渗透市场，市场需求的测量包括对市场总需求量和市场潜量、地区市场潜量以及行业销售额和市场占有率的分析，还包括企业销售预测。

市场需求的预测通常包括定性的预测方法和定量的预测方法。定性的预测方法主要有指标法、专家预测法、销售人员意见综合法和购买意向预测法。定量的预测方法主要是借助统计学的技术来进行，包括时间序列预测法和回归分析预测法两大类。在大数据时代，市场调研的方法和内容有了新的进展和发展趋势，包括互联网调研、网络社交平台信息、移动终端、智能化信息处理等方面。

复习与讨论题

1. 企业的营销信息系统有哪些组成部分？有何功能？
2. 按照调查目的不同，市场调查可以分为哪几类？
3. 一手资料和二手资料哪个更重要？
4. 市场调研的步骤包括哪几个阶段？
5. 一份有效的营销调研应明确哪些问题？
6. 市场需求可以分为哪几个层次？
7. 如何运用多因素指数法预测老年手机的市场容量？
8. 为什么说德尔菲法是比较科学合理的方法？
9. 市场营销预测有哪些定量测量方法？
10. 大数据时代的市场调研有什么新的趋向？

实训题

1. 以小组为单位，为某品牌方便面的市场推广进行市场调查，要求明确调查对象，调查的目的和意义，选择恰当的调查方法、调查工具和抽样计划，运用正确地操作步骤，设计一份调查问卷，撰写一份规范的调研报告。

2. 以小组为单位，利用网络平台收集数据，对 Pad 类产品的市场需求进行预测，参照市场调研报告的格式详细说明市场规模和未来的消费趋势，包括调查的范围，数据收集的方法，预测的方法以及预测结论等内容。

▭⇨ 案例分析

宝洁公司进行市场调研的实例

一、宝洁公司简介

宝洁公司始创于 1837 年,是世界最大的日用消费品公司之一。在日用化学品市场上知名度相当高,宝洁这家拥有 170 年历史的企业从未放弃对产品的更新开发。利用一套完备的"监视"网络,公司将每个地方的销售情况都详细地掌握在手中。宝洁在全世界还拥有 7500 名科研人员,它旗下的香料师也明显多于其他同类企业。每年该公司都投入大约 20 亿美元用于实验室研究,在市场营销方面的投入则超过 40 亿美元

每年花一天时间与一位消费者亲身接触已经成为宝洁公司员工的义务。有些员工还被委派到某家商店,从店主开门营业的第一刻开始全程观察,看店员如何与顾客交流,顾客都购买什么商品等。

这样做的目的是要发掘消费者未表达出的和未被满足的需求。每年,宝洁在全球的分支企业都要呈递一份报告,列出消费者最希望满足的 10 项需求、例如,发明一种抗潮湿的卫生纸或者一种可用于冷水洗涤的洗涤剂。这份报告会转化为技术问题被公布在科研人员的系统网络中,以便创造新产品。

宝洁公司根据收集来的资料最后选定广州抢滩登陆,选取广州作为最先的目标市场,将其在中国内地市场的总部设在广州,然后逐渐地向沿海地区(上海等地)扩展,先是以高价位、高品质的形象进入中国市场,目标市场锁定为青年消费群体,宝洁强调:不仅要在不同的国家销售产品,还要根据不同国家消费者的需要研制开发出新产品。

二、收集原始资料和二手资料

宝洁公司收集的资料包括原始资料和二手资料。原始资料是为了解决本调研中特定问题而收集的资料。这类资料可以通过调查、实验、观察和模拟来收集。包括定量访问法、观察法、定性研究法和实验设计。

在将要调研的问题界定以后,就要查阅二手资料来源。二手资料是为了解决其他问题而已经收集来的资料。二手资料包括内部资料(企业的有关记录)和外部资料(政府的报告、行业协会的书面材料)。

三、数据整理与分析

实地调查结束后,即进入调查资料的整理和分析阶段,宝洁公司将收集好已填写的调查表后,由调查人员对调查表进行逐份检查,剔除不合格的调查表,然

后将合格调查表统一编号。调查数据的统计可利用 Excel 电子表格软件完成;将调查数据输入计算机后,经 Excel 软件运行后,即可获得已列成表格的大量的统计数据,利用上述统计结果,就可以按照调查目的的要求,针对调查内容进行全面的分析工作。

通过收集资料和对 15～70 岁年龄的广州市消费者的市场调查,宝洁公司获得广州市洗发水市场中的 15～70 岁年龄消费者数据如下:

广州市总人口数:1200 万。

广州市 18～70 岁人口比例:67.4%。

广州市被调查对象中使用海飞丝洗发水的样本比例为 23.45%。

广州市被调查对象中使用海飞丝洗发水的样本的人均平均使用量为 560ml/年。

四、销售预测分析

宝洁拟开发投产一种新产品。为了摸清该产品的市场销路如何,他们采用了"德尔菲"法对其产品销量进行了判断预测。其大致过程如下:

第一,他们成立了预测领导班子,选择了包括产品设计专家、技术人员、推销人员、销售对象典型代表以及上级主管计划部门等在内的 11 名专家或行家作为调查征询对象。

第二,预测领导小组将该产品的特点、用途、样品及相似种类产品的销售情况等分别单独向他们提供资料并作了介绍,随之发给他们调查意见表,请每个人都反映出自己的意见并作出个人的判断预测。

第三,将上述意见和判断预测结果汇总整理,用不记名的方式分类说明个人的意见及理由,返还给各位专家,请他们进一步地修正判断预测。如此反馈三次,其结果如表 7.7 所示。

第四,根据三次反馈得到的结果,由预测领导小组进行集中处理,作出最后预测。

表 7.7　销售预测表　　　　　　　　　　　　　　　　　　（单位:吨）

专家	第一次判断销售量			第二次判断销售量			第三次判断销售量		
	最低	最可能	高	最低	最可能	高	最低	最可能	高
A	20	25	30	21	24	29	21	26	30
B	18	24	31	19	25	32	19	23	28
C	21	26	28	20	26	27	17	26	30

续表

专家	第一次判断销售量			第二次判断销售量			第三次判断销售量		
	最低	最可能	高	最低	最可能	高	最低	最可能	高
D	19	26	29	18	24	30	20	25	30
E	17	23	27	16	24	28	21	24	31
F	20	26	31	21	25	30	19	26	28

五、撰写调研报告

撰写调查报告是市场调查的最后一项工作内容,市场调查工作的成果将体现在最后的调查报告中,调查报告将提交企业决策者,作为企业制定市场营销策略的依据。市场调查报告要按规范的格式撰写,一个完整的市场调查报告格式由题目、目录、概要、正文、结论和建议、附件等组成。

[案例思考]

1. 分析宝洁公司所采取的市场调查的步骤。
2. 计算宝洁"海飞丝"洗发水在广州市场的容量。
3. 分析所用的德尔菲法的优缺点。

延伸阅读

[1] 小卡尔·麦克丹尼尔,罗杰·盖茨. 当代市场调研(第8版)[M].李桂华等,译. 北京:机械工业出版社,2012.

[2] 阿尔文·C.伯恩斯,罗纳德·F.布什.营销调研(第6版)[M].于洪彦,金钰,译. 北京:中国人民大学出版社,2011.

参考文献

[1] 菲利普·科特勒,凯文·莱恩·凯勒. 营销管理(第13版·中国版)[M]. 卢泰宏,高辉,译. 北京:中国人民大学出版社,2009.

[2]吴健安.市场营销学(第3版)[M]. 北京:高等教育出版社,2007.

[3]景奉杰,曾伏娥.市场营销调研[M]. 北京:高等教育出版社,2012.

[4]石井荣造. 市场调研[M].陈晶晶,译. 北京:科学出版社,2006.

[5]菲利普·科特勒. 营销管理——分析、计划和控制[M].梅汝和,等译.上海:上海人民出版社,1990.

[6]娟子.大数据时代的市场研究方法[EB/OL]. 机房360,2013-10-28.

第八章

市场筛选与定位 ▷ ▷ ▷ ▷

⇨【知识目标】

    理解市场细分、目标市场和市场定位的含义以及三者之间的关系,掌握市场细分的变量、方法以及评价标准,理解目标市场选择和目标市场战略的选择,掌握市场定位的步骤和方法,了解差异化战略。

⇨【技能目标】

    能够运用市场细分的变量和方法对某一现实市场进行细分,根据行业竞争情况进行目标市场的具体选择,并设计其市场定位。

⇨【导入案例】

"女性酒店"初露尖角　市场细分深化发展

    很多女性在外住酒店时都会遇到一系列问题,比如安全、隔音效果、卫生状况、没有针对女性的贴身需求考虑……这些引发了人们对酒店业的再次聚焦和众多消费者的共鸣。近日,国内首个女性视角连锁酒店品牌"Xana hotelle"希岸酒店发布,开启了中国酒店业的新女性运动。

什么是女性视角酒店?

    几年前,迪拜帆船酒店是中东首家推出女性专用楼层的酒店。该楼层专为追求完善设备、豪华设施及个人空间的行政女士而设。全层均聘用女性服务人员,套房内有瑜伽设施、化妆品专柜及专为女性设计的各式饰品。

    Xana hotelle 的品牌创始人陆斯云说,并不是女性专属男性免进的概念,酒

店是从女人的需求去打造一系列的配套，而并不介意男人入住。

首创女性视角，洞察市场需求

Xana hotelle 的品牌含义：elle，源自法语中的"她"：E-Elegant 优雅自信、L-Liverty 独立、L-Love 爱自己、E-Enjoy 享受自我。与 hotel 有机融合在一起，创造性地生成了女性视角连锁酒店品类的涵义。Xana 源自于英文"Xanadu"，寓意致力实现热爱生活的人们心中的期许，用优雅、精致、舒适气息感染每一位住客，让人们在 Xana hotelle 的体贴呵护中享受小小的幸福感。

Xana hotelle 的核心客群定位于当今时代的新女性，她们有着相似的特征——外貌年轻，内心成熟，装扮时尚，谈吐优雅，独具品味，注重细节，对富有质感和价值感的事物情有独钟，并且越来越渴望受到关注、得到呵护甚至获得宠爱——当然，这些不仅仅来自于异性，更是独立女性在生活方式中的更高追求。因此，无论是商务出行还是私人度假，能够扮演全能"管家"、提供独特的体验与贴心照料的酒店便成为这些女性的不二选择。

独特主张："享受我的小幸感"

Xana hotelle 希岸酒店，主张女性"享受小幸感"：开完一天的会，给自己奖励一份甜点，是小幸感；舟车劳顿之后洗一个暖暖的热水澡，是小幸感；换上棉睡裙，躺在柔软的床上被包围起来，是小幸感；能够在一个私密的空间独自思考享受"Me Time"，是小幸感；出差在外还不忘换个指甲换个心情，是小幸感……对此，Xana hotelle 也会用无数的细节打造一个贴心、细腻、呵护女性的专属空间，让她们出门在外，却未曾远离幸福的源头，并在点滴之中，尽情享受自我，感受到令自己惊喜的小小幸感，这是 Xana hotelle 区别于传统酒店的独特标签。

消费者导向，互联网思维

与一般酒店的建造过程不同，Xana hotelle 运用了当下流行的互联网思维，团队通过微博、微信等新媒体平台，征集新酒店的品牌名，召集有创意的想法，鼓励女性提出自己对酒店从产品到服务的各项建议，因为预订酒店的决策有 49％是在女性手中，且随着女性在职场中的发展提升以及其在家庭中的作用，预计未来数年内，酒店客源中女性比例会大幅提升。

以退为进，蓝海市场

遍观酒店市场，基本都是以功能性划分，比如商务型，度假型等，市场份额各有千秋。女性市场的价值潜力巨大，蕴含巨大商机——酒店客房可以成为最好的产品展示和体验载体，把女性关注的健康、休闲、美容类产品信息都融入其中，与线上联动，打造一个女性产品相关的大 O2O 平台。重视魔鬼细节的女性视角酒店，也引起了许多重视生活质感的男士的兴趣。此外，投资人亦对这个独特的市场表现出信心与支持。同时集团还孵化了四五个甚至更多的中端品牌，细化酒店市场，以满足不同客人的需求。

成为国内女性视角酒店第一品牌，这只是 Xana hotelle 的第一步，虽然国内女性酒店消费市场的引导和细分还处于萌芽阶段，但随着品牌的进一步发展，由 Xana hotelle 所引领的以酒店为平台搭建女性相关产品生态圈平台和社区将成为未来连锁酒店的方向与趋势，是团队更为长远的追求。

（资料来源：Doris. 国内首个女性视角酒店品牌发布［N］. 东方早报，2014-8-11. 洪涌. 国内首个女性视角连锁酒店 Xana hotelle［EB/OL］. 瑞丽网，2014-07-23.）

营销启示

日益激烈的市场竞争迫使企业对目标市场和市场定位需要更加精细的筛选。希岸酒店的运作，无疑在市场细分、目标市场的选择以及市场定位、独特的价值主张上做足了功课，给人耳目一新的感觉，在成熟的酒店行业开拓出一片清新的蓝海，自然在女性酒店的品类上成为第一品牌，超越竞争显然已经领先一步。

企业开展营销活动前，首先要明白把产品提供给谁，即通过市场筛选明确自己的目标市场。然后明确自己的优势，即产品定位。菲利普·科特勒在《营销管理》中指出："现代战略营销的中心，可定义市场营销就是市场细分、目标市场和市场定位。"现代企业战略营销的核心是 STP 战略——市场细分（Segmenting）、目标市场的选择（Targeting）、市场定位（Positioning）。

第一节　市场细分

市场是一个庞大而复杂的购买者群体，由于其消费心理、购买习惯、收入水平、文化背景等方面均存在较大的差异性，不同消费者对同一类产品的需求以及购买行为也存在较大的差异性。企业实施有效市场营销的前提是对市场进行划分，对市场需求进行筛选。市场细分是企业选择目标市场的基础和前提，也是企业营销战略的首要内容和基本出发点。

一、市场细分内涵

1. 概念

市场细分是企业根据自身条件和营销目标，以消费者需求的某些特征或变量为依据，把某一产品的整体市场划分为若干个"子市场"或"分市场"的过程。不同的细分市场之间，需求差别比较明显；而在每一个细分市场内部，需求差别则比较细微。

市场细分是美国著名市场学家温德尔·斯密（Wendell R. Smith）在20世纪50年代中期提出来的。其产生背景是美国市场特征由"卖方市场"转变为"买方市场"，对同一产品的顾客需求呈现明显的差异性。相应地，企业的市场营销哲学也转向了顾客导向，以消费者需求为中心，即企业在研究消费者需求的基础上，结合自身的资源与优势，将整体市场划分为几个细分市场，并选择其中最有吸引力和最能有效为之服务的细分市场作为目标市场，设计与目标市场需求特点相匹配的营销组合。市场细分的提出奠定了目标市场营销的理论基础，被西方理论界称之为"市场营销革命"，使企业的营销实践进入了目标市场营销阶段。

市场细分不是产品分类，而是顾客分类。如服装市场可以细分为男性、女性、中老年、青少年、儿童市场等。其次，市场细分是一种聚合，是把具有某种共同需求特征的顾客鉴别出来，并使之显性化。最后，顾客需求是变化的过程，企业通过营销努力可以影响它。

2. 基本原理

市场细分的客观依据，主要体现在两个方面。

(1)消费者需求的异质性和同质性

细分市场有许多种方法。产品属性是影响顾客购买行为的重要因素。根据顾客对不同属性的重视程度，可以分为三种偏好模式。

图8.1是冰激凌购买者对甜度和奶油含量这两种产品属性的重视程度。

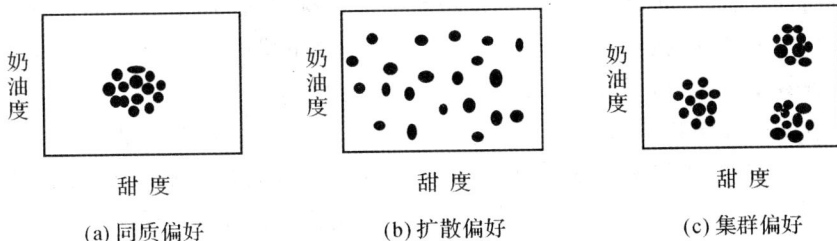

| (a)同质偏好 | (b)扩散偏好 | (c)集群偏好 |

图 8.1 市场偏好模式

图 8.1(a)显示了同一市场全体消费者有大致相同偏好,即同质偏好市场;图 8.1(b)显示了消费者偏好存在四处散布的特征,消费者需求差异很大,即扩散偏好市场;图 8.1(c)显示市场出现独特偏好的密集群,存在自然的细分市场,即集群偏好市场。

消费者需求同质性和异质性的存在,为市场细分提供客观基础。消费需求的异质性意味着企业要同时服务不同偏好的需求,存在较大的困难,为市场细分提供了客观必然性,只有进行分类才能提供有效服务;需求同质性则为企业服务细分市场保障了一定的容量和规模,为市场细分提供了可能性,毕竟一对一的个性化订制服务不存在规模效益的优势。

(2)企业资源的有限性

每一个企业的营销能力对于整体市场来说,都是有限的。企业资源的有限性是企业服务整体市场的约束条件,企业规范最大,其人、财、物等资源数量都是有一定边界的,而市场需求和欲望是无限的,企业不可能为市场提供所有产品,满足市场上所有的需求。同时,也不可能在所有的服务领域赢得竞争优势。因此,在激烈的市场竞争中,企业必须进行市场细分,选择有效的目标市场,进行市场定位的创新,集中资源优势服务市场,才有可能赢得竞争,赢得发展。

3. 作用

(1)有利于发现市场营销机会。运用市场细分,可以发现哪些需求已经被满足,哪些需求尚未满足,并从中寻找适合本企业开发的需求,从而抓住市场机会,使企业赢得市场主动权。

(2)能有效地制定适合目标的营销策略。任何有效的市场营销组合策略都是针对所要进入的目标市场。离开了目标市场,制定市场营销组合策略就无的放矢,这样的营销方案是不可行的,更谈不上优化。所以,首先必须对市场进行细分,确定目标市场。

(3)有利于企业扬长避短,有效地抗衡竞争。通过市场细分,有利于发现目标消费者群的需求特性,也有利于发现竞争者的优劣势,从而有助于企业调整产品结构,增加产品特色,把自己的优势集中到目标市场上,提高企业的市场竞争能力,有效地与竞争对手相抗衡。

(4)能有效地拓展新市场。通过市场细分,企业可以先选择最适合自己占领的某些子市场作为目标市场,同时那些对于未得到满足的其他市场,可以作为企业新产品和新市场开发的潜在领域,成为新市场的开拓奠定基础。

↪小案例

德国家具也分男女

"实用、美观、经济",一直是人们衡量家具品质的标准。不过,德国人在挑选家具时,心里则多了一把尺子——家具的"人性化设计"。

由于男性、女性对家具的品位、爱好有所差异,德国出现了"性别家具"。一般来讲,"女性家具"注重满足女性的审美需求,而"男性家具"则在使用功能上贴近生活所需。以厨房台面高度为例,男主人式比女主人式高出 10 厘米,样式较"酷",而女式橱柜比较注重颜色、装饰性,用起来更温馨。

人性化设计考虑了使用者的心理需求,体现了家具的"精神性功能"。在一个舒适、安全、方便的家居环境中,使用者能够得到一种心理平衡,增进人与人之间的情感交流。

(资料来源:青木.德国家具也分男女[N]. 环球时报 生命周刊,2006-03-21,第五版.)

二、市场细分变量

市场细分的变量分为两种类型(图 8.2):一是识别变量,如地理、人口特征、心理特征等,识别变量用于识别顾客群体的特征、身份、所处区域等,从而确定各细分市场的特定成员;二是行为变量,如需求特征、信息渠道、评估标准、购买时机、使用情景、关注利益、满意体现等,行为变量揭示顾客的行为方式、诉求利益等市场反应情况。与识别变量相比,行为变量能更准确地反映顾客群体的同质或异质特征,从而能更有效地细分市场。

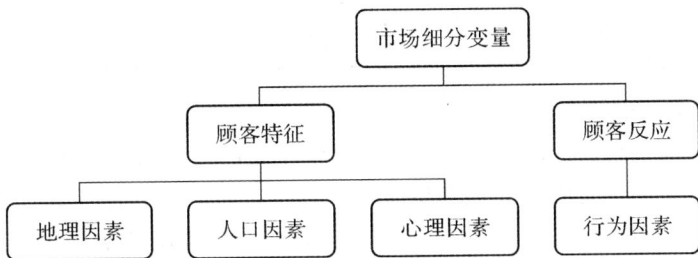

图 8.2 市场细分变量

1. 消费者市场的细分变量

常用于细分消费品市场的变量,即影响消费者市场的常见因素,可概括为四类，见表 8.1 所示。

表 8.1　消费者市场细分的常见变量

细分变量		细分市场示例
地理变量	区域	华东、华北、西南、西北等
	城市规模	超大城市(≥1000 万常住人口)；特大城市(500 万～1000 万)；大城市(100 万～500 万)；中等城市(50 万～100 万)；小城市(≤50 万)
	人口密度	城市、农村
	气候	南方、北方
人口变量	性别	男性、女性
	年龄	老年、中年、青年、少年、儿童、婴幼儿
	家庭规模	1～2 人、3～4 人、5 人以上
	收入、教育	高、中、低
	家庭生命周期	未婚、新婚、满巢Ⅰ、满巢Ⅱ、空巢Ⅰ、空巢Ⅱ、孤独期
	社会阶层	蓝领、白领、金领
心理变量	个性	外向、内向
	生活方式	朴素、时尚、高雅
	购买动机	求实、求廉、求新、求美、求名等
行为变量	利益	质量、服务、经济、速度
	使用率	偶尔使用、适度使用、频繁使用
	忠诚度	没有、适度、强烈、绝对
	购买时机	平常、周末、节日

（1）地理变量

由于自然气候、行政区域、城市规模以及人口密度等因素的影响，不同地区的消费者形成不同的消费习惯和偏好。按地理变量细分市场就是把市场分为具有不同地理特征的消费群体，如大城市和小城市、南方和北方、城市和农村等，并采取针对性的营销策略。如海尔的洗地瓜洗衣机是专门面向广大农村市场开发的产品，而打酥油洗衣机，则是特别为青海和西藏地区爱喝酥油茶的人群服务的。

地理变量是相对静止的，处于同一地理变量的消费者对产品的需求仍会存在较大的差异,地理变量并不能充分反映消费者的需求差异,需要结合其他变量进行进一步考虑。

(2)人口变量

用于细分的人口统计变量很多,如年龄、性别、家庭人数、生命周期、收入、职业、文化程度、宗教信仰、民族、国籍、社会阶层等,消费者的需求和偏好随着人口统计变量的不同而不同。

①年龄。不同年龄的消费者,其生理特征、性格、爱好等有所不同,对消费品的需求往往存在很大的差异。按年龄将市场划分为许多各具特色的消费者群,如老年、中年、青年、儿童市场等。年龄变量是服装、食品、保健品、药品、书刊等行业采用最多的细分变量。

②家庭生命周期。家庭生命周期是指家庭随时间推移而不断成熟和经历的不同状态。家庭的不同阶段有不同的财务状况,每一阶段的家庭消费,其感兴趣的典型产品也不尽相同。表8.2是对美国家庭的9个阶段进行的简单概括。

表 8.2 美国家庭生命周期阶段及消费

阶 段	特 征	消费的典型产品
单身阶段	年轻、不与家人同住,没有经济负担,是潮流的观念倡导者。	必要的家具、汽车、度假、结婚用品
新婚阶段	年轻、无子女,经济状况较好、购买力最高,耐用品的购买量大。	汽车、电冰箱、烤箱、实际而又耐用的家具、度假
满巢期Ⅰ	孩子不到6岁,买房高峰期。缺少流动资金,银行储蓄感到不足。对新产品感兴趣,喜爱广告宣传的产品。	洗衣机、烘干机、电视、婴儿食品、维生素、玩具
满巢期Ⅱ	孩子6岁以上,经济状况较好。受广告影响较小,购买大包装、多组合的产品。	食品、清洁用品、自行车、音乐课程、钢琴
满巢期Ⅲ	身边有未自立的子女,经济状况较好、有些子女也参加工作,很难受广告影响。耐用品的平均购买量很大。	新式雅致的家具、驾车旅游、非必需的电器、看牙医、杂志
空巢期Ⅰ	身边没有子女,户主仍在工作,拥有住宅。对经济状况与银行储蓄感到满意,对新产品不感兴趣。	旅游、音乐、自我教育、送礼与捐赠、度假、奢侈品、住宅修缮
空巢期Ⅱ	身边没有子女,户主退休,收入急剧下降,拥有住宅。	有助健康、睡眠与消化的保健产品

续表

阶　段	特　征	消费的典型产品
鳏寡就业	尚有收入,但是经济状况不好,有可能会出售房子,消费量减少。	生活必需品
鳏寡退休	收入很少,消费量很小,需要照顾、关怀与安全感。	医疗产品

通常,房地产、保险等企业会通过界定消费者的生命周期阶段并针对每一阶段提供适当的产品和营销方案。当前,除了以上传统的家庭生命周期阶段外,企业还要更多地迎合新的家庭模式,如同居者、晚婚者、丁克家庭、单亲家庭、延期父母(已成人的孩子又回来同住)及其他类型。

小案例

日本旅行社推单身婚礼套餐

据日本共同社报道,位于京都的 Cerca 旅行社为单身女性提供为期两天"单身婚礼"短途旅行套餐,包括:特别的婚礼礼服、花束、盘发、加长豪车接送,高档酒店入住一晚,一组完整的纪念照,还能拥有一次"单身蜜月"。

Cerca 旅行社表示,自 5 月该项目推出以来,全日本已经有 30 位女性成为"单身新娘",其中的半数都是已婚女性,她们要么没有举行过婚礼,要么对自己的婚礼不满意。"单人婚礼"是为了鼓励女性有更积极的自我意识,但也"有的人说参加这次旅行本身就是孤独、可怜、悲伤的事情"。

《日本时报》最近写到:"在日本,越来越多的国民都是独自生活,原因包括:老龄化、城镇化、晚婚、离婚率升高。"《日本时报》援引人口问题研究所报告,称到 2060 年,日本人口将减少 26% 到 38%。

(资料来源:市场不断细分　日本旅行社推单身婚礼套餐[EB/OL].华丽志,2014-12-27.)

③性别。性别是消费者市场最基本的细分变量,可将市场划分为男性市场和女性市场,两类市场在购买动机、需求偏好、购买习惯等方面存在较大的差异性。一般地,女性是服装、化妆品、节省劳动力的家庭用具、小包装食品等市场的主要购买者,男性则是香烟、饮料、体育用品等市场的主要购买者。

④收入。收入水平的高低直接制约消费者的需求欲望和支出水平。高低收入者无论在购买产品的品牌、质量、利益诉求点以及购买地点等购买习惯上,均存在巨大的差距,汽车、旅游、房地产、奢侈品等市场一般都需要按收入变量细分市场。

➡小案例

中国富裕人群的新宠：高端自行车

　　国内富裕人群现在买自行车的花销大约相当于一个普通人三年多的薪水，只因怀念自行车作为主要交通工具的旧日时光。

　　于先生是北京一家广告公司的创意总监。他每天都骑着心爱的自行车上班，一辆价值10万元(1.6万美元)的手工制作Alex Moulton自行车。这或许是全北京独一辆，它就像是自行车中的劳斯莱斯。非常经典，纯手工生产。他大约拥有35辆高端自行车。于先生代表了中国一种新的自行车文化，中国富裕且具有健康意识的高管们正在升级其生活方式，有些甚至放弃豪华轿车，转而骑一辆价格比汽车还贵的自行车出门。

　　主流奢侈品如豪华汽车、手表的需求已经达到一个饱和点。高收入群体现在将目光转向了高端自行车，以显示其品位和生活方式的独一无二。据预计，中国自行车市场未来几年的年增长率大约为10%，高端自行车的年增长率将为15%，因其成为富裕高管们地位的一个象征。

　　（资料来源：靳怡雯.中国富裕人群的新宠：高端自行车［EB/OL］.路透社，2012-12-24.）

　　⑤教育状况。受教育程度不同，消费者在文化素养、价值观念等方面都会有所不同，从而影响他们的购买种类、购买行为和购买决策。如，据调查研究，保险的投保率与受教育程度有很大的正相关性，受教育程度相对较高的消费者，其保险的投保率也相对较高；同样，受教育程度也影响着人们对住房的需求偏好，也呈现正相关关系。

　　⑥家庭规模。家庭规模的大小直接影响家庭消费品的购买数量、购买频率等方面，家庭人口数量不同，在住宅大小、家具、家用电器乃至日常消费品的包装大小等方面都会出现需求差异。

　　⑦社会阶层。即按照一定等级标准划分为彼此地位相互区别的社会集团。同一社会集团成员之间态度以及行为和模式与价值观等方面具有相似性。不同集团成员存在差异性。

　　总体上，人口变量的统计资料容易收集，容易测量，简单易用，且较为稳定，是企业最普遍采用的变量。

⤵ **阅读材料**

中国社会等级和社会阶层

中国社会科学院重大研究项目——"当代中国社会阶层研究"课题,经过数十位社会学学者历时 3 年的调查研究,取得了重大研究成果。该报告对中国社会阶层的分析富有时代感,引起了海内外舆论的关注。

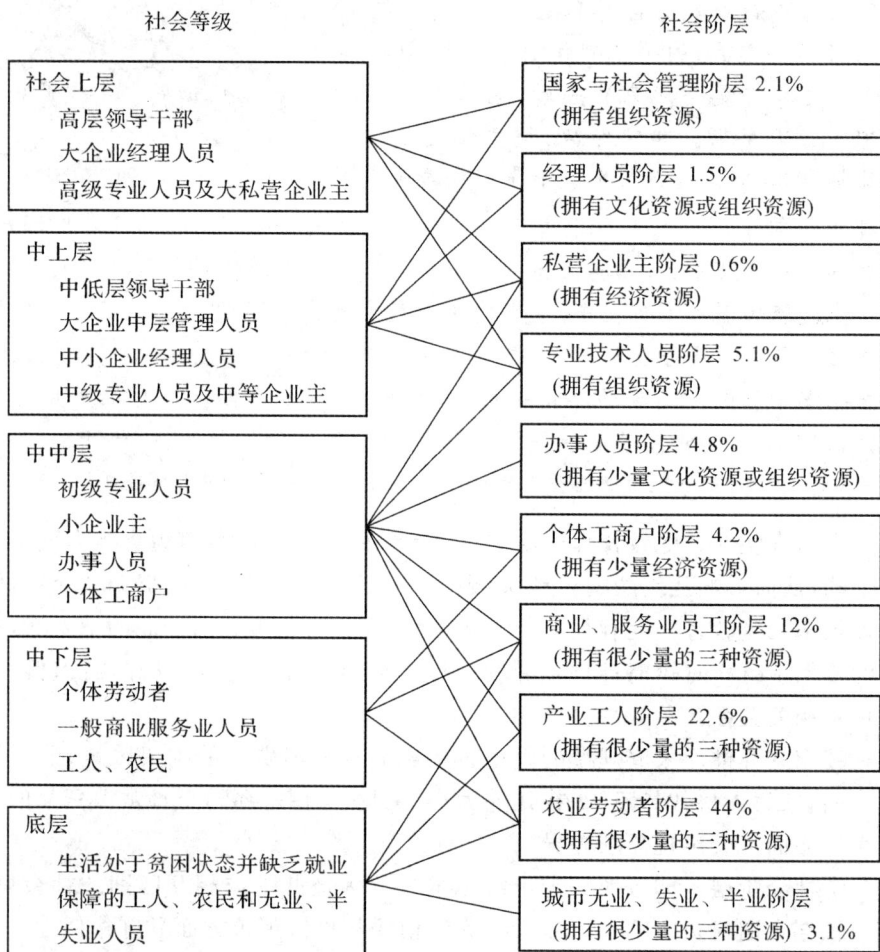

社会等级　　　　　　　　　　　　　　　社会阶层

社会等级	社会阶层
社会上层 高层领导干部 大企业经理人员 高级专业人员及大私营企业主	国家与社会管理阶层 2.1% (拥有组织资源)
中上层 中低层领导干部 大企业中层管理人员 中小企业经理人员 中级专业人员及中等企业主	经理人员阶层 1.5% (拥有文化资源或组织资源) 私营企业主阶层 0.6% (拥有经济资源) 专业技术人员阶层 5.1% (拥有组织资源)
中中层 初级专业人员 小企业主 办事人员 个体工商户	办事人员阶层 4.8% (拥有少量文化资源或组织资源) 个体工商户阶层 4.2% (拥有少量经济资源)
中下层 个体劳动者 一般商业服务业人员 工人、农民	商业、服务业员工阶层 12% (拥有很少量的三种资源) 产业工人阶层 22.6% (拥有很少量的三种资源)
底层 生活处于贫困状态并缺乏就业 保障的工人、农民和无业、半 失业人员	农业劳动者阶层 44% (拥有很少量的三种资源) 城市无业、失业、半业阶层 (拥有很少量的三种资源) 3.1%

(资料来源:陆学艺.当代中国社会阶层研究报告[M].北京:社会科学文献出版社,2002.)

（3）心理变量

购买动机、生活方式、个性、生活格调等心理因素直接影响着消费者的需求和购买行为。

①购买动机。即按消费者追求的利益来进行细分。消费者对所购产品追求的利益主要有求实、求廉、求新、求美、求名等，这些都可作为细分的变量。如，国内高尔夫旅游者 存在五种主要旅游动机：康体/娱乐型、社交型、比赛型、休闲型、环境吸引型，其中，康体/娱乐型是最重要的旅游动机，而国外高尔夫旅游者的运动或体育动机重要性较高。

②生活方式。生活方式是人们对工作、消费、娱乐的特定习惯和模式，不同的生活方式会产生不同的需求偏好，如"传统型"、"新潮型"、"节俭型"、"奢侈型"等。营销学中比较经典的划分方法是 VALS（Values and Lifestyle Survey）模型，价值观及生活方式调查，如图 8.3 所示。

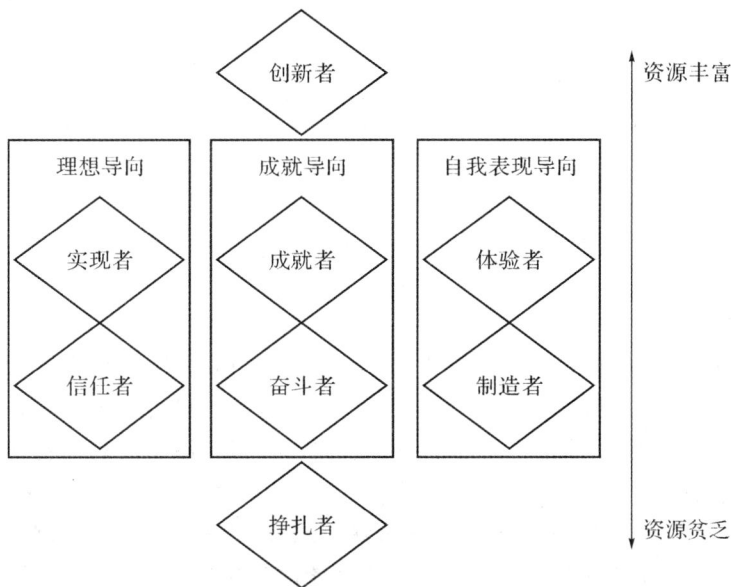

图 8.3　VALS 模型

③个性。不同个性的消费者对同一产品的需求重点有所不同。外向的消费者买衣服喜欢颜色鲜艳、造型活泼、与众不同的款式，而内向的消费者往往倾向于素雅、文静的款式。为迎合人们对于个性的追求与强大的想象力，各种服装、香水、化妆品等品牌都把塑造品牌个性作为营销的重点。

　　心理标准是细分市场中比较复杂的一个标准,具有不易观测性、多样性、不易衡量性、多样性等特点,往往难以把握,企业必须根据消费者的不同心理,进行市场调查研究,从而获得可靠的数据,用来确定自己的目标市场。

　　(4)行为变量

　　在行为细分中,根据对产品的了解、态度、使用情况及其反应,消费者可以分为不同的群体,行为变量是进行市场细分的最佳起点。

　　①购买时机。企业根据消费者产生需要、购买和使用产品的时机细分市场。例如,礼品、旅游、餐饮等市场可专门节假日的需求,学生在平常和新生入学时购买电子产品和文具的行为规律也存在差异。

　　②寻求利益。根据顾客从产品中追求的不同利益分类,是一种很有效的细分方法。运用利益细分法,首先必须了解消费者购买某种产品所寻求的主要利益是什么;其次要了解寻求某种利益的消费者是哪些人;再者要调查市场上的竞争品牌各自适合哪些利益,以及哪些利益还没有得到满足。表 8.3 说明了国内奢侈品市场的细分市场的不同特点。

表 8.3　奢侈品市场的利益细分

细分市场	追求利益	人口特征	行为特征	心理特征
实用型	价值品质	较好收入的成年人	少量购买	注重价值
炫耀型	身份地位象征	40 岁以下的财富新贵	大量购买	善于交际、注重形象
情感型	满足自己的爱	知识丰富受过良好教育	适中	独特追求、情感需求

　　③使用率。通过对消费者使用产品的频率可以划分为使用者和非使用者市场,然后再把使用者分为轻度使用者、中度使用者和大量使用者市场。企业通常偏好吸引对其产品或服务的大量使用者群体,这在烟、酒市场表现得尤为突出。

　　④忠诚程度

　　对某一产品形成偏好并长期购买的行为的消费者称为忠诚顾客,可分为对企业的忠诚和对品牌的忠诚程度。根据消费者对品牌的忠诚度状况,可以分为四个群体:坚定的忠诚者、多产品的忠诚者、转移型的忠诚者、多变者。每个市场上都不同程度地同时存在着上述四类消费者,企业可以对消费类型进行分析,从中找出营销中所存在的问题,从而及时解决。

⤷前沿知识

面向社交网络用户商业价值细分的数据挖掘模型

传统的方法和理论在分析社交网络用户的商业价值上有先天的不足。首先,社交网络用户并非传统意义上的客户,社交网络平台的绝大部分用户都是普通的免费用户,并没有购买行为,企业无法获得客户价值理论中要求的分析指标来分析用户的真实价值,亦无法估计用户在剩余客户价值生命周期中的现金流。因此,对于社交网络的潜在价值的分析,需要通过评估用户的满意度、忠诚度和信任度等指标来间接分析。

分析社交网络用户商业价值,需要先获得三方面信息:用户的经济能力、用户的付费意愿、用户的商业关注意向,并对数据进一步的处理或挖掘。比如用户经济能力数据,需要将用户的网上消费情况进行变换,并根据一定消费水平标准对用户进行分箱。对用户付费意愿的度量,需要利用回归分析技术。用户的商业关注意向的提取,要利用到基于用户兴趣的挖掘技术。

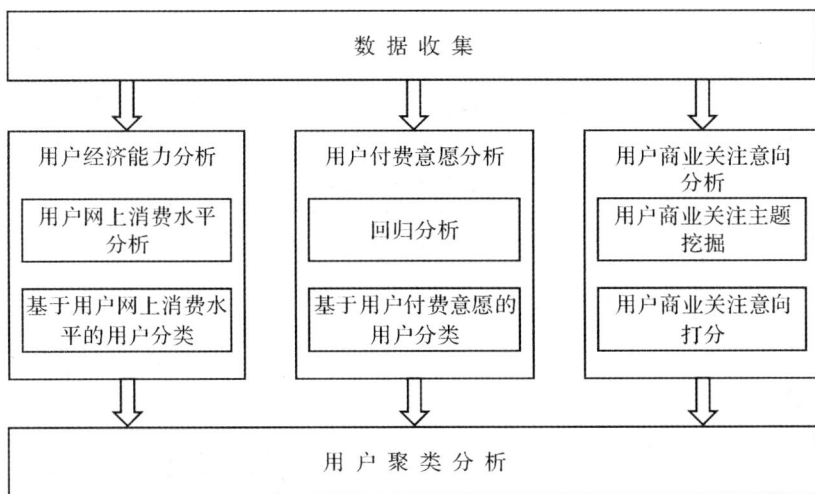

```
┌─────────────────────────────────────────────────────┐
│                    数 据 收 集                        │
└─────────────────────────────────────────────────────┘
       │                    │                    │
       ▼                    ▼                    ▼
┌──────────────┐   ┌──────────────┐   ┌──────────────┐
│ 用户经济能力分析 │   │ 用户付费意愿分析 │   │ 用户商业关注意向 │
│              │   │              │   │     分析      │
│ ┌──────────┐ │   │ ┌──────────┐ │   │ ┌──────────┐ │
│ │用户网上消费水平│ │   │ │          │ │   │ │用户商业关注主题│ │
│ │   分析    │ │   │ │  回归分析  │ │   │ │   挖掘    │ │
│ └──────────┘ │   │ └──────────┘ │   │ └──────────┘ │
│ ┌──────────┐ │   │ ┌──────────┐ │   │ ┌──────────┐ │
│ │基于用户网上消费│ │   │ │基于用户付费意愿│ │   │ │用户商业关注意向│ │
│ │平的用户分类  │ │   │ │ 的用户分类  │ │   │ │   打分    │ │
│ └──────────┘ │   │ └──────────┘ │   │ └──────────┘ │
└──────────────┘   └──────────────┘   └──────────────┘
       │                    │                    │
       ▼                    ▼                    ▼
┌─────────────────────────────────────────────────────┐
│                  用 户 聚 类 分 析                     │
└─────────────────────────────────────────────────────┘
```

（资料来源:黄成维.面向社交网络用户商业价值细分的数据挖掘模型[J].旅游人力资源,2012(1):149—153.）

2. 组织市场的细分变量

组织市场同样需要细分市场,消费者市场的细分变量同样可以适用于细分市场,如,组织用户的使用状态、使用率、忠诚情况等,但除此以外,还需要考虑其他一些因素。如区位因素、用户规模、产品用途等。

(1)最终用户

不同类型的客户对同一产品的要求不同,因此要制定不同的营销策略。例如,晶体管市场可分为军事、工业、商业三个子市场。军用买主重视质量,价格不是主要因素,工业买主重视质量和服务,商业买主重视价格和交货期。企业就应该根据上述用户需求特点,组织生产和营销。

(2)用户规模

用户规模决定了购买量的大小,根据购买量的大小常常被细分为大、中、小客户。不同规模的客户其折扣、待遇等有所不同。大客户通常由主要业务负责人接待洽谈,一般中小客户则由推销员接待。

(3)地理位置

组织市场往往比消费品市场更具区域集中性,对某些产品的需求因地区不同而存在很大的差异,地理位置往往是细分组织市场的重要标准。企业按用户的地理位置细分市场,选择客户较为集中的地区作为目标,有利于合理规划运输路线,节约交易成本,提高交易和服务效率。

(4)产品利益

组织市场上的很多产品都具有多种用途,客户如何使用产品将影响他们购买的数量、购买标准以及对卖方的选择。表 8.4 是国内 LED 照明市场的细分情况。

表 8.4　LED 照明市场的细分

细分市场	应用领域
智能照明	智能家居
汽车照明	车灯领域
植物照明	培养植物,适用于日韩、欧美等从事农业人员较少的国家和地区
Flash LED	智能手机
UV(紫外线)-LED	可应用于农业、纸钞识别、树脂硬化、特殊生物医药等领域

由于产品的利益诉求的差异通常比较明显且易于被发现,细分出来的子市场具有较好的可衡量性,因此成为细分组织市场较常用的一种变量。

三、市场细分方法

在具体的市场细分过程中,根据市场的实际情况不同,细分市场的变量也存在较大的差异。有的只用一个变量细分,有时同时使用几个市场,甚至一系列变量来进行细分。

1. 单一变量法

单一变量法,是指根据市场营销调研结果,把选择影响消费者或用户需求最主要的因素作为细分变量,从而达到市场细分的目的。这种细分法以公司的经营实践、行业经验和对组织客户的了解为基础,在宏观变量或微观变量间,找到一种能有效区分客户并使公司的营销组合产生有效对应的变量而进行的细分。

如,婴幼儿的奶粉市场,一般根据孩子的成长年龄作为细分依据,根据不同生长发育期的婴幼儿提供不同的营养成分。惠氏把奶粉分为四段,0～6 个月是 1 段,6～12 个月是 2 段,1～3 岁是 3 段,3～7 岁为 4 段。

2. 主导因素排列法

即用一个因素对市场进行细分,如按性别细分化妆品市场,按年龄细分玩具市场、早教市场等。这种方法简便易行,划分比较粗犷,难以反映复杂多变的顾客需求。

3. 综合因素细分法

即用影响消费需求的两种或两种以上的因素进行综合细分,图 8.4 表示,可以将服装市场根据收入、年龄、生活方式进行细分,而高档老年时装,就是一个特定的细分市场。

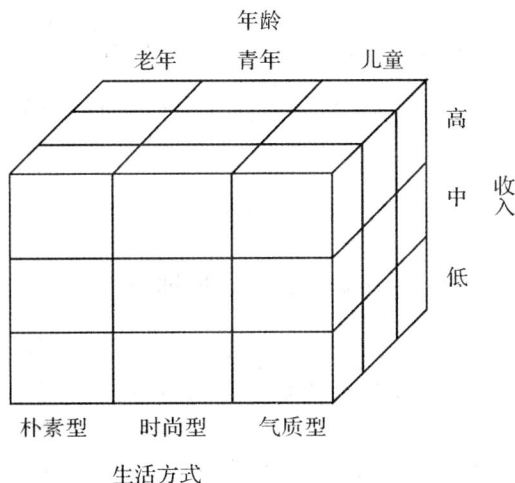

图 8.4　综合因素细分法

4. 系列因素细分法

当细分市场所涉及的因素是多项的,并且各因素是按一定的顺序逐步进行,可由粗到细、由浅入深,逐步进行细分,这种方法称为系列因素细分法。如,牛仔裤市场就可以地理、性别、收入、动机、行为方式等一系列因素进行细分市场,如图 8.6 所示。

企业的营销实践中,如果已有的细分变量及组合被竞争者所熟知和模仿,相应的市场细分已经被开发和发现,这时进入此类细分市场往往存在较为激烈的竞争。因此,企业需要不断寻求、创造和开发新的细分变量,以挖掘新的细分市场。当前,细分纵深化已经成为企业营销活动的一种趋势。

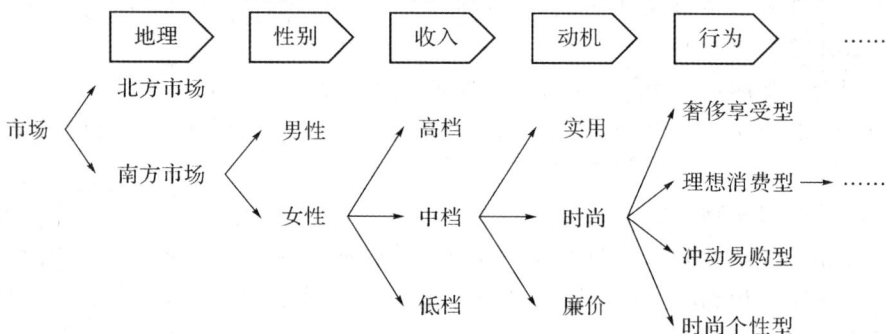

图 8.5 系列因素细分法

但是,并非所有的细分变量及其细分市场都是有效的,如果过度细分,也有可能落入细分陷阱,过度的市场细分会加大企业的经营成本,造成规模不经济,得不到理想的市场效应。

⤵小案例

可口可乐分享策略是否过度细分消费行为?

如果你发现七八个年轻人走在大街上,每人手里都拿着一样包装的可口可乐,但是他们手里的可口可乐都是自己的可口可乐。因为他们各自的可乐都有不同的雅号,每个人手中的标识部分都有小小的不一样。

——这就是可口可乐的分享计划:虽然主题包装视觉都是红色主色调的可口可乐汽水,但不同的消费

对象找到了属于自己的身份符号与江湖地位,如"好男儿"、"你的姐妹"、"好青年"、"梦想家"、"神对手"、"汪星人"、"考霸"、"才女"、"旅游达人"等。这是同一款产品,都卖 2.6 元。同一款产品能满足不同的人,可口可乐区分了"购买者"与"消费者"的本质差异。

在多数品牌还在研究目标群体的时候,可口可乐已经在研究个体了。在消费行为的高度细分下,可口可乐推出不同雅号的同一款产品,让消费者对号入座,寻找自己的身份符号。虽然本质上都是一样的一瓶可乐,但他们都找到了属于自己的那份开心。

那么,这种高度细分是否过度呢?

(资料来源:戚海军.可口可乐分享策略是否过度细分消费行为?[EB/OL].中国营销传播网,2013-08-09.)

四、细分市场的有效性

无论企业根据哪些变量或哪种方法进行市场细分,都应该确保最终细分市场的有效性。一般,判断一个市场是否有效主要用以下标准衡量。

1. 可区分性。可区分性是指比较细分市场在概念上能被区分,并且对不同的营销组合和策略有不同的反应。如果两个市场对同一营销活动的反应是一致的,就不是独立的细分市场。

2. 可测量性。可测量性是指细分市场能够被识别的,其规模、购买力及其他市场特征是可以被测量的。即细分市场不仅要有清晰的边界和范围,而且能大致判断其市场容量和潜力有多大。为此,据以细分市场的各种因素要有明显的特征,并有可能取得表明购买者特性的资料。

3. 可进入性。可进入性是指企业能接近和达到细分市场,并提供有效服务。可进入性体现在两个方面:一是国家政策允许的,竞争者没有垄断市场,市场是开放的,企业是有可能进入该市场;二是企业通过各种集中力量能够进入,企业能够集中人力、财力、物力等资源,对细分市场开展有效的营销活动。

4. 可获利性。可获利性是指细分市场有适当而稳定的市场容量及获利空间,值得企业进行开发的程度。即细分市场的需求规模大到足以补偿企业并实现利润目标,而且在未来一定时期,该细分市场具有一定的稳定性和增长性,值得企业进行投资经营。

5. 可操作性。可操作性是指企业能够设计出吸引并满足目标顾客群的有效方案,用以吸引和服务细分市场。一个细分市场是适合设计一套独立营销计划的最小单位,细分市场内的消费者对企业制定的营销组合及其调整,应具有基本一致的反应。

第二节　目标市场

目标市场是企业根据自身的资源和实力,选择和确定要进入的细分市场。市场细分不是目的,它是选择目标市场的前提和基础,而目标市场的选择则是市场细分的目的和归宿。目标市场的选择经历以下步骤。

一、评价细分市场

选择目标市场的首要步骤,是分析评价各个细分市场,即对各细分市场的规模增长率、市场结构吸引力和企业目标与资源等情况进行详细评估。在综合比较、分析的基础上,选出最适合的目标市场。评估细分市场时,主要考虑三个因素:细分市场的盈利性、竞争性、企业的目标和资源情况。

1. 盈利性

盈利性的评估主要表现为细分市场是否具有适当的规模和增长率,以及环境风险等方面。适当的规模是指细分市场要有足够的顾客数量和购买力,这是衡量细分市场存在意义的首要条件,只有细分市场具有适当的规模,企业才有通过营销活动获利的可能性。

细分市场的增长率也是一个重要因素。所有的企业都希望目标市场的销售额和利润具有良好的上升趋势,当细分市场具有较强的发展潜力时,企业面对的是不断扩大的市场需求,增长空间有保障。

环境风险是企业进入细分市场面临的非竞争原因导致的各类风险,如地方政策、风俗习惯、文化因素等。通常企业要尽可能选择发展潜力好而环境风险相对低的细分市场。

⇨小案例

咖啡馆跨界风险有多大?

在咖啡馆除了喝咖啡,还能想到做些什么?上网、约会聊天、吃点心,这些都已经太普遍。现在许多咖啡馆,用尽心思"跨界",与各种吸引消费者的元素"联姻"。比如林丹投资的豪利斯咖啡,将羽毛球的元素融入咖啡,让咖啡馆变成了看羽毛球现场直播的场地；有动物园咖啡，将动物的元素巧妙地融入到咖啡馆中，还顺便贩售一些动物玩偶、摆件，如"喵先生"的猫主题咖啡馆；还有的在店里设置传统手工艺品，如编织挂毯，扎染围巾等，如杭州"象限咖啡"就是一家传统手工艺品制作版咖啡馆。让你在小憩之余，还能看书、逗猫、逗狗、做手工艺品，这样文艺的咖啡馆，你喜欢吗？

跨界咖啡馆的理念源于德国。德国有个连锁的跨界咖啡品牌，进店先赠送一杯咖啡，在你等待咖啡的十五分钟时间里，你能到处选购商品，咖啡馆里的杯子、书籍、沙发、台灯，只要扫一扫商品上的二维码，都可以买回家。

理想很丰满，现实往往很骨干。跨界咖啡馆全国遍地开花，有些咖啡馆跨界后反而容易把消费群体变窄，也有不少咖啡馆都面临着运营模式模糊、收支难以平衡的困境。

（资料来源：诸逸文.咖啡馆跨界风险有多大［N］.新商报，2014-10-24.）

2. 竞争性

细分市场的竞争性表现为细分市场的竞争状态或强调，如竞争对手的数量、实力、产品差异性等。根据迈克尔·波特的"五力模型"，认为行业中存在着进入壁垒、替代品威胁、买方议价能力、卖方议价能力以及现存竞争者之间的竞争这五个方面的影响因素，它们决定着行业的竞争规模和竞争程度，也影响着整个行业的吸引力。因此，决定一个细分市场竞争状态的因素主要包括卖方密度及均衡性、产品差异性、进入和退出障碍、转换成本等。

卖方密度是指同一行业或同一产品市场上卖方的数量。卖方密度越大，竞争就越激烈，反之亦然。

产品差异性是指不同企业同类产品之间的差异程度，是影响顾客对产品选择、偏好和忠诚的重要因素。产品差异化程度越低，竞争强度就越大。

进入障碍和退出障碍是指企业在试图进入或退出某个行业时所遇到的困难程度。高新技术企业的进出障碍比一般餐饮、快速消费品的行业大得多。进入障碍高的行业竞争强度较弱，反之较强。而退出障碍较低的行业，其竞争强度也低，因为企业并不需要为退出承受多少损失，大多数企业会理性地做出去留选择。因此，高进入障碍和低退出障碍的细分市场是企业理想的选择

转换成本是顾客从一个供应商转向另一个供应商所花费的一次性成本，包括经济成本，以及时间、精力、情感上的成本。产品转换成本越低，顾客转向竞争对手就越容易，细分市场的竞争就越激烈。

⤷小案例

更换手机号的成本

小丫(化名)接到 10000 的电话，客服小姐向她推荐一个套餐，其中包括送一只手机和一个号码。手机号码也不错，套餐确实优惠，小丫心动答应了这个业务，但想到换号"成本"，小丫又想打退堂鼓。

小丫把换手机号后要做的事拉了一张清单——

通知换号：手机通信录里共 300 多号人，得一一通知。名片得重新印制。

飞信绑定：飞信好友也有百号人，得一一导出，并且一一通知。

呼叫转移：在没有完全废除之前，为了确保信息不丢失，得花钱办理此业务(各个运营商收费不一，比如中国移动网内 0.1 元/分，网外 0.2 元/分，长途更贵)。

停机保号：如果想保留旧手机号，得每个月花钱保留号码。

各种绑定：网上银行、支付宝、公积金等交易业务绑定手机号更改(不然现金交易将会受限)；QQ、阿里旺旺等聊天工具绑定更改(否则将会丢失好友发来的信息)；大众点评、口碑网等网站绑定更改(否则以后甭想知道哪儿又打折了)；各种优惠卡、VIP 卡信息更改(以防卖家认卡不认人)。

信息更改：驾驶证和车辆信息更改；同理，保险公司登记信息要更改。

(资料来源：王哲君. 换号码图的是便宜 但换号成本让人想打退堂鼓[N]. 杭州日报，2011-07-24.)

3. 营销目标和资源

营销目标除了利润目标外，还包括品牌形象、抵制竞争、培育未来市场潜力等内容，如果细分市场与企业目标不吻合，即使有吸引力的细分市场也只能被放弃。企业的资源包括有形资源和无形资源，如企业的资金、厂房、设备、研发技术、专利、品牌声誉等。企业资源需要与拟待定的细分市场相匹配，能拥有足够的资源为细分市场提供有竞争力的产品和服务，以占领细分市场。

二、选择目标市场

就企业经营而言，首先要考虑的是选择几个细分市场作为目标市场。不同的细分市场存在不同的市场特征，对企业资源具有不同的要求。因此，企业在选择细分市场时要整体考虑不同细分市场带来的挑战。一般地，细分市场之间存在一些关联要素，通过是产品和市场。按照产品和市场的关联性构成的细分市场组合模式称为目标市场模式。

根据产品和市场的关联程度不同,目标市场选择存在五种模式:市场集中化、产品专业化、市场专业化、选择专业化和全面覆盖。如图8.6所示,图中P表示产品,M表示市场。

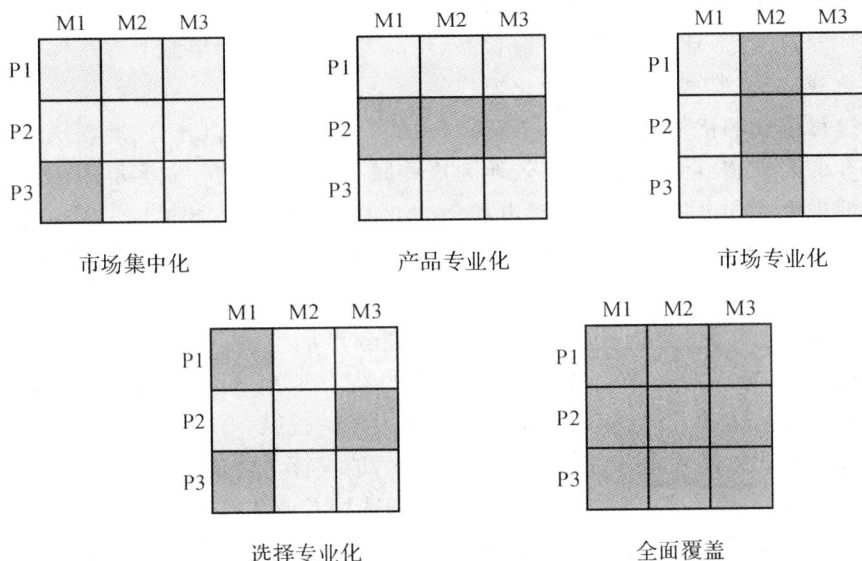

图 8.6　目标市场选择模式

1. 市场集中化

市场集中化是指企业只生产一种产品,选择一个细分市场进行集中营销。这种选择通常适用于:企业资源有限;该细分市场有盈利和增长的空间;企业在该市场有竞争优势。采用这种模式,企业可以更好地了解细分市场,并集中优势为市场服务,树立领先或牢固的市场地位。但是,单一市场风险较大,小企业或企业发展的初期阶段会选择这种模式。

2. 产品专业化

产品专业化模式指企业集中生产一种产品,向不同的细分市场销售该产品。如冰箱厂家生产不同款式、用途各异的冰箱,以满足家庭、饭店、车载、实验室等不同客户在不同环境下的使用。

采用产品专业化模式,基于企业拥有该类产品较强的专有技术和研发能力,能够满足不同顾客的需求。产品专业化往往能使企业在某一产品领域树立起很高的声誉;顾客群体的扩大使企业摆脱对个别市场的依赖,营销的风险比市场集中化模式要小得多。但也存在产品被一种全新的技术代替,或因原料缺乏、没有代替原料等潜在危险。该模式适合于小型企业或有特色资源的企业。

3. 市场专业化

市场专业化模式是指企业选择某一类顾客群体为目标市场,并专门为满足某类顾客群体的各种需求服务。如,贝因美是国内消费者熟悉的婴幼儿食品专业生产商,现已形成集婴幼儿专业食品、用品、亲子早教、母婴服务等一体的同心多元化战略,是典型的市场专业化模式。

这种模式的优势在于企业专门为某一顾客群服务,可以充分、准确地理解这类顾客的需求和行为,从而更有效地为这些顾客服务,在这一顾客群中建立相当高的信誉度和知名度。但相对于市场集中化和产品专业化模式,对企业的生产能力、经营能力和资金实力有更高的要求。该模式适合于实力相当的企业。

4. 选择专业化

选择专业化是指企业选择若干个符合细分市场为目标市场,为各个市场提供不同类型的产品。各个细分市场之间的产品—市场关联性较弱。如,某鞋厂生产年轻人的运动鞋、老年人的布鞋和商务人士的皮鞋。

选择专业化模式是一种多元化经营模式,能发挥企业的优势,有选择地为不同客户服务,可以有效分散经营风险。但是,选择专业化模式同样需要较强的营销能力和较强的资源,由于细分市场之间的关联性弱,也难以产生规模经济效应。该模式适合于实力较强的企业。

5. 全面覆盖

全面覆盖模式是指企业全方位进入不同细分市场,为所有顾客提供不同的有差异化的产品。如海尔集团生产各种家用电器,以满足整个市场对家用电器的需求。

全面覆盖模式试图抢占所有可能的细分市场,抗风险能力最强,但是这种模式要求企业具备较强的资源实力和经营能力,一般适用于大型的、实力雄厚的企业。或者,在市场竞争中处于绝对优势的企业,为占领领导地位或力图垄断市场时也会采用这种模式。

三、目标市场营销战略

在确定目标市场选择模式的基础上,企业需要根据目标市场和产品的特性、企业自身的条件及盈利目标,针对每一种产品制定相应的营销战略。

目标市场营销战略包括三种类型:无差异营销、差异营销和集中营销。

1. 无差异营销战略

无差异营销战略（Undifferentiated marketing strategy）是把细分市场看作一个整体的大目标市场，不进行细分用一种产品、一种营销组合策略服务整个市场，如图 8.7(a)。这种战略强调消费者需求的共性，忽略消费者需求的差异性。如，20 世纪 60 年代以前的可口可乐公司，以单一的品种、标准的瓶装和统一的广告宣传，长期占领软饮料市场。

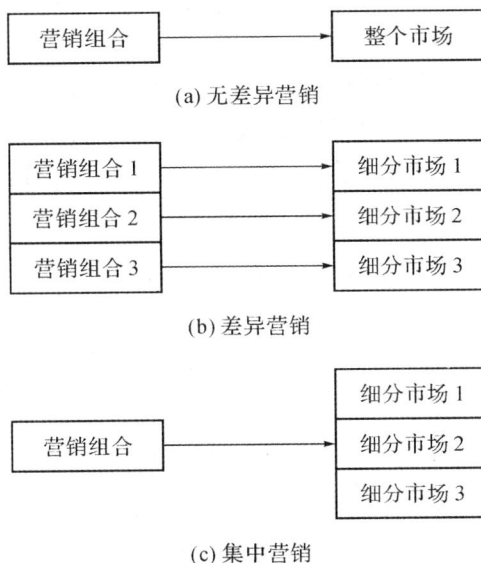

```
┌─────────┐        ┌─────────┐
│ 营销组合 │ ─────▶ │ 整个市场 │
└─────────┘        └─────────┘
```

(a) 无差异营销

```
┌──────────┐        ┌──────────┐
│ 营销组合 1│ ─────▶ │ 细分市场 1│
└──────────┘        └──────────┘
┌──────────┐        ┌──────────┐
│ 营销组合 2│ ─────▶ │ 细分市场 2│
└──────────┘        └──────────┘
┌──────────┐        ┌──────────┐
│ 营销组合 3│ ─────▶ │ 细分市场 3│
└──────────┘        └──────────┘
```

(b) 差异营销

```
                   ┌──────────┐
                   │ 细分市场 1│
                   └──────────┘
┌─────────┐        ┌──────────┐
│ 营销组合 │ ─────▶ │ 细分市场 2│
└─────────┘        └──────────┘
                   ┌──────────┐
                   │ 细分市场 3│
                   └──────────┘
```

(c) 集中营销

图 8.7　目标市场战略

采用无差异营销战略的最大优点是成本的经济性。由于产品单一，营销策略单一，有利于产品的标准化和大规模生产，无论是生产成本还是营销成本均具有一定的规模效应。目前阶段，无差异营销战略对绝大多数产品而言是不适宜的，因为消费者的需求偏好层次极其复杂，单一产品受到市场普遍欢迎的情况很少见。

2. 差异营销战略

差异营销战略（Differentiated marketing strategy）是指企业把整体市场划分为若干需求与愿望大致相同的细分市场，然后根据企业的资源及营销实力，分别为各个细分市场制定不同的市场营销组合。或者说，企业多个营销组合共同发展，不同的营销组合服务于不同的细分市场，如图 8.7(b)所示。

差异营销战略的最大优点，是有针对性地满足具有不同特征的顾客群，提高产品的竞争能力。但是，这种战略也会由于产品品种、销售渠道、广告宣传的扩大化与多样化，使市场营销费用大幅度增加。

3. 集中营销战略

集中营销战略（Concentrated marketing strategy）是指企业专注于某一细分市场，为该市场量身定做产品，实施高度专业化的生产和销售，如图 8.7（c）所示。集中营销战略适合于资源较少的小企业。实施这种策略，企业可以获利专业领域的声誉，在小的细分市场占据较高的市场份额，有可能获得可观的利润。

一般来说，小企业难以与大企业进行硬性抗衡，有效的做法之一就是寻找对自己的一片蓝海，选择一两个能够发挥自己技术、资源优势、大企业没有注意到的或不愿顾及的小市场，创造有利的微观生存环境。当然，这种战略也面临一定的市场风险，当市场不景气、或消费者偏好转移时，有可能使企业陷入困境，因此，企业需要密切关注环境的变化，以发展壮大企业实力。

四、选择目标市场战略的影响因素

企业选择目标市场营销战略，需要考虑企业自身的资源情况、市场差异程度、产品差异性、产品生命周期、竞争对手的策略选择等多种因素，在此基础上慎重选择具体的目标市场战略。

1. 企业能力

哪种模式适合企业，需要根据企业自身资源以及经营能力来决策。资源能力有限的企业更不能分散资源于众多细分市场，也不能进入自己不能把握的细分市场，而应采取集中营销，走专业化经营道路。实力雄厚且管理能力较强的企业可以选择差异营销战略。

2. 产品差异性

战略的有效性还取决于产品本身的差异程度。如果是标准化、同质性强的产品，如水、电、油等初级产品，市场主要围绕产品价格和服务展开竞争，企业采取无差异营销战略就比较合适。如果产品之间差异程度很高，如服装、食品、家电等异质需求的产品，就可以采取集中营销或者差异营销。

3. 产品生命周期

战略选择还要结合产品所处的生命周期的阶段来考虑。处在生命周期导入阶段的新产品，一般采用无差异营销或者集中营销，但在产品生命周期的成长和成熟阶段，市场竞争越来越激烈，企业选择差异营销更适合。

4. 市场类同性

如果市场中的消费者的需求、偏好比较接近，对营销组合的反应差异不大，企业就可采用无差异营销战略;否则应采用差异营销或者集中营销。

5. 竞争者战略

市场竞争是企业间相互博弈和制衡的过程。如果竞争对手采用无差异营销,那么,企业采取差异营销或集中营销,可以提高产品在细分市场上的竞争力;如果竞争对手采取差异营销,企业则应进一步细分市场,采取更为细致的差异营销或者集中营销。或者,重新审视各细分市场在技术、生产、分销等方面的一致性,努力寻求两个或两个以上可共同开发的细分市场,采用"反细分"战略——把两个以上细分市场合并为一个细分市场,展开有效的竞争。

⊏▷小案例

《熊出没》瞄准"全年龄段"

104 集动画片《熊出没》自 2012 年春节开播以来,陆续在国内 170 家电视台播出,并销售到了俄罗斯、伊朗、美国、意大利等几十个国家及全球知名的迪士尼儿童频道。该片用夸张的卡通手法讲述了伐木工光头强和森林保护者熊兄弟之间上演的一幕幕搞笑对决,不仅刻画了一对聪明勇敢、个性鲜明的狗熊形象,而且彰显了环保的时代主题。凭借新颖的寓教于乐主题设计,《熊出没》多次斩获各大动画片奖项。

《熊出没》的出品方认为,动画片不仅仅是给小朋友看的,最好能得到家长们的认同和喜欢,适合家庭观看的动画片是最理想的动画片,但也是目前较为稀缺的。与传统国产卡通"低龄化"定位不同,《熊出没》的目标人群就是"全年龄段",试图改变国产动画片孩子爱看、大人无聊的局面,以儿童的年龄特性和成人的娱乐解压需求为核心目标。

(资料来源:王正昱.《熊出没》闯出国产动漫新路子[N].羊城晚报,2012-10-03.)

第三节　市场定位

企业在开展具体营销实践之前,需要解决两个基本问题:一是我的顾客是谁? 二是与竞争品相比,我的产品有什么特色? 通过市场细分和目标市场的选择,解决了第一个问题,界定了清晰的营销对象以后,企业需要对第二个问题进行思考,即市场定位。在竞争激烈的市场环境中,设计和创造一个定位战略无疑是企业的必要措施。

一、定位概念

市场定位是企业根据竞争者现有产品在市场上所处的位置,针对顾客对该类产品某些特征或属性的重视程度,为本企业产品设计、塑造与众不同的、给人印象鲜明的形象,使产品在目标市场确定适当的位置。

"定位"(Positioning)一词,是由艾尔·里斯(Al Reis)和杰克·特劳特(Jack Trout)在1972年提出的。他们对定位的解释是:定位起始于产品,一件商品、一项服务、一家公司、一个机构,甚至是一个人。定位并不是对产品本身做什么事,而是对潜在顾客的心理采取的行动,即把产品在潜在顾客的心中确定一个适当的位置。市场定位的本质是占领客户的心智资源。

"定位"概念被广泛使用于营销领域,并衍生出来多个专业术语,如市场定位、产品定位和品牌定位等,这些概念经常被混淆在一起,产生一些认识误区。

产品定位是企业为自己的产品创立鲜明的个性特色,以塑造独特的市场形象的过程。产品的个性特色通过产品的结构、性能、用途、质量、档次、规模、款式等来表现,如王老吉的红色罐装凉茶。

市场定位是为企业及产品在目标顾客心里确立位置的过程,它强调的是心理位置的寻求,它不改变产品本身,改变的是名称和沟通等要素。如,王老吉定位于"预防上火的饮料",抢占了预防上火的饮料市场的第一位置,取得了凉茶市场的领先地位。

品牌定位是企业在市场定位和产品定位的基础上,对特定的品牌在文化取向及个性差异上的商业性决策,是建立一个与目标市场有关的品牌形象的过程和结果。品牌定位是市场定位的核心和集中表现,是面向目标市场的沟通环节。如,加多宝的"正宗好凉茶",是与王老吉商标、广告语官司后推出的品牌定位,以暗示其在凉茶市场的良好销售历史和凉茶品牌中的领先性。

其中,市场定位就是其中使用频率颇高的一词。在顾客心目中为产品寻找合适心理位置的市场定位是最具创造性,也是最为关键的营销环节,它直接影响消费者对产品的认可以及市场竞争的地位。可以说,市场定位的基本出发点是竞争,是帮助企业赢得竞争地位的一种途径。

小案例

Think Small 想想小的好

20世纪60年代的美国汽车市场,豪华车大行其道,大众汽车公司的甲壳虫轿车还没有市场。Think Small("想想小的好")这句广告语,改变了美国人的汽车观念,使美国人意识到小型车的优点。此后,甲壳虫轿车迅速占领美国汽车市场,并在很长一段时间内稳执美国汽车市场之牛耳。

广告正文:"我们的小车并不标新立异。许多从学院出来的家伙并不屑于屈身于它;加油站的小伙子也不会问它的油箱在哪里;没有人注意它,甚至没人看它一眼。其实,驾驶过它的人并不这样认为。因为它耗油低,不需防冻剂,能够用一套轮胎跑完40000英里的路。这就是为什么你一旦用上我们的产品就对它爱不释手的原因。当你挤进一个狭小的停车场时、当你更换你那笔少量的保险金时、当你支付那一小笔修理账单时,或者当你用你的旧大众换得一辆新大众时,请想想小的好处。"

（资料来源:甲壳虫广告 Think Small 想想小的好[EB/OL].汽车之家,2014-11-04.）

二、市场定位步骤

市场定位的目的是企业要为自己产品塑造出比竞争品更具优势的特性。企业市场定位的全过程可通过以下3个步骤来完成。

1. 潜在竞争优势的梳理和确认

识别企业潜在的竞争优势是市场定位的基础,对此,企业要弄清以下三个问题:一是分析竞争形势,确定主要竞争对手,对现实与潜在竞争者的市场进入状况及产品定位做出正确的估计和评价;二是评估目标市场的潜力,目标顾客欲望满足程度如何,他们确实还需要什么? 三是针对竞争者的市场定位和潜在顾客的利益要求,决定企业应该做些什么,衡量企业的条件和能力是否能做到。企业通过调研、分析回答了上述三个问题,就可从中把握和确定自己的潜在竞争优势在何处。

一般地,竞争优势可以分为两种类型:成本优势和差别化优势。成本优势体现为价格竞争优势,即在同等质量的条件下比竞争品价格更低;差别化优势体现为偏好竞争优势,即能提供确定的特色来满足顾客的特定偏好,抵消高价格的不利影响,往往体现在产品属性和利益、特定的使用者和使用场合等方面。

2. 核心竞争优势的选择和定位

核心竞争优势是与主要竞争对手相比,企业在产品开发、服务质量、销售渠道、品牌知名度等方面所具有的可获取明显差别利益的优势。准确地选择核心竞争优势是企业各方面实力与竞争者的实力相比较的过程。通过比较、分析企业与竞争者在经营管理、技术开发、采购、产品、生产、市场营销、财务等多方面的优势与劣势,知己知彼,才能准确地选择自己的竞争优势。

对于一个具体的产品而言,竞争优势的选择除了考虑企业的整体实力外,还得要考虑消费者对产品属性的关注度。通过市场定位示意图,可以较清晰地识别出行业的竞争形势,也便于企业确立产品的竞争优势,如图 8.8 所示。

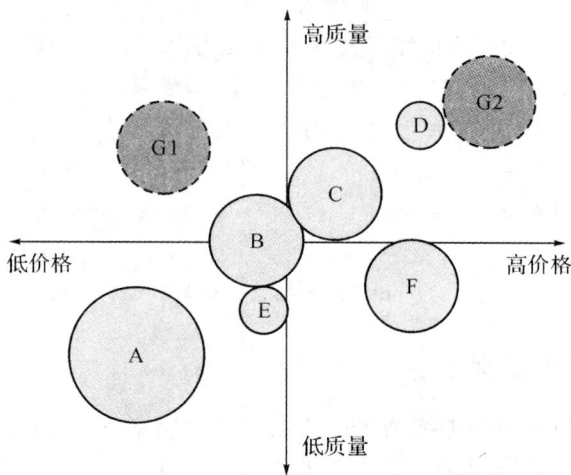

图 8.8 市场定位示意图

例如,根据消费者所关注的最主要属性——价格和质量,将行业中主要竞争者的情况逐一在示意图上进行标注,圆心表示产品属性,圆圈大小表示其销售额的大小。将现有竞争者 A、B、C、D、E、F 的情况标出后,就可以进行市场定位的选择。一般有两种选择方式:

(1)避强定位。即避开现有竞争对手的定位方式,如图中的 G1 位置。其优势在于可以规避竞争,在空白领域取得"第一"位置,能在消费者心目中迅速树立形象,并占领市场。由于这种定位的市场风险较小,成功率较高,是多数企业的首选方案。如，美国七喜汽水将产品定位于"非可乐型饮料"，避免了与两大可乐巨头的正面竞争。成功的市场定位使七喜在龙争虎斗的饮料市场上占据了老三的位置。

（2）迎头定位。又称"竞争性定位"、"针对性定位"，这是与现有竞争者并存或对峙的定位方式，如图中的 G2 位置。如果企业能发现竞争者的不足之处，或竞争者的力量不是很强大，或有些消费需求尚未得到满足时，企业又具备一定的资源和实力，可以与竞争对手一较高下时，可以采用这种定位方式。但这种方式的市场风险相对较大。如，清扬洗发水也定位于"去屑洗发水"，与海飞丝的定位直接毗邻，但它细分出男性去屑洗发水，又具有自身的优势，可以挑战宝洁的市场霸主地位。

一般情况下，企业初入市场，或新产品投入市场时，可以选择以上一种方式进行定位。等企业运营较长时间后，或市场反应不佳，或外部环境发生改变时，则需要考虑重新定位，重新将定位过程再运作一遍，选择出合适的市场定位。

▷小案例

Smart——都市生活的艺术

Smart 是德国奔驰汽车和瑞士 SWATCH 手表公司合作制造的微型车，目前隶属于戴姆勒集团。Smart 的定位是"都市生活的艺术"，这里面有三个层意思：

第一，强调都市，它是都市生活的最佳解决方案。比如说它的安全性、环保性和灵动性，在交通非常拥挤，停车位紧张，燃油紧张情况下，Smart 是对城市交通解决的最佳方案，广告语为"物竞天择，适城市者生存"。

第二，强调艺术，指 Smart 的设计理念、色彩、内部空间跟驾驶者的心态，它不仅仅是一辆车，它是流动的艺术品。2002 年凭借优秀的设计，Smart 更被纽约现代艺术馆以杰出车型设计作品列入永久收藏名单，这说明 Smart 从诞生的那一天起就跟艺术息息相通，它不仅仅是代步工具，Smart 本身就是艺术品，它更是生活的一部分，它有很多附加的情感价值，这是真正在高端品牌中区别于竞争对手最主要的特点。

第三，强调生活。Smart 是一种生活方式，可以让生活变得更美好。这不仅仅是一个口号，每一个坐到 Smart 车里的人，他都会很开心愉快，这是 Smart 跟其他车型不同的特点。Smart 给你一种快乐的感受，你开着 Smart 回头率很高，很多人看到你都会笑。这是种健康积极的心态,Smart 让生活更美好,它倡导一种简单、快乐的生活方式。

开 Smart 的消费者都很年轻,这种年轻是一种年轻的心态,与年纪无关。开 Smart 的人都会非常乐观、开心、简单,这是对简单的回归,是大家从心灵上所期待的。一个简单的微笑,也许就是内心的追求,这种心理诉求就是 Smart 的核心理念。

(资料来源:都市生活的艺术 Smart 走个性与创新之路[EB/OL]. 新浪汽车,2010-05-31)

3. 核心竞争优势的显示和传播

市场定位就是产品核心竞争优势的强化。企业根据竞争优势的选择思路,遴选出一个或多个有效的竞争优势后,还需要考虑通过什么方式在顾客心目中抢占独特的位置。并且,还需要通过一系列的促销活动,将其独特的竞争优势准确传播给潜在顾客,并在顾客心目中留下深刻印象。如,通过广告在顾客心目中建立与该定位相一致的形象。

产品利益、类别、顾客、行业地位等都可以作为市场定位的着眼点,进行定位的构思和设计,以突出企业的竞争优势,并便于日后的营销传播。

表 8.5　定位方式示例

定位方式	示　　例
利益定位	高露洁牙膏——防止蛀牙;农夫山泉有点甜;潘婷——营养头发
类别定位	"中国好歌曲"节目——原创音乐;七喜——非可乐饮料;
顾客定位	老豆手机——首款老人智能手机;QQ——年轻人的第一辆车; 朵唯——女性手机;护彤——儿童感冒药;百事可乐——新一代的可乐
冠军定位	搜狐——中国最大的门户网站;百度——全球最大的中文搜索引擎
价格定位	沃尔玛——天天低价;雕牌洗衣粉——只买对的,不买贵的
情感定位	金蒂巧克力——只给最爱的人;
……	……

企业应注意目标顾客对其市场定位理解出现的偏差或由于企业市场定位宣传上的失误而造成的目标顾客模糊、混乱和误会等情况,及时纠正与市场定位不一致的形象。

三、定位创新——差异化战略

定位的目的就是要标新立异,抢占顾客的心智资源。因此,企业需要寻找和识别产品之间的差异点,即独特的、能获得顾客强烈支持和偏好的属性,以获得更好的市场优势。

产品的差异点,可以来源于产品、服务、员工、渠道、形象这五个方面,见表8.6所示。

表 8.6 差异点来源

产品	服务	员工	渠道	形象
功能	订货方便	形象	覆盖面	标志
性能	产品交付	能力	专业化	风格
质量	安装	品德	库存	事件
设计	客户培训和	态度	送货	公共关系
风格	咨询	可靠	绩效	氛围
耐用性	维修保养	响应速度		
可维修性		沟通能力		

差异化是企业的根本战略,挖掘差异点的目的是为了在顾客价值方面提供比竞争者更多的优势。因此,差异点的选择须满足以下条件:

第一,必须是顾客所注重的产品特性,即顾客认为重要的、在选购产品时会考虑的因素。

第二,与众不同的,在市场上有新意的,具有市场领先性。

第三,与竞争品相比,企业的产品具有一定的优势,是能赢得消费者认同和青睐的。

1. 产品差别化

产品差别化战略是从产品功能、质量、设计、风格、耐用性等方面实现差异化。产品实体的差异化潜力是不同的。有的产品几乎没有差异,如钢材、食盐等初级产品,有的产品则是高度差异化,如汽车、服装等。

产品的差异化从很多方面表现出来,但是这种差异化的特征往往是客观的,最易被识别和最易被模仿的。企业需要不断研究消费者需求,主动创新产品,关注产品差异化的研发,才能在市场竞争中取得主动权。

如,"青橙"推出的户外运动手机,具有能指路、对讲、救援等多种性能,可在游泳、爬山、潜水等多种户外运动场景携带,几乎覆盖徒步、骑车、滑雪、骑马等所有运动需要,为户外运动人士提供整套装备与服务,成功避开了营销的同质化模式。

2. 服务差别化

随着科技、信息技术等不断发展,竞争者之间的技术差异日趋缩小,领先企业保持技术优势的时间也在缩短,顾客对服务的重视与要求程度也在不断提高,特别是当产品实体难以差异化时,取得竞争的关键常依赖于服务内容的增加与质量的提高。服务差异化能够提高顾客购买总价值,提升顾客满意度,有利于维系客户关系,赢得竞争优势。

服务差异化是向目标市场提供超越竞争者的优质服务,主要体现在订货便利性、交付规则、客户培训和咨询、维修保养等方面。

⯈**小案例**

服务比别人"多一点点"

要想在"海底捞"火锅店吃一顿晚饭,基本的做法是提前 2～3 天订座,如果你需要的是包厢,那么订座的时间还要提前两周。

每家"海底捞"门店都有专门的泊车服务生,主动代客泊车和提车。如果你选择在周一到周五中午去用餐的话,"海底捞"还会提供免费擦车服务。

晚饭时间,"海底捞"等候区的景象是:大屏幕上不断打出最新的座位信息,几十位排号的顾客吃着水果,喝着饮料,享受店内提供的免费上网、擦皮鞋和美甲服务,如果是一帮朋友在等待,服务员还会拿出扑克牌和跳棋以供打发时间,减轻等待的焦躁。

大堂里,放在桌上的手机会被小塑料袋装起以防油腻;每隔 15 分钟,就会有服务员主动更换你面前的热毛巾;如果你带了小孩子,服务员还会帮你喂孩子吃饭,陪他/她在儿童天地做游戏。

餐后,服务员马上送上口香糖,一路遇到的所有服务员都会向你微笑道别。一个流传甚广的故事是,一个顾客结完账,临走时随口问了一句:"有冰激凌送吗?"服务员回答:"请你们等一下。"五分钟后,这个服务员拿着"可爱多"气喘吁吁地跑回来:"小姐,你们的冰激凌,让你们久等了,这是刚从易初莲花超市买来的。"

所谓特色,就是比别人"多一点点",而正是这"一点点"为"海底捞"赢得了口碑。

(资料来源:海底捞火锅店:服务好到"一塌糊涂"[EB/OL]. http://www.sina.com.cn,2007-11-27.)

3. 人员差别化

人员差异化是通过聘用和培训比竞争者更为优秀的人员以获取差异优势。特别在一些服务行业,服务人员的素质、形象、专业性等直接影响消费者对企业的评价。通过人员差异化战略,企业可实现降低成本、或提升服务、或突出个性等营销目标。

如,东方航空公司开始招聘年轻的妈妈们作为空嫂,以突出与竞争者的区别和优势,因为已婚育过的女性养育过自己的宝宝,经历了从女孩到妻子再到母亲的转换,做事更有责任心,更具亲和力,也更懂得体贴别人,也能为顾客提供细心和满意的服务。

4. 渠道差别化

企业可以在渠道策略、渠道设计、渠道建立、渠道管理、渠道维护、渠道创新等方面进行差异化的建设。如,1987 年"薇姿"推出男士系列,成为第一个在药房销售的男士护肤系列;"戴尔"和"雅芳"也是通过直销渠道的开辟分别在电脑和化妆品市场占领了一席之地。随着互联网和信息技术的高速发展,渠道创新将更加容易。

5. 形象差别化

企业或产品的品牌形象差异化也是定位创新的来源之一。品牌形象包括两个方面:一是品牌视觉系统(包括基础元素、应用元素),即视觉形象;二是社会形象,品牌在各种社会力量心中的形象。企业可以从这两个方面着手进行差异化建设,通过树立生动、鲜明、易于识别、符合市场细分的品牌形象设计和良好社会公益形象,使品牌更具个性和特色。

如,麦当劳"小丑叔叔"亲切滑稽的形象很招孩子们喜爱,而肯德基的"山德士上校"更受到大人们的认同。此外,麦当劳金黄色的"M"拱门标志比肯德基的"KFC"更加夺人眼球,给人印象更为深刻。

本章小结

市场细分、目标市场和市场定位是企业 STP 战略的三部曲。

市场细分是目标市场选择的前提,可以根据人口、地理、心理和行为四类变量,选择一种或多种变量进行细分,有效细分市场的标准是具有可区分性、可测量性、可进入性、可获利性和可操作性。

目标市场的选择是市场细分的归宿。选择合适的目标市场需要考虑盈利性、竞争性以及企业的营销目标和资源状况。目标市场的选择具有市场集中化、产品专业化、市场专业化、选择专业化和全面覆盖五种模式,在此基础上,还需要进行目标市场战略的确定,可以分为无差异营销、差异营销和集中营销三种情况。

市场定位的实质是占有客户的心智资源,需要对竞争优势进行梳理和确认,选择和定位,显示和传播。差异化是市场定位的根本策略,企业可以在产品、服务、员工、渠道、形象五个方面进行差异化建设。

复习与讨论题

1. 什么是市场细分? 可以细分市场的变量主要有哪些?
2. 有效细分市场的衡量标准是什么?
3. 阐述目标市场营销战略的不同类型,及其优劣势和适用范围。
4. 选择目标市场营销战略需要考虑哪些因素?
5. 什么是市场定位? 其实质是什么?
6. 企业的差异化战略体现在哪些方面?

实训题

1. 假如你是一家牛仔裤厂家的营销经理,在拟生产新款式的牛仔裤之前,需要对该市场进行细分,请提出你的细分方案以及所选择的目标市场,并说明理由。

2. 以小组为单位,模拟作为某饮料企业的新产品研发团队。现在企业拟开发一种新的饮料来应对市场竞争,请提供三种不同的市场定位方案。对于每一种方案,请说明定位过程和依据。

⇨案例分析题

江小白:一瓶青春小酒的逆袭

"每个吃货都有一个勤奋的胃,和一张劳模的嘴";

"吃着火锅唱着歌,喝着小白划着拳,我是文艺小青年";

"容颜易老,青春会跑,一瓶江小白就倒,还叹红颜知己太少"……

——摘自《江小白语录》

"江小白"是一款针对 80、90 后年轻消费群体的青春小酒,诞生于 2012 年。上述那些紧跟时代潮流的俏皮话被称为"江小白体",作为品牌广告标语印刷在每个瓶身上。

"江小白是第一个提出青春小酒的企业,它自成一格地开创了一个新的品类,是传统白酒市场的有益补充。""江小白"创始人、重庆江小白酒类营销有限公司执行董事陶石泉说。

他认为,白酒是个传统产业,做的人都往一个地方使劲——产品必须看起来上档次、喜庆或者充满历史感,意及"高端大气上档次"。千篇一律地刨祖坟、讲历史、端着杯子想死人,鲜活的当代人文情怀反被忽视,如此一来,很难做出差异化的品牌和产品,何况现在是文化多元的时代。白酒行业的单一诉求并不合理。

据统计,白酒的消费者以中老年为主,80后只占四分之一。大多数受访的年轻人表示,若非应酬平时不会想喝白酒,啤酒、红酒或洋酒才是他们的菜。并非白酒味道不如人,而是因为在长期的"帝王专供"、"御用琼浆"、"历史悠久"等广告宣传下,白酒这个原本单纯的情绪性"饮料"已被悄然贴上了诸多标签,严重匮乏年轻时尚的品牌调性,自然会被前卫自由的新一代拒之门外。

陶石泉紧盯市场空白,针对80、90后推出了定位朋友之间时尚休闲的青春小酒品牌"江小白","以半大不小的年龄,在一个半老不老的行业,以半高不低的起点,做着一瓶青春小酒的白日梦"。

（资料来源:我是江小白:一瓶青春小酒的逆袭[J].广告主,2013(11):68—69.）

[案例思考]

1. 在白酒市场,江小白是如何进行市场细分的?
2. 江小白的市场定位是怎么设计出来的?
3. 对白酒市场你还可以做怎样的细分? 还有哪些领域未被开发和满足?

延伸阅读

[1]艾·里斯,杰克·特劳特.定位:有史以来对美国营销影响最大的观念[M].北京:机械工业出版社,2011.

[2]杰克·特劳特,史蒂夫·里夫金.重新定位[M].北京:机械工业出版社,2011.

参考文献

[1]菲利普·科特勒.营销管理——分析、计划和控制[M].梅汝和,等译.上海:上海人民出版社,1990.

[2]朱芳,陶云.国内高尔夫旅游者动机与市场细分研究[J].科技和产业,2014,14(1):28—33.

[3]菲利普·科特勒,凯文·莱恩·凯勒.营销管理(第13版·中国版)[M].卢泰宏,高

辉,译. 北京:中国人民大学出版社,2009.

　　[4]韩立佳. 奢侈品市场细分的营销策略[J]. 经济论坛,2008(20):96—98.

　　[5]LED 行业五大细分市场分析:涉足虽易 赚钱难[EB/OL]. 中国 LED 网, 2014-12-26.

　　[6]于晗.大众加大对新产品、创新技术及全球业务投资[EB/OL].太平洋汽车网,2014-11-27.

　　[7]吴健安. 市场营销学(精编版)[M]. 北京:高等教育出版社,2012.

　　[8]钱旭潮,王龙. 市场营销管理:需求的创造与传递[M]. 北京:机械工业出版社,2013.

第九章

产品开发与创新 ≫ ≫ ≫ ≫

▷【知识目标】

理解产品和新产品的概念，了解产品和新品的分类，熟悉产品组合的评价以及优化路径，掌握产品生命周期理论和新产品的开发过程，认知品牌和包装，熟悉品牌决策内容，了解包装作用和策略。

▷【技能目标】

能够剖析产品的各个层次，评价企业的产品组合状况，分析产品的生命周期阶段并制订相应的营销策略，能完成新产品的开发过程。

▷【引导案例】

以产品创新研发破解困境

在整体经济下滑的大趋势下，国内部分户外鞋服企业通过差异化营销、加强产品创新研发，满足消费者对于功能性鞋服的需求，破解产能过剩的困境，在年底交出了令人惊喜的"答卷"。

凤竹纺织研发出"长效抗菌银离子面料"等新型面料。"通过把银纳米化，变成离子状态，然后添加到纤维中，这样生产出来的面料，具有抗菌的效果。"凤竹纺织相关负责人表示，"新型面料的价格要比正常面料贵50％～80％，主要用在比较高端的品牌上。"

联邦三禾则与台湾企业合作，从台湾引进太极石，然后把原石纳米化后做成母粒，再混入其他基材里永久性固化到纤维当中，就做成了具有促进人体微循环功能的太极石面料。

安踏推出的呼吸网2.0科技跑鞋成为行业的焦点。这款新产品适应了现代人对鞋子透气、贴脚、轻薄等的新需求，采用全方位透气编织，轻薄贴合，可以有

效加快足部散热,在呼吸网 2.0 织造的过程
中,则选取了类似鱼鳞的网孔来提升透气效
果。此外,呼吸网 2.0 跑鞋所用材料比普通
的要贵,安踏通过优化技术、减少工序砍掉了
不少制造成本,普通的鞋面有 20 多道工序,
呼吸网 2.0 鞋面工序被减少到五六道。半年多过去,安踏的这一新款球鞋,交出
了不俗的成绩单。目前该鞋款已成为安踏单个品类销量最高的产品之一,销售
率超过了 70%。

　　(资料来源:户外鞋服企业以产品创新研发破解产能过剩困境[EB/OL].户外资料网,
2015-01-01.)

营销启示

　　产品开发与创新是企业永恒的主题,也是企业摆脱困境,进行差异化营销的
最有效途径。随着科学技术的进步,产品生命周期也在不断缩短,产品开发和创
新的频率也会不断提高。只有重视市场需求,坚持产品开发和创新,擅长产品管
理的企业,才有可能走在行业前行,超越竞争、引领需求。

　　产品(Product)是企业和市场的联结点,也是企业服务市场的承载体。无论
市场营销哲学导向如何发展,产品的开发和创新始终是企业经营的核心环节。
产品策略在企业的整体营销策略中处于中心地位,价格、渠道和营销传播策略都
是为产品服务的。

第一节　产品与产品组合

　　产品就是企业为了满足用户需要而创造的提供品。在市场营销学中,产品
概念具有较为宽广的外延和深刻的内涵,需要从整体层面对产品概念进行完整
的理解。

一、产品概念

　　产品是提供给市场能满足某一需要和欲望的任何因素,包括有形物品、服
务,以及事件、体验、地点、所有权、组织、信息、创意等。

消费者在选择产品时考虑的因素很多,从顾客购买的角度,产品的整体概念包括以下五个层次,如图 9.1 所示。

1. 核心产品,是指产品具有的基本功能和效用,是消费者购买的核心利益所在。比如,消费者买一支笔,其核心需要是写字的功能,写字功能就是笔的核心产品。同一种产品,由于消费者的关注点不同,其核心功能会有较大差异。比如,手表通常是用来计时的,但是一块瑞士高端手表,其效用就包含了收藏、炫富、显示身份等其他要素。

2. 形式产品,是核心产品借以实现的具体形式,包括产品的特性参数、设计式样、外观包装、质量水平和产品品牌。它们是产品的外在表现形式、产品功能的载体,也是消费者接触到的产品的"第一印象"。

3. 期望产品。购买者在购买产品时期望得到的与产品密切相关的一整套属性和条件。不同的人对这种期望是不同的,例如,消费者购买洗衣机,除了洗涤的核心功能外,还期望洗衣机具有甩干、消毒、烘干等功能。

4. 延伸产品。又称附加产品,是消费者购买产品时附带获得的各种增值利益的总和,包括送货、安装、使用指导、包退包换、维修保养、信用服务、零部件可获性等。增值产品领域是当今企业竞争的主要领域,提供超过顾客期望的增值利益给顾客,成为当今市场竞争的有效手段。

5. 潜在产品。指产品在未来可能发展的改进和变革,是产品可能发展的前景和趋势。

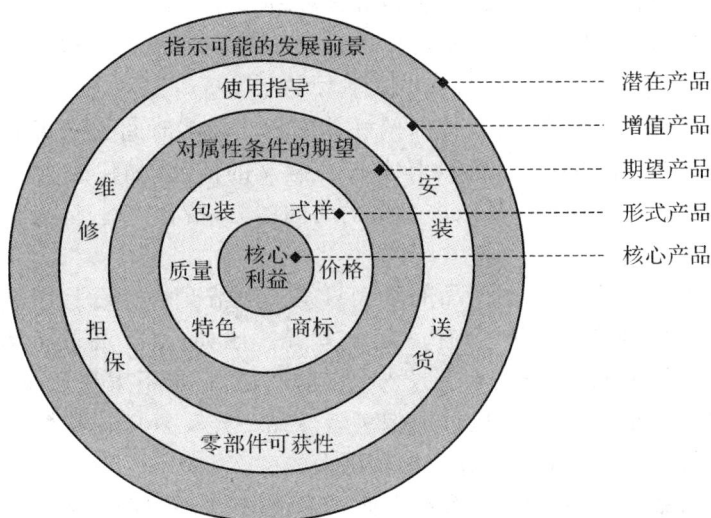

图 9.1　产品层次图

产品整体概念(Total product concept)对企业经营有着重大意义。它指明了产品是有形特征和无形特征构成的综合体,清晰地体现了一切以市场要求为中心的现代营销观念。产品的差异性和特色是市场竞争的重要内容,把握产品的核心产品层次,产品的款式、包装、特色等完全可以突破原有的框架,由此开发出一系列新产品。同时,产品整体概念是一个动态的概念,随着市场消费需求水平和层次的提高,市场竞争焦点不断转移,对企业产品提出更高要求,产品整体概念的外延处在不断延伸的趋势之中。

二、产品分类

1. 实物产品

实物产品是以物质实体的形式存在的产品,是看得见、摸得着的东西,比如手机、牙膏、汽车等等。实物产品可以分为消费品和工业品两大类。

(1)消费品

消费品是满足人们物质和文化生活需要的产品,也称作"消费资料"或"生活资料"。按照消费者购买习惯的不同,消费品可以分为便利品、选购品、特殊品和非渴求品四大类。

①便利品,是满足消费者日常需要,容易消耗、需要经常购买、但不必花费很多时间和精力去购买的产品。便利品在选购中不必花费太多的时间精力。如常用的饼干、牛奶、蜜饯等食品,洗发水、餐巾纸、香皂等日用品。

②选购品,指对使用性、质量、价格和式样等基本方面要作认真权衡比较的产品。通常指使用时间较长,消费者比较在意的商品,消费者在选购中会投入较多的时间精力。比如手机、外穿的衣服、餐厅的菜肴等等。

③特殊品,指消费者对其有特殊偏好并愿意花较多时间去购买的商品。通常是价值较高、并且对消费者而言具有较高意义的商品,如住房、婚纱、戒指等等。消费者在选购时一定会投入非常多的时间精力,精心挑选,反复比较才会决定购买。

需要说明的是,以上三类商品的举例只是一般情况。实际上基于消费者的经济状况和消费理念的不同会有一定的差异。比如,对于高收入者而言,买iPhone就像是买便利品一样,不会投入很多时间精力,也不太在意花费多少钱。而对于低收入者而言,买个手机可能像买特殊品一样反复比较和精心挑选。因为这对于他们而言这一笔开支具有比较重大的意义。

④非渴求品,指消费者不了解或即使了解、没有兴趣主动去购买的产品或服务。如一些刚开发的应用软件、刚面世的新产品、保险、百科全书、殡葬用品等。

这一类产品的营销具有相当的特殊性。

（2）工业品

工业品是指购买后用于社会再生产的产品。根据其进入生产过程的状态，一般可以分为材料和部件、资本项目、供应品和服务三大类。

①材料和部件，指完全要转化为生产企业所生产的产品，包括原材料、半成品和零部件。如农产品、资源（石油、煤炭等能源，以及水、土地、矿石等其他自然资源）、构成材料（铁、棉纱、水泥等）、构成部件（马达、轮胎、铸件等）。

②资本项目，指部分地进入产品的物品，包括装备和附属设备。装备包括建筑物（厂房、办公室等）与固定设备（机械设备、电梯等价值比较高的商品）；附属设备包括轻型制造设备和工具（手用工具、起重机等）以及办公设备（打字机、办公桌等）。

③供应品和服务，指不会形成最终产品的物品。供应品包括生产产品（如润滑油、手套等）和维修用品（油漆、钉子等），服务包括维修服务和商业咨询服务。

2. 服务

服务是指以提供劳动的形式满足他人某种特殊需要的活动，是通过为顾客提供帮助、解决消费者问题或者满足消费者非物质需要，来获取回报的过程。比如快递公司帮助顾客实现了货物的传递，公交公司帮助乘客实现了所在位置的变化，等等。

（1）服务的分类

服务（Service）包括很多不同的形态和类别。如场地、体验、组织、人物、事件等等。各种服务形态有时候是交织在一起的。比如去观赏一场刘德华的演唱会，那么观众就同时享受到了场地（会场的座位）、人物（刘德华）、事件（聆听演唱会）和体验（现场互动）。游玩迪士尼乐园时既享受了园区的场地服务，又得到了体验（如坐过山车）。

服务还常常和实物产品或信息结合在一起。一般来说，实物产品的消费过程往往伴随着服务。比如买一个手机，就可以享受到保修服务。买一个空调，厂家或者商家会为顾客提供免费安装，等等。

多数情况下，消费实物商品时，服务只是附加和配套的，处于从属的地位。但在有些情况下，服务占据了较大的比重。比如，去餐厅用餐，除了菜品以外，消费者还会非常在意店家提供的服务。

（2）服务的特性

服务本质上是无形的。和实物产品不同，享受服务，不会带来物品所有权的变更。服务的特性表现在无形性、不可分割性、差异性以及易逝性四个方面。

①无形性。由于服务不提供实物,所以它的提供物是不可见的,无形的。但是服务的过程是可见的,服务人员、服务用品是有形的。所以,在进行服务的营销推广时,应该努力用图片、视频等方式把无形的服务进行有形的展示。在服务的过程中,也要注意多给顾客留下有形的印象。

②不可分割性。服务的不可分割性表现在两个方面:第一,服务的生产过程和消费过程不可分离;第二,服务提供者和接受者必定存在着沟通和交流。消费者享受对自身的服务必须亲历亲为。如,可以让别人代买一张电影票,但是不能让别人代看一场电影,因为那就是别人在享受服务了。服务中良好的沟通和交流会大大提高服务的质量,加强顾客的良好体验。

③差异性。服务人员不同、顾客不同,服务产品的提供存在的多变性,顾客感受到的服务质量和体验也存在很多差异。如,同样的一句问候语,服务员微笑着说和板着脸说效果大不一样。同样的服务,对于心情好的顾客和心情不佳的顾客感受也不一样。如,2014 年底,国内航班上出现的"机闹"事件,就是个别情绪不佳的顾客对正常的服务感受到了不满意。企业应该通过培训、规章制度等手段努力让服务标准化、一致化,同时对特殊顾客的要求应当区别对待。

④易逝性。即服务的不可储存性。服务的生产和消费过程是同时发生的,服务的消费必须是在服务的生产地和生产时间内同步进行。如,顾客如果错过了一个航班,那就是失去了一个接受服务的机会。虽然可以改签机票,但签票以后享受的是另外一个不同的服务,尽管航班的起点和终点完全一样。服务人员要认认真真对待好当前的顾客,因为服务永远是一次性的,不像实物产品可以通过退换货、维修等手段进行弥补。

企业内部也要为第一线员工做好支持、配合和服务,为他们提供必要的培训、良好的工作氛围和合适的薪酬,即做好内部营销工作。难以想象一个满腹牢骚的服务员会为顾客提供良好的服务。所以,做好内部营销是搞好服务营销的必要前提。

3. 信息

思想、理念、信息(Information)等有时又被归类于服务,但与服务又有所不同。它提供的是意识领域的产品。思想、理念、信息往往需要实物产品或者服务作为它的媒介。比如,书本、期刊是实物产品,但实际上它们只是思想的载体。再如,学校的课堂、培训班、学术论坛等都属于服务,但是它们也都是主讲人思想、理念传播的媒介。

在网络和电子世界,信息的传播媒介就是流媒体。信息产品以数码流的方式通过网络传递到用户终端。我们可以通过网络下载一首歌曲,或者观看一部电影。

软件是一个特殊的商品。它既有实物商品的某些特性,又有信息商品的某些特性,同时软件的运行有时候是服务商提供服务的过程。

4. 非实物所有权

所有权(Ownership)是一种抽象的概念,指消费者或者购买者具有某项独占或者共享的法定权益,包括财产权、知识产权等等。

股票是一种财产权。股民购买了公司的股票,就可以按比例获得公司的所有权,可以按比例分享利润或者得到公司解散后的清算剩余,当然也要按比例承担亏损。

知识产权是指专利、版权、商标权等法律赋予权利人在某个领域的专有权益。

所有权经常被归类于服务。它和服务的性质有时候比较接近,如,住宾馆意味着可以享用客房、电梯等设施的使用权。但财产权、知识产权等与服务又差异较大,同时它们也不同于实物产品和信息,因此是另一种类型的产品。

三、产品组合

产品组合(Product mix)指一个企业在一定时期内生产经营的全部产品项目的组合,它反映企业生产或经营产品的总体概貌。产品组合是由产品项目和产品线组成的。

产品线是指企业生产经营的同一大类产品,它们在原材料、生产流程、功能效用等方面基本相同或者是非常接近。比如,宝洁公司生产的各种洗发水可以被认为属于同一条产品线。

产品项目,指在产品线中,具有特定尺码、价格、外观及其他属性的具体产品。

1. 产品组合的评价指标

衡量企业的产品组合状况,可以用广度、长度、深度、关联度四个指标表示。以某家电公司的产品组合为例进行说明,见表9.1所示。

表 9.1 某公司产品组合

空调	冰箱	冰柜	洗衣机	小家电	厨卫家电	个人护理
家用空调 商用空调 中央空调	机械冰箱 电脑冰箱 小容积冰箱	卧式冰柜	波轮洗衣机 滚筒洗衣机 干洗洗衣机	电饭煲 饮水机 电磁炉 电子鞋柜	吸油烟机 洗碗机 热水器	剃须刀 电熨斗 美容仪 卷发器

(1)产品组合的广度,也称宽度,是指企业所拥有的产品线数量。如表9.1所示,该公司有7条产品线,其产品组合宽度为7。企业增加产品组合的宽度,即增加产品线,有利于企业扩展经营领域,实行多元化经营。

(2)产品组合的长度,指产品组合中所有产品线的产品项目总数。如,该公司所有产品项目的总和为21,则其产品组合长度为21。每一条产品线内的产品品目数,称为该产品线的长度。每条产品线的平均长度等于总长度除以广度。如表9.1中的平均长度为3。一般情况下,产品组合的长度越长,说明企业的产品品种、规格越多,产品线内容丰富,可以满足消费者的不同需求,占领更多的细分市场。

(3)产品组合的深度,指产品线中每个产品项目中具体产品的数量。表9.1中的公司,如果滚筒洗衣机的容量有两种(6公斤和5公斤),功能有两种(有/无烘干功能),那么滚筒洗衣机的深度就是 $2 \times 2 = 4$。

(4)产品组合的关联度,指企业的不同产品线之间的关系的紧密程度,可以从原料、生产过程、产品功能、价格、销售渠道、客户群体等方面来衡量。表9.1中的公司生产的都是家用电器产品,生产、销售和顾客群都有一定相似性,其关联度是高的。一个企业的产品关联度越高,资源和市场的集中度就较高,可以提高企业在特定领域的行业知名度和市场竞争力。

2. 产品组合优化

产品组合的优化是对其广度、长度、深度和关联度的调整来实现的,通过产品项目和产品线的数量的增减,实现企业发展目标。

(1)扩大产品组合

当市场需求尚未得到满足、企业有能力满足该市场需求,或现有产品竞争力预期下降,或企业研发能力较强,在技术上能引领市场的时候,一般会采用扩大产品组合的优化策略。企业主要通过以下方法来拓展产品领域。

①加大产品组合的宽度。即企业增加新的产品线,扩展企业的经营领域,实行多元化经营,增加新的盈利点,以降低市场风险。

②增加产品组合的长度,即在原有产品线里增加新的产品项目,又称产品线延伸策略,通过增加产品项目的数量,延长产品线,以占领更多的细分市场,增加企业的竞争力。产品线的延伸有三种形式。

向上延伸,是指在原来只生产中、低档产品的产品线中分别增加高、中档产品。向上延伸可以进入中、高档产品领域,分享可观的利润率和市场空间。但是,也存在一定的市场阻碍,如原来生产高档产品的竞争者份额难以占领,顾客对其高档新品的质量产生怀疑等。

向下延伸,是指在原来只生产高、中档产品的产品线中分别增加中、低档产品。企业通过向下延伸可以填补市场空缺,建立更加全面的产品防守,以防竞争者乘虚而入。但企业新增的低档产品品种可能会损害到高档产品品种的销售,危及企业的质量形象,一般企业通过对新增低档产品用新的品牌,以保护原有的名牌产品。

双向扩展,是指在原来只生产中档产品的产品线中增加高、低两档产品。虽然可以尽可能填补产品线的空缺,但是其面临的市场困难和风险也是双重的。

③增加产品组合的深度。

增加产品组合的深度也可以通过在现有范围内增加更多的具体产品实现,即产品线填补策略。

(2)缩减产品组合

产品组合的优化并不意味着始终做加法,扩张并非意味着最优。恰恰相反,在很多时候,适当地做减法,可以集中企业的资源争取最有效的市场效果。如当市场不景气、原材料、能源供应紧张,或者某些产品出现滞销和大量库存时,企业就应该考虑缩减产品组合。

产品组合的缩减是通过减少宽度和长度,即删减产品线或紧缩产品线来实现。企业必须对产品组合定期分析和审查,削减业绩差的产品,实现产品线的精简和优化。

(3)产品组合特色化

在产品线中有典型地选择一个或少数几个产品项目进行特色化。如,以产品线上低档产品型号进行特色化,使其充当开拓销路的先锋。例如,大金公司出售一种价格特低的空调机,以此吸引顾客。

可以通过对产品组合关联度、广度的调整,以实现集中化经营或多元化经营,创建企业的特色化产品组合,找到与公司资源相匹配的经营策略。

第二节　产品创新与管理

随着市场需求的日益多样化和竞争的不断加剧,产品在市场上销售周期越来越短,新产品的开发和产品周期的有效管理是关系到企业竞争成败的重要内容。

一、新产品类型

在市场营销学中,与产品范畴一样,新产品的概念也很宽泛。凡是在产品整体概念中某一部分,与其他产品有所不同和创新,能够给消费者带来新的利益和满足的产品,均称为新产品。因此,只是变更了颜色或换了包装的产品也是新产品。

根据产品的创新程度不同,新产品可以分为以下类型。

1. 完全创新产品

完全创新产品是采用新原理、新结构、新技术、新材料制成的、市场上前所未有的产品。这是绝对的新产品,其创新程度最高,往往取得发明专利权,受国家法律的保护。如,第一次出现的电话、飞机、计算机等产品。这类新产品具有明显的新特征和新用途,能改变原有的生产方式、生活方式,创造需求,引导消费,一旦投入能取得巨额的市场回报。但是,这类新产品的开发周期较长,需要花费巨大的人力、财力和物力,绝大多数企业承担不起这类新产品的开发。

2. 换代新产品

换代新产品就指在原有产品的基础上,部分采用新技术、新材料制成的性能有显著提高的新产品。如,苹果 iPhone 开创了触控新概念,使手机进入了全新的触控时代,是一款典型的换代新产品。换代新产品的出现,也是伴随科学技术的进步而来的。与完全创新产品相比,其开发周期要短些,市场成功率也相对高些。

3. 改进新产品

改进的新产品是指从不同侧面对原有产品进行改革创新的新产品。如,产品规格、品种和款式上的变化,形成产品的系列化;将原有产品与其他产品或原材料相组合,增添产品的新功能;通过采用新设计、新结构、新的零部件使其增加新用途等。这类产品的技术含量较低,与原有产品的差距不大,进入市场后也比较容易为市场接受。但是,由于这种创新比较容易,企业之间的竞争也就更加激烈。

4. 仿制新产品

仿制新产品是指企业对在国内外市场上已经出现的产品进行引进或模仿制造,并对原产品的某些缺陷和不足加以改造、研制生产出的产品。模仿制造是开发新产品最快的方式,风险比较小。只要企业有生产能力,又有市场需求,即可借鉴市场上现成的样品和技术来开发本企业的新产品。但仿制新产品的开发,要注意和规避可能存在的法律风险,需要在合法的范围内进行对原有产品进行适应性修正。

　　仿制新产品是许多企业发展初期的经营之道,但企业通过模仿学习,并进一步实现突破性创新,那往往具有较为广阔的市场前景。如,腾讯QQ通过模仿学习美国的ICQ,加之自主研发,实现了突破式创新,推出了许多首创的网络增值服务产品,如开心农场等游戏产品、QQ群、微信等,成为国内网络社交的主要平台。

⇨前沿知识

Design Thinking

　　当今天的商品严重供过于求时,客户的目光越来越挑剔,对品牌越来越缺乏忠诚度,对同质化产品越来越没有耐心。企业不得不思考:单纯靠技术进化能激发客户需求吗? 靠价格战能在竞争中长期获胜吗? 研发的产品如何才能令人惊艳? 服务创新如何才能打动客户?

　　很显然,这是一个从硬件到软件再到艺术,多行业跨界整合创新的时代,企业需要突破性的创新思维和方法来研发令人感动的产品,这就是设计思考(Design Thinking)。

　　Design Thinking,是由世界上最大的设计咨询公司 IDEO 的主席兼 CEO Tim Brown 提出,最初的定义为"设计思考是以人为本的设计精神与方法,考虑人的需求、行为,也考虑科技或商业的可行性",是一种洞察人性、颠覆传统、产生极致体验新产品/新服务原型的创新方法。

　　基于用户体验的设计,不仅仅是观察、同理心和洞见,而产生创意设计的整个过程,具体包括五个步骤:洞悉感受(考虑用户的感受和需求)——识别洞见(检视企业内外的机会与威胁)——创新点子(可行性、存续性、用户价值性)——塑造原型(快速地发展可能成功的方案)——传递感动(把有趣的想法传递给消费者)。

　　设计思考其实是一个探索的过程,分别是 inspiration(灵感)、ideation(构想形成)、implementation(执行),发想是刺激你寻找解决方案的机会,构思是想法的催生,执行则从研究室到市场的步骤,而这几个步骤会在设计的流程中来来回回不下数次,先有思考,才有设计,然后再来思考,再重新设计。

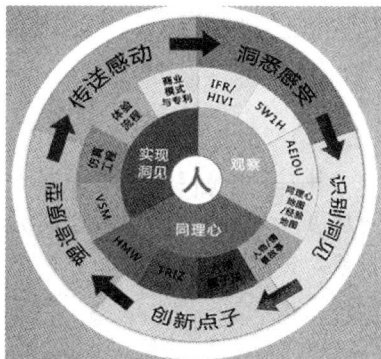

（资料来源:与 Design Thinking 的第一次接触[EB/OL].中国艺术设计联盟,2013-04-08;Design thinking [EB/OL].http://www.chuangxinieg.com/jishuchuangxin/shejisikao.html,2015-1-21.）

二、新产品开发

1.新产品开发过程

新产品开发(New product development)是企业可持续发展的基本驱动力,为了提高新产品开发的成功率,企业需要对新产品开发的每一环节进行有效管理,以减少可能的失误。新产品的开发过程一般包括以下 8 个过程,如图 9.2 所示。

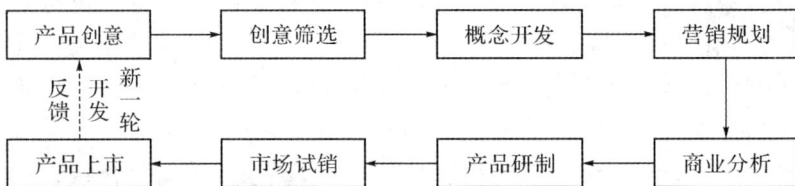

图 9.2　新产品开发程序

(1)产品创意

开发新产品,首先要根据消费者的需求提出产品的创意和构思。新产品的创意可能来自于内部,如管理层、产品开发设计人员、生产人员、销售人员和售后服务人员等,也可能来自于外部,如供应商、经销商、竞争对手、用户和外部设计公司等。

一个创新型的公司应该具有能够不断产生或吸收各种创意的文化和机制。当今社会中,许多产品的生命周期很短,新产品又层出不穷,不断涌现。企业要赢得竞争优势,需要经常性地开发更多、更好的产品创意,产品创意成为影响企业竞争力的重要要素。

产品创意哪里来? 最根本的是来自于用户的需要和欲望! 以下探索一些产品创意产生的方法:

①颠覆。颠覆就是推翻传统的观念和方法,采用不同的原材料、新工艺和新思想。图 9.3 展示了一个全新的测量距离的工具,就是对传统量具的颠覆。

②嫁接。嫁接就是把别的领域的技术整合到

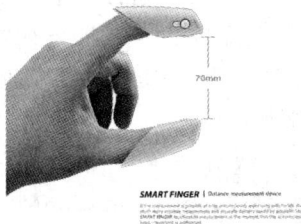

图 9.3　指套量具

新产品中。比如,智能手机实际上是把电脑技术嫁接到了手机上,使其具有浏览、游戏等功能。

③跨界。跨界是指一个产品同时具有另外一个产品的功能。如,一张可以灵活地用作桌子的椅子。

④简约。简化繁琐的设计,也会是新产品设计的一条思路。

⑤巧妙。经过巧妙设计的产品令人耳目一新。图9.4是一款自行车,设计师巧妙地把坐凳设计成具有锁住车轮的功能,既简约又时尚。

⑥情感。产品在设计时注重用户的情感需求。如即将上市的 Apple Watch 等一些智能手机可以让亲友之间通过振动感应和心跳传递等方式实现情感的交流。相信这一类产品将会受到消费者的热烈欢迎。

图 9.4 坐凳锁自行车

⑦细分。针对不同的用户群体的差异性需求开发特定的产品。比如老年手机等等。

⑧艺术。一个传统的用品,加以艺术设计后就会呈现无穷的魅力。

⑨解难。解难是解决生活中的难题。解难设计由于解决了困扰人们生活的实际问题,因而非常可能受到消费者的喜爱。如,奇虎公司设计了一款儿童手表,家长可以通过自己手机上的 APP 软件来监控自己的小孩。当小孩走出规定的区域(如幼儿园围墙的区域),家长的手机就会报警。家长这时可以打开与小孩的对讲功能,了解小孩的活动情况。这款手表上市以后很受家长欢迎。

⑩组合。组合就是把两个不同的产品功能组合到一件产品中。如,具有称重功能的砧板,非常方便家庭主妇根据菜单的要求准确配备食品原料。

(2)创意筛选

创意筛选是新产品开发中非常关键的一个环节。因为创意的选用与否,直接影响到产品的实质性开发,进而影响企业的投资回报。产品的创意可以是发散的,但是是否符合消费者潜在需求,能否在市场上超越竞争等都需要通过一系列的评价标准进行比较和判断,从中找出最有可能和最有市场前途的产品创意。如,乔布斯在苹果公司扮演的一个重要角色就是创意的筛选者。

创意的筛选一般要考虑市场成功的条件、竞争品的状况、企业资源和能力、预期利润和市场空间等方面的因素,筛选的过程有助于对原有的产品创意进行修改和完善。

（3）概念开发

经过筛选后的创意需要进一步明确的产品概念。产品概念是企业从消费者的角度对产品构思进行的详尽描述,即对产品创意的具体化。通过描述出新产品的性能、具体用途、形状、优点、外形、价格、名称、提供给消费者的利益等,让消费者能一目了然地识别出新产品的特征。毕竟消费者购买的不是新产品创意,而是具体的产品。

产品概念的形成,一般要考虑以下三个问题:谁使用该产品？该产品提供的主要利益是什么？该产品适用于什么场合？任何一种产品创意都可转化为几种产品概念。如,某汽车公司拟开发一款电动汽车,根据以上问题,可以形成以下概念:

概念1:一款新型时尚的车,适合年轻人工作不久后购买,起到代步和过渡的作用。

概念2:一款实用的小型车,适合家庭主妇购物、接送孩子等市内需求,是家庭的第二辆车。

概念3:一款专业环保的车,是政府有关部门和社会组织的公务用车,以提倡节能和低碳的社会导向。

产品概念开发后,还需要对其进行测试。概念测试是用文字、图片等形式将产品概念展示给目标顾客,以观察其反应的活动。消费者的需求愿望越强烈,新产品概念成功的可能性就越大。

（4）营销规划

经过概念设计验证可行的产品概念,公司就要制定一个初步的营销规划。营销规划首先要说明该产品的开发是否符合公司的战略发展目标,然后描述目标市场的详细参数,如市场规模、目标人群特征等,再对产品生产成本,预测市场份额、销售金额和利润,设计分销渠道,确定营销预算等进行估算和说明。

（5）商业分析

商业分析是在营销规划的基础上,对产品概念从财务上进行分析,主要包括预测销售量、估计成本和利润。商业分析的主要任务是判断营销规划中的预测指标是否能够实现,同时判断公司是否具有足够的资源来推出这款新产品。商业分析需要通过市场调查,采用科学的方法对未来市场的行情和趋势进行评估和判断,力求分析结果的客观、真实和科学。

（6）产品研制

经商业分析后具有可行性的产品概念须移交给产品研发部门,开发产品的模型或样品,真正进行产品的开发和试制。只有通过产品试制,产品概念才能实体化,生产成本才能具体化,才能进一步验证产品概念的可行性。产品研制一般要经过多种测试,既对产品功能进行实验室破坏和实际操作,也请消费者对产品样品进行试用,并考察其评价结果。

（7）市场试销

市场试销是产品正式投放市场前的必要环节,公司将少量生产的产品在某个局部市场投放,了解消费者和渠道对新产品的反应,判断价格是否能够被接受,以及产品是否还存在问题。市场试销是对产品的全面检验,可为新产品是否全面上市提供全面、系统的决策依据。

市场测试是一把双刃剑,最大的问题是可能泄露新产品的信息。无论是被竞争对手模仿还是受到针对新产品的营销攻击,对产品开发企业都是非常大的威胁。因此,现在很多企业都不再进行公开的市场测试,而采用模拟市场测试等方法,以期能得到市场检验结果,又能使新产品上市时达到一鸣惊人的效果。

（8）产品上市

经过市场测试后,产品就要正式投放市场,产品正式进入商业化运作的阶段。因为新产品投放市场初期往往不被消费者关注,要取得良好的上市效果,企业需要对产品投放的时间和地点,以及新产品首秀方式、最初的营销组合策略等进行慎重决策。如,苹果公司产品发布会往往能引得顾客翘首以待,达到被全社会关注的效果。

新产品上市后,企业应该定期进行监测和评估,及时收集消费者的使用评价。无论是积极还是消极的市场反馈信息,对于新一轮的产品开发无疑是必要的和有价值的。

▷小案例

西门子创新法则

请设想一家大型电气电子公司把一个蚁穴模型摆进办公室的情景,这未免有些不伦不类。而在西门子公司看来,蚂蚁在蚁穴塌陷后的处境,信鸽通过地球的磁感线辨别方位等自然界的稀松平常事,正是激发研发人员的创新源泉。

有别于以技术难题为出发点的创新,西门子中国研究院在斯坦福大学提出的设计思维基础上,创建了适用于中国和工业化环境的西门子 i. DT（Industrial Design Thinking in China）横纵融合创新法,其特点是从用户的需求出发,深入挖掘潜在需求和整合多种技术或业务来满足用户需要。

为了更好实现横纵融合创新,西门子中国研究院与斯坦福大学合作成立了集成和颠覆性创新中心,其办公室进驻西门子中国研究院内并命名为天工馆。"天工"二字取意于天工开物。在天工馆工作的两名专职及多名兼职教练为西门子研发人员进行课程制定,专门培训研发人员的横纵融合创新思维,开发出具有颠覆性潜力的创新技术。

西门子射频识别技术团队在开发矿工随身携带的井下定位装置时,天工馆里摆放了一个蚁穴模型和矿工假人。这种用意是西门子 i.DT 横纵融合创新中的极端用户法。因为蚂蚁作为自然界的"矿工",其蚁穴和矿井一样,面临着坍塌的风险,观察蚂蚁的世界可以激发项目组看到从矿工等典型用户那里了解不到的潜在需求。

"中国拥有多样化和极端客户,是发展客户需求主导创新的理想之地。"西门子中国研究院院长徐亚丁说。他认为,从用户需求出发找到解决现有问题的新技术,这种解决方案对于某一初始用户最有价值,然后通过不断改进发展进入主流市场,最终这项技术将改变市场的游戏规则。

(资料来源:王思远.西门子创新法则[EB/OL].环球企业家网站,2015-01-08.)

2. 新产品开发的风险

新产品开发成功,如,微软的 Windows 系统、斯沃琪手表、苹果 iPhone 等,不但企业抢占了领先的市场地位,赢得高额市场回报,而且也树立了行业领先和创新者的良好形象。但是,并非所有的企业都如此幸运,每年有数以千计的新产品开发以失败而告终。分析和总结新产品开发失败的原因,有助于企业吸取教训,降低开发风险。"前车之鉴,后事之师",新产品开发失败的主要原因体现在以下方面。

(1)差异点不明晰。这是最主要的影响因素。新产品要想打败竞争产品,其关键在于与众不同的差异点,即能给使用者带来独特利益的卓越特性。如,金佰利的 Avert Virucidal 纸巾,宣称该纸巾中含有维生素 C 派生物,消费者喷嚏、咳嗽或擦鼻子时使用,能够杀死感冒和流感细菌。但是人们不相信此宣传,产品不到十个月就撤市了。

(2)产品概念不清晰。开发新产品需要提供一份叙述清楚而准确的产品概念,用以识别目标市场、顾客需要、欲望和偏好以及新产品的特性与功能。如果市场与产品的界定不完整和不清晰,产品研发就成为虚幻的市场设计。一个概念模糊的产品,就会浪费企业大量的资金。如,苹果早期开发的、手掌大小的牛顿掌上电脑遭受了惨重的失败,就是因为没有清晰的产品概念并且产品过于复杂。

(3)市场吸引力太小。高速增长且具有实际购买需求的大型目标市场是所有新产品努力寻求的理想状态。由于目标市场太小并且竞争激烈,从而无法保证必要的研发、生产和营销费用投入能得到回报。在 20 世纪 90 年代早期,柯达结束了其超长寿命锂电池十年的销售生命,因为这个产品只占美国电池市场的不足 10%。

(4)营销组合实施不力。产品的营销组合策略包括品牌名称、包装、定价、促销和分销等方面,影响着新产品的成败。如,国际公司曾开发一种名为怪物杀手喷雾杀虫剂,用以去除小孩房间里的害虫,并且有泡泡糖的香味。但由于其广告语"Hey! There's A Monster In My Room(嘿! 我的房间里有怪兽)",可能使孩子晚上更不敢睡觉。显然,产品名称和广告词的不理想直接导致了产品的失败。

(5)产品质量不过关。产品的差异点和优势,需要可靠的合格的质量予以保证,如果产品质量不过关,消费者的利益就得不到实现。新产品在市场的生存时间就不会长久。

(6)投放时间不合理。产品推出的太早、太迟或者正好赶在消费者品转变的时候。比如说,微软在平果推出 iPod 之后几年推出了 Zune 播放器,而其他竞争者开始提供新的 MP3 播放器。

(7)分销渠道不给力。随着市场竞争的加剧,产品在销售终端、广告、分销渠道和货架空间方面的竞争十分激烈。如果没有给力的分销渠道支撑,新产品难以得到推广。如宝洁公司 2001 年曾在中国市场推出"润妍"洗发水,强调黑发美,但是以失败告终。究其原因,中间商不给力是重要原因之一。

三、产品生命周期管理

1. 产品生命周期

产品生命周期(Product life cycle,PLC)是产品从投放市场到被市场淘汰的全部过程,也称为产品的市场寿命。

产品生命周期是相对于产品的使用寿命或技术寿命而言的。使用寿命反映的是产品物质状态消耗的过程,而市场寿命是产品市场价值的体现过程,它反映了消费者对该产品的需求状况。在产品加速更新的时代,显然市场寿命对企业更具指导意义。

2. 产品生命周期阶段

根据产品的开发和销售管理历程,产品可以分为开发期、导入期、成长期、成熟期和衰退期这五个阶段。虽然在开发期,企业已经投入资金进行产品开发,开发成本已经生成,但由于开发期的产品还未正式投放市场,没有销售额,还算不上真正意义的商品。因此,产品生命周期可以分为导入期、成长期、成熟期和衰退期四个阶段,如图 9.5 所示。

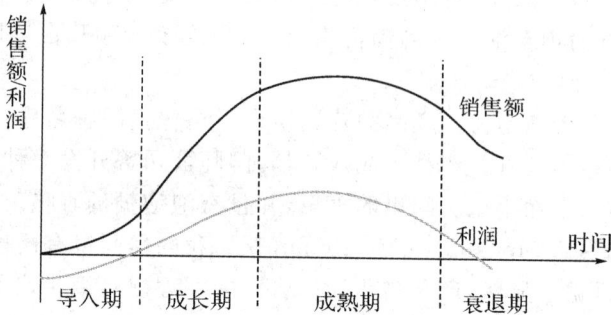

图 9.5　产品生命周期

(1)导入期

产品的导入期是产品刚开始投放市场,销售额增长缓慢的时期。这阶段消费者对产品还不了解,产品销售额少,增长缓慢,由于这阶段产品的销量较少,产品的生产成本较高,加上前期开发成本的投入,以及新产品推广的营销开支较大,产品有可能还未盈利,甚至亏损,产品的竞争对手很少。

这一时期的营销思路是,突出一个"快"字,尽量缩短新产品的导入期,尽可能地扩大产品的知名度,让消费者了解产品,增加产品的购买量。因此,要大力向消费者传播产品的功能、属性以及产品的详细知识,突出产品的核心利益,培养用户的消费习惯,随着市场的逐渐接受,产品的销量缓慢上升,利润也有可能转亏为赢。

在产品的导入期,将价格与促销费用两个因素结合在一起考虑,可以形成四种典型的策略,如图 9.6 所示。

图 9.6　导入期营销策略

①快速掠取策略,即以高价格和高促销费用迅速占领市场。高价格是为了

获取最大的利润,尽快收回成本。高促销费用是为了尽快扩大市场,建立市场声誉。采用这种策略的目的在于先声夺人,抢先占领市场、在竞争产品大量出现之前就尽快收回成本,赚取利润。这一策略适用于以下情况:目标顾客求新心理强,愿意为新产品付出高价;企业面临竞争者的威胁,需要及早树立品牌和形象。

②缓慢掠取策略,即以高价格和低促销费用组合推广新产品。高价格的目的是尽快获取利润,而低促销费用是为了降低营销费用,实行利润最大化。这一策略适用于以下情况:市场规模较小,产品已有一定的知名度;目标顾客愿意支付,竞争威胁不大。

③快速渗透策略,即以低价格和高促销费用推出新产品。产品以低价格进入市场,可以有效限制竞争对手的出现,为企业带来最大的市场占有率。这一策略适用于以下情况:产品的市场容量比较大,消费者对产品不了解,但对价格比较敏感,市场竞争激烈,产品的单位制造成本可随着生产规模和销售量的扩大而产生规模效益。

④缓慢渗透策略,即以低价格和低促销费用推广产品。这一策略的主要目的在于,通过低价来扩大销售,占领市场份额。通过低促销费可以实现尽可能多的利润。这一策略适用于以下情况:市场容量很大,产品知名度高,市场对价格十分敏感,存在某些潜在的竞争。

（2）成长期

产品的成长期是产品销售额进入快速成长的阶段,销量和利润都出现了大幅度的上升。经过前期的营销推广,消费者对产品的了解开始增加,试用人群增加迅速,产品的产量也开始扩大,逐渐体现出规模效益,产品的利润额增加,竞争者逐渐增多。

在这一阶段,产品的营销传播着重点在于宣传产品的特点和优点,突出产品的竞争优势建立产品的美誉度,以赢得客户的青睐,建立稳定的客户关系。根据前期的营销效果,适当调整产品价格,拓展分销渠道,提升产品质量,树立品牌形象。

（3）成熟期

成熟期是产品销售额和利润额均达到高峰的时期。这一时期,消费者对产品足够了解,已经培养了一批忠诚的顾客,产品销量达到高峰期,相应地,其生产成本和营销成本因为规模效应而下降到最低成本,利润额达到高峰状态。这一时期产品市场已经饱和,竞争者最多,是市场竞争最激烈的时候,产品的销售额和利润基本稳定。

在这一阶段,企业的营销策略以保卫市场份额为主要目的,通过产品功能、花色品种的创新、寻找新的市场以及营销组合策略的改进和创新,来维持和增加顾客数量,以实现利润的最大化,尽可能地延长产品的成熟期。

(4)衰退期

顾客对衰退期的产品开始转移偏好,产品的销售额和利润急剧下降,竞争对手也开始转移出行业,数量锐减。

这一阶段,企业常见的策略有:①集中策略。需要对资源进行整理和重新配置,精心维系尚有利可图的客户群体。②榨取策略:逐渐退出一些弱势或没有盈利空间的市场,削减营销费用,以尽可能榨取市场的利润,回收资金。③转移策略。在前景不好的市场和领域,则应当机立断,转移资源,寻求更好的利润增长点。

可见,在不同的产品生命周期阶段,产品的市场特征有较大的差别,相应地,企业的营销策略也应有相应的调整,以应对市场的变化。产品生命周期各阶段的特点和营销策略,如表9.2所示。

表9.2　产品生命周期阶段特点及营销策略

		导入期	成长期	成熟期	衰退期
市场特征	成本	高	开始下降	下降到最低水平	成本偏低
	顾客	不了解产品 尝试购买者	了解增多 稳定的顾客群	达到最多 忠诚顾客群	开始转移 数量减少
	销售	销售少,缓慢增长	快速增长	达到高峰	急剧下降
	利润	少,或亏损	开始上升	利润丰厚	利润下降
	竞争	极少竞争者	竞争者增多	竞争激烈	竞争者数量减少
营销目标		创造产品知名度	建立产品美誉度	建立品牌忠诚度	榨取利益重组资源
营销策略	产品	基本产品	质量改进延伸产品	产品创新、多样化	削减部分产品
	价格	新产品定价法	针对竞争情况调整	有较大的价格空间	降价吸引顾客
	渠道	设计分销渠道	扩大分销渠道	寻求新的分销渠道	缩减部分渠道
	营销传播	传播产品的功能、属性等详细知识	强调产品的竞争优势,竞争性诉求	强化产品的利益和差异点	提醒性诉求

需要指出的是,上述产品生命周期是对市场一般规律的总结,对于不同的产品,生命周期阶段和曲线是不一样的。有些产品昙花一现,有些产品体现出较强的生命力。如图9.7可以说明服装市场三种不同类型服饰的生命周期曲线。

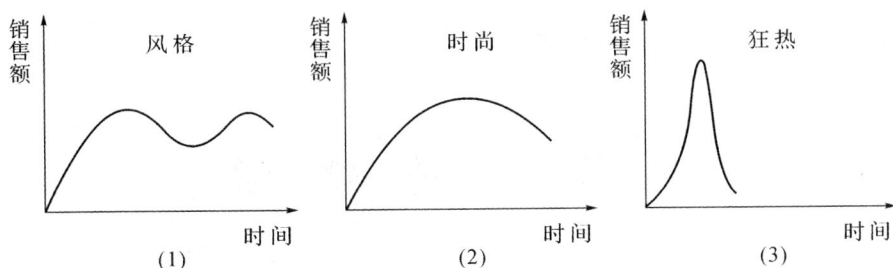

图 9.7 特殊的产品生命周期曲线

图 9.7(1)是风格型,产品的销量体现出周期性波动的特征,一些比较经典的服饰在市场中不断出现销售高峰,往往呈现出这样的曲线特点。另外,其他市场上季节性的产品也会呈现周期性的特征。

图 9.7(2)是时尚型,产品销售额起初是快速上升,然后有一段时间比较稳定,接下来逐渐衰退,体现出时尚产品的特征,符合一些时尚服饰的特点。其他市场的产品也有类似的情况。

图 9.7(3)是狂热型。产品的销量急剧上升,又快速回落到零。某些商品会出现消费者狂热追捧后而又遭迅速抛弃的现象,如,一些短期流行的服饰。

另外,餐饮等其他市场也会出现此类现象,如,曾经在短短的三个月内,杭州出现了几十家"掉渣烧饼"店,而且每家店门口消费者都排着长长的队伍等待购买烧饼。但好景不长,几个月后这烧饼就无人问津,这些店也都关门了事。

产品的生命周期曲线对不同的适用主体也呈现出不一样的特性。品牌的生命周期要长于产品的生命周期,而产品大类的生命周期也长于产品项目的生命周期。比如,黑白电视机已经消亡,但是电视机这个大类却依然呈现出旺盛的生命力等。

3. 意义

产品生命周期是市场营销的基本理论,对企业具有重要的指导意义,主要体现在四个方面。

(1)产品的生命是有限的。市场上的任何产品都是有限生命,总有一天要淘汰出市场。但是,对产品经营管理的水平直接影响着其在市场的生命周期。

(2)因为产品是有限生命,从产品组合的角度,企业需要不断地开发新产品,以应对市场的持续变化,才能实现企业的持续发展。

(3)不同阶段的产品有不同的市场特征,需要有不同的营销策略。只有这样,才可能使营销策略有的放矢,提高市场营销效果。

（4）在产品生命周期的不同阶段，企业需要有不同的财务、生产、采购和人力资源战略，以配合产品的市场竞争。

第三节　品牌与包装策略

品牌和包装是产品整体概念的一部分，也是企业无形资产的组成部分。重视无形资产的建设和保护是现代企业管理的重要内容，在日益激烈的市场竞争中，无形资产日益成为企业竞争的有力武器。

一、品牌认知

1. 品牌含义

美国市场营销协会对品牌（Brand）的定义是：一种名称、术语、标记、符号或设计，或是它们的组合运用，其目的是辨认销售者的产品或服务，使之与竞争者的产品和服务区别开来。

品牌最初也是最主要的作用是作为区分不同企业的产品。随着市场经验的不断积累，人们认识到品牌不仅仅是一种外在标志，它还有更深层次的内涵。品牌作为一种名称、术语和标记，它是销售者向消费者长期提供的一组特定的产品特征、利益和服务的承诺和保证，同时，品牌还是一个更为复杂的符号，它向消费者表达了产品属性、带给消费者的利益（功能利益和情感利益）、价值（产品的威望和安全等）、文化、个性、使用者（特定顾客群）等不同层次的含义。

2. 品牌元素

品牌元素是构成整体品牌的基本单位，一般包括两个部分：品牌名称和品牌标志。

品牌名称是指品牌中能够用文字语言和口头语言表达出来的部分，是用于口头传播的部分，如耐克、阿迪达斯、安踏、李宁等。

名牌标志是品牌中可以被识别，但不能用语言表达的部分，如 ⊙⊙⊙⊙、✔、 ⊕等。

一个好的名字或醒目的标记不但有助于消费者识别、记住品牌，而且有助于企业树立形象，因此，品牌元素的选择成为企业品牌建设的首要工作。一般地，品牌元素的选择要考虑以下因素：

（1）传播要求。要求简洁、独特、易读易记，有意义无歧义，讨人喜欢，与产品特点相吻合，适应消费者的文化价值观，以便于品牌形象和个性的塑造，便于品牌的营销传播。

（2）防御要求。品牌元素的选择还应考虑品牌运作时的需要，如，能否跨界使用？是否有利于修改和转让？是否有利于被保护？等等，以便品牌的竞争防御和无形资产的保值增值。

（3）整合要求。品牌元素的选择要与企业的形象识别系统策略（Corporate Identity System，简称 CIS）相整合。品牌元素是 CIS 系统中视觉识别系统（Visual Identity，简称 VI）的重要组成部分，品牌元素的选择需要符合 CIS 理念和风格，以便社会公众对企业产生一致的认同与价值观，提升整体传播效果。

如，"Smart"汽车的品牌，其中，S 代表斯沃奇（Swatch），M 代表戴姆勒集团（Mercedes-Benz），而 art 则是英文中的艺术，意为 Swatch 和 Mercedes 完美结合的艺术品。

3．品牌与商标的区别

商标（Trademark）是经过政府有关部门注册获得专用权而受法律保护的品牌或品牌的一部分。

品牌与商标既有联系也有区别。品牌与商标都是用以识别产品的商业名称及其标志。所有商标都是品牌，但并非所有品牌都是商标，商标是品牌的重要组成部分。

品牌是一种市场概念，是品牌使用者在产品特征、质量、服务和利益等方面对顾客的承诺，品牌的价值是通过对品牌标定的产品或服务在市场上的表现来进行评估的。

商标属法律概念，它是品牌的法律化，是注册人在某些商品上受法律保护的专用标记。经注册登记的商标有"R"标记，或标明"注册商标"字样。

商标具备区分企业和标记产品的作用，但商标最大的特点在于它的独占性，即注册商标的使用权只归注册人独家占有和使用，未经注册人许可擅自使用其商标，要被追究法律责任。同时，商标也具有排他性，即同类商品不得注册与已有商标相同或相似的名称和标志。因此，在现代社会商标是一种很有价值的无形资产。

另外，商标具有时效性和地域性，超出注册有效期和法定区域，商标就失去法律保护，因此企业需要对商标进行定期、有效的维护。因此，除了打击假冒商标以外，防止商标被抢注也是非常值得关注的。

由于被官方认定的驰名商标具有比普通商标更加广泛的排他权：任何商品

不得注册与驰名商标相同或相类似的名称和标志。培育驰名商标是企业有效的商标保护途径。

⇨小案例

"宣莲"商标遭抢注　正宗"武义宣莲"成"假货"

宣莲特指浙江武义县生产的莲子，为中国三大莲子之一（湘莲、建莲、宣莲为中国三大名莲）。宣莲自唐朝起就开始种植，到清代成为贡品，至今已有 1300 多年历史。2012 年，"武义宣莲"就和"西湖龙井"、"金华火腿"一样，成为中国地理标志证明商标。

6 月的一天，祝升锋发现自己的淘宝店被人举报，店里所有的宣莲商品都被淘宝网下架了，原因是所有宣莲产品涉嫌侵权、售假，要求停止打"宣莲"的旗号。"我卖的都是正宗的宣莲，怎么会是假货？"祝升锋意识到，"宣莲"商标被人抢注了。

持有"宣莲"商标的是福建文鑫莲业食品有限公司，主要销售建莲子及相关食品。2012 年 8 月，文鑫公司向国家工商总局申请"宣莲"企业商标，2014 年 2 月，商标注册成功。文鑫公司注册的"宣莲"商标不能直接使用于莲子，但可以将"宣莲"商标用于腌制水果、水果蜜饯、水果片等 8 类商品中，其中就包括莲子的相关产品。商标注册成功后，有 3 个月的公告期。可惜，这段时间内，武义相关企业都未能发现这个公告，错过了提出异议的最佳时期。

"宣莲"商标被别人注册之后，如果使用"武义宣莲"，则需要获得官方的授权，同时也会混淆消费者的认知，制约"武义宣莲"的商标价值。

由于商标被人抢注，武义已经丧失了主动权。而商标之争的发生，归根结底还是商标保护意识不强。

（资料来源：陈久忍."宣莲"商标遭抢注　正宗"武义宣莲"成"假货"[N].钱江晚报，2014-12-31.）

二、品牌决策

品牌策略是一系列能够积累品牌资产的企业决策和市场营销活动的总和，主要包括品牌化决策、品牌归属决策、品牌名称策略、品牌战略决策、品牌更新决策，如图 9.8 所示。

品牌化决策	品牌归属决策	品牌名称决策	品牌战略决策	品牌更新决策
产品是否需要使用品牌？	产品使用谁的品牌？	企业使用多少品牌？	采用哪种品牌策略？	品牌是否需要更新？
有品牌 无品牌	制造商品牌 中间商品牌 混合型品牌	个别品牌 统一品牌 分类品牌 个别品牌+ 企业名称	品牌延伸策略 品牌组合策略 品牌联合策略 品牌授权策略	品牌重新定位 品牌标识更新 品牌激活

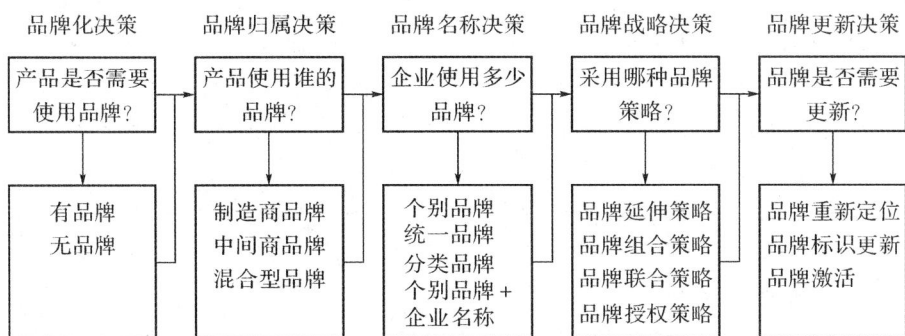

图 9.8　品牌决策过程

1. 品牌化决策

品牌化决策是指企业决定产品是否使用品牌的活动。目前,越来越多的企业认识到品牌的重要性,很少有产品不使用品牌,像水果、蔬菜、大米等过去不使用品牌的初级产品,也被冠以品牌出售。品牌化有利于区分竞争产品,吸引忠诚顾客和树立产品和企业形象。但另一方面,建立、维持、保护品牌毕竟要付出巨大成本,如包装费、广告费、标签费和法律保护费等。因此,在一些超市中又出现了一种无品牌化产品,如细条面、卫生纸等包装简单、价格低廉的产品,这样企业可以降低包装和广告的开支,以取得价格优势。

2. 品牌归属决策

生产企业决定使用企业自己的品牌,还是使用中间商的品牌,或两种品牌同时兼用。生产企业自己的品牌,叫做企业品牌、生产者品牌。企业也可以决定将其产品大批量地卖给中间商,由中间商用自己的品牌将商品转卖出去,这种品牌叫中间商品牌或中间商自有品牌。近年来,中间商的品牌日益增多。国内外许多著名的百货公司、超级市场等都使用自己的品牌。

➪小案例

迪卡侬成功秘诀之一:自有品牌的忠诚

迪卡侬是全球体育用品的设计者和品牌的缔造者,也是运动用品的零售商。迪卡侬按照运动品类划分了 20 个子品牌,在中国知名度最高的品牌有面向户外和山地运动的 Quechua、健身品牌 Domyos、跑步品牌 Kalenji、自行车品牌 B'Twin 和轮滑品牌 Oxelo。有趣的是,消费者对这些品牌的认知度远远比不上迪卡侬,很多人只知道脚上的鞋子是在迪卡侬买的,却说不出 Kalenji 的名字,这就是迪卡侬的特点,每个品牌单独看没多大影响力,放在一起力量就出来了。

在零售行业,自主品牌一直被视为企业发展的制高点,沃尔玛、家乐福都在大力推进自主品牌,但没有一家做到迪卡侬这样,卖场里 90% 以上商品是自有品牌。

(资料来源:迪卡侬成功秘诀:性价比、自有品牌、高度垂直供应链[EB/OL].赢商网,2015-01-08.)

3. 品牌名称策略

品牌名称策略是指企业决定所有的产品使用一个或几个品牌,还是不同产品分别使用不同的品牌。品牌名称策略有以下四种模式。

(1)个别品牌,即各种不同的产品分别使用不同的品牌。采用个别品牌名称,可以为不同产品寻求不同的市场定位,创建不同的产品风格,同时也有利于分散市场风险,使企业的整个声誉不致因某种产品表现不佳而受到影响。如,宝洁公司的洗衣粉使用了"汰渍"、"碧浪";肥皂使用了"舒肤佳";牙膏使用了"佳洁士"。

(2)统一品牌,即企业的所有产品都使用同一种品牌。对于那些享有高声誉的著名企业,全部产品采用统一品牌名称策略可以充分利用其名牌效应,使企业产品的市场障碍降到最低,也有利于新产品进入市场。如,美国通用电气公司的所有产品都用 GE 作为品牌名称。

(3)分类品牌,指企业的各类产品分别命名,一类产品使用一个牌子,主要是为了区分不同大类的产品,以便树立各自的品牌形象。如,美国西尔斯公司将家用电器、工具和装修设备的产品分别命名为 Kenmore、Craftsman 和 Homart。

(4)个别品牌名称与企业名称并用。企业决定其不同类别的产品分别采取不同的品牌名称,且在品牌名称之前都加上企业的名称,称为主副品牌或母子品牌。这种策略使产品享受企业的声誉,又可显示出不同的特色。例如海尔集团就推出了"探路者"彩电、"大力神"冷柜、"大王子"、"小王子"和"小小神童"洗衣机。

4. 品牌战略决策

品牌战略决策是从企业整体的角度对企业品牌进行规划和总体设计。常见的品牌战略决策有品牌延伸策略、多品牌策略、品牌联合策略等。

(1)品牌延伸策略

品牌延伸策略(Brand extension)是将现有成功的品牌用于新产品的一种策略。如索尼公司统一用"Sony"品牌,就是品牌延伸的典型。

品牌延伸可以分为两类：一是品牌线延伸，即公司利用现有品牌（母品牌）向同一类产品中的新品种延伸。这种延伸通常产生了代表品牌不同性能、不同款式等的副品牌，如海飞丝油性发质去屑洗发水。二是品牌类别延伸，即现有品牌向不同的品类拓展。例如，美国通用电气公司的品牌"GE"从飞机引擎、机车拓展到了塑料化工、金融服务等领域。

品牌延伸可以加快新产品的定位，有助于减少新产品的市场风险，有助于强化品牌效应，增加品牌这一无形资产价值，提高整体品牌组合的投资效益。但是，品牌延伸可能带来的负面效应——品牌稀释（Brand dilution），即当一个品牌延伸到一个不相关的产品类别时，会失去它原有的品牌联想，并开始遗忘该品牌。品牌稀释会模糊品牌原来的定位，混淆品牌形象，最终会导致品牌渐失个性。一旦新产品开发失败，则会严重损害原有产品的形象和竞争力，这种情况又称为"产品线延伸陷阱"。

因此，品牌延伸需要对品牌未来发展领域的清晰界定，明确未来品牌适合在哪些领域、行业发展与延伸，在降低延伸风险、规避品牌稀释的前提下，以谋求品牌价值的最大化。

（2）品牌组合战略

品牌组合是指企业经营的所有品牌和品牌线的集合。品牌组合战略，有时也称为多品牌战略。

在最优的品牌组合中，每种品牌与组合中的其他品牌共同实现资产最大化，以最大化市场覆盖率，同时使品牌重叠降低到最低，以避免品牌间的竞争。每种品牌都应当有明确的差异性，能够吸引规模足以弥补其成本的细分市场，见表9.3。

表 9.3　品牌组合中的角色

品牌角色	描　述	示　例
战斗士品牌	专门针对竞争者的品牌定位，以确保旗舰品牌有理想的定位，是旗舰品牌的侧面部队。战斗士品牌不能太有吸引力，以防从组合中的其他品牌处抢走销售额。	宝洁公司将 Luvs 婴儿尿布作为高端定位的帮宝适的侧面部队。
现金牛品牌	能够给企业带来丰厚利润，即使销售量萎缩，即使不投入营销活动也能维持盈利性和忠诚顾客的品牌。	虽然宝洁产品很多，但 SK-Ⅱ仍是给公司贡献了巨额利润的现金牛。

续表

品牌角色	描　述	示　例
低端入门品牌	价格相对较低,亲和力强,主要作用是吸引消费者,是业务招徕的工具。	欧莱雅旗下的"美宝莲",努力"让每一个中国女性都拥有一支美宝莲唇膏"。
高端威望品牌	价格相对较高,通常用于增加企业的威望和可信度	"HR赫莲娜"是欧莱雅集团旗下的顶级奢华美容品牌。

(3)品牌联合策略

品牌联合策略是指两种或两种以上的企业品牌,通过合资、合伙或许可协议等形式而形成的一种独特的品牌。品牌联合的基础是合作双方品牌的优劣势的互补,其中一种品牌可以借助于其他一些品牌来丰富自己品牌的内涵。如果不能实现此目标,品牌联合就失去了意义。如,索尼与爱立信结成联盟合作生产Sony-Ericsson手机,融合了爱立信的技术优势和索尼的时尚元素。

(4)品牌授权

又称品牌许可(Brand licensing),是指授权者将自己所拥有或代理的商标或品牌等以合同的形式授予被授权者使用。被授权者按合同规定从事经营活动,并向授权者支付相应的费用,同时授权者给予人员培训、组织设计、经营管理等方面的指导与协助,以确保品牌使用者能够按照授权人的要求经营品牌。

▷小案例

康师傅终止对味全品牌授权

康师傅控股有限公司近日在官网上公布,该公司终止对台湾味全公司商标授权。

康师傅在公告中声称:"我司已于2014年10月13日终止对台湾味全公司的康师傅商标的品牌授权,台湾味全公司不得再以'康师傅'为品牌在台湾生产与销售方便面产品。"

此前,康师傅在台湾的方便面业务由味全公司全权经营,顶新集团旗下光康师傅控股在大陆年营收超过3000亿元新台币(约合人民币600亿元),康师傅方便面其市场占有率更达大陆第一,而台湾味全去年合并营收不到300亿元新台币(约合人民币75亿元)。

(资料来源:侯睿之.康师傅终止对味全品牌授权[N].南方都市报,2014-10-28.)

5. 品牌更新决策

虽然品牌建设是企业一项相对稳定的任务,但随着市场环境、消费者需求以及竞争情形的变化,品牌需要从定位、标识、策略等方面进行更新。

（1）重新定位

品牌经过市场检验证明原来定位是不正确的,或者原来定位是正确的,但由于消费者需求偏好发生了改变,导致原来定位不适合,或者竞争者品牌逼近,使企业品牌的独特性逐渐消失,或者原来的定位没有达到企业预期的目标和利润等情况出现时,企业需要考虑对品牌进行重新定位。虽然重新定位需要付出大量的营销费用,但是预期盈利吸引企业对品牌重新思考,事实证明,一些品牌经重新定位后,确实起到了理想的效果。

如,"飘柔"最早的定位是头发柔顺的功效,从 2000 年起飘柔以"自信"为诉求对品牌进行了重新定位,品牌的市场优势得到了良好的延续。

（2）标识更新

品牌标识的更新是品牌创建与发展过程中的必然要求和结果,是品牌自身、市场、消费者、宏观政策等方面变化带来的产物。标识往往具有一定的时代局限性,而品牌的生命可以无限延长。因此,企业要考虑品牌标识的时代性,以及与企业战略目标的吻合度,在品牌标识背离目标导向时,或为了使品牌具有更好的前瞻性,需要考虑更新标识。

▷小案例

当当网更新品牌标识为"当当"

2014 年 10 月 20 日,电商平台"当当网"宣布升级更名为"当当",在域名 dangdang.com 保持不变的情况下,删除了非关键字"网",同时推出了一对红色的"圆形铃铛"作为品牌全新的标识。伴随当当 15 年的口号"网上购物'享'当当"也升级为"敢做敢'当当'"。

当当品牌负责人表示,此次升级基于以下几方面的需要:

形象升级:2014 年是当当重要转折点,非图书业务比重已经超过 60%,企业正全面转型时尚电商,需要全新的形象重新诠释品牌内涵。

顺应需求:随着电商行业逐渐发展成熟,消费者的需求越来越向时尚化、多样化、个性化升级,当当需要调整全新的品牌形象,满足用户需求。

占据吉时:2014 年 11 月 9 日,当当迎来十五周年,同时恰逢中国电商的"双十一"狂欢的契机,正可谓"天时地利人和"。

当当表示，品牌去除"网"字，在形式上更加简约。两个"当"字的叠加结合，使得"当当"两个字组合成为一个整体，字体叠加的形式容易形成速度感的印象。铃铛则能够很容易的让人将新标识与当当瞬间联系起来。同时日常生活中，铃铛发出的"铛铛"声是一种提示的声音，会给人一种购物提醒的暗示。

（资料来源：林明.当当网更新品牌标识为"当当"[EB/OL].新浪科技，2014-10-20.）

当然，企业在进行品牌标识更新时，要综合考虑各种因素，既考虑品牌标识的更新成本，也要考虑市场对品牌新形象的认可与接受程度。国内外的一些著名企业，如百事可乐、达能、海尔、联想、腾讯、中国联通、中国电信等，都已更换了新的品牌标识，以适应 21 世纪新的时代特征。

（3）品牌激活

品牌激活（Brand revitalization）是针对老化的品牌而方。由于内外部的原因，品牌在市场竞争中出现知名度和美誉度下降、销量萎缩、市场占有率降低等品牌衰落现象，均称为品牌老化。品牌老化最突出的表征之一是高知名度和低认知度。

任何一个品牌都有辉煌和衰落的可能，曾经显赫一时的名牌，形象逐渐老化，渐渐被人淡忘。因此，企业需要重新审视日趋衰落的品牌以便做出正确的决策。

品牌激活是指企业运用各种营销手段以扭转品牌的衰退趋势，重振品牌以赢得消费者的信任的过程。企业首先要考虑品牌资产是否还具有优势或独特性，其次考虑是品牌定位的原因还是营销策略的原因导致品牌衰退，然后重新设计市场定位和品牌定位，以及相关的营销活动，使老品牌以新面目出现在消费者面前，扭转衰落的趋势。同仁堂、王老吉、云南白药等企业在不同程度上成功激活了自己的品牌，塑造了新一轮的竞争优势。

▷小案例

定位激活老字号东阿阿胶

东阿阿胶是具有 3000 多年历史的国家非物质文化遗产，《本草纲目》载："阿胶，本经上品，弘景曰：'出东阿，故名阿胶'"。汉唐至明清，东阿阿胶一直是皇家贡品。

进入市场经济时代，东阿阿胶遭遇发展瓶颈，品牌形象逐渐老化、边缘化。如何让老字号重新焕发"第二春"？

东阿阿胶对企业进行全新的战略定位,决定将竞争从品类内部转向品类外部,让阿胶跳出固有品类,指向滋补市场,和人参、鹿茸、虫草等展开竞争。对于人参、鹿茸、虫草等多数滋补品,消费者没法判断它们的品质,价格从低到高非常混乱,而东阿阿胶是传承千年、消费者都接受和信任的品牌,在消费者心智中占据优势地位。

东阿阿胶实施"单焦点多品牌发展战略",将阿胶与人参、鹿茸共称为"滋补三宝",利用滋补价值推动整个阿胶品类,同时对东阿阿胶的其他产品进行定位,复方阿胶浆"补血大品牌"的定位被消费者熟知,"九朝贡胶"新品牌成为引领阿胶价值回归的象征。

重新定位战略的实施,使东阿阿胶品牌"滋补上品"的定位日渐建立,东阿阿胶引领品类不断走向主流,企业的成长空间重新打开,使得东阿阿胶品牌居于引领地位。

东阿阿胶是老字号重新焕发活力的一个典型案例。中国有几千年的灿烂文明,光各种老字号就有上万家,但如今仍能正常营业的不到30%,且其中多数企业经营困难,只能勉强维持生存,东阿阿胶定位案例值得业界学习和借鉴。

(资料来源:定位激活老字号东阿阿胶[EB/OL].新华发展论坛,2013-12-17.)

三、品牌资产

在现今的市场背景下,原先只具符号意义的品牌已经成为企业的综合标志,代表着企业的整体竞争力,是企业实力的象征。品牌评估成为企业日益关注的内容,品牌资产的高低成为衡量企业品牌成败的重要指标,企业品牌建设的最终目的是培育高价值的品牌资产。

品牌资产(Brand equity)是指给产品、服务所附加的价值,它反映了顾客对品牌的想法、感受和所采取的行动,以及品牌带给企业的价格、市场份额和盈利性。

品牌资产主要体现在品牌忠诚度、品牌认知度、品牌知名度、品牌联想、其他专有资产(如商标、专利等),以及品牌溢价能力、品牌盈利能力,这些资产通过多种方式向消费者和企业提供价值。品牌忠诚度、品牌溢价能力和品牌盈利能力属于结果性品牌资产,是在品牌知名度、认可度、品牌联想等品牌资产创建的基础上发展起来的。

与其他无形资产不同,品牌资产具有以下特点:以品牌名字为核心;品牌资产依附于消费者并影响消费者的行为,而非依附于产品,因此品牌资产价值因市场而变化。品牌资产有正有负,品牌资产的维持或提升,需要通过全方位营销活动积累品牌资产。

表 9.4 反映了 2014 年全球最有价值品牌。排名由全球最大的综合性品牌咨询公司 Interbrand 提供,苹果以 1188.63 亿美元的品牌价值再次名列榜首,中国"华为"品牌价值 43.13 亿美元,位列第 94 位,成为中国首个进入该榜 Top100的品牌。

表 9.4　2014 年全球前 10 位最有价值品牌

2014 年排名	2013 年排名	品牌	部门	2014 年品牌价值（10 亿美元）	品牌价值变动
1	1	苹果	技术	118.863	+21%
2	2	谷歌	技术	107.439	+15%
3	3	可口可乐	饮料	81.563	+3%
4	4	IBM	商业服务	72.244	−8%
5	5	微软	技术	61.154	+3%
6	6	GE	多元化	45.480	−3%
7	8	三星	技术	45.462	+15%
8	10	丰田	汽车	42.392	+20%
9	7	麦当劳	餐饮	42.254	+1%
10	11	奔驰	汽车	34.338	+8%
……	……	……	……	……	……
94	/	华为	技术	4.313	/

（资料来源:2014 年最新全球最有价值品牌排行榜[EB/OL].中商情报网,2014-10-28.）

由于品牌在顾客心目中的强大力量及其改变顾客营销反应的能力,企业必须以品牌资产的培育为战略目标,精心设计有助于品牌资产积累的每一个营销活动,并定期进行测量和审计,以尽可能地提升自己的品牌资产价值。

四、包装策略

包装(Packaging)是对商品设计、制作容器或外部包扎物的一系列活动,既可以指设计、制作和包扎商品的活动过程,也可以指包装物。根据包装在流通中的作用,包装可以分为销售包装和运输包装。

1．包装元素

（1）包装标签

包装标签是指附着或系挂在产品销售包装上的文字、图形、雕刻及印制的说明。标签载有许多信息，主要包括制造者或销售者的名称和地址、产品名称、商标、成分、品质特点、数量、使用方法及用量、编号、注意事项、质检号、生产日期和有效期等内容。

包装标签有助于识别、检验产品，装潢精致的标签有明显的促销功效，随着竞争的加剧，包装标签内容也日益详细化和规范化。

（2）包装标志

指在运输包装的外部印制的图形、文字和数字以及它们的组合，主要有运输标志、指示性标志、警告性标志三种。

运输标志又称为唛头，是在产品外包装上印制的反映收发货人信息、目的地或中转地、批件号等内容的图形、字母、数字和文字等。

指示性标志是根据产品的特性，对一些容易破碎、残损、变质的产品，用醒目的图形和简单的文字做出的标志，以提醒有关人员在作业中引起注意，如"此端向上"、"易碎"、"小心轻放"、"防潮"等。

警告性标志是指在危险品的运输包装上印制特殊的文字，以示警告。常见的有"爆炸品"、"易燃品"、"有毒品"等。

2．包装作用

（1）保护商品，便于储运。包装最基本的功能便是保护商品，便于储运。有效的产品包装可以起到防潮、防热、防冷、防挥发、防污染、保鲜、防易碎、防变形等系列保护产品的作用。因此，在产品包装时，要注意对产品包装材料的选择以及包装的技术控制。

（2）吸引注意，促进销售。美国杜邦公司的一项调查表明：63％的消费者是根据商品的包装来选购商品的，这就是著名的"杜邦定律"。目前，大量产品在市场上以自助的形式出售，设计良好的包装能有效传播品牌形象，能够吸引消费者的注意，有助于消费者辨认品牌，指导顾客消费，突出产品特色。越来越多的包装起到无声推销员的作用，成为强有力的营销手段。因此，有营销学者把包装（Packaging）称为继 4P 以后的第五个 P，可见其促销价值日益放大。

（3）创新产品，增加盈利。创新包装也能给企业带来了丰厚利润。设计独特的包装不但可以在市场标新立异，作为整体产品的一部分，创新出产品的特色，增大产品的差异点，提升产品的竞争力，增强企业盈利能力。同时，设计新型的包装还可以申请实用新型或外观设计专利，成为企业无形资产的重要组成部分。

3. 包装原则

产品包装要充分发挥其保护、促销和增值作用,在包装的选材和设计上要遵循一些基本原则。

(1)适用原则。包装的主要目的是保护商品。因此,首先要根据产品的不同性质和特点,合理地选用包装材料和包装技术,确保产品不损坏、不变质、不变形等,以保证产品安全为首要原则;其次要合理设计包装,满足运输、库存等物流需求。

(2)个性化原则。销售包装既有美化商品的作用,同时也有区分和识别产品的作用,因此在包装设计上要求外形新颖、美观,具有个性特色,能够让产品在同类产品中脱颖而出。

(3)经济原则。在符合营销策略的前提下,应尽量降低包装成本,一方面降低产品的经营成本,另一方面也避免过度包装,造成不必要的浪费,给社会公众留下负面的市场形象。

(4)环保原则。企业是社会公民,负有应尽的社会责任。在社会营销观念的倡导下,产品包装也要符合环境保护的要求,尽量减少对自然资源的攫取,避免对自然环境造成污染。设计可回收包装或多用途包装,提高包装的环保性能,提升企业的社会形象,赢得良好口碑。

⬡▷小案例

"冰露"环保轻量瓶

大型国际集团企业在环保方面做得都很超前,往往是他们带领着某个领域的环保发展,可口可乐公司旗下水饮料品牌"冰露"环保轻量瓶就是一例。

"冰露"环保轻量瓶产品是将原瓶包装进行合理的减重,每只轻量瓶的重量由 16 克减低至 10.4 克,而且设计独特的瓶身在饮用后更可以轻松一扭,节省 70%以上的回收空间。如果以每年 10 亿瓶"冰露"的基础销量计算,环保轻量瓶产品的推出将减少 5600 吨 PET塑料,相当于降低 12834 吨碳排放,这也等于新增了204 平方公里的森林。如果每个消费者都"扭"转"冰露"环保轻量瓶后再丢弃,则将会为废弃瓶回收节省 401730 立方米的空间。实际检测显示,包装原料与碳排放减少 35%。

"轻"松一扭
为环保

冰露
可口可乐 🏅

这种环保包装容器的出现,其社会意义和经济意义十分重大,非常符合绿色包装的发展趋势。

（资料来源:可口可乐冰露环保轻量瓶包装上市[EB/OL].包装e线,2012-02-10.)

4. 包装策略

常见的策略包装有:

(1)类似包装,即企业所有产品的包装,在图案、色彩等方面均采类似设计和统一风格。这样可以降低包装的成本,使顾客首先从包装上辨认出产品,扩大企业的影响。

(2)组合包装,即把若干有关联的产品,包装在同一容器中,如化妆品组合装、节日大礼包等。这类包装把相关物品放在一起,可以减少消费者的购买次数,方便消费者购买。

(3)附赠品包装。即在包装物中附赠一些相关物品,如酒与酒杯套装。附赠品具有较大的吸引力,往往能引起消费者的购买兴趣,能促进消费者的购买。

(4)再使用包装。这种包装物在产品使用完后,还可有别的用处。购买者可以得到额外的利益,从而激发其购买产品的欲望。如设计精巧的果酱瓶,在果酱吃完后可以作茶杯之用。包装物在继续使用过程中,实际还起了广告传播作用。

(5)分组包装,即对同一种产品,可以根据顾客的不同需要,采用不同级别的包装。如,同一产品可以有礼品包装、家庭装、旅行便携装等不同包装,以方便消费者在不同场合的使用。

(6)创新包装。创新包装策略是指采用材料、新工艺、新图案、新形状,申请外观设计专利或实用新型专利,具有个性和特色,竞争者难以超越的包装,给消费者以耳目一新的感觉。

本章小结

市场营销学中的产品具有核心产品、形式产品、期望产品、延伸产品和潜在产品五个层次,对企业具有很大的启发意义。产品分类有助于针对消费者对不同产品的购买习惯设计不同的营销方案。评价企业产品组合的四个指标:广度、长度、深度和关联度,通过扩大、缩减、特色化三条途径可以实现优化产品组合。

产品创新与管理处于企业的中心地位。首先,新产品的开发是企业的常规任务,新产品可以分为完全创新产品、换代新产品、改进新产品和仿制产品四类。新产品的开发需要经过产生创意、创意筛选、概念形成、营销规划、商业分析、产品研制、市场试销和产品上市八个步骤。了解新产品的开发风险有助于提高新产品开发的成功率。

　　产品生命周期是产品从投放市场到被市场淘汰的过程,一般可分为导入期、成长期、成熟期和衰退期四个阶段,企业需要有针对性地对不同生命周期的产品制定不同的营销策略。

　　品牌是企业重要的无形资产。品牌与商标不同,品牌具有品牌资产价值。品牌元素的选择要符合传播、防御和整合的要求。品牌的决策过程包括品牌化决策、品牌归属决策、品牌名称决策、品牌战略决策和品牌更新决策五个方面。

　　包装具有保护商品,促进销售和企业增值的作用,现代企业的包装应秉承适用、个性、经济和环保的原则,通过不同的包装策略取得良好的市场效果。

复习与讨论题

　　1. 产品如何进行分类? 各个类别的产品具有哪些不同的特点?

　　2. 产品整体概念的层次是如何划分的? 对企业有何意义?

　　3. 举例说明产品组合优化的路径。

　　4. 目前市场上 3D 彩电处于产品生命周期的哪个阶段? 为什么?

　　5. 新产品开发过程哪几个步骤最为关键? 为什么?

　　6. 什么情况下产品开发不需要经过这么多的步骤? 试举例说明。

　　7. 新产品的开发存在哪些风险?

　　8. 品牌决策一般包括哪些内容?

　　9. 如何正确地理解品牌延伸策略?

　　10. 现代包装对企业有何意义? 如何进行合理的包装设计?

实训题

　　1. 通过查找资料,实地市场调查,分析和评价苹果公司当前的产品组合情况,以及每个产品在组合中的地位和作用,并预测其未来的产品组合优化趋势和路径。

　　2. 以小组为单位,对于校园周边市场进行考察,通过小组头脑风暴法,提出一种新产品的设想,并详细规划和说明该产品开发的步骤,撰写一份产品开发方案。

案例分析题

三星生活家电展多款创新产品

美国 2015 消费电子产品展于当地时间 1 月 6 日在美国拉斯维加斯举办,三星电子发布包括"揉揉净系列"的新概念洗衣机、首款"双门"组合式烤箱、"名厨优选系列"电磁炉等在内的多款创新生活家电产品。

三星"揉揉净系列"洗衣机

三星"揉揉净系列"洗衣机采用手洗池与手洗搓衣板一体式设计,嵌入式的手洗盆和预洗专用喷水系统,可以简便快捷地进行预洗。此外,36 分钟就可以完成所有洗涤过程的"Super Speed"和让洗涤更洁净的"Aqua Jet"等新技术也颇为抢眼。三星电子在展位设置了"揉揉净系列"新概念洗衣机体验区,让观众近距离体验三星洗衣机的创新技术。

"名厨优选系列"电磁炉

值得一提的是,三星电子将在展会上展示"名厨优选系列"电磁炉,在开幕之前就已经获得 CES 创新大奖,从而受到了广泛关注。"名厨优选系列"电磁炉采用了"虚拟火焰"技术,更加方便使用者识别电磁炉是否正常工作以及火力大小,从而让烹饪变得更加简单便捷。此外,它还具有组合功能,可以在烹饪区上下两部分以不同的温度烹饪两种食物。

"双门"结构多功能组合式烤箱

此次,三星电子在 CES 展出的产品还包括业界首次采用"双门"结构并获得 CES 创新奖的多功能组合式烤箱。三星多功能组合式烤箱在业界首次采用烹饪区上下两部分都可独立开关的"双门"结构,一台机器有三种模式,有效避免了开关门导致的热量损失和烹饪区上下部分串味等现象,让食物更加美味,并提高了能源效率。

T9000 冰箱

此次展出的 T9000 冰箱让性能和设计达到最大程度的完美均衡。鉴于北美消费者喜欢嵌入式产品,T9000 冰箱在尽量保持差异化功能优势,以及同级别最大容量的同时,采用了半嵌入式结构,产品厚度约减少 19.3%,高度约减少 1.4%。

名厨优选 APP

在"CES 2015"上,三星电子除了将会展示多种新产品外,还将发布一款"名厨优选 APP"它可以提供与烹饪相关的多种信息,希望通过为消费者提供为生活带来便捷的内容服务,实现智能家居。

通过"名厨优选 APP",可以利用移动设备获取"名厨优选"产品的详细信息,阅读和学习来自三星名厨俱乐部的世界名厨访谈、名厨菜谱、多种家常料理及当季料理制作方法等。

其他创新智能产品

三星电子的展品还包括,将冷藏室分为"美食窗"和"保鲜橱"的"蝶门·美食窗"冰箱以及洗碗机。

据了解,此次展出的三星洗碗机在传统水喷射式洗涤的基础上进行创新,进一步提升了产品的清洁能力。

另外,此次亮相的新品中,还包括了机器人吸尘器"POWERobot",现场工作人员表示,此款吸尘器的吸尘能力较以前的产品提升了约 60 倍。

[案例思考]

1. 三星公司的这些新产品属于什么新产品?

2. 三星公司的这些新品开发具有哪些共同的特点?

3. 从产品组合的角度,如何描述三星公司这些新产品的开发?

4. 从品牌的角度,三星运用的是什么品牌策略?

延伸阅读

[1]迈克尔·格里夫斯. 产品生命周期管理[M].褚学宁,译. 北京:中国财经出版社,2006.

[2]凯文·莱恩·凯勒.战略品牌管理(第 3 版)[M]. 卢泰宏,吴水龙,译. 北京:中国人民大学出版社,2009.

参考文献

[1] 罗杰·凯林,史蒂文·哈特利,威廉·鲁迪里尔斯. 市场营销(插图第九版)[M]. 董伊人,等译. 北京:世界图书出版公司北京公司,2011.

[2] 菲利普·科特勒,凯文·莱恩·凯勒.营销管理(第 13 版·中国版)[M]. 卢泰宏,高辉,译. 北京:中国人民大学出版社,2009.

[3] Aaker, D. A. Managing brand equity[M]. New York:The Free Press,1991.

[4] 菲利普·科特勒. 营销管理——分析、计划和控制[M].梅汝和,等译.上海:上海人民出版社,1990.

第十章

价格制定和策略

≫ ≫ ≫ ≫

☞【知识目标】

熟练掌握定价的流程,了解企业定价目标和制定价格的一般方法,掌握企业定价的不同策略,新产品定价和产品组合定价的策略,熟悉影响价格调整的因素以及价格调整方案,掌握企业面对竞争调价的应对策略,了解互联网对企业定价的影响,政府管制定价的内容以及企业应有的社会责任。

☞【技能目标】

熟练掌握确定基本价格的方法,学会用不同的价格方法和不同的价格策略为具体产品制定价格,运用不同的价格策略应对市场价格的变动,识别现实市场中的价格违规行为。

☞【导入案例】

穿上斯塔布里签名球鞋大展拳脚

你愿意为一双有著名职业篮球运动员签名的球鞋花费多少呢? 150 美元? 200 美元? 如果是 14.98 美元呢?

史蒂芬·马布里准备摒弃不贵的球鞋就不能彰显身份这一观念。他是怎么做的呢? 在 2006 年,他代言了价格仅为 14.98 美元的斯塔布里篮球鞋系列。在几个月《商业周刊》就将斯塔布里球鞋认定为 2006 年度最佳新产品之一,《鞋类新闻》将其视为年度新品。

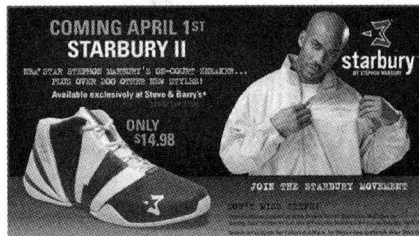

　　但是为什么一个拥有 10 年 NBA 经验的纽约尼克斯队控球后卫，要选择一份价值数百万美元的长年合同来代言价格仅有 14.98 美元的球鞋呢？"年轻人不应该花费太多去追求球鞋外表的美观而因此背负经济压力——尤其是来自城市的——而言，有很强的社会意义，这在我看来非常重要。"在他的网站上，他更阐明斯塔布里这个品牌是"为了群众的"，是"超越篮球"的"运动"。马布里补充道，"你穿着 200 美元的球鞋，而你的母亲全年只有 1.5 万美元的收入，这并不是一幅很好的画面。"

　　斯塔布里球鞋是与 Steve & Barry 大学运动服饰合作设计的，其前身正是 1985 年宾夕法尼亚大学服装店。Steve & Barry 在 33 个州经营着近 200 家零售店，旨在提供低价高质的产品。这个目标与史蒂芬·马布里的想法不谋而合，也就促成了性能足以与由著名运动员代言、价格为其 10 倍甚至更高的球鞋相媲美的专业设计运动鞋的诞生。用马布里的话说，"如果你拿出我们的鞋子和一双 150 美元的鞋子，然后从中间切开，你会看到它们是完全一样的"。

　　那么为什么斯塔布里的价格定在 14.98 美元而不是更高呢？"要制作一双表现精良的篮球鞋当然不需要花费 150 美元之多。产品的成本实际上更接近于 14.98 美元。"艾琳·巴顿——耐克旗下乔丹品牌的前设计师和 TMG 负责人——如是说。TMG 是总部设在纽约的一家品牌管理咨询公司，它率先将斯塔布里的新产品推向市场。"当消费者花费 150 美元购买一双球鞋时，他们实际上也支付昂贵的广告、促销以及运动员代言费用。这些成本包含在了球鞋的出厂价格里，而经过零售商重新定价后，消费者看到的价格已经翻了一倍。Steve & Barry 发起一场革新，在过去的 20 年中建立起创新性、成本驱动的生产模式，并且仅限于在其自己的专卖店中以不转移任何不必要成本给消费者的最低价格销售。这种大众的价格——价值主张一直作为公司经营理念的核心，但是与史蒂芬·马布里的合作仍然是充满未知。"

　　14.98 美元的零售价能与消费者产生共鸣吗？产品推出后不到八个月，就销售了超过 300 万双斯塔布里球鞋。

　　（资料来源：罗杰·A.凯林，史蒂文·W.哈特利，威廉·鲁迪里尔斯. 市场营销（插图第 9 版）[M]. 北京：世界图书出版公司北京公司，2011.）

营销启示

　　对于企业和消费者而言，价格都是非常敏感的因素，企业制定价格不但要考虑产品的成本、企业的利润期望，更要考虑到消费者的需求。在市场活动中，高价策略未必能满足企业的目标，产品低价也未必是企业弱势的信号，正如斯塔布里球鞋,低价同样创造出优秀的市场业绩。显然,企业要综合考虑各种因素后才能进行价格的制定和策略的创新。

价格(Price)是用来交换商品和服务所有权或使用权的货币或其他因素,是营销组合中最灵活的因素,又是营销组合中唯一代表收益的因素。为了增加销售收入和实现利润目标,企业需要熟悉价格制定的影响因素和流程,也要对价格进行策略创新,并根据市场环境的变化对价格进行适时调整。

第一节　定价流程

影响产品定价的因素是多方面的,包括定价目标、成本、市场需求、竞争者的产品和价格等。一般来说,产品定价的上限通常取决于市场需求,下限取决于该产品的成本、费用等。在上限和下限内如何确定价格水平,还取决于企业的定价目标、政策法规和竞争产品的价格等。制订产品价格一般要经过以下六个步骤,如图 10.1 所示。

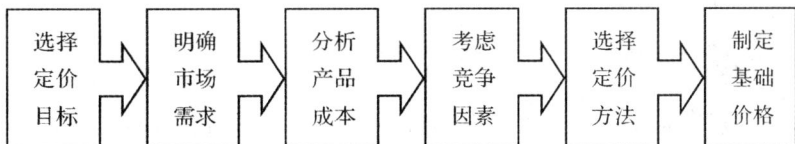

图 10.1　定价流程

一、选择定价目标

任何企业在制定价格时都必须考虑目标市场战略及市场定位,不同的产品具有不同的市场目标,同一产品在不同时间或不同地区的市场目标也存在差异。一般,企业定价的目标可以分为以下几种情况。

1. 维持生存

如果企业产能、产量过剩或面临激烈竞争,则企业会把维持生存作为主要目标。为了确保继续开工和存货出库,企业必须制定较低价格,并希望市场是价格敏感型的。许多企业通过大规模的价格折扣来保持企业活力。只要其销售收入能弥补可变成本和部分固定成本,企业的生存便可得以维持。

2.当期利润最大化

假定企业对其产品的需求函数和成本函数有充分了解,借助需求函数和成本函数,企业便可制定确保当期利润最大化的价格。企业通过估计不同价格下的需求和成本,然后选择能够实现当期利润最大化、现金流量最大化或投资回报率最高的价格。但是,这种目标可能会牺牲企业的长期发展目标,而且这种方法往往忽略其他营销组合变量、竞争者反应和法律约束等因素。

3.市场占有率最大化

企业可以通过定价取得控制市场的地位,即使市场占有率最大化。实践表明,高市场占有率与较高的长期利润呈正相关关系。因此,在市场对价格高度敏感,低价能刺激需求迅速增长的情况下,只要单位产品价格不低于可变成本,就制定尽可能低的价格,追求市场占有率的领先地位。随着市场占有率的提升,生产与分销的单位成本会随生产经验的积累下降;低价也能挤出部分现有的和潜在的竞争者。

4.产品质量领先

致力于成为产品品质领导者的企业也可考虑质量领先这样的目标,既可以用消费者可以接受的价格提供人们买得起的产品(如奢侈品),也可以提供将品质、奢华和昂贵的价格融为一体的产品。企业在保持产品优质优价的同时,还应辅以相应的优质服务。

二、明确市场需求

产品定价的基础是消费者的需求程度。不同的价格会导致不同水平的市场需求,从而对企业的预期利润产生影响。

1.需求曲线与收入

价格变动和需求变动之间的关系以需求曲线表示。根据需求规律,需求与价格呈反向关系:价格越高,需求越低,而对于一些高声望产品而言,有时呈现正向关系:价格提高,需求增加,因为消费者相信高的价格意味着更好的品质。但是,如果定价太高,需求水平就会降低。企业需要把顾客需求估计转化为公司的预计收入。

2.需求价格弹性

因价格或收入等因素引起的需求的相应变动率,称需求弹性(Demand elasticity)。需求的价格弹性反映需求量对价格的敏感程度,以需求变动的百分比与价格变动的百分比之比值计算,即价格变动百分之一会使需求变动百分之几。

$$需求价格弹性\ E=需求数量变动的百分比÷价格变动的百分比$$

价格弹性和总销售收入有着密切关系,企业需要认识到产品在各个可能的价格上,需求的价格弹性是不同。如果某品牌的价格弹性高,价格就应相对低些;价格弹性低,价格可以相对高些;价格弹性保持不变时,价格也应保持相对稳定。

如果市场上没有替代品或竞争者、生活必需品、购买者对较高价格不在意、购买者改变购买习惯较慢,也不积极寻找较便宜的东西、购买者认为质量有所提高,或者认为存在通货膨胀等等,都可能使需求缺乏弹性,制定较高的价格是可取的。

三、分析产品成本

从长远看,任何产品的销售价格都必须高于成本费用,这样才能以销售收入抵偿生产成本和经营费用。因此,企业在制定价格时必须估算相关成本。在定价决策中,五个成本概念非常重要:总成本、固定成本、可变成本、单位可变成本、边际成本。

1.边际分析和利润最大化

边际分析(Marginal analysis)是对增量成本与增量收入连续的权衡。边际分析意味着只要多销售一件产品所获得的收入(边际收入),比生产和销售这件产品的成本(边际成本)要多,那么企业就会扩大这种产品的产出,直到边际收益等于边际成本,即当边际成本等于边际收益时,总利润最大。因此,理性的决策不会选择边际收益为负的区域进行运作。

⮕阅读材料

成本概念

总成本(TC)是指公司生产和销售产品时发生的所有费用。总成本为固定成本和可变成本之和。

固定成本(FC)是指公司固定开支的总额,且不因生产和销售的产品数量变化而改变。如房屋租金、机器设备费用等。

可变成本(VC)是指随着生产和销售的产品数量变化而直接改变的公司费用总额。如,人工、材料、销售佣金等。

单位可变成本(UVC)是每单位产品所承担的可变成本。

边际成本(MC)是生产和销售额外一单位的产品所导致的总成本的变化。

MC=总成本的变化/一单位销售数量的增加量=$\Delta TC/\Delta Q$=总成本曲线的斜率

2. 盈亏平衡分析

企业制定价格,通常要考虑成本、销售和利润的关系,了解产品价格的盈亏平衡点。

盈亏平衡分析(Break-even analysis)是通过分析总收入和总成本关系来决定在不同产出水平上的利润率的方法。盈亏平衡点(BEP)是总收入等于总成本时的销量。利润则来源于任何超过盈亏平衡点的销售数量。

$$BEP=固定成本 \div (单价-单位可变成本) = FC/(P-UVC)$$

图 10.2 是盈亏平衡分析的示意图。假设某企业的产品价格为 120 元,其中固定成本是 3.2 万元,每个产品的单位可变成本是 40 元,则该企业的盈亏平衡数量是 400 个。计算如下:

$$BEP 数量 = 固定成本 \div (单价-单位可变成本)$$
$$=32000 \div (120-40) = 400(个)$$

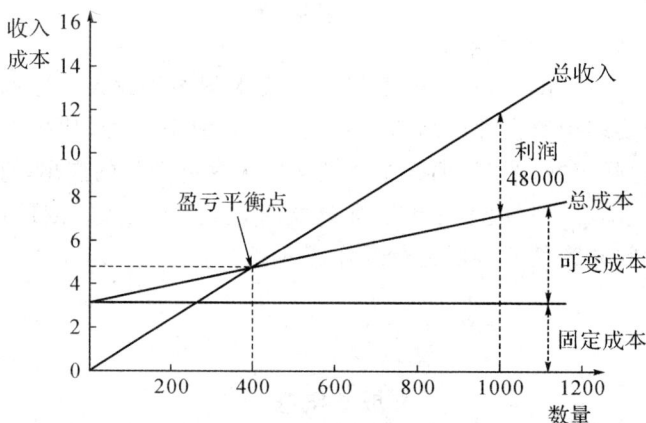

图 10.2 盈亏平衡示意图

图 10.2 表示,如果该企业的产品销量能达到 1000 个,则将获利 48000 元的盈利:

$$利润 = (120-40) \times 1000 - 32000 = 48000(元)$$

边际分析是利润最大化概念的核心,由于简便易行,在营销活动中得到广泛应用,最常用于研究价格、成本对利润的影响以及产销平衡的基本底线。

四、考虑竞争因素

除了市场需求和产品成本以外,其他因素也可能影响价格的制定,如产品的生命周期阶段、竞争环境等。

企业必须采取适当方式了解竞争者的产品质量和价格,比质比价,以便准确地制定自己的产品价格。如果质量大体一致,价格一般也应大体相同或略低一些,否则可能卖不出去;如果本企业产品质量较高,价格也可定高一些;如果质量较低,价格就应低一些。

竞争者可能针对本企业的价格策略调整其价格;也可能通过调整市场营销组合的其他变量与企业争夺顾客。对竞争者的价格变动,要及时掌握有关信息,并做出合适的反应。

五、选择定价方法

在制定价格时,需要考虑 3C:顾客需求(Customer's demand)、成本(Cost)、竞争对手价格(Competitor's price)。对一般企业而言,商品的最理想价格并不一定是促使销售量或销售额达最大化的价格,而是促使利润达最大化的价格。原则上价格应高过成本以赚取利润,但却同时应低于消费者所愿支付的价格以便吸引更多顾客及扩大销售量。

公司定价必须综合考虑了以上三个因素,在此基础上再选择定价的方法。但是在实际工作中,企业往往只侧重某一方面。企业定价有三种导向,即成本导向、需求导向和竞争导向,如图 10.3 所示。

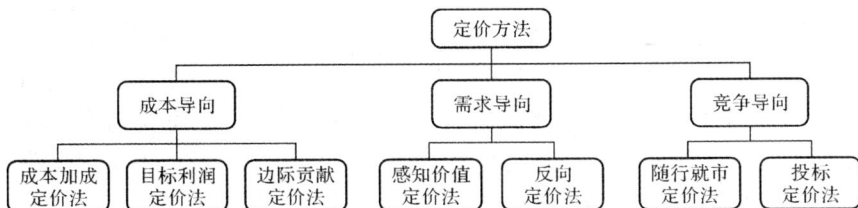

图 10.3　定价方法

1. 成本导向定价法

成本导向定价法是一种主要以成本为依据的定价方法,包括成本加成定价法、目标利润定价法和边际贡献定价法等,其特点是简便、易用。

(1)成本加成定价法

成本加成定价,是指在单位成本加上一定百分比的加成制定销售价格。加成的含义就是加上一定比率的利润,其公式表示为:

$$P = C(1+R)$$

式中,P 为单位产品售价;C 为单位产品成本;R 为预期利润率。

零售企业也可以用加成定价法,在进货成本或零售价格的基础上加以衡量。

成本加成定价法在企业界受到欢迎,主要是因为简便易行;由于成本的不确定性一般比需求小,此法可以大大简化企业定价程序,而不必根据需求情况的变化进行调整。同时,当买方需求强烈时,卖方不利用这一有利条件谋取额外利益,更被视为公平合理。对同业竞争者可以缓和价格竞争,减少矛盾。但是,成本加成定价法也忽略了现行价格弹性、市场需求和竞争,因此所定价格不一定符合消费者心理需求,不一定有利于促销。

(2)目标利润定价法

目标利润定价法,是指根据估计的总销售收入(销售额)和估计的产量(销售量)来制定价格,保证企业达到预期报酬的方法。如某企业投资 100 万元,年产量 5 万个产品,单位成本为 16 元,在定价时要求获得 20% 的利润,则其目标利润价格为:

$$目标利润价格＝单位成本＋(期望回报率×总投资额)÷销售数量$$
$$＝16＋0.2×1000000÷50000＝20(元)$$

即企业以单价 20 元卖出 5 万台产品,那么其 100 万投资能取得 20 万利润回报。这种定价方法以目标为导向,为许多企业所采用。但也忽略了价格弹性和竞争品价格,而且企业以估计的销售量求出价格,而价格恰恰是影响销售量的重要因素。

(3)边际贡献定价法

企业仅计算变动成本,不计算固定成本,以预期边际贡献率适当补偿固定资本。边际贡献是指预计的销售收入减去变动成本后的收益。如果这个边际贡献不能完全补偿固定成本,就会出现亏损。但在某些特殊的市场环境下,企业停产、减产仍须如数支出固定成本,倒不如维持生产,只要产品销售价格大于单位变动成本,就有边际贡献。若边际贡献超过固定成本,企业还能盈利。其计算公式为:

$$单位商品销售价格＝(总的变动成本＋边际贡献)÷总销量$$

这种方法,一般在市场竞争激烈时采用。因为这时如果采用成本加成法,必然使价格太高影响销售,出现产品积压,而采用这种方法,价格要低于成本加成定价,有利于加速扩大市场。这种定价方法,在产品必须降低价格出售时特别重要,因为只要售价不低于变动成本,说明生产还可以维持,如果售价低于变动成本,生产越多亏本越多。

2. 需求导向定价法

需求导向定价法是一种以市场需求强度及消费者感受为主要依据的定价方法,包括感知价值定价法和反向定价法。其中,需求差异定价法既是一种定价方法,又涉及灵活多变的定价策略,在本章第二节中将专门阐述。

(1)感知价值定价法

感知价值(Perceived Value)定价,就是根据购买者对产品的感知价值制定价格。感知价值定价与现代市场定位观念相一致。感知价值由许多因素综合形成,如产品性能、保修质量、企业声誉及可信度等。

感知价值定价的关键在于传递比竞争对手更多的感知价值,并展现给潜在的购买者。由于每位潜在顾客对影响因素的敏感度和重视度不同,如有的是价格型购买者,有的是价值型购买者,有的是忠诚型购买者,针对不同的群体,企业需要制定不同的策略。企业需要研究顾客价值的驱动因素,并了解顾客的决策过程,通过分析、判断和决定提供产品的价值。

如果产品价格大大高于感知价值,消费者会感到难以接受;如果价格大大低于感知价值,也会影响产品在消费者心中的形象。因此,略低于感知价值的价格能取得比较好的市场效果。

⊡➪**小案例**

劲量经验:价值取决于旁观者的看法

电池制造商似乎如鼓手一样不知疲倦,一直努力使其产品表现更好、寿命更长,而且不仅仅是偶尔比竞争对手卖得多。最新的碱性锂电池技术要以"为顾客创造价值"的方式定价,实现商业化却并非易事。

当金霸王公司以高出其标准电池 25% 溢价的价格推出其高级 AA 碱性电池品牌——极致电池时,劲量立刻以其高级电池"劲量超能配方"予以还击。劲量公司相信消费者不会为高溢价买单,便将超能结构电池标价到其标准电池的水平,希望能从金霸王那里夺取市场份额。不过,事与愿违,劲量并未实现目标。为什么?

根据行业专家的说法,高端电池市场的消费者因为劲量定出的低价联想到质量低劣。劲量不仅没有增加市场份额,反而将市场份额输给了金霸王和雷特威——电池制造行业的第三名。

吸取这次教训,劲量随后推出了高能电池:定价超出金霸王极致电池 4%、超出超能配方电池50%。结果是,劲量收回了失去的销量和市场份额。

教训是什么呢? 价值取决于旁观者的看法。

(资料来源:罗杰·A.凯林,史蒂文·W.哈特利,威廉·鲁迪里尔斯.市场营销(插图第9版)[M].北京:世界图书出版公司北京公司,2011.)

(2)反向定价法

企业依据消费者能够接受的最终价格,在计算自己经营的成本和利润后,逆向推算产品的批发价和零售价。这种方法不是以实际成本为主要依据,而是以市场需求为定价出发点,力求使价格为消费者所接受。在分销渠道中,批发商和零售商多采取这种定价方法。如:

通过市场调查,获悉消费者愿意以350元买一件毛衣,零售商毛利要求20%,批发商毛利要求10%,企业以此为准,毛衣的出厂价要定在203元左右[350/(1+20%)(1+10%)],才能保证批发商、零售商和消费者都能接受。

3. 竞争导向定价法

当企业对竞争者产品价格比较敏感时,常采用竞争导向定价法。通常有两种方法:随行就市定价法和投标定价法。

(1)随行就市定价法

当企业难以估算成本时,或者企业打算与同行和平共处时,或者如果另行定价,很难了解购买者和竞争者对本企业价格的反应,企业往往采取随行就市定价法(Going-rate pricing),又名流行水准定价法,是指在市场竞争激烈的情况下,企业为保存实力采取按同行竞争者的产品价格定价的方法。一般来讲,企业会按照行业的平均现行价格水平定价。

随行就市定价都是同质产品市场惯用的定价方法。在完全竞争市场,销售同类产品的企业在定价时,实际上没有多少选择余地,只能按照行业现行价格定价。某企业如果价格定得高于时价,产品就卖不出去;如果价格定得低于时价,也会遭到降价竞销。

在寡头竞争的条件下,企业也倾向于和竞争对手要价相同。因为在这种条件下,市场上只有少数几家大公司,彼此十分了解;购买者对市场行情也熟悉,如果价格稍有差异,就会转向价格低的企业。

采用随行就市定价,可能为企业节约调研时间和费用,也能避免因价格变动而带来的风险,是一种较为稳妥的定价方法。

⊨⟩小案例

玻璃的定价模式

由于目前玻璃产品的流通大部分在一定市场区域内,因此该区域内的玻璃生产企业基本上都是以区域内的主要竞争对手的产品价格以及其他等综合因素来确定本身的产品价格。当然在不同时期,不同市场条件下,企业的主要竞争对手会有所调整。例如在华北地区,河北沙河地区的玻璃企业产能规模较大,一般企业都以该地区企业的玻璃价格作为参照物,来调整自身的产品价格(值得注意的是,并不是简单的同比例上升或者下降,而是存在正相关的关系)。

在各个区域内的玻璃价格之间也存在一定的影响关系,并非是独立运作的。在当前的玻璃市场中,任何一家企业都无法凭借自己的实力而在市场上取得绝对的优势,为了避免竞争特别是价格竞争带来的损失,大多数企业都采用随行就市定价法,即将本企业某产品价格保持在市场平均价格水平上,利用这样的价格来获得平均报酬。

(资料来源:玻璃的定价模式[EB/OL].永安期货,2012-11-30.)

(2)投标定价法

采购机构通常采用刊登广告或发函的方式,说明拟购品种、规格、数量等的具体要求,邀请供应商在规定的期限内投标。供应商想要参与,就得在规定期限内填写标单,在上面填明可供应的产品名称、品牌、规格、价格、数量、交货条件等,密封给招标人,这个过程称为投标(Sealed-Bid)。采购机构在规定日期开标,一般选择报价最低、最有利的供应商成交,签订采购合同。供应商想要中标,它的报价应低于竞争对手的报价。供应商投标的价格根据对竞争者报价的估计制定,而不是按供货企业自己的成本费用。一般说,报价高、利润大,但中标机会小,如果因价高而招致败标,则利润为零;反之,报价低,虽中标机会大,但利润低,其机会成本可能大于其他投资方向。

企业不能将报价定得过低,确切地讲,不能将报价定得低于边际成本,以免使经营状况恶化。但是,报价远远高出边际成本,虽然潜在利润可能增加,又会减少取得合同的机会。最佳报价即为目标利润与中标概率两者之间的最佳组合。

📖 阅读材料

八部门发布《电子招标投标办法》

为了规范电子招标投标活动,促进电子招标投标健康发展,国家发展和改革委员会、工业和信息化部、监察部、住房城乡建设部、交通运输部、铁道部、水利部、商务部联合制定了《电子招标投标办法》及相关附件,自 2013 年 5 月 1 日起施行。

报道称,我国地域广阔,行业和项目众多且长期行政分割,这造成了招投标市场信息不公开、不透明。而电子信息可以突破传统媒介信息受地域、行政、时间分割限制的固有特性,符合招标投标市场开放统一、公开公平、动态融合的特征要求。

中国招标投标协会副秘书长李小林指出,市场经济许多问题都与信息不公开、不透明有关联,以信息化解决招投标过程中存在的问题,已经被大家认可。建立招标投标市场信息一体化共享体系是现代信息技术发展和招标投标市场一体化发展的共同选择。

(资料来源:八部门发布《电子招标投标办法》今年 5 月 1 日起施行[EB/OL].人民网,2013-02-20.)

六、选择基础价格

定价方法缩小了最终价格的选择范围,在最后确定价格时,企业还需要考虑其他一些附加因素,如营销活动的影响,公司的定价政策、风险承受能力、政策法规等。而且,这只是企业制定的基础价格,在实践中,企业还需考虑和利用灵活多变的定价策略,修正或调整产品价格。

第二节 定价策略

定价方法介绍了企业定价可以采用的思路,在具体的市场环境下,由于环境和竞争者的复杂性以及变化,企业需要针对特定的市场、特定的顾客灵活地,运用不同的策略制定价格。

一、折扣定价策略

企业为了鼓励顾客及早付清货款、大量购买、淡季购买，可酌情降低基本价格，这种价格调整叫做价格折扣（Price discount）。价格折扣是特价销售中的最直接但低水平的营销战术。这种策略具有正反双重作用，既可为企业创造利益和知名度，提升销售力；也有可能在产品折价后，陷入销售难行的困境，并对品牌自身造成伤害。

这是一则成功的折扣定价策略，准确地抓住顾客购买心理，有效地运用折扣售货方法销售。价格折扣的主要类型有：现金折扣、数量折扣、季节折扣、功能折扣和价格折让。

1. 现金折扣

现金折扣是对及时付清账款的顾客的一种减价。最典型的例子是"2/10，net30"，意思是买方应30天之内须付清货款，但如果在成交后的10天内付清，则给予2%的现金折扣。运用现金折扣策略，可以有效地促使消费者提前付款，从而有助于盘活资金，减少企业的利率风险。

2. 数量折扣

指企业给大量购买某种产品的顾客的一种减价，以鼓励大量购买。大量购买能使企业降低生产、销售、储运、记账等环节的成本费用。通常是按照顾客的购买数量的多少，分别给予不同的价格折扣，购买数量越多，折扣越大。

3. 季节折扣

是企业给购买过季商品或服务的顾客的减价。例如，滑雪橇制造商在春夏季给零售商以季节折扣，以鼓励零售商提前订货；旅馆、航空公司等在旅游淡季给旅客以季节折扣。

4. 功能折扣

也称为业务折扣、贸易折扣，是生产企业给批发商或零售商的一种额外折扣，以促使他们执行某种营销功能（如推销、储存、服务、广告等），折扣的大小按照企业在流通过程中的作用和贡献不同而不同。

5. 价格折让

折让是为了促使经销商或消费者参与某个特殊活动而设计的额外优惠政策，包括抵换折让和促销折让。抵换折让是指在购买产品时，可交还同类商品的旧货，以换取新产品的减价。促销折让是针对愿意配合企业做促销活动的中间商所给予的价格折扣或酬劳。

⤳相关资料

广告折扣和感知折扣

广告折扣,AD(Discount Advertised),即商家在广告中给出的正价打折的百分比。

感知折扣,PD(Perceived Discount),即消费者对广告折扣的感知。

广告折扣是关于价钱和折扣的客观表述,而消费者在心里常常有一个指导价钱来同外部的价钱相比拟,关于折扣的感知是源于消费者内心关于省钱的盼望。

实验结果表明:

消费者会低估广告折扣,即消费者心目中的感知折扣值低于广告给出的折扣。对折扣的低估程度随着广告折扣的增加而增加。因此,商家在制定折扣时并不是越高越好。过高的广告折扣会降低消费者对商家价钱的信任,以及增加对商家信誉的狐疑。

消费者关于自有品牌折扣的低估比知名品牌的要大。同样的折扣,知名品牌更能影响消费者的购置意愿。因此,商家提供折扣时,相比自有品牌或其他知名度较低的品牌,全国性品牌或知名品牌的消费者感知折扣更高,促销也会相对更有效。

商店形象所带来的影响差异不大。当价钱和品牌影响剧烈时,产品质量的感知以及商店形象的影响总体来说很小且不显著。因此,商店定位与形象的差异在消费者购置同一产品时影响并不显著,这时,消费者愈加关注品牌本身,至于是在高档店里购置或是在低档店里购置,影响并不大。

(资料来源:益康购物广场的"折扣"困惑[J]. 新营销,2009(6).)

二、地区定价策略

地区性定价策略(Zone pricing)就是在将产品卖给不同地区(包括当地和外地)的顾客时,是分别制定不同价格还是相同价格的策略。地区定价策略的关键是运费的负担问题和是否采用差异定价,根据这两个维度,可以有五种地区定价:产地交货定价、目的地交货定价、统一交货定价、分区运送价格和运费补贴定价。

1. 产地交货定价

产地交货定价就是顾客按照出厂价购买某种产品,企业负责将这种产品运到产地某种运输工具(如卡车、火车、船舶、飞机等)上交货。交货后从产地到目的地的一切风险和费用概由顾客承担。对企业的不利之处,是远地顾客可能不愿购买,转而购买其附近企业的产品。

2. 目的地交货定价

由卖方承担从产地到目的地的运费及保险费的价格。目的地交货价格由出厂价格加上产地至目的地的手续费、运费和保险费等构成,虽然手续较繁琐,卖方承担的费用和风险较大,但有利于扩大产品销售。

3. 统一交货定价

指企业将产品送到买方所在地,不分路途远近,统一制定同样的价格。企业卖给不同地区顾客,按照相同的厂价加相同的运费(按平均运费计算)定价。不同地区的顾客不论远近,实行一个价格。

4. 分区定价

企业把整个市场分为若干价格区,卖给不同价格区顾客的产品分别制定不同的地区价格。距离较远的价格区定价较高,较近的价格区定得较低,同一价格区范围实行统一价格。这种价格介于产地交货价格和统一交货价格之间

采用分区定价存在的主要问题是:一方面即使在同一价格区,也有的顾客距离企业较近,有的距离企业较远,前者就会感觉不合算。另一方面处在两个相邻价格区边界上的顾客,相距不远,但要按不同价格购买同一产品。

5. 运费补贴定价

企业负担全部或部分运费。有些企业认为如果生意扩大,平均成本就会降低,足以抵偿这些开支。因此,为弥补产地交货价格策略的不足,减轻买方的运杂费、保险费等负担,由卖方补贴其部分或全部运费。

该策略有利于减轻边远地区顾客的运费负担,使企业保持市场占有率,并不断开拓新市场,可使企业加深市场渗透,并在竞争日益激烈的市场上站住脚。

三、心理定价策略

心理定价策略(Psychological pricing)是针对顾客心理而采用的一类定价策略,主要应用于零售商业。每一件产品都是为了满足消费者某一方面的需求,其价值与消费者的心理感受有着很大的关系。企业在定价时可以利用消费者生理的和心理的、物质的和精神的等多方面需求,有意识地将产品价格定得高些或低些,以满足扩大市场销售,获得最大效益。

1. 声望定价

指企业利用消费者仰慕名牌商品或名店的声望所产生的心理,把价格定成

整数或高价。这种方法适合于质量不易鉴别的商品定价,因为消费者崇尚名牌,往往以价格判断质量,认为高价格代表高质量,如豪华轿车、高档手表、名牌时装、名人字画、珠宝古董等非生活必需品或具有民族特色的手工产品,在消费者心目中享有极高的声望价值。

现代社会,在消费者的心目中,高价位商品是财富、身份和地位的象征,因此,购买者往往不在乎产品价格,而最关心的是产品能否显示其身份和地位,价格越高,心理满足的程度也就越大。

2. 尾数定价

指利用消费者数字认知的某种心理,尽可能在价格数字上保留零头,使消费者产生价格低廉和卖主认真成本核算的感觉,大多数消费者在购买产品时,尤其是购买一般的日用消费品时,乐于接受尾数价格。如 0.99 元、9.98 元等,使消费者对企业产品及定价产生信任感。

⊳ **阅读资料**

来,跟着商报认识一下尾数定价法

某超市的一页促销单上,促销商品从吃的花生、酸奶,到用的护发素,再从手机到电动车等,包罗万象。在 62 组商品中,有 46 组商品价格尾数为 9;8 组商品定价尾数为 8;4 组商品定价尾数为 5。即,74% 的商品价格尾数为 9,13% 的商品价格尾数为 8,价格尾数比较多的还有 5。

超市负责人介绍,尾数为 9,是利用人们的求廉心理;尾数为 8,是利用人们的图吉利心理;尾数为 5,是从财务角度考虑的,容易找零。

同时,该负责人也表示,在以中高收入群体为目标的、经营高档消费者的大商场、大百货,不适合采用尾数定价法,而应该采用"声望定价策略"。"现在信息化时代到来,伴随着网络普及,商品到底啥价格,人们上网一查就知道。"尾数定价法可以影响人们的购买行为,但作用很有限。在信息不发达的时代,这种定价法作用明显。在他看来,尾数定价法会影响到心理比较敏感的人。而"真正影响人们购买行为的,应该是产品核心要素。"他说,比如品牌个性、产品定位、产品质量等。

(资料来源:赵卓.来,跟着商报认识一下尾数定价法[N].河南商报,2013-10-25.)

3. 招徕定价

招徕定价是零售商利用顾客求廉心理,将某些商品定低价以吸引顾客,个别的商店甚至低于成本,这是用以吸引顾客、扩大销售的一种定价策略,一些商店随机推出降价商品,每天、每时都有一二种降价出售,吸引顾客经常光顾,同时也会吸引顾客选购其他正常价格的商品。

四、差别定价策略

差别定价策略,又称价格歧视(Discriminatory pricing),是指企业按照两种或两种以上不同价格销售产品或服务。差别定价的主要形式包括:

1. 顾客差别定价

即企业按不同的价格把同一产品或服务卖给不同顾客。比如工业用电和生活用电的价格不同,而每度电的生产成本是一样的。这种差别价格表明,顾客的需求强度有所不同。

2. 产品形式差别定价

即企业对不同型号或形式的产品,分别制定不同价格,但是不同型号或形式产品的价格差额和成本费用之间的差额并不成比例。

3. 产品地点差别定价

企业对处在不同位置的产品或服务,分别制定不同价格,即使这些产品或服务的成本费用没有任何差异。例如剧院,不同座位票价有所不同,因为人们对不同座位偏好不同。

4. 销售时间差别定价

即企业对不同季节、不同时期甚至不同钟点的产品或服务分别制定不同价格。例如,电信服务、电力供应在一天中某些时段、周末和平常收费不同。

采用差别定价时,必须考虑市场是否可以细分,而且各个细分市场必须表现出不同的需求程度;以较低价格购买的顾客,没有可能以较高价格把产品转卖;竞争者是否可能在企业以较高价格销售的市场上低价竞销;细分市场和控制市场的成本费用,是否超过因实行差别价格而得到的额外收入,否则得不偿失;差别价格是否会引起顾客反感,以至放弃购买。

⤷**小案例**

iPhone 6 中国定价不是全球最高

10 月 17 日,iPhone 6 和 iPhone 6 Plus 将正式在中国发售,有关 iPhone 手机在不同国家和地区的差别定价法再次成为消费者讨论的问题。记者以 16G 版本统计了 10 个国家和地区(美国、法国、加拿大、德国、新加坡、英国、澳大利亚、日本、中国内陆和香港地区),发现价格最高的是法国,折合人民币 5619 元,紧随其后的是德国和英国,分别折合人民币 5553 元和 5326 元,价格最低的依旧是美国(3982 元)和日本(3917 元,日本报价低很大程度上源自于近两年日元的大幅贬值)。而中国的定价为 5288 元,处于中间。山西大学经济与管理学院博士王继光认为,各国价格不同的原因是苹果公司采取了"以顾客支付意愿"定价的策略。

王继光博士表示,差别定价应需满足以下条件:

一、企业对价格有一定的控制能力。物以稀为贵,苹果公司正是在充分了解了各国市场对 iPhone 的需求程度后才制定价格,以国内市场来说,有消费需求的人和可供应的 iPhone 明显不成正比,供不应求,定价权利自然掌握在苹果公司手里。

二、不同市场的价格弹性不同。这里就涉及各国不同的文化差异。美国手机定价便宜,卖得也多,人们只是把 iPhone 当做一个普通的手机;我国不同,很多人会把其看成是身份、地位的象征,如果 iPhone 在国内定更高的价格,还是会有很多人购买,一定程度上利用国人的"求贵"心理来分割市场,可以增加企业利润。

三、企业的市场必须是能够分割的,就是说,人们不可能在不同的市场之间进行倒买倒卖。如果不是这样,差别定价就不会成功,不同的市场的价格就会趋于相同。这点很多人可能会质疑:iPhone 6 和 iPhone 6 Plus 尚未进入中国市场时,不是有很多消费者在各国进行 iPhone 的倒卖吗?这种情况是可能的啊?没错,各国市场倒买倒卖确有发生,但却只会增加 iPhone 到消费者手中的价格。前一段时间就常在微信朋友圈中看到:日本代购 64G iPhone 6 含邮费共 7500 元,香港代购 64G iPhone 6 Plus 含邮费共 10100 元,价格比国内的行货还要高。

四、苹果的成功不仅仅是产品所具有的独到的与人性共鸣的产品设计,也在于其合理的产品价格以及产品布局,可以直接打动消费者打开他们的钱包,最为重要的是在苹果的价格策略中,永不打折和让愿意出高价的消费者以高价购买其商品。

五、"价格歧视"的定价策略还受所在国的法律影响。苹果公司因为其产品在欧盟、澳大利亚的售价明显高于美国市场,欧盟和澳大利亚对其进行过相关调查和处理。

(资料来源:苏苗苗.苹果公司在"以顾客支付意愿"定价[N].三晋都市报,2014-10-14.)

五、新产品定价策略

新产品进入市场,在定价时,首先取决于企业所追求的目标,根据企业是为了获取高额的市场利润还是为了获取最大的市场份额,可以将新产品的定价策略分为撇脂定价和渗透定价。

1. 撇脂定价

撇脂定价(Skimming pricing),是制定消费者愿意支付的最高初始价格。即在产品生命周期的最初阶段,把价格定得很高,以攫取最大利润。消费者渴望买到产品,愿意支付高价,原因在于新产品在价格、质量和满足需要的能力方面具有替代品无可比拟的优势,当这些消费者的需求得到满足后,企业再降低价格来吸引对价格比较敏感的细分市场。该定价方法由于价格会一步步下降,如同连续在鲜奶中撇取奶油(逐层获取消费者细分市场的收益),因此得名为撇脂定价法。

从实践看,具备以下条件时企业可采取撇脂定价:

(1)市场有足够的购买者,需求缺乏弹性。即使价格定得很高,需求也不会大量减少。

(2)高价使需求减少一些,产量减少一些,单位成本增加一些,但不致抵消高价带来的利益。

(3)高价情况下依然可以独家经营,别无竞争者。例如,有专利保护的产品。

(4)消费者认为新产品具有很高价值,值得高价购买。

如吉列公司的锋速剃须系统有70项的专利,它在推出锋速五层刀片剃须套装时就采用了撇脂定价法。

2. 渗透定价

渗透定价(Penetration pricing),是为产品制定低水平的初始价格,以求迅速吸引大众市场的方法。即企业把新产品价格定得相对较低,以吸引大量顾客、提高市场占有率。

从实践看,渗透定价需要具备以下条件:

(1)需求对价格极为敏感,低价可以刺激市场迅速增长。

(2)企业的生产成本和经营费用会随生产经营经验的累积而下降。

(3)低价不会引起实际和潜在的过度竞争。

如任天堂在其推出最新一代的游戏机 Wii 时,就有意识地选择了渗透定价策略。

3. 满意定价

满意定价策略(Neutral pricing)是一种介于撇脂和渗透之间的价格策略。所定的价格较低,但比渗透价格要高,是一种中间价格。这种定价策略由于能使生产者和消费者都比较满意而得名,有时又称"君子价格"或"温和价格",是根据消费者心理所使用的定价策略。

六、产品组合定价策略

产品组合定价策略对不同组合产品之间的关系和市场表现进行灵活定价的策略。

1. 产品大类定价

通常企业开发出来的是产品大类,而不是单一产品。企业生产的系列产品存在需求和成本的内在关联性时,为了充分发挥这种内在关联性的积极效应,需要采用产品大类定价策略。

在定价时首先确定某种产品的最低价格,它在产品大类中充当领袖价格,以吸引消费者购买产品大类中的其他产品;其次,确定产品大类中某种商品的最高价格,它在产品大类中充当品牌质量和收回投资的角色;最后,产品大类中的其他产品也分别依据其在产品大类中的角色不同而制定不同的价格。

2. 选择品定价

许多企业提供主产品的同时,会附带一些可供选择的产品或服务,如汽车用户订购电子开窗控制器、扫雾器和减光器等。但是对于选择品的定价,公司必须确定价格中可作为选择对象的产品。

3. 补充产品定价

有些产品需要附属或补充品配合才能使用,如剃须刀架与刀片、照相机与胶卷、打印机与墨盒或色带。许多制造商喜欢为主产品(如打印机)制定较低价格,给附属品(如墨盒、色带)制定较高价格。

4. 分部定价

服务性企业经常收取一笔固定费用,再加上可变的使用费。例如,游乐园一般先收门票费,如果游玩的地方比较特殊,就要再交费。企业面临着与补充品定价同样的问题,即收多少基本服务费和可变使用费。固定费用较低,可以推动人们购买服务,利润从使用费中获取。

5. 副产品定价

在生产加工肉类、石油产品和其他化工产品的过程中,经常会产生副产品。如果副产品价值低、处置费用昂贵,就会影响主产品定价。副产品价格必须能弥补副产品处置费用。如果副产品能够发挥用处,可按其价值定价。副产品如果能带来收入,则有助于企业在应对竞争时制定较低价格。

6. 产品系列定价

企业经常以一种价格出售一组产品或服务,如化妆品、计算机、假期旅游公司提供的系列活动方案。这就是产品系列定价,也称价格捆绑,目标是刺激产品线的需求,充分利用整体运营的成本经济性,同时努力提高利润净贡献,价格捆绑可有多种形式:

(1)纯粹的捆绑。指只能一次买下所有东西,不能分开购买。如微软将视窗操作系统和 IE 捆绑。

(2)混合捆绑。通常,产品系统的捆绑价格低于单独购买其中每一产品的费用总和。因为顾客原本可能不打算购买所有产品,如果这一组合的价格有较大降幅,才有可能推动购买。混合捆绑包括:①混合引导捆绑——消费者全价购买一种产品,则在其购买另一产品时给予折扣。例如,有线电视顾客全价购买第一种付费频道,就可按折扣月费购买第二个付费频道。②混合联合捆绑——只对一系列产品或服务的组合给出一个价格。

第三节　价格调整

企业处在一个不断变化的环境中,面对市场竞争和环境的变化,根据企业内部目标和计划的调整,企业需要在营销活动中对价格进行调整和应对。企业价格调整主要受到产品生命周期、生产经验、竞争以及国家政策法律管制等影响,互联网对企业价格调整也产生了实质性的影响。

一、价格调整的影响因素

除了产品成本、市场需求以外,还存在一些经常性影响产品价格调整的因素,如产品生命周期、经验曲线、分销渠道等。

1. 产品生命周期阶段

不同的产品生命周期阶段其价格策略也会有较大的差异。

导入阶段:企业往往把价格制定得较高,希望能够快速收回成本。新产品的需求往往来自于核心市场(消费者的需求理念与产品特质相匹配),因此是相对无弹性的。但是,如果目标市场对于价格高度敏感,企业往往把价格定在市场一般水平或是稍低水平。

成长阶段:价格一般趋于平稳。因为竞争对手已经进入市场,增加了有效供应,另外产品已经开始发掘一个更广阔的市场。最后,规模经济使得成本降低,而成本的节约传递到了消费者那里就体现为价格的降低。

成熟阶段:随着竞争的加剧及其效能的减弱,高成本的企业被淘汰出局,通常只有效率最高的企业留存下来,成熟期通常伴随着更进一步的价格削减。这个阶段,价格增加通常是成本驱动,而非需求驱动。在成熟期的后阶段,价格下降同样也不能激发出很多需求。因为需求是有限的,而生产者们有着相类似的成本结构,余下的竞争者也许会在价格削减上较劲。

衰退阶段:极少的竞争者尽力争夺最后的需求空间,可能会有更多的价格下调。当只有一家企业留在市场上时,价格开始稳定。事实上,如果产品得以幸存并成为特别商品种类,价格有可能最终会上升,如老式的唱片。

2. 经验曲线效应

经验曲线(Experience curve)是一种表示生产单位时间与连续生产单位之间的关系曲线,反映随着生产经验的积累而导致的平均成本下降的现象,也称为学习曲线(Learning curve)。

图 10.4 表示,A、B 是两家属于同类产品的竞争企业,在同一的价格下,如 10 元,A 企业盈亏平衡,B 企业的成本为 9 元,尚有 1 元盈利。对于 B 企业而言,如果随着销量的增加,产品成本将下降,企业能够产生经验曲线效应,常用的做法是扩大生产规模,产品成本下降到 B_2 位置(8 元)并把产品价格定在 9 元,企业仍然盈利 1 元,但 A 企业将亏损,从而被挤出市场。

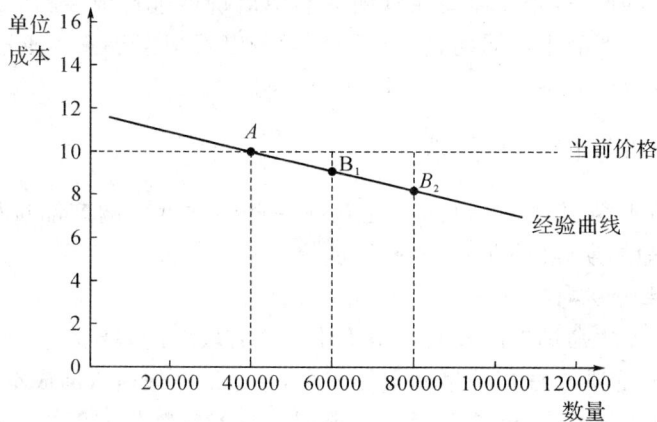

图 10.4　经验曲线效应

经验曲线效应带来的降价往往具有攻击性,对同行的企业具有杀伤力,采用低成本领先战略的企业往往利用这种定价方法淘汰中小竞争者,进而兼并收购企业,以达到减少竞争,扩大自己规模的目的,如格兰仕微波炉。

3. 分销渠道

分销渠道中的批发商和零售商往往为了自身的目的,而改变和调整产品的最终零售价格。有的分销商还进行"反品牌销售",即把一些知名品牌标高价放在货架上,同时以折扣价提供其他的品牌,常常是中间商的自有品牌。中间商还有可能通过非正式渠道购买水货市场上的商品,从而在市场零售价格上有更大的价格调整空间。另外,分销渠道的复杂性以及运作效率也会直接影响产品在市场的价格波动。

⊏⟩ **小案例**

首尔物价"全球最贵"分销系统需要改善

韩国日前发布的一份消费者报告显示,在全球 13 个主要城市中,韩国首都首尔牛肉、咖啡等食品和饮料的价格最贵。这次调查的城市除首尔外,还有美国纽约、中国北京、日本东京、德国柏林、法国巴黎、英国伦敦、意大利米兰、加拿大多伦多、澳大利亚悉尼、西班牙马德里、荷兰阿姆斯特丹和中国台北。

无论是国产还是进口,首尔的肉类价格都很昂贵。例如,韩国国产牛里脊的售价为每公斤 10.6 万韩元(97.7 美元),居各城市之首;进口牛里脊的售价在所有城市中排第三。另外,包括香蕉、橙子和樱桃,首尔 9 种进口水果的价格也高于其他多数城市。

韩联社援引这份报告报道,鉴于韩国与 10 多个国家(地区)签署了自由贸易协定,韩国消费者本可以享受到较低价格的进口食品和饮料,但因韩国国内复杂的分销系统,这些物价不但没有降反而经常上涨。

(资料来源:首尔物价"全球最贵"分销系统需要改善[EB/OL].人民网,2015-01-14.)

4. 促销策略

价格是企业促销组合中最为常用的工具,用来激发消费者的购买兴趣,同时也是企业营销沟通和销售宣传的重要工具。在特定的市场,特定的时期因为促销的需要,价格往往需要作出相应的调整,以配合公司的整体营销活动,以吸引和巩固新老顾客。

二、价格调整方案

价格是市场上的敏感因素,需要综合考虑以后慎重决策调整方案。一般来说,调整价格之前需要考虑以下一些问题:

① 当产品价格变化时,目标消费者的反应如何?

②如果我们产品提价或降价，对我们市场占有率和销售量有什么影响？

③若市场上产品价格变化后，自己品牌和竞争品牌的相互地位会如何变化？

④使产品利润达到最大的销售价格应是多少？

⑤如何确定新产品、产品线扩张、产品范围扩张的价格或价格范围？

1. 企业降价

当企业的生产能力过剩，需要扩大销售，又不能通过产品改进和加强销售等扩大市场。在这种情况下，企业就需考虑降价。

在强大竞争压力下，企业市场占有率下降。例如，美国的汽车、消费用电子产品、照相机、钟表等，曾经由于日本竞争者的产品质量较高、价格较低，丧失了一些市场。在这种情况下，美国一些公司不得不降价竞销。

企业成本费用比竞争者低，企图通过降价掌握市场或提高市场占有率，从而扩大生产和销售量，进一步降低成本费用。在实践中，有实力的企业率先降价，往往能给弱小竞争者以致命打击。

▷小案例

高通服软？电信手机要降价

高通公司终于决定改变其"一个配置、两个价格"政策。

近日，中国电信市场部总经理刘平在"2015 中国电信终端产业合作战略发布会"上表示，从 12 月 1 日开始，针对中国电信 CDMA 网络 1299 元以下终端，高通芯片价格将与同等价位中国联通 UMTS 网络终端"同价"。

这一 CDMA 产业链"重大利好"，预计将帮助每部采用高通 CDMA 芯片的手机减少超过 4 美元成本。过去，高通提供给 CDMA 网络的同配置芯片价格比 UTMS 网络（WCDMA/GSM 系统双制式或者 TD-SCDMA/GSM 双制式）普遍高 5 美元。

据行业人士分析，高通改变政策有竞争对手联发科、Marvell 进入 CDMA 产业链的市场原因，同时，国家发改委对高通反垄断调查中"整机作为计算许可费基础"即指向高通可能涉嫌利用垄断地位制定"不公平高价"。

（资料来源：高通服软？电信手机要降价[N].第一财经日报，2014-12-26.）

2. 企业提价

当企业遇到通货膨胀，物价上涨，成本费用提高，许多企业不得不提高价格。在通货膨胀条件下，企业往往采取种种方法调整价格，以应对通货膨胀。诸如：

当产品供不应求，不能满足所有顾客。在这种情况下，企业必须提价。提价方式包括取消价格折扣,在产品大类中增加价格较高的项目,或者开始提价。为了减少顾客不满,提价时应向顾客说明提价原因,并帮助顾客寻找节约的途径。

虽然提价会引起消费者、经销商和推销人员不满,但是成功的提价可以使企业利润增加。

⮕ 小案例

日元贬值日企不堪重负:日本造纸企业涨价

2014年11月份日本贸易逆差额为8919亿日元,已连续第29个月陷入逆差、续创有数据可供比较的1979年以来史上最长逆差纪录。这让仰赖原料进口的日本企业不堪负荷,纷纷祭出涨价措施。继日前日本食品业者喊涨后,日本造纸业也加入涨价行列。

日经新闻指出,日本大王制纸、日本制纸旗下子公司Nippon Paper Crecia同步于22日宣布,因日元急贬导致原料价格走高,故将自2015年1月21日起调涨家庭用纸售价,涨幅为10%以上,调涨对象为厕纸、卫生纸、厨房用纸及商用纸巾等家庭用纸所有产品;大王制纸为日本家庭用纸龙头厂、Nippon Paper Crecia为第二大厂。

除大王制纸、日本制纸之外,王子Holdings旗下子公司Oji Nepia已于日前宣布将自2015年1月5日起调涨家庭用纸售价、涨幅为10%以上。

(资料来源:李莉.日元贬值日企不堪重负:日本造纸企业涨价[EB/OL].中国纸业网,2014-12-24.)

3. 应对竞争者调价

市场营销活动中,企业经常会面临竞争者变价的挑战。受到竞争对手进攻的企业必须考虑:①产品生命周期阶段及其在企业产品投资组合中的重要程度;②竞争者的意图和资源;③市场对价格和价值的敏感性;④成本费用随销量和产量的变化而变化的情况。面对竞争者的调价,企业的应对策略分为价格竞争和非价格竞争。

(1)价格竞争

在同质产品市场上,如果竞争者降价,企业必须随之降价,否则顾客就会转而购买竞争者的产品。如果某一个企业提价,且提价对整个行业有利,其他企业也会随之提价;但是,如果有企业不跟随提价,那么最先发动提价的企业和其他企业就有可能不得不取消提价。

企业间的价格竞争容易形成同行业的"价格战",即指企业之间通过竞相降低商品的市场价格展开商业竞争行为,目的是打压竞争对手、占领更多市场份额、消化库存等。价格战对竞争多方而言是一把双刃剑,往往是伤人又伤己,但价格战如果能倒逼企业追求创新,创造差异化竞争优势,那么价格战也不失为创新的外部推动力量。

➪小案例

价格战逼空调业觅新卖点

残酷的价格战正让空调厂商在转型中寻求新的卖点。近日,海尔、美的、松下、奥克斯等企业纷纷推出除霾空调,去霾化也被业内看做是空调行业继智能化后的又一发展新趋势。

近年来,空气污染问题备受广大消费者关注,从而也催生了国内空气净化器市场的爆发式增长,吸引了海信、TCL、夏普、艾美特等众多国内外企业的抢食。然而作为空调来说,由于其产品使用涉及室内外空气的交换,使得其具备净化空气的先天优势。

正因此,空调企业也纷纷在除雾霾功能上不断发力。继此前志高发布"云空调"系列新品,具备高效去除PM2.5等功能后,日前海尔、美的、松下、奥克斯四家品牌所研发的10款家用空调新品同时也搭载了高效除PM2.5性能,其净化效果可以与常规的单品空气净化器媲美。

自去年下半年以来,国内空调市场发展一直不容乐观。数据显示,自2014年8月开始,空调市场出现了严重下滑,销量与销售额同比跌幅分别达18.3%和17.2%。随后也引发空调行业号称规模最大的价格战,并以"以旧换新"、"线上让利"等形式一直延续至今,空调行业如何告别价格战走向价值战正成为行业转型的关键。

在业内专家看来,智能化、高端化无疑是未来空调产业结构调整的一个常态化发展趋势,同时健康化也成为一大卖点。尽管目前现阶段空调的主要功能还在于调节室内冷暖温度,无法完全取代空气净化器,但随着主流企业不断推出带有净化功能的空调,预计今后该行业也将迎来新一轮去霾变革。

（资料来源:陈维.四厂家推去霾化价格战逼空调业觅新卖点[N].北京商报,2015-01-22.）

（2）非价格竞争

在异质产品市场上,企业对竞争者变价的反应有更多选择余地。因为在这种市场上,顾客选择卖主不仅考虑价格因素,更关注和考虑质量、服务、性能、外观、可靠性等因素,非价格因素的差异化优势带来更多的溢价功能。相对于价格竞争,非价格竞争通过产品升级,技术革新,质量改良,品牌建树,超值服务等多种手段来吸引消费,达到扩大产销量的目的,具有相对无限的竞争空间。

非价格竞争以其竞争手段的多样性,针对多样化的需求和消费质量的提高来开展市场竞争。因此,它对市场的开拓能力是强劲的,具有创造性的。非价格竞争是价格竞争的发展和升华,竞争的高级形态。

面对竞争者的变价,企业不可能花很多时间去分析应采取的对策。事实上,竞争者很有可能花了大量时间准备变价,本企业必须在几天甚至数小时内明确、果断做出反应。缩短价格反应决策时间的唯一途径,就是预料竞争者可能的价格变动,并事先准备适当对策。

三、互联网影响

互联网对企业的营销活动带来了整体的影响和改变,同样对企业定价也产生众多影响。具体表现在:

1. 互联网增强消费者议价能力,从而较大幅度地降低了商品的交易价格。

(1)价格信息充足透明,方便消费者比较价格。互联网的巨量信息中包含着众多消费者在购买时所需要的厂商信息、价格信息、商品质量信息和竞争者产品信息等,这些信息直接改变了消费者购买时信息不对称的状况,增加了信息的透明度,有利于消费者进行价格比较和产品比较,提高了议价谈判的能力。

(2)买卖双方的谈判范围扩大,有利于消费者货比三家。消费者可以通过互联网和厂家、商家直接进行议价谈判,谈判成本大幅下降,谈判机会骤增,消费者不再担心谈判失败而无法买到商品,互联网的巨大市场提供给消费者众多交易机会。

2. 企业产品价格调整迅速。互联网的信息传播速度非常快,厂商之间的竞争也白炽化,特别是对于同质市场,产品差异不大的产品而言,网上价格的风吹草动,能直接影响企业的定价,带动了产品价格的快速调整。更有甚者,让某些顾客享受到特殊的价格。

3. 催生新的价格策略和收费模式。互联网的存在带给企业许多价格策略创新灵感和实践的可能。传统的价格策略以及收费模式是针对广大实体店的顾客而产生的,网络时代呼唤符合时代特征的新模式和策略创新,已有众多创新让人眼前一亮,开启了网络时代的新篇章。

⤷ 小案例

汪峰演唱会的在线收费模式可以复制吗?

2014年8月2日,汪峰鸟巢演唱会不仅6万张现场门票销售一空,还卖出了4.8万张单价30元的线上直播虚拟门票。此前,国内商业演出市场还没有过大规模线上直播付费的成功案例,汪峰和与之合作的乐视网成为吃螃蟹者。

"如果在这个时代你拒绝互联网肯定是一种愚蠢的行为。好像现在每一个商品,更大量的体现都是在互联网上,这是这个时代的特点。"汪峰日前宣布和乐视达成合作时曾表示。

乐视网总编辑雷振剑透露,和汪峰的合作模式其实包含了4个方向,包括汪峰乐视官网、汪峰乐视轮播频道(24小时滚动,包括音乐、照片、纪录片、电影、采访等)、付费直播以及在电影领域的跨界合作。

对于此次演唱会线上付费直播的尝试,汪峰更大的希冀在于,为音乐人和传统音乐行业找到一条新的出路。汪峰说,如果一个小型演唱会有1000用户付费,按照30元门票价格收入就有3万元,而现在一场小型演出根本不可能达到这个收入。

乐视网总编辑雷振剑透露,合作前对线上收入的预估是100万,门票价格一再调整,希望相应的用户覆盖群体能更加庞大。从乐视目前150万左右的收入来看,虽然还不知道双方的分成比例,但已超出双方预期,而此次乐视和汪峰的合作,也或将刺激更多视频网站寻求类似的尝试。

(资料来源:范晓东.汪峰演唱会的在线收费模式可以复制吗?[EB/OL].腾讯科技,2014-08-04.)

4. 消费者投诉和信息扩散迅速。互联网的市场提供给消费者更广阔的信息空间,对于价格的高低、比较以及性价比参考都达到了史无前例的方便,如果产品使用不满意,消费者可以通过私人空间和公众平台进行无限扩大,其负面影响也是史无前例的。

互联网是当前社会的主要信息通道,企业不可能无视它的存在,恰恰相反,企业在考虑前面相关因素的基础上,更加充分地考虑到互联网时代的特征,从而为企业定价符合网络社会的需求特征,并提供更多的策略创新。

四、政府管制和社会责任

企业定价是一个复杂的过程,最后还需要接受政府的宏观管制,并在定价中体现一定的社会责任。

1. 政府管制

政府对价格的管制体现在两个方面,即对某些产品的价格调控和违法行为的查证和制裁。

(1)价格调控

以满足国民经济调节和发展的需要,政府对有些产品制定指导价格,以满足国民经济调节和发展的需要。价格调控常见的有最高限价和最低价格。我国自计划经济以来,对一些关系到国计民生的基础产品长期实现价格调控,如农产品等,实行最低收购保护价,以保护农户的利益,稳定农业生产市场;另一方面对于波动较大的、影响到居民生活的一些产品实行最高限价,如有的地方政府制定居民用煤气价格的最高限价,以稳定社会秩序。随着市场经济改革的推进,部分产品的价格管制已经逐渐取消,以发挥市场经济的规律和作用。

➭小案例

农产品价格　再无政府管制

2014 年 12 月 17 日,国家发展改革委、国家烟草专卖局印发放开烟叶收购价格的通知,放开烤烟、白肋烟、香料烟等各品种、各等级烟叶收购价格。

烟叶价格放开后,中国农产品领域已没有政府定价项目,全部放开由市场形成价格。国家主要通过最低收购价、目标价格等方式引导价格合理形成,保护农业生产者利益,保障国家粮食安全,促进农业产业链持续健康发展。

目前国家仍有政府定价,但是主要是间接定价。比如粮食最低收购价。当市场价低于此价格时,农民才愿意卖给国家,国家也才收储,但是实际价格高于此价格时,政府则无法干预。另外在棉花、大豆领域,则实施的是目标价格。

随着国家发改委取消最后一个直接定价的烟叶项目,所有的农产品价格可能主要由市场来决定,政府主要参与间接定价。

截至目前,政府间接定价的有粮食最低收购价,以及棉花、大豆目标价格。其中棉花的目标价格是 19800 元/吨、大豆的目标价格是 4800 元/吨。即国家给定上述价格后,当实际市场价低于此价格时,政府将对差价部分进行补贴。

(资料来源:定军,田琳.农产品价格　再无政府管制[N].21 世纪经济报道,2015-01-06.)

(2)违法制裁

对于市场上以谋求自身利益最大化而损害同行、消费者和社会利益行为,各国政府都有明文规定和明确规范,以维持市场交易程序的正常化和有序化,保护消费者利益和市场公平。政府对处于自然垄断地位的企业的价格实行管制,以防止它们为牟取暴利而危害公共利益。政府主要对以下行为进行管制。

①欺骗性定价。误导消费者的价格属于欺骗性定价，常见的欺骗性价格行为如图10.5所示。

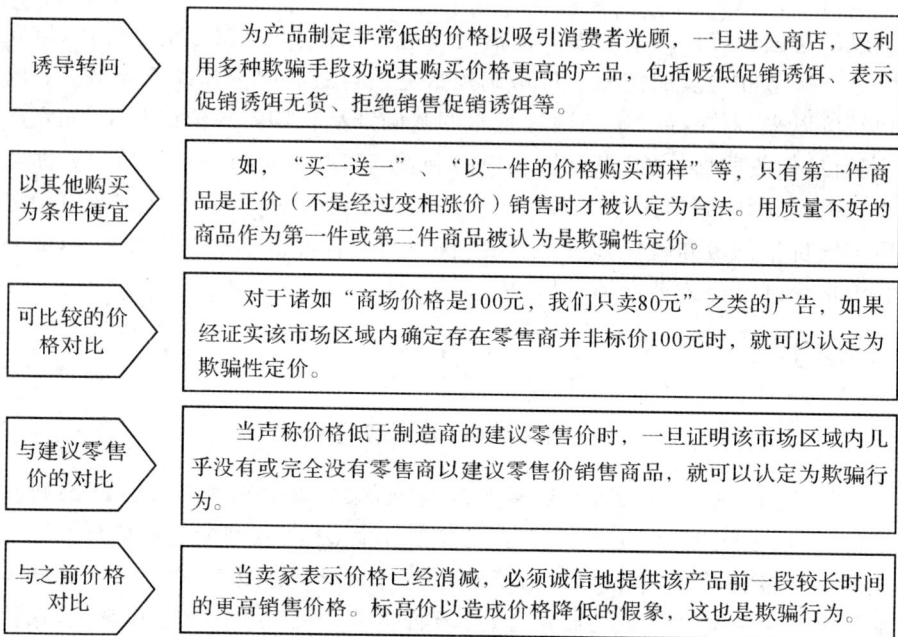

诱导转向	为产品制定非常低的价格以吸引消费者光顾，一旦进入商店，又利用多种欺骗手段劝说其购买价格更高的产品，包括贬低促销诱饵、表示促销诱饵无货、拒绝销售促销诱饵等。
以其他购买为条件便宜	如，"买一送一"、"以一件的价格购买两样"等，只有第一件商品是正价（不是经过变相涨价）销售时才被认定为合法。用质量不好的商品作为第一件或第二件商品被认为是欺骗性定价。
可比较的价格对比	对于诸如"商场价格是100元，我们只卖80元"之类的广告，如果经证实该市场区域内确定存在零售商并非标价100元时，就可以认定为欺骗性定价。
与建议零售价的对比	当声称价格低于制造商的建议零售价时，一旦证明该市场区域内几乎没有或完全没有零售商以建议零售价销售商品，就可以认定为欺骗行为。
与之前价格对比	当卖家表示价格已经消减，必须诚信地提供该产品前一段较长时间的更高销售价格。标高价以造成价格降低的假象，这也是欺骗行为。

图 10.5　欺骗性定价行为

⇨小案例

聚划算"虚构原价"涉嫌价格欺诈

　　2013年淘宝"双十一"期间，杭州价格投诉举报热线"12358"接到关于网购的投诉量已是去年同期的两倍，其中大多数涉及"虚构原价"的价格欺诈行为。

　　"市场最低价"、"出厂价"、"批发价"、"特价"、"极品价"……从2013年12月1日起，凡是标注这些名词促销商品，都属于价格欺诈行为。这种情况，在淘宝店家的宣传页面中也是屡见不鲜，首先虚构一个很高的"原价"，再用以上这些借口进行打折促销，消费者以为自己得了便宜，其实上当受骗了。

　　有位买家在淘宝上挑选了一份"英伦眼镜套餐"，镜片加镜框"原价"为1158元，聚划算上的价格为172元。买家下单后，到实体店验光取货，"可是，在实体店里转了一圈,发现店里同样眼镜的价格也就几百块,根本到不了 1158 元的原价。"一气之下,买家向物价部门投诉了这家网店。经过查实,这款眼镜套餐自网店开业以来,卖出 2000 多笔,从未销售过"1158 元"的价格,属于虚构原价,可处罚款 5 万到 50 万不等。

如果不想被骗,在网上购物时,最好先进行全网搜索,或者进行线下商场的价格比对,做到心中大致有数,再查看成交记录,七天之内没有原价销售,就要小心了。消费者要复制保存商品链接网址、对商品宣传销售页面截图,当中要含链接网址、记下交易单号,最好能有聊天记录。一旦遇到价格问题,都可依此证据向物价部门投诉举报。

淘宝天猫、聚划算等服务平台承诺,将尽快完善网购页面设置,"优惠方式"、"优惠期限"必须明示。

（资料来源:聚划算全部涉及"虚构原价"[N].每日商报,2013-11-29.）

②价格操纵。指一些企业共谋为产品制定价格。分为水平价格操纵和垂直价格操纵,前者是两个或更多竞争对手明里暗里合谋定价,后者是指买方和卖方之间制定的控制协议,以此来要求卖方在低于最低零售价时不能销售产品。

📖 **小案例**

丰田销售主管在美操纵价格将被刑拘

据海外媒体报道,日本汽车供应商丰田合成株式会社一名前管理人员近日在美国认罪,承认操纵了提供给美国汽车制造商的零部件价格,并参与了串通投标。

美国司法部公布,曾担任丰田合成北美公司销售主管的 Makoto Horie 将对指控认罪,承认对售予丰田汽车及其附属公司的汽车软管价格进行了操纵。Makoto Horie 将被处以 1 年零 1 天刑拘,并将支付 2 万美元罚金。

去年 10 月,丰田合成由于操纵气囊、方向盘以及车用胶管的价格,成为美国司法部开展长期反垄断调查以来第 29 个被定罪的零部件制造商。司法部在声明中称,在 2003 至 2010 年间,丰田合成伙同其他供应商共同操纵了销售给丰田和斯巴鲁的零部件价格。

截至目前,已有 49 人和 32 家公司被卷入美国政府仍在进行中的汽车零部件供应行业价格垄断和操纵投标调查。这次调查为美国历史上最大规模的反垄断调查,罚金总额将超过 24 亿美元。

（资料来源:文睿.丰田销售主管在美操纵价格将被刑拘[EB/OL].凤凰汽车,2015-1-16.）

③价格歧视。对购买相同等级和质量的商品的不同购买者索要不同价格的行为。严格意义上讲,产品差别定价就是一种价格歧视,但只有那些严重减少竞争或产生垄断的价格歧视才被视为违法。

④掠夺性定价。指对产品制定非常低的价格,旨在将竞争者驱逐出市场。竞争者一旦退出,企业随即抬高价格。在实践中,要证实这各种行为非常困难,因为必须证明掠夺者的意图明确——让竞争者退出市场,而且掠夺性价格要低于其平均成本。

2. 社会责任

企业需要平衡追求高利润和承担社会责任两方面的需求,有时企业可能会放弃追求更高的价格,以明确自己对消费者和社会整体责任。有的企业为了打"价格战",拼命压榨零部件供应商的供货价格,甚至于不惜牺牲产品质量,赢得了产品销量短期的提升,却输掉了品牌的社会责任感。因此,企业定价也要体现一个"社会公民"应尽的社会责任。

2010 年国内物价上涨较快时,国家发改委要求大中型国有企业,承担必要的社会责任,配合政府做好保供稳价的工作。如,煤炭企业要加强价格自律,稳定煤炭特别是电煤价格;粮食企业要严格遵守粮食经营者最高库存的限定,做到不抢购、不抬价、不囤积;生产流通企业不得趁物价上涨之机,投机炒作,哄抬价格,牟取暴利等。

本章小结

企业定价的一般步骤包括选择定价目标、明确市场需求、分析产品成本、考虑竞争因素、选择定价方法以及选择最终价格等。企业定价的目标主要有维持生存、当期利润最大化、市场占有率最大化、产品质量领先。定价的一般方法包括:成本导向定价法、需求导向定价法、竞争导向定价法。成本导向定价法包括成本加成法、目标利润定价法和边际贡献定价法;需求导向定价包括感知价值定价法和反向定价法;竞争导向定价法包括随行就市定价法和投标定价法。

在实际定价中,企业不仅要依据成本、需求和竞争等因素决定的产品基础价格,还要考虑和利用灵活多变的定价策略,修正和调整价格,主要策略包括:折扣定价策略、地区定价策略、心理定价策略、差别定价策略。折扣定价包括现金折扣、数量折扣、功能折扣、价格折让等;地区定价主要围绕运费进行不同的策略设计;心理定价主要包括尾数定价和声望定价等策略;对于新产品来讲,根据定价的目标,可以采用撇脂定价、渗透定价和满意定价;产品组合通常可以采用产品大类定价、选择品定价、补充品定价、分部定价、副产品定价和产品系列定价。

　　产品生命周期、经验曲线效应、分销渠道和促销策略都会影响企业定价的调整,企业处于不断变化的环境中,企业价格调整包括主动降价或提价,有时候又需要对竞争者的变价做出适当反应,包括价格竞争和非价格竞争。

　　目前社会中,互联网对企业定价影响很大,不但提高了消费者的议价能力,降低了产品的价格,提高了企业和消费者对价格的反应速度,也催生出新的价格策略的创新。企业定价还要受到政府的管制,主要体现在价格调控和违规行为的查处两个方面,企业定价还要体现一个社会公民应有的社会责任。

复习与讨论题

　　1. 企业制定基础价格一般经过哪几个步骤?

　　2. 市场需求和产品成本是如何影响企业定价的?

　　3. 定价方法一般包括哪几种类型?

　　4. 新产品定价有哪些策略?

　　5. 什么是折扣定价策略? 在考虑是否选择折扣策略时,要关注哪些因素?

　　6. 差别定价主要体现在哪些方面?

　　7. 不同的产品生命周期阶段企业定价有何不同?

　　8. 价格竞争和非价格竞争有何区别? 请举例说明。

　　9. 互联网对企业定价有哪些方面的影响?

　　10. 面对市场变化,企业在调整价格时要考虑哪些问题?

　　11. 政府对企业定价的管制主要体现在哪些方面?

实训题

　　1. 以小组为单位,调查三家以上的商家,记录某品牌及竞争对手的品牌的价格,分析这些品牌在各商场定价的方法和策略,说明企业定价的策略差异。

　　2. 以个人为单位,收集生活中的价格违规行为及现象,并用所学过的知识分析这些行为的产生原因,提出相应的价格调整的建议。

⇨案例分析题

传祺 GA6 定价策略

　　在广汽传祺新车 GA6 上市现场,当广汽乘用车总经理吴松宣布最低配车位 11.68 万元的时候,现场响起了持久而热烈的掌声,会后的专访中,吴松为记者解读了 GA6 的定价策略。

记者:GA6 的销售价格给我们带来了惊喜,能否谈一谈该车的定价策略。

吴松:这是广汽一贯的定价策略,我们都是根据产品本身的价值、比较市场产品后进行定价,比如我们的 SUV 定价是要比韩系车便宜,传祺 GS5 相对于韩国的 IX35 要便宜 4 万,不过遗憾的是我们上市后 ix35 就降价 3 万,因为他知道有压力。后来推出的 GS5 速博就是针对途观,实际上我们还是根据它的价值进行考核定价。

但在轿车方面则不一样,轿车的增长非常缓慢,现在 A0 级的市场也等于是外资品牌天下了。中国品牌的所有 B 级车加在一起,在 10 月份没有超过 6000 辆,基本上是等于在这个地方失去阵地。

所以在 B 级市场是一个进攻战,我们会首先完善品牌,但是品牌没有一定的规模也是万万不行的,不要以为价格往下走就有优势。在销量 3000 辆以内的规模基本上不挣钱,要考虑中国需要这么一款 B 级车,而且水准又可抗衡国内的合资品牌,甚至是国际标准的水平,所以我们叫 MAKE THE CHANGE。实际上是指三大改变:1.设计方面,是张帆先生的扛鼎之作。2.核心技术方面,传祺推出了动力总成最新技术,叫 T7speed 黄金动控组合,全系标配发动机启停系统,让车动力更足但是又更省钱。3.全方位安全智能系统,豪华版就配置导航系统;最后一个改变就是改变中国人对国产品牌的看法,相信在中国梦的带领下,习主席就带头坐红旗,我想要不了多久,祖国上下都会飘起传祺。

记者:传祺 GA6 的产品充分融合了市场需求和平台需求,价格区间有两个层次,一个层次就是预期,是消费者的需求,另外一个受到的影响,是公务车的选择,以后这款产品在两个市场上都会进行竞争,这是怎么样的策略?

吴松:这个车定位是新时代精英座驾,精英不是特定的某一个阶层的群体,包括是现在正在承担重要人物的,例如公务员、教师、企业家等精英,也包括一些有可能成为精英的年轻人,从未来考虑所以有了 1.6T 的设计,考虑他们能承受的价格。推出的 1.6T 两款车实际都是比较亏的,有人问为什么没有搭载 7 速手自一体变速箱,因为亏太多了,所以 1.6T 车型没有考虑自动挡。传祺 GA6 1.8T 手自一体舒适版售 12.98 万元,比同级别的价格差不多要低于 40%,第一个比性能,第二个比品质,第三个比配置。

我们还有一个心愿,是给我们自己的公民造车,不能昧良心地去减配置,这个获得了广汽集团董事长的支持。今天的这款车得到广汽领导高度重视,这表明广汽集团要做传祺的重大战略已经发生改变。在上个月的广州车展,我们集团发布了一个"3+e"战略。过去是叫日系、欧美系、自主,现在是大自主、日系、欧美系再加电商平台。第二个把我们积累起来的成果回报给顾客。六年前叫我们造这样的车想都不敢想,但是两三年之后可能传祺还有更多优势,这样更优秀的车明年将陆续投放市场,在这个级别我们都进行了研究和分析,基本上在同级别车型里都是具有竞争力的,传祺 GA6 是具备划时代实力的。过去传祺比较注重品质和安全,在性能方面今后不会减一点,反而会做得更好。

(资料来源:刘芷馨.吴松.解密传祺 GA6 定价策略[N].中国汽车报,2014-12-23.)

[案例思考]

1. 分析传祺 GA6 所采取的定价策略
2. 结合案例分析该价格策略的优劣势。

延伸阅读

[1]利·考德威尔. 价格游戏:看麦琪如何巧用价格来刺激需求、增加利润、提升消费者满意度[M]. 钱峰,译. 杭州:浙江大学出版社,2013.

[2]汤姆·纳格,约瑟夫·查莱.定价战略与战术(第 5 版)[M]. 陈兆丰,龚强,译. 北京:华夏出版社,2012.

参考文献

[1]罗杰·A.凯林,史蒂文·W.哈特利,威廉·鲁迪里尔斯. 市场营销(插图第 9 版)[M]. 北京:世界图书出版公司北京公司,2011.

[2]卡尔·麦克丹尼尔,小查尔斯·W.兰姆,小约瑟夫·F.海尔.市场营销学[M].时启亮,等译.上海:格致出版社,上海人民出版社,2009.

[3]吴健安.市场营销学(第 3 版)[M]. 北京:高等教育出版社,2007.

[4]郑宗成,陈进.市场研究实务[M].广州:中山大学出版社,2002.

[5]杨洪涛. 现代市场营销学:超越竞争,为顾客创造价值[M]. 北京:机械工业出版社,2011.

第十一章

渠道设计与管理

> > > >   >

🔖【知识目标】

了解渠道的相关概念、渠道职能和流程、渠道层次和结构、渠道成员以及分销任务等基本知识,掌握渠道设计决策的过程,熟悉渠道整合的方式和创新方向,掌握渠道管理的内容,了解渠道管理中的法律问题。

🔖【技能目标】

识别不同的渠道结构,认知不同渠道成员的分销任务,学会渠道设计的基本步骤和方法,熟悉渠道管理中的法律问题。

🔖【导入案例】

沃尔玛拥抱"体验店"

电商平台、移动互联网,这两个词背后代表了一种新的业务形态——"体验店",或者说是"样品展示厅"。现在,越来越多的人选择去体验店"看一眼"、"摸一下"产品,然后掏出手机,选择在网上买一款价格更低的同款产品,这给整个线下零售店蒙上了一层阴影。

不过,这个星球上最大的零售商,沃尔玛,却没有想着要封杀"体验店"。相反地,沃尔玛玩起了"数字柔道",敦促购物者在进店的时候掏出自己的智能手机。"客户希望你是往那个地方去的,那你就往那个地方去。我们生活在以客户为主导的时代。"Walmart.com 的主席兼 CEO Joel Anderson 如是说,"我们拥抱体验店。"

Anderson 和沃尔玛意识到:当人们走进一家门店时,没有人是会把他们的智能手机扔在车上的。既然如此,那就让手机为己所用,成为一个新的销售渠道。

沃尔玛的策略是:当顾客身处一家门店时,调用其积极性去使用沃尔玛的应用，它自带地理位置识别功能的应用可以在顾客进入实体店大门的那一刻，就自动进入"门店模式"。进入"门店模式"后，顾客就能在手机里体验一个与该"实体商店"相对应的交互版的"虚拟商店"。顾客可以看到店内有什么新品，可以拿着手机扫描商品，获取商品价格并将其加到商品清单中。这样，顾客到收银台的时候就能立马知道自己需掏多少钱。

这样，沃尔玛就已经成功地一次把顾客"骗"到两个商店上来了。通过一个光滑的触屏、一次轻触，沃尔玛的应用就能轻松让顾客在"实体商店"和"虚拟商店"上切换。假如实体店内刚好卖光了某个商品，那么，当顾客还在实体店的时候，就可以通过指尖轻触切换商店，从 Walmart.com 官网上直接预订。

这种无缝的"混合渠道"式购买方案已经奏效。现在，沃尔玛超过 12% 的线上销售都是通过消费者在"实体店"时直接通过他们的手机应用购买产生的——起码是当他们的应用处在"门店模式"时产生的。所以，移动已经变成了沃尔玛跟顾客互动中核心的一部分。

对沃尔玛的高层来说，当聪明的消费者已经在尝试这么做时，他们得保证给消费者创造了这样的条件——"随时随地"购物这句话已经成为大型零售店的口头禅，所以别试图让消费者走进你的地盘，你应该主动走入他们的地盘。

从这个角度来说，沃尔玛尝试增加体验店的做法，与乔布斯和苹果主导的设计思想有异曲同工之妙。根据这种以用户为中心的设计方法，一款设计优秀的软件或硬件学起来就不应该很困难。同样的道理，购物者也不希望自己为了买到一件心仪的商品、做一笔靠谱的交易就大费周折。当你拥有智能手机之后，在实体店体验、在线上购买也就成了自然而然的事。

（资料来源：陈小蒙. 沃尔玛网站 CEO：我们拥抱"体验店"［EB/OL］. http://www.36kr.com/p/175500.html,2013-01-23.）

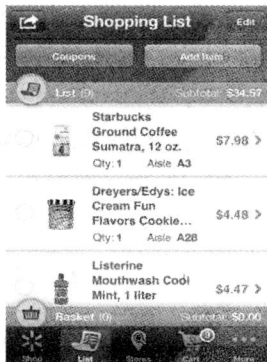

营销启示

分销渠道是商品实现价值转换的最后一个环节，直接连接着最终顾客，在消费者习惯发生改变的市场环境中，显然分销渠道也需要有所创新和变化。沃尔玛的体验店无疑在零售终端的创新上比同行领先了一步，围绕消费者需求进行营销创新，时刻体现以用户为中心的指导思想，这就是最大零售商沃尔玛的成功之道。

企业需要通过一定的市场分销渠道,经过实体分配过程,将产品在适当的时间、地点以适当的价格供应给目标顾客,从而实现产品价值的最终转换。渠道的长短、成员的多少、渠道运作效率的高低都将影响产品价值的传递,渠道已经成为企业不容忽视的重要环节。

第一节　渠道功能与类型

对于生产者来说,商品和劳务只有到达用户和消费者的手中才是现实的产品。渠道战略是市场营销管理的重要领域,企业需要理解渠道对营销组合其他战略构件的贡献和影响。

一、渠道相关概念

1. 分销渠道与营销渠道

分销渠道与营销渠道是经常被混用的两个概念。从严格意义上讲,营销渠道(Marketing channel)和分销渠道(Distribution channel)是两个不同的概念。

市场营销渠道,是指配合起来生产、分销和消费某一生产者的产品和服务的所有企业和个人,包括参与某种产品供产销全过程的所有相关企业和个人,如供应商、生产者、商人中间商、代理中间商、辅助商(如支持分销活动的仓储、运输、金融、广告代理等机构)以及最终消费者或用户等。

分销渠道,通常指促使某种产品和服务能顺利地经由市场交换过程,转移给消费者(用户)消费使用的一整套相互依存的组织。其成员包括产品从生产者向消费者转移过程中,取得这种产品和服务的所有权或帮助所有权转移的所有企业和个人。因此,分销渠道包括商人中间商和代理中间商,还包括处于渠道起点和终点的生产者、中间商和最终消费者或用户,但不包括供应商和辅助商。

本章中的"渠道"是分销渠道的简称。

2. 物流

物流(Logistics)是供应链活动的一部分,是为了满足客户需要而对商品、服务以及相关信息从产地到消费地的高效、低成本流动和储存进行的规划、实施与控制的过程,包括运输、搬运、储存、保管、包装、装卸、流通加工和物流信息处理等基本功能。物流是产品的分销环节最主要的活动之一,是物品移动的具体表现,也分销职能的市场行为体现。

3. 供应链

供应链(Supply Chain)是围绕核心企业,通过对商流,信息流,物流,资金流的控制,从采购原材料开始,制成中间产品以及最终产品,最后由销售网络把产品送到消费者手中的将供应商,制造商,分销商,零售商,直到最终用户连成一个整体的功能网链结构。它不仅是一条连接供应商到用户的物流链、信息链、资金链,而且是一条增值链,物料在供应链上因加工、包装、运输等过程而增加其价值,给相关企业带来收益,如图11.1所示。

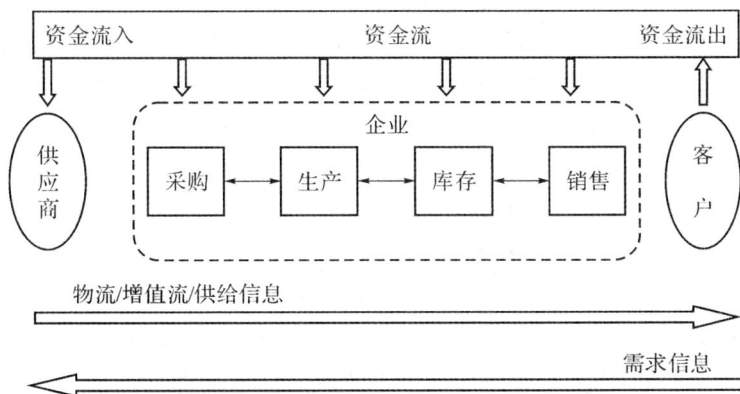

图 11.1　供应链

供应链管理是对商业过程的管理,供应链中的过程共有七个:客户关系管理过程、客户服务管理过程、需求管理过程、订单满足过程、生产管理过程、采购过程、产品开发与商品化过程,供应链管理的目标是对上述七个过程实施统一管理。与营销渠道相比,供应链的范围更为宽泛,管理内容更为复杂。

物流管理只是供应链管理的一个方面,但就目前而言,供应链管理应用最多也是最为成功的领域还是物流管理。

4. 价值网络

价值网络(Value network)是企业为创造资源、扩展和交付货物而建立的合伙人和联盟合作系统。价值系统包括公司的供应商和供应商的供应商以及它的下游客户和最终顾客,还包括其他有价值的关系,如大学里的研究人员和政府机构。

价值网络的范畴更为广阔,它是企业建立的用于收集资源、创造价值及交付产品的合作伙伴和联盟系统。互联网的出现使得企业能够与其他企业建立更加广泛、复杂的关系。

5. 渠道伙伴关系

分销渠道是一组相互依存的企业共同协作将产品或服务提供给最终消费者或者企业客户消费或使用的通道。要使渠道作为一个整体运作良好并具有竞争力,就必须建立分销渠道合作伙伴关系(Channel partnership),即渠道成员之间建立的协议和程序,其目的是通过渠道实现向生产者订货并将产品实体分销给最终消费者,其核心特征是实现了信息与沟通技术的共享,以更好地服务顾客、缩短执行渠道职能的时间并降低成本。

当前,渠道合作伙伴越来越流行,主要原因是:

(1)生产商和中间商都需要建立相互信任与长期伙伴关系,需要为获得电子数据交换和准时存货管理的优势而共享信息;(2)越来越多的企业运用了战略规划的方法,更加关注效率问题;(3)生产商深刻认识到了在提供高水准顾客服务过程中,渠道成员成为合作伙伴的重要性;(4)中间商也非常关心库存问题,渠道成员的合作可以避免过多库存。

单个企业的成功不仅取决于它自身的优异绩效,而且取决于它的整个供应链和分销渠道在同竞争对手渠道的竞争中所取得的优势。合作伙伴渠道营销战略的推行,能充分满足生产商和中间商双方的要求,并且这种关系是竞争者难以模仿的。因此,更大范畴的供应链和价值网络成为企业战略发展的重要内容。

渠道战略合作伙伴关系的建立,有利于降低整个分销渠道的总成本,降低分销渠道上的库存水平(无论是生产商还是中间商的库存),增强信息共享水平,改善相互之间的交流,保持战略伙伴间的协调一致性,最终产生更大的竞争优势,进而实现渠道合作伙伴企业的财务状况、质量、销量、交货、用户满意度以及业绩上的改善和提高。

二、渠道职能和流程

分销渠道的职能是满足和弥合商品和服务的需求者与提供者之间的时间、空间和所有权方面的缺口,将商品从生产者转移给需要的消费者。中间商的出现是社会分工的结果,专业化与劳动分工,以及关联效率是决定是否在营销渠道中使用中间商的基本因素。

专业化和劳动分工是指将一项复杂的任务分解为更微小、不太复杂的任务,再分派给专业人士去承担,就会产生更高的效率。关联效率是指买卖方实现分销目的进行谈判的程度。图 11.2 表示增加的中间商可以减少的交易次数,减少投入(如,交易谈判),增加产出(分销目标)。中间商运用得越多,关联效率越高。

分销渠道主要通过履行三种职能:交易职能、物流职能和辅助职能,使产品

生产商(M)与4个顾客(C)直接接触　　　生产商(M)通过一个零售商(R)与 4个顾客(C)进行非直接接触

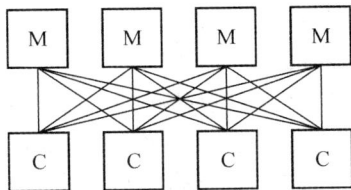

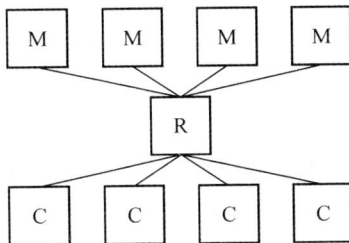

生产商接触所有顾客的次数
=生产商的数量×顾客的数量
=4×4=16(次)

生产商接触所有顾客的次数
=生产商的数量+顾客的数量
=4+4=8(次)

图 11.2　渠道效率

从生产企业转移到顾客成为可能。交易职能,包括购买、销售以及因提前购买贮存而承担风险;物流职能,主要是收集、储存、分散产品;辅助职能是协助生产商使其产品或服务对购买者更有吸引力,详见表 11.1。

表 11.1　分销渠道职能

类　型	活　动	表　　述
1. 交易职能	购买	为转售或作为供应某种产品的代理商而购买产品
	销售	联系潜在顾客,促销产品,寻找订单
	承担风险	在拥有易变质或易贬值的存货所有权时承担商业风险
2. 物流职能	分类	从各个来源创造产品组合以服务顾客
	储存	在便利的地点装配和保护产品以更好地服务顾客
	分散包装	大批量购买并分成顾客希望的较小数量
	运输	实现产品向顾客的实体转移
3. 辅助职能	提供资金	为顾客提供货款
	区分等级	检验、测试或判断产品,并且确定产品质量等级
	营销信息和研究	为顾客和供应商提供竞争环境和发展趋势的信息

当营销渠道建立以后,各种工作流程就开始出现,包括产品流、谈判流、所有权流、信息流和促销流。

　　实物流是实体产品经过各类组织从生产商到达最终消费者的实际移动过程。一般情况下,产品实物流是从生产者流向消费者,但也可能存在逆向物流,即从消费者流向生产者,主要是消费者不再使用的废旧或过时物品(如,可以再利用的瓶子、包装等),进行修整后可以重新销售、循环利用或处置。有些中间商在物品回收的过程中承担回收中心的角色和职能。

　　所有权流是涉及买卖行为之间的相互作用,以及相对应的所有权让渡;付款流是资金从顾客到生产者的反方向的转移;信息流是双向的——从生产者到消费者和从消费者到生产者,包括和物流运输企业的信息传递;促销流是以广告、人员促销和公共关系等形式开展的劝说、沟通流程。广告代理商作为积极的促销要素介入了该流程,如图 11.3 所示。

　　上述渠道职能和流程的执行是必须的,所有这些职能和流程都具有三个特点:(1)都需要耗用稀缺资源;(2)专业化通常有助于更好地执行这些职能;(3)可以在不同的渠道成员之间转移。

　　如果生产企业将某些职能转移给中间商,生产商的成本和价格将会下降,但是中间商由于职能的增加而提高费用。在社会分工中,由于中间商执行这些职能比生产商更为有效,那么总体的产品售价仍会下降。如果消费者自己能完成其中某些职能,那么产品价格将会进一步降低。

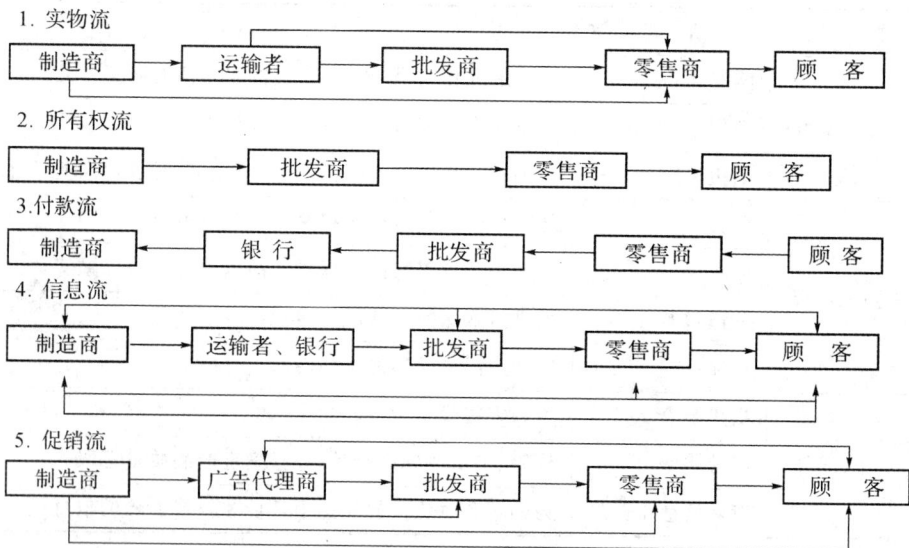

图 11.3　分销渠道流程

三、渠道层次和结构

产品从生产者到达购买者可以有多种途径,营销人员从各种途径中不断寻求最具效率的分销渠道路线,不同产品、不同企业所选择的渠道均有差别,图11.4(A)和(B)分别显示了消费品和工业品的渠道差异。

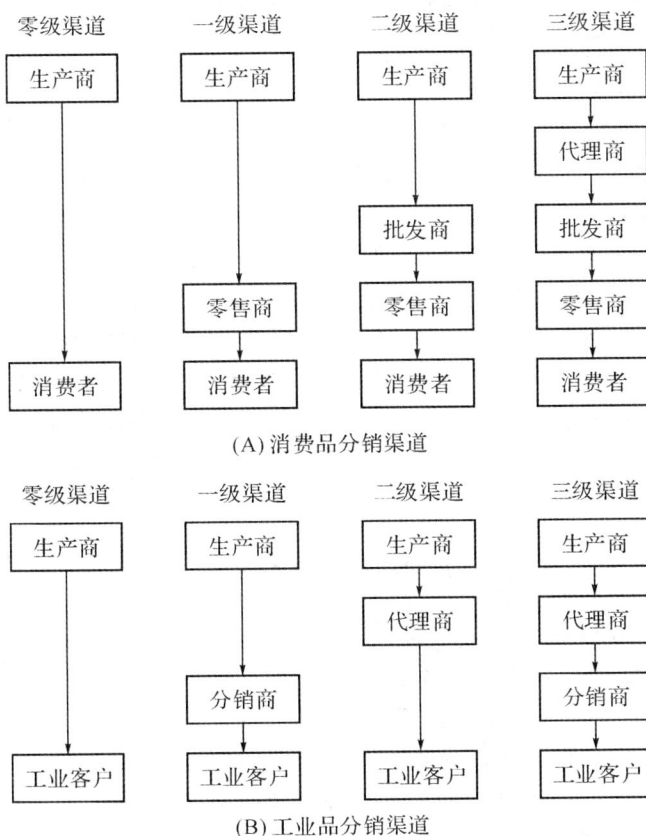

```
零级渠道        一级渠道        二级渠道        三级渠道

生产商          生产商          生产商          生产商
  |              |              |              |
  |              |              |            代理商
  |              |              |              |
  |              |            批发商          批发商
  |              |              |              |
  |            零售商          零售商          零售商
  |              |              |              |
消费者          消费者          消费者          消费者
```

(A) 消费品分销渠道

```
零级渠道        一级渠道        二级渠道        三级渠道

生产商          生产商          生产商          生产商
  |              |              |              |
  |              |            代理商          代理商
  |              |              |              |
  |            分销商            |            分销商
  |              |              |              |
工业客户        工业客户        工业客户        工业客户
```

(B) 工业品分销渠道

图 11.4　分销渠道层级

1. 直接渠道

又称零级渠道,指生产商通过上门推销、互联网销售、邮寄、电话销售、电视直销和其他方式将产品销售给消费者。其渠道特征是没有中间商的参与,企业与消费者直接沟通,企业要承担和履行所有的渠道职能。

2. 间接渠道

生产商到消费者之间介入不同层级的中间商,称为间接渠道。根据中间商层级的多少,可以分为一级渠道、二级渠道和三级渠道。一级渠道是指生产商和消费者之间存在一个层级的中间商或销售中介,如零售商或代理商。大型的零售超市,由于采购量大,具有成本效益,生产商只需和一家零售中介即可完成交易,实现产品分销。

二级渠道是包括两类中间商或销售中介机构。这种渠道结构广泛应用于成本低、应用价值低、消费者频繁购买的产品上,如糖果、杂志等。

三级渠道则包括三类中间商,是最间接的渠道,当存在大量小型生产商、小型零售商和协调大量供应的产品代理时,就会采用该渠道结构,如珠宝生产企业等。

随着生产商和购买商之间销售中介数量的增多,渠道的长度也会增加。一般把二级及以上的渠道称为长渠道,零级渠道和一级渠道称为短渠道。

从生产商的角度看,随着渠道层级的增多,获得最终消费者的信息以及有效控制市场的难度会逐步增加。

与消费品分销渠道相比,工业品的分销渠道的长度要短一些,一般只有一个中介或根本不需要中介,这是因为工业品购买者数量少、采购量大,地理位置比较集中等特点所决定的。

⟳ 小案例

娃哈哈的三层次渠道

成立于 1987 年的娃哈哈前身是杭州市上城区的一家校办企业。1996 年,娃哈哈与法国达能公司合资。娃哈哈目前为中国最大的食品饮料生产企业,全球第四大饮料生产企业,仅次于可口可乐、百事可乐、吉百利这 3 家跨国公司。其主导产品娃哈哈果奶、AD 钙奶、纯净水、营养八宝粥稳居全国销量第一。娃哈哈成功的四大法宝:集权管理提升企业的运作效率;保证金制度捍卫企业资金安全;联销体激发经销商热情;科技创新确保娃哈哈经久不衰,朝气蓬勃。其中有两个因素是渠道的作用。

目前娃哈哈饮品的分销整体上分为三大层次:批发、零售和即饮渠道。批发业务一般由批发企业来经营,每次批售的商品数量较大,并按批发价格出售,商品的批发价格低于零售价格,主要包括传统批发、餐饮批发和乡镇批发;零售渠道主要分为传统的零售渠道和现代的零售渠道,传统零售渠道主要以小区附近的杂货店、仓买、面包、蛋糕店、小型超市等;现代零售渠道主要包括国际卖场、地方卖场和连锁便利店等;即饮渠道包括教育、网吧、餐饮、旅游及娱乐场所、旅行和交通运输。

资料显示,中国是世界上最大的食品与饮料消费市场之一,市场规模约 2500 亿美元,并且内需处于快速增长阶段。娃哈哈销售网络遍布全国各地,通过这些网络,可迅速将公司新品铺向零售终端。同时,公司还有 500 余家商超经销商,给全国 38 家大型连锁商超系统的 4698 家门店及 2000 多家中小型商超系统的 7 万多家门店供货。良好的品牌形象、雄厚的资金实力、强大的销售网络等,为娃哈哈开展多元化商业项目奠定了扎实的基础。

(资料来源:王立仁.宗庆后如是说[M].北京:中国经济出版社,2010;魏跃民.娃哈哈渠道控制力的秘密[J].渠道建设,2012(4).)

四、渠道成员及分销任务

根据成员是否实施谈判职能(购买、销售和所有权让渡)来判断,分销渠道成员一般是指生产商(制造商)、中间商(包括批发商和零售商)和最终用户(消费者和组织用户),如图 11.5 所示。对于不同的渠道成员,其分销任务也有所不同。

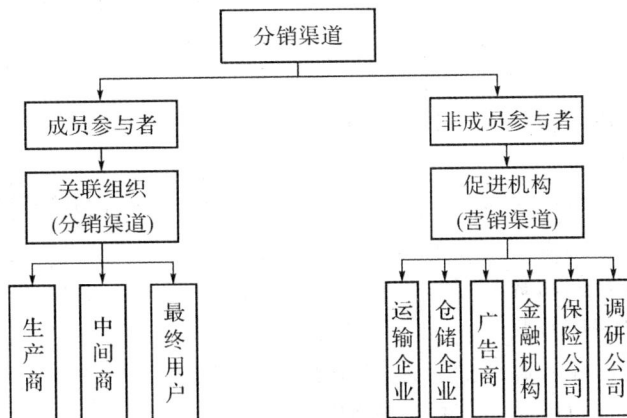

图 11.5 渠道成员

1. 渠道成员

(1)批发商

批发商(Wholesaler)指将商品销售给从事商品转售的商业团体,或将商品售予零售、产业、商业、专业企业以及其他批发商的商业团体。最常见为 3 种类型:

①商业批发商。通常大批量购买再小批量转售给零售商、商业机构或者其

他批发商。最常见形式是工业分销商、供应商、商品集配商、出口商、进口商等。根据履行职能的多少,可以为全面服务批发商和有限服务批发商。

②代理商和经纪人。代理商不拥有所销售商品的所有权,但是代表委托方积极从事购买、销售等谈判职能,获取代理费。如,厂家代理、经纪商、销售代理、进出口代理。根据其代理范围的不同,可以分为生产商代表和销售代理商,前者在某区域内为几个生产商销售没有竞争的互补产品,后者只代表一个企业并负责其全部营销渠道职能。

经纪人是独立的公司或个人,其主要职能是将买卖双方联系起来,促成交易。与代理商不同的是,经纪人通常不会和买卖双方形成长期持续的关系,只是负责让双方商定合同。经纪人广泛应用于季节性商品(包括农产品)和房地产等行业中。

③生产商的销售分支机构和办事处。独立于生产商,批发销售生产自己的商品,也可销售与自己产品相关或者互补的商品。

批发商的分销任务是为生产商扩大市场覆盖面、搜集市场信息、提供销售接触、管理库存、处理订单、提供客户支持。当然,批发商也适合为顾客提供下述分销任务:保证产品的可获得性、分拣、提供品类管理的便利性、提供信用和金融支持、提供建议和技术支持等增值活动。批发商对分销任务的高效执行体现在其利润率上,但可以不履行全部职能而是"有限职能"。

(2)零售商

零售商(Retailer)指为个人或者家庭消费提供产品销售及服务的商业企业。如今,零售商在营销渠道中影响力日渐强大,零售的规模和集中度越来越大,购买力和议价能力增长,先进技术(如货架管理软件,RFID技术等)、现代营销观念和战略的运用日益增加。比如,像沃尔玛这样巨型零售商就拥有巨大的购买力、庞大的市场份额和高效的管理,经常比小零售商获得更多的折扣并提前得到最新的产品,并可以通过挤压供应商利益以保持商品的利润、迫使生产商进行降价商品的利益返还等。

一些新的术语随着互联网和物联网的发展而出现,如:三尾零售(Three-tailing):整合店内营销、目录电话、网站购物;O2O(Online to Offline):从线上到线下,将零售业务同电子商务整合等。

国内,银泰天猫商城、顺丰嘿店都在进行积极的 O2O 尝试,显示了技术不断地增强零售商的实力。中等规模或者更小的零售商在运用本地化的关系营销战略来吸引和维持忠诚客户方面也一样使得零售商成为营销渠道中权利日益增强的成员。而生产商也需要及时根据零售商阵营的需求来调整产品开发、定价及促销策略的制定与实施。

⇨ 小案例

天猫：最热闹的 O2O

狂揽 350 亿，却也难掩 O2O 出师不利。被寄予厚望的 O2O 疲弱证明了谋求打通流通渠道间隔的设想并非易事。

天猫双 11 的 O2O 大计无异于直接从传统零售商腰包里抢钱。对于"老大"的行为品牌商无可奈何，而天猫力推的 O2O 却等同于直接鼓励商户绕过商场，并让代理等经销商的场地充当品牌的免费通道，这直接触发了传统渠道尤其是商场的强力反抽。红美、居然等一些线下家居卖场的抵制让双 11 痛失家居行业的 O2O 操练机会，连锁反应让更多的线下商户变得不够积极。

双 11 期间的调查也显示，很多品牌号称参加天猫 O2O 促销，但实体店并未如期待那样真正参与。真正情况成了品牌电商部门推进了活动，但并未落实到门店。天猫 O2O 兵败双 11 的原因中，其实有很大程度来自于主观方面，即没有理清 O2O 中的利益相关方而略显草率的推出，这或许也体现了阿里在上市前为提升估值而透出的贪欲。

（资料来源：2013 电商十大 O2O 之最［EB/OL］．亿邦动力网，2013-12-27.）

零售商的分销任务是：提供人力和物资设备以促进其与消费者的接触，提供个人销售、广告和展示以促进销售，探索顾客需求并及时反馈，为顾客提供小批量且多样化的产品（经济性与便利性），通过季节前订购和仓储来分散生产商与批发商的库存风险。

现在大型连锁店和百货商店都有自己的现代化仓储机构，以保证有效的仓储、订单处理、自动销售等分销职能，这就减少了其对商业批发商中介的使用，其不断增加的权利和独立性也削弱了生产商的影响力。事实上，每个零售渠道成员想要维持渠道中成员的位子，就应该决策采取什么方式去履行分销任务，必须向他们的顾客和供应商提供"某些价值"，以避免被其他渠道成员或者新型的渠道机构所替代。

（3）促进代理机构

促进代理机构（Facilitating agency）指帮助履行分销任务的商业企业，而不是从事商品的购买、销售和所有权转移。常见的为：运输代理机构、仓储代理机构、订单处理机构、广告代理机构、金融代理机构、保险公司、营销调研公司等。他们通过创新的服务，帮助渠道成员履行分销任务，增加了对渠道各层次成员的价值。

促进机构不履行谈判职能,没有涉及所有权让渡,不属于渠道成员。例如,运输企业只提供物流服务,对产品本身不拥有所有权。

2. 渠道效率

对于生产商来说,须考虑何时、何地、如何满足消费者的需求,适应市场;对中间商来说,通过分别履行对生产者和消费者的分销任务来产生渠道效率,具体分销任务如图11.6所示。对于中间商来说,由于可以同时分销很多其他生产商的产品,可以将分销中产生的巨额固定成本(如商店费用)分摊,实现分销中的规模经济,使得在平均成本曲线的最佳点上运作。

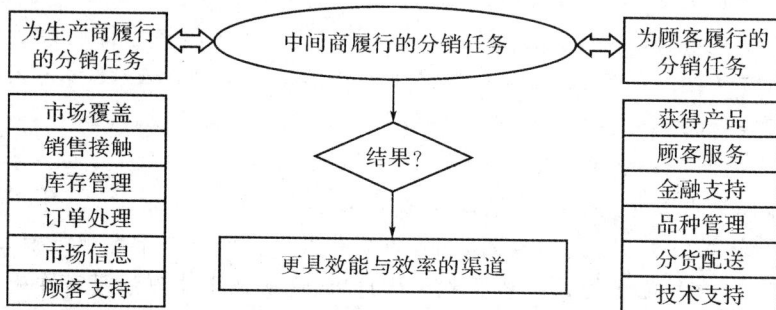

图 11.6　渠道任务

但是,不管大企业还是小企业,由于缺乏相应的技能和规模经济,生产商在想最终用户市场直销产品时,往往不处于有利地位。即使是基于互联网的电子商务也很难克服这种经济模式在分销上的局限,在电子商务和互联网时代,生产商也在不断寻求帮助自己执行分销任务的渠道成员(如阿里巴巴、京东等新型网络批发商和零售商),以追求更具效能和效率的渠道结构。

第二节　渠道设计和创新

为了更好地管理分销商,建立持续竞争优势,制造商应通过渠道设计来建立与分销商的长期合作伙伴关系。如何把渠道作为一种获得差异化优势的竞争工具,是市场经营者面临的重要决策。

一、渠道设计决策

渠道设计不仅仅包括建立新渠道,更多地运用在调整现有渠道,或称为渠道重构。渠道设计一般需要考虑三个问题:①哪种渠道方案能创造出最高的市场覆盖率? ②哪种渠道方案能最好地满足目标市场的购买要求? ③哪种渠道方案能带来最大利润? 渠道方案的设计分以下步骤进行。

1. 识别顾客需要

渠道的本质在于将产品在适合的时间,适合的地点以合适的方式传递给合适的消费者,因此,渠道设计首先要考虑的是顾客的需要。顾客对分销渠道的要求主要体现在:

购买批量:顾客一次购买产品的数量。日用消费品与工业品的购买批量显然存在较大差异。

等待时间:指顾客收到实际产品之前需要等待的平均时间。顾客的期望等待时间正在逐渐缩短。

空间便利性:通过渠道购买产品的便利程度。互联网的兴起使得渠道的空间便利性大幅度地提升。

产品多样性:在购买终端渠道提供的产品的多样化程度。一般顾客喜欢多样化的渠道类型,以便增加找到自己喜欢产品的几率。

支持性服务:渠道提供的增值服务(信贷、运输、安装、维修等)。

渠道提供的支持性服务越多,对渠道成员的要求也越高,渠道成本和零售价格就越高。

2. 设立渠道目标

企业需要详细地描述渠道目标,并且检查分销目标与营销组合、营销目标和战略的一致性。企业的分销目标不同,所需要的渠道模式自然也不会完全相同。

如果企业的分销目标是为了节约分销成本,那么它在设计渠道结构的时候就应该以减少渠道的成本为主要出发点;如果企业的分销目标是为了增加销售量、扩大市场占有率,那么它在设计渠道结构的时候就应该考虑如何尽可能地增加渠道销售网络的覆盖面积,以加大顾客与产品的接触频率。

同时,企业也要根据市场变化经常检验分销目标,判断是否需要添加新的内容。当新产品入市、营销组合变化、渠道成员调整、新公司成立、新营销地区等渠道环境的变化时都需要进行渠道目标的重新审视和调整。

3. 评估影响因素

企业应该评估一系列将会影响到各类渠道结构的因素:市场因素、产品因素、企业因素、渠道成员因素、环境因素、行为因素等。

（1）市场因素

市场因素是影响渠道结构的关键因素,对渠道结构有重要影响的因素主要有三个:市场区域、市场规模和市场密度。

市场区域指市场面积的大小,与生产商的距离。通常来说,距离越远,使用渠道成员比直接分销花费少。市场规模指该市场的顾客数目。通常来说,市场越大,使用渠道成员的需求越大。市场密度指单位土地面积上购买单位的数目,通常来说,市场密度越小,分销困难越大,分销费用越高,使用渠道成员的需求越大。市场行为指消费者什么时候购买?在什么地方购买?怎样购买?谁购买?

（2）产品因素

影响产品的重要因素有:体积和重量、易腐蚀性、单位价值、标准化程度、技术或非技术和崭新度。笨重和庞大的产品渠道应该尽可能短。新鲜的食品及易过时的产品也应该设计短的渠道结构快速传输产品。单价越低的产品,如矿泉水,长渠道的设计可以保证规模经济和范围经济。定制化的产品就应该减少渠道成员缩短渠道以保证服务与信息的准确性与及时性。

高技术性的产品通常采用较短的渠道结构方式,这是因为生产厂家需要一些有能力将其产品的技术介绍给潜在顾客,并能在产品出售以后能继续提供联系、建议和服务的销售人员。如果渠道结构过长,就会相应地减少这些服务功能,同时也会增加成本。一些相对技术含量较高的产品,就采用较短的渠道结构方式来进行分销。

无论是在消费者市场中还是生产者市场,许多新产品都需要在最初上市阶段采用大规模、强有力的促销活动,以初步建立市场需求。通常情况下,渠道越长,就越难以通过所有的渠道成员达到促销目标。因此,在初上市阶段,简短的渠道通常能使产品更好地为市场所接受。并且,新产品在挑选渠道成员的时候对中间商的要求也较高,这是因为新产品的促销要求中间商提供强有力的促销活动以配合企业。

（3）企业因素

影响渠道设计的最主要的企业因素是:规模、资金能力、管理专长、目标和战略。一般情况下,大公司可能获得的权利基础使得其在渠道开发上有更好的灵活性。公司资金越多,就越有能力绕过中间商建立自己的销售队伍和能力,但是随着互联网技术运用,拥有有限资金的小公司也可能直接销售给消费者。如果公司拥有丰富的管理经营,可以减少所依赖的渠道成员数目。渠道成员的可获得性、获得与维持成本及所提供的服务也会影响渠道结构。

（4）中间商因素

与渠道结构相关的中间商因素为：中间商的实力；使用中间商的成本；中间商所提供的服务。其中中间商的实力是企业在设计营销渠道时所要考虑的重点，每一个企业都希望有实力的中间商能够加盟自己的营销渠道，因为企业在进行市场开发时就可以把许多事情交给中间商来完成，从而省去不少精力和成本。这样企业就可以采取较短的渠道模式，尽可能较少地使用中间商。

如果企业认为，为提供一定的服务而使用中间商的成本过高，在渠道结构中就会减少使用中间商。中间商提供的服务，往往与选择过程紧密相关。需要中间商提供的服务越多，对中间商的要求也就越高，在设计营销渠道时就越可能采取较短的渠道结构。

（5）环境因素

通常来源于企业及营销渠道所处在的经济、社会文化、竞争、技术、法律环境等等。在特定环境下，渠道结构也需要考虑渠道冲突、渠道成员的权利基础、角色、沟通流程的影响。如互联网信息技术与电子商务的蓬勃发展，获得持续性竞争优势变得越来越困难，分销商的权利（特别是营销渠道中的零售商达到权利）日益增强等都会影响渠道的设计和选择。

4．选择渠道方案

渠道方案的选择主要包括三个方面：中间商类型、数量以及每个渠道成员的权利和义务。

（1）中间商类型

渠道的选择，首先要识别可利用的中间商类型。商人中间商（包括批发商和零售商）、代理中间商（包括经纪人、生产商代表和销售代理商等）和辅助商（包括运输公司、仓储公司、银行和广告代理公司等）具有各自的渠道职能，对企业的营销目标存在不同力度的支撑作用，企业需要根据营销和分销的目标进行针对性选择。

（2）中间商数量

公司在决定每个渠道层级使用多少中间商时，有三种战略：独家分销、选择型分销或密集型分销。

独家分销（Exclusive distribution）是指严格限制中间商的数量。汽车等产品的制造商为了更好地控制服务水平和服务质量，往往会采取这种方式。独家分销通常涉及一些排他性的条款，如规定中间商不得经营竞争对手的产品。

选择型分销（Selective distribution）是指在同一目标市场上，选择某些中间商而不是所有愿意合作的中间商销售企业产品。与密集型分销相比，选择型分销的优点是公司不至于过于分散自己的营销支出,并且能够在较低的成本下,获得足够的市场覆盖率。

密集型分销(Intrusive distribution)是指生产商同时选择尽可能多的中间商销售自己的产品或服务。这种分销方式一般用于那些顾客要求具有很高空间便利性的产品,如烟草制品、方便食品和口香糖。

(3)渠道的权利和义务

公司必须明确渠道成员的权利和义务、平等对待每个渠道成员,并给予它们获利的机会。渠道关系的主要因素包括价格政策、销售条款、区域权利以及双方的权利和义务。

价格政策要求生产商提供的价格和折扣折让是公平和有效的。销售条款指生产商对销售设定的付款条件和担保。大多数生产商都会对提前支付给予现金折扣,它们也可能向分销商提供关于出现残次商品、产品降价时的处理方案。

分销商的区域权利,设定分销商负责的区域范围,以及生产商在何种条件下将选择其他分销商。分销商总喜欢把持自己负责销售地区的所有业务,而不考虑自己能否完成这些销售。必须仔细规定双方的权利和义务,尤其是对于特许经营和排他性代理渠道的形式

5. 评估选择方案

在确定了主要的备选方案之后,公司应当根据经济性、可控性和适应性对备选方案进行评价。

从经济性的角度看,每个备选的渠道方案都会有不同的销售和成本水平。图 11.7 显示不同的销售渠道所增加的价值和交易成本。企业应确定拟组建的销售团队与采用的渠道方案相比较,哪种方案更可能创造更大的销量,哪种方案成本更低,将顾客转向低成本渠道而同时不会减少销售额或降低服务质量的方案,将使企业获得渠道优势。

渠道方案的选择还需要考虑控制问题,因为中间商是一个独立的企业,追求自己的利润最大化。中间商会更多地关注购买量大的客户,而不考虑该客户购买的是哪个公司的产品,中间商也不太可能完全清楚其所代销的所有产品的详细情况,也无法有效地处理所有的促销材料。在开发渠道时,企业需要制定一定时期内中间商各方共同遵守的合约,以确保企业的销售政策能得以有效落实。但是,这样的合同往往会降低中间商对市场环境的应变能力,因此,在变化的或不确定的环境中,企业更倾向于寻求具有较高适应性的渠道和政策。

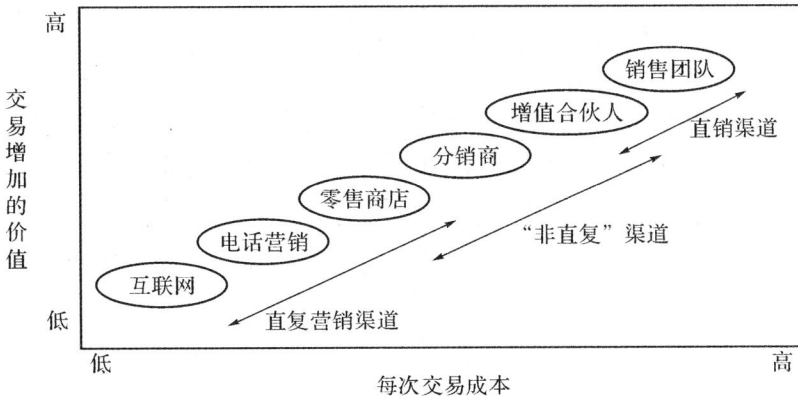

图 11.7　不同渠道的所增价值与成本比较

二、渠道整合与创新

对于企业而言，以上常见的渠道成员和路线并不是唯一的选择，电子商务的发展已经为产品传递和顾客价值创造开辟了新的道路，市场竞争的加剧也迫使企业在渠道的设计和整合上提出更多的新思路。

1. 电子分销渠道

电子分销渠道，是利用计算机、互联网等其他技术，实现消费者或工业用户对产品和服务的购买和消费。这些渠道的独特之处在于结合电子中介和销售中介，为购买者创造时间、空间、形态和占有效用。

电子营销渠道的层级也可以根据业务需求进行不同的设计，如图 11.8 所示。生产厂商可以通过电子商务渠道与消费者直接接触，构成直接渠道，如戴尔计算机；也可以借助虚拟代理商销售产品，如在线旅游公司；或者将虚拟经纪人介入到传统渠道中，如在线汽车服务；或者将零售终端换成虚拟零售商，如图书出版商可以通过亚马逊网上书店销售产品，等等。

相对于传统的渠道成员，电子中介以更低的成本，更有效地履行交易职能和辅助职能。基于互联网的电子分销渠道可以促进全球范围的采购、提高销售的能力，提供更多时间与空间上的便利。供货方网站和其商品的可视化分类，及提供交互活动的技术（如阿里旺旺、3D 虚拟试衣间、电子邮件）和基于数据管理和关系管理能力（如数据挖掘、Cookies），使企业更准确地识别更细小的市场、提供更精准产品和服务。电子渠道的运用使信息获取成本、沟通成本、订单成本、运输成本、库存成本大为降低，从而削减渠道分销成本。

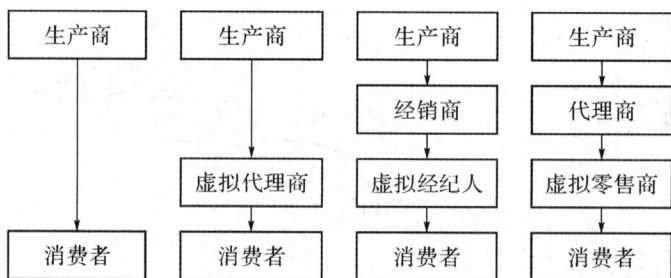

图 11.8　电子分销渠道

⊡⇨阅读材料

3D 互动虚拟试衣间

3D 虚拟试衣系统为很多懒得试穿又喜欢买衣服的人带来了福音,这款机器已经登陆国内市场,取名为"3D 互动虚拟试衣间"。

操作非常简单,只需人站在一块安装了高科技设备的"镜子"前,不需要触碰屏幕,只要做出简单的手势动作,就可以轻松更换衣服的款式,替换出不同的服装造型,眨眼的工夫就能看见自己真实的 3D 试衣效果,最神奇的是随着身体的摆动衣服也会随之而动,就像真的穿在身上一样,完全省去了拿、脱、换等麻烦的过程。

如果试衣者喜欢这件衣服,还可以把服装放入一个"虚拟购物车",直接付款进行购物,大大节省了试衣时间。

(资料来源:触手可及的科技:3D 互动虚拟试衣间[EB/OL]. 3D 动力网,2013-7-8;"3D互动虚拟试衣间"亮相杭州[EB/OL]. 新华网,2011-07-14.)

在电子渠道中,谈判流程、所有权流程、信息流程、促销流程可以被迅速地数字化。但是,产品流程的完成仍然需要"传统的"手段,例如仓储、装运、配送等。物流职能仍需要由传统中介或生产商来履行。对于某些细分市场顾客而言,例如修理、加油、理发、购买食物,消费者仍然喜欢到实体商店体验产品,因此,实体渠道是保证渠道结构完整性的重要部件。

另一方面,与实际产品之间的无接触性和所有权让渡的拖延会限制一些产品的销售。被看做商场购物整体一部分的购物氛围在网络购物平台中也消失了,因购买获得的瞬间满意和立即拥有,在电子营销渠道中也是不存在的。个人和社会性购物动机,例如社交性购物,不能很好地被满足。

　　从生产者到零售商各渠道层次的销售者纷纷建立自己的网站,为了从成千上万的网站中脱颖而出、获得顾客,使得企业需要付出巨额的销售佣金或者广告费。很多网站本身设计复杂、选择混乱、信息过时,造成了顾客留存度较低。订单的履行和物流,以及他们的服务和安全问题也是电子营销渠道增长的阻碍。

　　电子商务的出现无疑扩大了企业渠道选择的范围,但是这种新渠道也使战略和决策变得更加复杂。企业可以通过互联网获得顾客和持续竞争力,分销战略中应该赋予网络渠道极大的优先。为了避免同传统渠道成员之间发生矛盾(例如搭便车情况),将使得成员的选择更加复杂。渠道设计也应该考虑新型消费者所需要的多渠道组合。

　　一些绩效评价标准和技术手段也会发生变化,例如"客户流量"变成了"网页点击率"、"转化率"。但是,传统的利润率、投资回报率仍然是重要指标。网络渠道和传统渠道能够并存,就意味着渠道管理决策面临着更复杂、更多元化渠道营销环境的挑战。

　　电子渠道带来的"去中间化"概念使许多中间商成为多余的。但是,值得一提的是,渠道结构的调整往往不一定是"去中间化"而是"再中间化"的结果。事实上,一些广为人知的电子商务公司及他们的网络平台体现出了再中间化的情况:转换、改变或者增加新的渠道中间商,从而改变甚至延长了渠道,如淘宝体验店。

⇨小案例

淘宝与京东线下店齐开业

　　国内最大自营 B2C 电商京东在河北赵县正式"落地",开出全国首家大家电"京东帮服务店"。该服务店类似于京东面对县域消费者的综合服务点,为消费者提供配送、安装、维修、保养、置换等家电服务,目的在于让更多农村消费者认识电商渠道和京东。此外,店内还会进行部分商品展示,并提供代客下单服务。

　　前不久,橙色系的"淘宝会员贵宾体验厅"现身广州南火车站内,吸引诸多目光。体验厅免费向淘宝会员开放,提供免费 WiFi、体感游戏、沙发躺椅,还可以方便地下单购物、手机支付。体验厅会第一时间展示创新的购物体验和支付方式。广州南火车站则是淘宝"会员体验厅"计划的第一个试点区域。280 平方米的体验厅分为品牌交互区、互动体验区、餐食体验区、时空穿梭区及会员休闲区。

尽管同为线下店,但无论定位、作用还是未来的发展路径,淘宝"会员体验厅"与"京东帮服务店"完全不同。

"京东帮服务店"是其渠道下沉的重要手段之一。京东方面表示,未来三年将在全国区县铺开千余家服务店。借助实体店的力量,京东大家电可在四、五、六线城市进行物流提速。

阿里巴巴方面则表示,体验厅将承载集团旗下很多创新业务和产品,淘宝、天猫的新业务体验以及天猫魔盒、移动支付等内容。作为阿里旅行去啊品牌亮相后的首个O2O项目,淘宝会员体验厅将逐步拓展至全国各大高铁站点和国内重点地区。

"京东帮服务店"面对的是四、五、六线城市仍不了解京东的潜在新客群,旨在扩大覆盖面,完善供应链;淘宝会员体验厅面对的则是已有用户中的核心人群,目的在于深化最活跃用户的体验。这也就给两个企业的实体店有了不同定位——京东实体店为零售供应链服务,淘宝实体店则为品牌建设服务。

京东的新业务多是从供应链角度出发,侧重物流、售后。阿里巴巴则是从品牌建设及生活方式角度驱动,重在营造"未来感"。

事实上,在淘宝和京东之外,其他电商企业也早已开始尝试线下体验店,定位和功能也是各取所需。1号店"社区服务中心"登陆上海,主打针对社区人群的3小时送达服务。与之类似的还有顺丰"嘿客店"。

(资料来源:崇晓萌.淘宝与京东线下店齐开业 定位作用皆不同[N].北京商报,2014-11-21.)

2. 垂直营销体系

为了提高营销渠道职能的执行效率,实现更高的营销效能目前较为流行的渠道体系是垂直营销体系。垂直营销体系(Vertical Marketing System,VMS)是为了实现渠道经济性和最佳营销效果而建立的专业化管理、集中协调的营销渠道。图11.9反映了垂直营销体系的主要类型。

(1)公司型垂直体系

公司型垂直体系是单一所有权下生产和分销连续阶段的结合。例如,生产商可能在渠道下一层次中拥有营销中介,这称为前向一体化。反之,零售商也可能拥有一项生产业务,这称为后向一体化。例如,为摆脱对苏宁、国美等渠道商

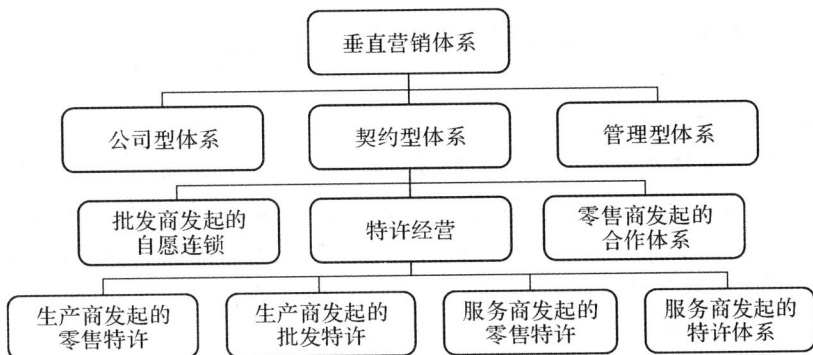

图 11.9　垂直营销体系

的依赖,家电制造巨头们继续在自建渠道上付出努力,海尔旗下的日日顺集团甚至成为了仅次于苏宁、国美的第三大电器连锁商。但是,这两种类型的一体化行为都会增加公司的资本投资和成本。

（2）契约型垂直体系

在契约型垂直体系下,独立生产公司和独立分销公司批次签订契约,整合双方力量,以获得独自难以达到的更大的效能利益和营销成效。契约型体系是三种垂直型营销体系中最为流行的一种,主要分为三种:

①批发商发起的自愿连锁。指批发商与独立的小型零售商建立起契约关系,以协调购买行为、销售规划和存货管理并使之标准化。拥有大量独立零售商的组织可以实现规模经济和数量折扣来和连锁商店展开竞争。

②零售商发起的合作体系。指小型独立的零售商共同组建从事批发业务的组织。零售商成员通过该批发组织集中购买力,并在促销和定价上采取一致行动。

③特许经营。即母公司(特许者)和个人或公司(加盟者)签订契约安排,允许加盟者在某个既定品牌下按照特定规则经营某种业务。有四种特许经营最为普遍。

生产商发起的零售特许体系,在汽车行业中比较普遍,汽车制造商授权经销商根据不同的销售和服务情况来出售福特汽车。

生产商发起的批发特许体系,主要存在于软饮料行业中,如百事可乐公司就许可批发商(装瓶厂)从其集中购买浓缩液,然后再加入二氧化碳、装瓶、促销并分销至超市和饭店。

服务商发起的零售特许体系,指设计了独特服务方法的公司向其他公司出售特许权,以期获得更多利润。假日酒店、麦当劳公司就采用了这种特许方法。

服务商发起的特许体系,特许者许可个人或公司按照商号和特定方针从事服务业务,如"克丽缇娜"美容服务等。

(3)管理型垂直体系

管理型垂直体系是依靠某个渠道成员的规模和影响力而不是所有权来协调生产和分销的各个连续阶段。有些素有盛誉的大制造商,为了实现其战略计划,往往在销售促进、库存供应、定价、商品陈列、购销业务等问题上与零售商协商一致,或予以帮助和指导,与零售商建立协作关系,如宝洁公司。

3. 多渠道系统

多渠道系统是指企业通过两种或两种以上不同类型的渠道到达较多的细分市场。如通用电气公司将大型电器直接销售给单位和公寓建筑商,同时也借助家居中心等零售商向消费者销售。

多渠道系统可以增加企业的市场覆盖率,降低渠道成本,并实现个性化的销售——企业可以更好地迎合顾客需求,但也要避免可能潜在的渠道矛盾和冲突。

4. 战略渠道系统

营销渠道的最新发展是使用战略渠道系统,即利用一家企业的营销渠道来销售另一家企业的产品。战略渠道系统在全球营销中流行,这是因为在全球市场中建立营销渠道关系不仅花费巨大而且耗费时间。

➯小案例

驴妈妈门票产品全面接入途牛 唱响2015年大渠道战略

12月26日,中国自助游领军品牌驴妈妈旅游网宣布,在月初战略合作协议达成后,驴妈妈旅游网在线支付类3000多个景区产品已实现了与途牛的系统对接。作为中国景点门票在线预订模式的开创者,驴妈妈旅游网无论景点覆盖数量,还是门票产品种类,都位居OTA前列。2014年,驴妈妈门票预订人次接近2000万,增长了3倍以上。

驴妈妈CEO王小松公布了2015年"大渠道、大区域、大目的地、大平台和大金融"五大战略部署。其中,在大渠道方面,驴妈妈会进一步加强与所有在线分销渠道的战略合作,全面占领所有线上入口,并把产品资源拓展到线下B2B渠道,与传统旅行社、酒店等实现数据共享,并给予他们最优的政策支持。

2015年,基于现有渠道的门票资源合作,驴妈妈会把渠道分销产品扩展到自助游及国内、出境和跟团游等全线产品。此次途牛全面代售驴妈妈门票,主要是基于驴妈妈在自助游及门票领域的产品设计和丰富度,目前双方已经成功对接完毕上线。

据悉,驴妈妈今后将不断拓展分销渠道,为热爱驴妈妈的用户提供更便捷的预订方式、更高品质的旅游产品和更极致的服务体验,全面打造让广大"驴粉"尖叫的旅游O2O一站式产业链。

（资料来源:驴妈妈门票产品全面接入途牛　唱响2015年大渠道战略[EB/OL].中国网,2014-12-26.）

5. 渠道创新

(1)流通环境的变化

零售业的结构性变化,是当前影响、制约生产商渠道模式的最主要的营销环境因素。零售业态趋于复杂,新兴业态不断出现。零售业态在复杂化的同时,内部结构发生剧烈变化,强势业态(如大型连锁超市——以沃尔玛、家乐福为代表;连锁专营商店——以苏宁、国美为代表)迅速成长,谈判地位增强,挤压上游厂家利益;零售业竞争关系错综复杂,厂家平衡起来非常困难。

同时,产品的整体流通环节趋短,渠道结构趋向扁平化;厂、商整体价值链上商流、物流、信息流运动速度趋快;流通模式趋于多样化;厂商一体化程度趋深;产品的总毛利减少,各环节之间的毛利分布趋于均衡,等等。

所有这些环境的变化对企业提出了新的挑战,需要从策略上进行创新和设计。越来越多的企业发现,在产品、价格乃至广告同质化趋势加剧的今天,单凭产品的独立优势赢得竞争已非常困难。正如整合营销传播理论创始人唐·舒尔茨指出:在产品同质化的背景下,唯有"渠道"和"传播"能产生差异化的竞争优势。销售渠道已成为当今企业关注的重心,并日渐成为它们克敌制胜的武器。

(2)渠道创新的方向

在市场经济日益发达、企业的市场营销环境不断变化和竞争日益激烈的今天,重视分销渠道管理与创新是企业成功的重要条件。新通路会给厂商带来意想不到的价值,带来全新的顾客期望值,诸如为顾客提供购买的便利、为厂商节省分销成本。戴尔就是在渠道创新上获得了显著的竞争优势。

未来渠道创新将在两个背景下展开:一是"消费者主权"的作用:渠道模式将会变得更加贴近消费者,与顾客有更加广泛、更加深入的互动。二是厂商之间的"生态平衡":零售商地位的提升和其占有的相对利益比例的增大,迫使制造商寻求新的出路。

⬛➡小案例

自动售蟹机走上街头

　　近期,在北京、上海、南京、杭州等城市,装着鲜活大闸蟹的"自动售蟹机"逐渐走入人们的生活。市民只需按操作提示塞入现金纸币,即可随时自助选购售卖机里不同档次、鲜活包装的大闸蟹,非常直观且方便。自动售蟹机的销售方式吸引了不少市民的眼球。

　　美国著名文化创意网站 dvice.com 称,中国人发明的自动售蟹机,解决了"当你迫不及待地想吃螃蟹附近却没有商店开门"的窘境。这种机器保持了5摄氏度的温度,使得其中的螃蟹们进入冬眠状态,既不用进食又可保持鲜活。这台机器的拥有者对螃蟹保鲜技术自信满满,因为机器上还标注了"若您买到一个死的,我们赔您三个活的"的口号,这听起来实在有些不可思议。

　　阳澄湖大闸蟹行业协会会长杨维龙说,阳澄湖大闸蟹销售模式也在经历蜕变,从实体店到电子商务,现在又试水自动售卖机,其实也反映了销售市场,越来越面向大众消费,而非孤注一掷地押宝在送礼市场。这种转变之下,阳澄湖大闸蟹的"生命力"也会更强大。他说,大闸蟹销售适当收缩实体店数量,转向电子商务已经是大势所趋,预计今年线上线下销售将平分秋色。

　　（资料来源:王欣.美媒称可效仿中国自动售蟹机卖龙虾[EB/OL].环球网,2010-10-22.林琳.相城蟹老板摆出首台大闸蟹自动售卖机[N].城市商报,2013-09-13.）

第三节　渠道管理

　　渠道管理是指在完成企业分销目标的过程中为确保渠道成员的合作而对现有的渠道进行的管理,包括渠道的选择、激励、管制等问题。

一、选择渠道成员

　　找到能有效执行分销任务的成员是渠道效率的有力保证,特别是对于选择性分销或独家分销的成员,需要经过详细的审查和分析。

对渠道成员的要求标准因企业而异,一般来说,选择渠道成员需要综合考虑以下几个方面因素:中间商对公司的忠诚度、中间商实力、在顾客群体中及市场中的声誉、所经营的产品组合、财务状况、经营思路、销售网络覆盖情况、产品配送能力、销售人员培训及管理状况、是否会降价销售、是否跨区域销售等。

当然环境的改变需要管理者灵活运用上述的选择标准。例如有些生产商认为应该选择那些只分销小量产品的中间商因为他们更专注,而有些认为大型渠道成员会配备更多的设备和销售人员。渠道成员的选择是双向的过程,需要建立互赢互利的关系。

二、激励渠道成员

有效激励渠道成员基于弄清楚渠道成员的需求和所面临的问题,帮助他们制定规划提供支持。有时,生产商认为样品的试用是一种非常好的销售辅助手段,而分销商认为样品试用会增加销售人员工作量、浪费店铺空间、或者消费者不感兴趣而选择搁置。

生产商能提供的具有诱惑力的条件的核心是,尽可能地完善具有销售和盈利潜力的好产品线,提供强有力的全国性广告和促销支持,帮助渠道成员建设管理制度(例如品类管理、人员培训、财务分析与计划、库存控制流程、促销方法等),提供渠道成员合适的培训等。

▷小案例

星巴克"人文"情怀的渠道管理文化

连续 20 年来,美国顾客满意度指数在调查了全美 12 家快餐连锁店的老顾客后发现,麦当劳的顾客满意度总是垫底。这些"不满意"主要来自于餐厅的服务和对投诉的处理方式。如何管理这众多的加盟店呢?关键问题在于如何激励加盟店认真而持续地注重顾客服务。用了短短 30 多年就从平凡咖啡小馆变成世界咖啡连锁巨头的星巴克咖啡得益于其"以人为本"的企业文化,一种用"人文"贯穿其上中下游合作者的价值观,使员工流失率比快餐同业平均水平低了120%。正如星巴克副总裁说的那样,"失去一个供应商或者渠道商就像失去我们的员工——我们花了许多时间和资金培训他们"。

(资料来源:杨宁昱.麦当劳又垫底了:连续 20 年被评美国最差快餐[EB/OL].红商网,2014-06-24. 章文.星巴克:通过社交媒体卖咖啡[J].品牌,2013(01).)

生产商可以设计一系列合作性活动,例如共同付费广告或者促销津贴,激励渠道成员;建立战略联盟;制定分销规划,发挥渠道垂直一体化的好处等。宝洁和沃尔玛从 20 世纪 80 年代开展供应商管理库存的开始合作,到现在已经实现全球数据同步和 360 度创新。

三、解决渠道冲突

企业渠道方案的众多渠道成员,都是具有独立利益的经营主体,因此,在各自追求利益最大化的合作过程中,因为成员角色、资源的稀缺性、观念、预期、决策、目标、沟通等问题,难免会出现利益争夺的竞争和冲突。企业内部的渠道竞争类型如图 11.10 所示。

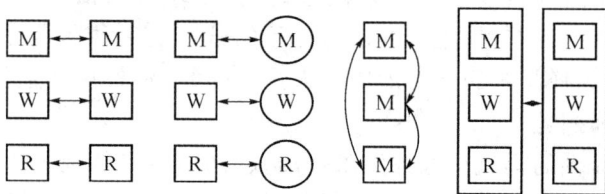

图 11.10　渠道竞争类型

当一个渠道成员的行为认为另一个渠道成员的行为会阻碍它实现其目标时,就会引起渠道冲突。渠道冲突主要表现为水平冲突和垂直冲突。

1. 水平冲突发生在相同渠道层次,同类型企业之间的竞争,如大型零售商之间的竞争。或者,在相同渠道层次,不同类型企业之间的竞争,如大型超市(零售商)和路边便利店(零售商)之间的竞争,又称业内竞争引起的冲突。

引起水平冲突的原因主要有:①生产商在地理区域上扩大其分销范围;②当不同的零售商经营同一品牌时,多重分销导致的冲突。

2. 垂直冲突发生在不同渠道层次成员之间的竞争,如宝洁公司(生产商)与沃尔玛(零售商)之间的竞争。

引起垂直冲突的原因主要有:①"去中介化"引起的冲突,即某渠道成员绕过另一个渠道成员,直接销售或购买产品;②利润如何在渠道成员之间分配出现分歧;③生产商认为中间商没有对其产品给予足够重视。

⬆️小案例

联华卡夫陷掐架门

因为返点谈判破裂,世纪联华超市撤下卡夫食品公司旗下所有产品,再次上演"有你没我"的垄断式博弈。

此次停售风波只涉及 2000 多家世纪联华超市直营店,另有近 3000 家加盟店并未完全执行该规定。要求下架后,总部还给各直营门店发函电,如果卡夫公司产品没有下架干净或者偷偷上架的话,门店将要被罚款。

据知情人士透露,此次两家"互掐",是源于返点谈判破裂。2009 年 6 月,世纪联华超市以 4.92 亿元收购华联超市全部股权,而在合并前,卡夫给华联超市的扣点比给联华超市的扣点高出 30%。合并后联华向卡夫提出享受华联的扣点,但卡夫方面不同意,反而额外增加了其他附加条件,导致谈判破裂。联华全面"封杀"卡夫产品。

在这场商业巨头强势的"零供矛盾"中,消费者却成了没有知情权、发言权、任人摆布的"棋子"。

(资料来源:商意盈,周竟.联华卡夫陷掐架门 潜规则下消费者成挨宰羔羊[EB/OL].新华网,2010-11-25.)

渠道冲突对渠道效率产生不同影响。图 11.11 显示,通常,渠道对冲突有一段忍耐持续的时间,称为无效应阶段(0—C_1);通过渠道沟通和改进,渠道成员重新评价策略,重新投入,有效地促进了销售,产生了正效应(C_1—C_2);如果渠道成员认为需要投入越来越多的销售努力和费用来达到目标,就会削减购买量,称为负效率(C_2—)。

目前,垂直竞争在渠道冲突中占有越来越大的比例,渠道系统的竞争范围也有较大的扩展。企业应努力识别冲突或者潜在的冲突,在冲突发展之前加以解决。

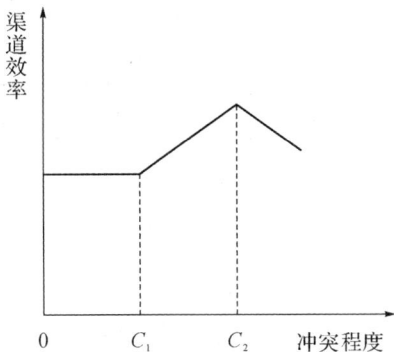

图 11.11　渠道冲突与渠道效率

四、评估渠道成员

企业目标能否成功地实现很大程度上取决于那些为其目标市场服务的渠道

成员的绩效。影响渠道评价范围和频率的因素包括:

(1)制造商对渠道成员的控制程度。控制力有利于生产商获得渠道成员的运营信息来为其产品市场表现做出综合评价。

(2)渠道成员的相对重要程度。如果生产商的产品销售越多地依赖渠道成员,那么就越需要仔细地对渠道成员绩效开展评价。

(3)产品的性质。如果产品复杂、价值高、需要高度的售后服务和渠道支持,那么生产商需要设计广泛的评价标准进行细致的评价。

(4)渠道成员的数量。对于采用选择性型分销的渠道结构也需要较综合的绩效评价。

建立评价标准后,企业可以使用一个或者多个指标对成员开展独立评价。渠道评价的内容和管理效果指标如图 11.12 所示。

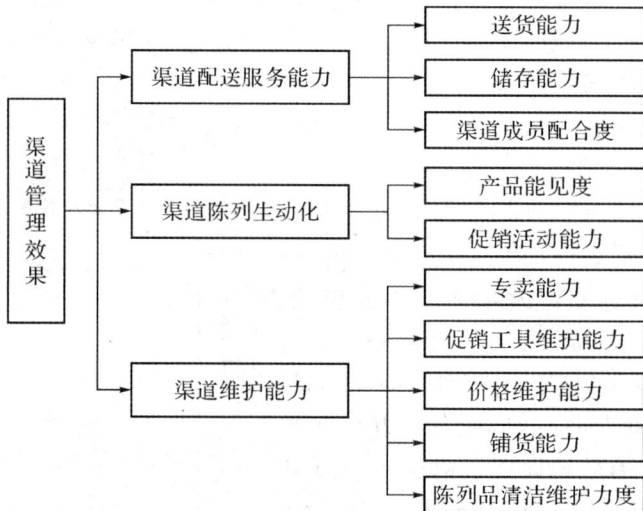

图 11.12　渠道管理效果

企业应该主动地开发具体实际的方法和沟通网络搜集有关渠道成员的需求与问题,熟练地运用权力进行领导,获得渠道成员的积极反应。这样,纠正计划的成功性就会相对提高。

五、改进渠道策略

企业渠道管理的难点之一是调整渠道方案。随着时间的推移,分销渠道可能变得过时,以至于现有的分销系统与满足目标顾客要求的理想产生较大的差距。因此,需要对渠道进行定期审视和调整,包括对渠道成员的增减。

渠道管理也应该与产品生命周期管理相对应。例如,在产品导入期应该扩增足够多的渠道成员来保证市场覆盖率;成长期需要强调渠道覆盖面的充分性,为产品的差异化战略和品牌战略提供支持;产品成熟期要强调渠道成员的激励,考虑渠道重组以延长成熟期、或者创造新的成长期;衰退期时要淘汰不重要的渠道成员。

价格控制是渠道管理的难点之一。企业应该让渠道成员认识到,企业定价战略同其自身利益是一致的,不同渠道任务的完成带来不同的价格补偿。灰色市场、串货、搭便车现象是定价战略中要处理的复杂问题,设计满足不同服务偏好的、选择性分销为主的渠道一定程度上解决此类问题。渠道中的实施定价政策时采用友好的方式比压制的方法更能获得渠道成员的支持。

六、渠道管理的法律问题

企业的渠道管理目标与社会整体利益的矛盾是可能存在的。例如,生产商实施垂直渠道控制战略时,利于渠道限制,但是却是反竞争的行为。企业应该合理开展渠道管理,注意不同市场,特别是国际市场中对以下渠道行为的法律限制。

双重分销指生产商利用两个或多个不同分销组织、或者不用品牌,分销相同产品给目标市场的一种行为,以便独立的渠道成员进行竞争,压低分销商价格,以取得不公平竞争优势。如某些生产商会给大规模购买者(例如集团用户、沃尔玛)更优惠的价格,可能严重威胁了某些独立分销商的生存。

排他性交易是供应方为了保护市场地位,要求渠道成员只准销售自己的产品,或者限制其销售直接竞争者的产品。如果该行为严重影响竞争性产品的市场份额,设计金额很大,或者影响分销商独立性,可能会受到反竞争的指控。

强迫经营全部产品指供应商要求渠道成员全部或者大范围销售其产品,其目的是使渠道成员因为"满负荷"而降低采购其他竞争者产品。

价格歧视指直接或者间接地以不同价格向同一类渠道成员销售其产品,而这种价格差异达到危害竞争的程度。食品、烟草、石油、石油化学这类行业通常有这类问题。

价格维持指供应商试图控制渠道成员的销售价格。许多制造商与零售商之间的垂直定价制度试图为了保护产品形象、消除价格战、保证渠道利润率、增强售前与售后服务。

拒绝交易指供应商有权选择或者拒绝渠道成员,但必须在事先宣布评判标准和判断依据。

再销售限制指生产商试图为渠道成员规定再销售的对象和区域市场。这种限制可能利于双方保护某些目标市场的收益,利于生产商对商品分销的高度控制。

附带协议指供应商要求渠道成员购买其他产品的协议。

垂直整合指一个企业为了追求规模经济或者渠道控制,拥有分销渠道中其他层次的组织,并进行经营活动的行为。

本章小结

渠道是企业持续性竞争力的重要组成部分,渠道的相关概念包括营销渠道与分销渠道、物流与供应链接、价值网络和渠道伙伴关系等。分销渠道包括交易职能、物流职能和辅助职能,同时包括实物流、所有权流、现金流、信息流和促销流五个流程,直接渠道和间接渠道等不同的层次和结构。区分是否是渠道成员可以基于其是否实施谈判职能来判断。批发商和零售商是最基本的渠道成员。专业化与劳动分工,以及关联效率是决定是否在营销渠道中使用中间商的两个最基本的考虑因素。

渠道设计的决策分为5个步骤:识别顾客需要、设立渠道目标、评估影响因素、选择渠道方案和评估选择方案。对影响渠道结构的各种因素的判断很关键,渠道方案的评估要参照经济性、可控性和适应性指标。现阶段渠道整合与创新尤为必要,电子分销渠道、多渠道系统、垂直营销体系以及战略渠道联盟均为当今企业关注的内容,需要渠道创新的方向。

渠道管理包括成员的选择、激励、评估、冲突解决以及改进策略等方面内容。渠道竞争类型分为4种:水平竞争、业内竞争、垂直竞争、渠道系统竞争。企业面临着日益复杂的竞争环境,渠道冲突不可避免。企业同时需要注意不同的地区市场,特别是国际市场中对渠道行为的法律限制。

复习与讨论题

1. 为什么营销渠道在营销中被作为市场竞争中的重要战略而受到高度重视?

2. 零售企业的平均规模(以销售额衡量)正在不断增长,这一现象对生产和制造业的渠道管理意味着什么?

3. 渠道中的冲突是否一定有损于渠道的效率? 管理者如何管理渠道冲突,这些管理办法的宗旨是否相同?

5．讨论企业垂直营销体系所涉及的类型。

6．从渠道的长度和密度来看，渠道方案有哪些差异化选择？

7．讨论电子分销渠道所带来的影响。

8．简要描述评价各种渠道结构时需要考虑的主要因素。

9．讨论试图选择最佳的渠道结构时可能遇到的困难。

10．制定一套广泛实用的评价潜在的渠道成员的选择标准可能吗？试图制定这样的标准时可能会遇到什么问题？

11．识别你所熟悉的消费者购买产品方式的变化形式，追踪这些变化可能对渠道结构的影响。

12．对渠道成员销售能力的唯一的衡量标准是其为生产商实现的销售额，你是否同意这个观点？试讨论。

实训题

1．以小组为单位，搜集"银泰＋天猫"经营模式的相关资料，结合自身淘宝经历和下述案例，讨论银泰＋天猫的经营模式的特征，网络销售渠道存在的障碍、O2O营销渠道的优劣势等内容。

2．假设你是生产商，选定一家在银泰商场设立了专柜的产品，请重新设计其分销渠道，详细说明渠道方案的设计基础和思路。

案例分析题

小米手机：致力增加新渠道，开发新战略模式

小米手机2011年8月才正式发布其产品，为了降低销售成本，去掉了中间渠道、门店的成本。对于一个新兴的企业来说无疑是适合其发展的。可是小米手机在发售没多久以后，出现了由于大量消费者在短时间内刷新小米官网，一度造成官方无法打开。虽然后来小米手机增加了网络带宽，但一直没有得到解决。小米手机在售卖不久后，发现也有不同程度地出现质量问题。而它的三大售后途径(电话客服、微博客服和在线客服)，这样的售后服务是不及时的。而小米手机欲迅速增加售后服务的门面也是不现实的，对于这样的新兴企业，需要大量资金才可以增加其售后门店。

小米手机已经改变完全依靠网络渠道的模式，他们通过和手机运营商的合作，以及开辟社会渠道来拓展渠道，所以小米今后的渠道模式会更加多样化，也使购买小米手机的用户更加便捷。

下图是诺基亚的渠道结构。诺基亚的渠道模式主要是传统的手机销售渠道模式,其渠道的深度和宽度是非常大的,其覆盖的密度也是很大的。但是这样的渠道模式,除了需要支付员工的工资外,还要支付店面租赁费和装潢费以及库存成本等费用,因此它的成本支出很高。

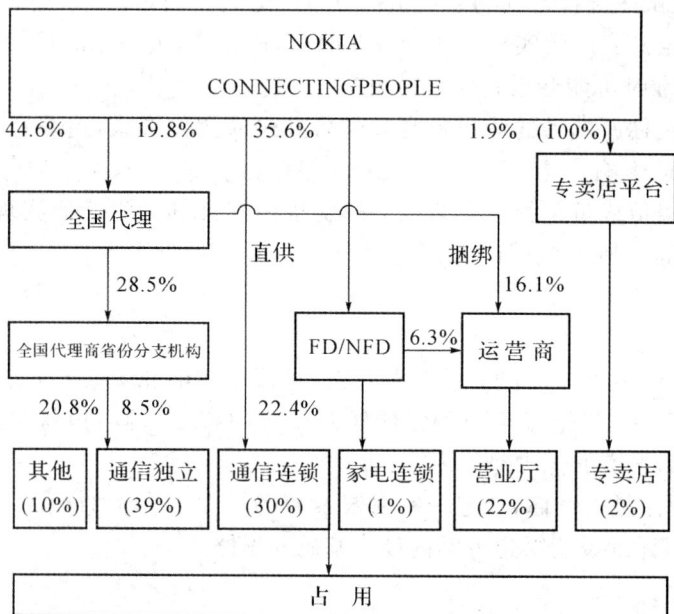

很明显,小米手机是节省了这笔费用,但是小米手机的渠道太单一,消费者购买的渠道也很狭隘。小米手机发展不久,要扩展它的手机渠道,使自己的手机渠道的宽度和深度变长变深还是需要很长一段时间。因此小米手机如果现在想走诺基亚这条路是不行的,还需要很久。但是小米手机如果能长期生存下去,它转向这种综合的分销渠道模式是必定的。

和最近销售神话的苹果手机相比,小米手机经过几次增加渠道,其模式和苹果手机很相像。但是小米手机模仿苹果手机模式是很难成功的,小米手机主要采取了电子渠道加物流公司合作的分销销售模式。从小米手机自身的经营策略来看,采取直销渠道模式,主要是要强化自身品牌的影响力,那么对品牌进行完整的营销和推广就十分重要。苹果主要采取了病毒及话题营销的方式来推广自身品牌,这是苹果不断推出具有创新的产品的结果。

但对于小米手机来讲,除了产品价格上具有竞争力外,产品自身的创新点也不是很多。在这样的情况下,如果仅仅依赖于自身的门户渠道来营销,是很困难的。其次,如果只有小米手机可以提供性价比最高的产品,那么小米手机还是可以坚持自身渠道来销售产品。但目前国内不断观察研究小米手机的何止数十个,例如华为、HTC 手机、联想、TCL 等具有一定资源整合能力的企业,就会是小米手机性价比产品策略的竞争者。所以,小米手机必定要结合诺基亚和苹果这两大手机生产上的优点,结合自己的特点,开辟新的分销渠道。

（一）自有网络渠道为主,就是消费者通过到小米手机的官网定制手机。但是,往往在正式开放前几小时小米手机的购买页面就已经接近瘫痪,而小米手机欲迅速增加售后服务的门店计划也进程缓慢,想要购买到小米手机更是难上加难。除了官网,小米手机指定了淘宝网、京东商城、苏宁易购等平台拥有线上销售特权。但是小米手机在淘宝网、京东商城、苏宁易购等平台货源是十分充足的,暴露其渠道问题。

（二）增加手机运营商渠道,先后与中国联通以及中国电信合作,制定合约机,通过实体营业厅和在线营业厅售卖小米手机。联通定制版小米手机硬件和普通版没有区别,但机身后盖拥有"WO"标志,内置了"手机营业厅"、"沃商店"、"沃·3G"联通定制软件。

（三）扩展社会渠道,苏宁电器成为小米手机的首家社会电商渠道销售商。据了解,苏宁为了确保小米手机的货源充足,以便满足更多用户的需求,用户可以前往苏宁电器购买或者预定小米手机。苏宁为消费者提供手机一站式的购买服务,办理新机入网预存话费可享 0 元购机。消费者现场可办理联通新机入网,三年期合约 126 套餐,预存 2699 元话费可 0 元购机等服务。这样用户购买小米手机将会变得更加便捷。

（资料来源:李保梦,孙博,杨龙飞.浅析小米手机电子商务化的运营模式[J].电子商务,2012(09);贺林.小米手机公司的发展战略研究[D].北京邮电大学,2013.）

[案例思考]

　　1. 试画出小米的渠道结构,讨论其特点。

　　2. 分析小米手机渠道环境,为小米手机设计差异化的渠道提出建议。

　　3. 引起诺基亚和小米手机的营销渠道的冲突原因可能会是哪些?

延伸阅读

　　[1] 易发久.渠道为王:销售渠道建设 3 部曲[M].北京:电子工业出版社,2012.

　　[2] 伯特·罗森布洛姆.营销渠道:管理的视野(第 8 版)[M].北京:中国人民大学出版社,2014.

参考文献

［1］罗杰·A.凯林,史蒂文·W.哈特利,威廉·鲁迪里尔斯. 市场营销(插图第 9 版)［M］. 北京:世界图书出版公司北京公司,2011.

［2］菲利普·科特勒,凯文·莱恩·凯勒.营销管理(第 13 版·中国版)［M］. 卢泰宏,高辉 译. 北京:中国人民大学出版社,2009.

［3］施炜.渠道创新［J］.销售与市场,2004(7).

第十二章

整合营销传播 ≫ ≫ ≫ ≫

【知识目标】

掌握整合营销传播的内涵,了解整合营销传播与促销的关系,熟悉营销传播组合的方式,掌握选择促销组合的影响因素以及开发整合营销传播方案的过程。了解大众营销传播和多渠道营销传播中的常见工具以及相应的特点。

【技能目标】

真正理解整合营销传播,能熟练运用各类营销传播方式为某个具体产品策划一份广告计划书以及一份整合营销传播方案。

【导入案例】

冰桶挑战,一场精心策划的营销传播

2014 年 8 月最热的新闻,就是社会网络名人的冰桶挑战。先是外国大佬比尔·盖茨、库克等纷纷以挑战的形式传递该活动,呼吁公众关注 ALS(肌萎缩侧索硬化症),然后传入国内。一加手机创始人兼 CEO 刘作虎成为国内科技界冰桶第一人,DST 老板挑战雷军,雷军也浇了。然后这两个人继续挑战,雷军挑战刘德华、李彦宏、郭台铭,刘作虎挑战周鸿祎、罗永浩和刘江峰。一时间国内冰桶挑战不断,热闹一阵。

一、什么是 ALS 和冰桶挑战

ALS 病全称"肌肉萎缩性侧面硬化病",英国人也叫"运动神经细胞病"。这是无法治愈而且致命的病。史蒂芬·霍金便是这种病的患者。据前 301 医院院长回忆,毛泽东晚年也是因为这种病最后导致多种并发症死亡。ALS 病是一种运动神经元疾病,常在病后 3～5 年内死亡。多数国家 ALS 的患病率为 5/10 万～7/10 万,高的可达 40/10 万,太平洋关岛地区为该病的高发区。冰桶挑战

则是美国希望通过名人的影响力，让更多的人关注 ALS 病并为 ALS 协会捐款的社交公益活动，受邀参加挑战的人，如果自浇冰水并上传视频，则可以点名其他三名好人继续接力；如果不愿自浇冰水，则需要向 ALS 协会捐献 100 美元用于疾病防治。

这项活动发源于波士顿学院的著名棒球运动员皮特·弗雷茨(Pete Frates)的朋友和亲戚，现今他正与 ALS 疾病抗争。也正因为这样一层关系，现役为波士顿凯尔特人效力的核心控卫拉简·隆多成为了呼应该项运动的第一个 NBA 球员。NBA 的圈子有勒布朗，然后到美国大佬，如今到中国名人。

二、精心策划的传播方式

这次冰桶挑战设计得非常巧妙，北半球 8 月份正好是最热的时候，冰桶来一桶不会对健康有太大影响，反而是挺好玩的事情。而挑战模式，则可以像病毒一样传播开。大佬们当然不会在乎 100 美元，但是挑战不应战对于男人来说有点耸，而且大佬的社交圈也是大佬，于是这种模式就迅速传播开。没应战的要捐 100 美元，应战的也不会吝啬 100 美元。而名人的影响力可以让更多的人知道 ALS，这次募捐的效果非常之好。

其实，在规则设计的时候，这个传播就做了一个逻辑陷阱，你只有在冰桶和 100 美元之间选择一个，而不能置之不理。而事实上，被挑战的可以毫不理会。但是，社交网络能圈的恰恰都是熟人，你置之不理的选择少捐 100 美元是小事，熟人不给人家面子，无视人家存在才是大事。

不得不说，这是一个精心策划的传播募捐方式，它利用的是男人好斗，利用了朋友圈的面子，做了逻辑陷阱。堪称一次传播的经典案例。

三、顺风搭车的大佬们

科技界需要眼球，眼球意味着影响力，意味着投资。既然有人精心策划了一个如此优秀的平台，大佬们乐得跟风一把，炒作一下眼球。100 美元是小事，而冰桶吸引来的眼球，带来的热点和媒体报道，是 10000 美元公关费买不来的，这种便宜大佬当然不赚白不赚。于是我们看到各界大佬纷纷湿身，同时还尽量圈上影响力大名人。

不过，与美国人乐在其中的纯粹精神不同的是，中国科技大佬们的行为，看上去都"有所图谋"，目的性表现得极强，比如周鸿祎就用了近三分钟的时间，用作自我宣传，并在微博上教育用户要用 360 学术搜索了解肌萎缩性脊髓侧索硬化症,而果壳网的创始人姬十三更是将果壳的品牌 LOGO 和 SLOGAN 放到了 GIF 图片的最后,直白地做了一场硬植入。雷军圈上刘德华,把娱乐界扯进来, 如果刘德华参加了,那么雷军就利用刘德华做了一次小米的免费广告。这个价值会有多高!

虽然这个事件的最终受益者会是美国的 ALS 基金会,但是这种出色的传播方式值得业界深入研究。

（资料来源:冰桶挑战,一场精心策划的营销传播[EB/OL]. 雷锋网,2014-08-19.）

营销启示

在当今的信息社会,要吸引消费者的眼球和注意力已并非件易事,能让消费者在不经意注意和记住品牌和产品则更为不易。冰桶挑战,一场貌似与商业无关的社会游戏,却被精于商业运作的大佬们演化为一则则公益广告,既体现了社会名人和名企的社会责任感,也"顺便"把产品和品牌再次映入公众视线,确实是双赢互利的营销传播杰作。

现代营销不但要求开发出好的产品,制定有吸引力的价格,使其易于达到目标顾客,公司还必须和现实的或潜在的利益相关者以及一般社会公众进行有效沟通。"酒好不怕巷子深"的时代已经一去不复返,当今的企业关注重点不在于是否应该进行营销沟通,而是在于如何找回"被浪费的那一半广告费",如何让消费者的注意力能转移到自己的品牌和产品上,这确实值得企业花费心思进行思考。

第一节　整合营销传播

营销组合理论 4Ps 中的最后一个要素 P 是促销(Promotion),在传统营销理念时期,促销一直是企业营销努力的重点领域,但是企业一厢情愿地促销效果日益被激烈的市场竞争所颠覆,如今越来越多的企业开始反思促销工作,并提出整合营销传播的理念。

一、概念

1. 促销及促销组合

促销是企业采取人员与非人员的方式，向顾客传递企业和产品的信息，帮助顾客形成对企业和产品的良好认知，并激发顾客购买欲望，促使其做出购买决策的活动。促销活动的本质是一种信息沟通过程。

促销组合是指企业根据促销的需要，对广告宣传、销售促进、公共关系与人员推销等各种促销方式进行的适当选择和配合。

过去，营销人员往往认为这些传播工具是相互独立的，企业与顾客的沟通也是意向的，因而企业营销沟通的总体效果往往不协调甚至相互矛盾，企业逐渐开始认识到对促销工具进行策略性整合的必要，并开始进行了整合营销传播的尝试。

2. 整合营销传播

整合营销传播（Integrated Marketing Communication, IMC），是指将与企业进行市场营销有关的一切传播活动一元化的过程。整合营销传播一方面把广告、促销、公关、直销、CI、包装、新闻媒体等一切传播活动都涵盖于营销活动的范围之内；另一方面则使企业能够将统一的传播资讯传达给顾客。

整合营销传播的核心就是用一个声音说话（Speak with one voice），基本思想是以通过企业与顾客的沟通满足顾客需要的价值为取向，确定企业统一的促销策略，协调使用各种不同的传播手段，发挥不同传播工具的优势，充分调动一切积极因素以实现企业统一的传播目标，从而使企业实现促销宣传的低成本化，以高强冲击力实现良好的沟通效果。

整合营销传播是在 20 世纪 80 年代中期由整合营销传播理论的先驱唐·舒尔茨提出和发展的，是 90 年代市场营销最为重要的发展，得到了企业界和营销理论界的广泛认同，并有狭义和广义之分。

狭义整合营销传播是指如何通过各种传播活动（如广告、公共关系、直邮等）创造一个统一的组织形象，为其组织和品牌创造"一种形象和一个声音"。

广义整合营销传播是指企业借助各种媒介或其他接触方式与员工、顾客、其他利益相关者以及普通公众建立建设性的关系，从而建立和加强与他们之间互利关系的过程。

随着理论的进一步发展，IMC 已经涉及了更为广泛的领域，并变得更为复杂。本质上，它已经从一种通过传播管理来协调和联合各种传播要素的战术方法，转变为一种不同的标杆体系，围绕该标杆体系，组织能够制定战略计划并执行所有的市场传播活动。

本章节的范畴是指狭义的整合营销传播。

⬡ 前沿知识

唐·舒尔茨和 SIVA 理论

唐·舒尔茨(Don E. Schultz,1934—　　)，美国西北大学教授，整合营销传播理论的开创者，是享誉世界的"整合营销传播之父"。

他的著作《整合营销传播》是第一本整合营销传播方面的著述，也是该领域最具权威性的经典著作。书中提出的战略性整合营销传播理论，成为 20 世纪后半世纪最主要的营销理论之一。为此，舒尔茨博士被全球权威的《销售和营销管理》(Sales and Marketing Management)杂志推举为"20 世纪全球 80 位对销售和营销最有影响力的人物之一"，与现代营销学之父菲利普·科特勒、W. 爱德华·戴明、戴尔·卡耐基、亨利·福特、比尔·盖茨和迈克尔·戴尔等著名营销大师并列在一起。

2012 年北京的百度 MOMENTS 营销盛典上，唐·舒尔茨亲临现场并首次阐释了其最新的 SIVA 营销理论。舒尔茨认为传统的 4P 营销理论应该被新的 SIVA 理念代替，营销人员不再主导一切，权力移交转移到消费者手上，客户或潜在客户成了发送信息的人，而不是索取信息的人，组织变成了接收者与呼应者。

1. 解决方案(Solution)：我如何解决自己的问题？

2. 信息(Information)：我可以通过什么方式来了解更多信息？

3. 价值(Value)：我需要牺牲什么来解决这个问题？

4. 途径(Access)：在什么地方可以得到解决方案？

(资料来源：整合营销传播之父唐·舒尔茨 SIVA 理论点"时"成金[EB/OL].腾讯财经，2012-11-02;孙冰.专访"整合营销传播"之父唐·舒尔茨[J].中国经济周刊,2012(12);百度百科,2015-01-02.)

二、传播过程

企业应当了解有效传播的基础要素，在每一个可以控制的环节加以影响，以达到最大化的整体传播效果。

传播是将信息传递给他人的过程，它需要六个要素：信息源、信息、传播渠道、接收者、编码和解码,如图 12.1 所示。

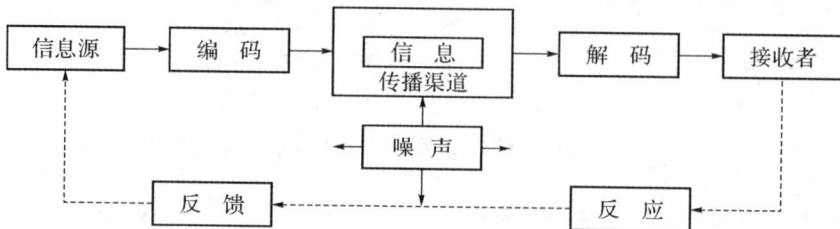

图 12.1　传播过程的基础要素

信息源,即信息发送者,是要传递信息的组织或个人。信息源传递出的消息,如对一款新手机的描述,就构成了信息。信息通过多种传播渠道传递,例如销售人员、广告媒体或公共关系等,阅读、聆听或者观看这些信息的消费者就是接收者。

编码和解码是传播的关键要素。营销传播中,编码是信息发送者将某种观念转化为一系列符号的过程。解码则正好相反,是指接收者获得一系列符号(即信息)并将它们转化成观念的过程。

反馈,指信息对接收者知识、态度或行为的影响,包括对广告、品牌和产品的态度认同与否,以及相应行为反应,如是否购买该产品。

噪音是指那些扭曲信息或接收到的反馈从而影响信息有效传播的各种外在的问题因素。它可能是简单的错误,如印刷错误、图片不清晰、人员用词不当,表达有误等情况,这些会直接影响信息的传播效果。

在营销沟通中,一则广告就包含了沟通的基础要素。如图 12.2 的保时捷汽车广告,保时捷公司是信息源,这则出现在杂志(传播渠道)上的广告则是信息。广告标题"出手不凡,立意独到"以及相应图片、LOGO、背景色等是企业对信息进行编码的结果,也是信息的内容。读者对广告的理解就是解码。广告上的图片和文字想要传递

图 12.2

保时捷汽车卓越超凡、与众不同的品质,如果读者能看懂广告的内容,理解了企业想要表达的信息,看了以后对保时捷汽车也有同样的感觉和认知,那么这则广告的沟通是基本成功的,如果看了广告后能产生购买欲望,进而采取购买行为,

那么广告是有效的,否则只能说明广告沟通是失败的。

传播的过程并不总是成功的。如果信息源未能恰当地将抽象的观念转化为一系列有效的符号(不能正确编码)、已经正确编码的信息可能使用了错误的传播渠道而无法到达接收者、接收者接受信息后未能转化为正确的观念(未能正确地解码)、信息被延误未能及时送达等等,都可能导致沟通无效。因此,沟通过程看似简单,但要做到真正有效地传播却不容易。

三、营销传播组合

营销传播组合(Marketing communication mix)是企业传播信息时所选择使用的一种或多种传播方式的结合。企业可以选择的传播方式很多,除了常规的传播方式外,商店布置、企业人员的着装、产品外观等都可以起到传播信息的作用。但常见的主要传播方式,详见表 12.1。

表 12.1　常用的传播方式

广告	销售促进	人员推销	公共关系	直复营销 互动营销	口碑营销	事件、体验
平面广告	竞赛、游戏	销售推介会	演讲	目录	聊天室	运动
视频广告	彩票、赠券	激励活动	宣传资料	邮寄	个人传播	娱乐
内外包装	奖品、礼物	样品	研讨会	电话营销	博客	节日
电影	样品、示范	展销会	年度报告	电子购物	微信	艺术
宣传册	展销会	销售简报	慈善捐款	电视购物		事件
招贴、传单	回扣		出版物	传真		参观
目录	娱乐		社区关系	电子邮件		企业展览馆
广告牌	低息融资		游说	语音邮件		街区活动
陈列招牌	以旧换新		识别媒介	博客		
销售点展示	搭售		公司杂志	网址		
标志、商标				微信		

(1)广告:有广告主赞助的,为了某种特定的需要,通过一定的媒体,公开而广泛地向公众传递信息的宣传手段。

(2)销售促进,简称促销,为鼓励对某个产品或服务的试用和购买进行的短期刺激。

（3）人员推销:对潜在购买者进行面对面互动,目的在于进行展示、回答问题和取得订单。

（4）公共关系和宣传:用于树立、推广或保护公司形象的活动。

（5）直复营销:利用信件、电话、传真、电子邮件或互联网等直接与待定顾客或潜在顾客进行沟通,或引发其反馈或对话。

（6）互动营销:让顾客或潜在顾客参与某些活动和项目,直接或间接地增强认知度,提高形象或销售产品。

（7）口碑营销:通过个人之间的口头、书面或电子形式传递产品或服务优势信息的活动。

（8）事件和体验:公司赞助、为建立日常或特殊的品牌联系的活动。

根据传播方式的时效性,以上传播方式可以分为传统传播方式（广告、公关、促销、推销）和新型传播方式（直复营销、互动营销、口碑营销、事件与体验）;根据传播对象的特点,可以分个人传播和公众传播。

不同的传播方式具有各自特点,也存在不同的优劣势,见表 12.2,企业在选择传播方式时要进行综合考虑。

表 12.2　主要传播方式的优劣势

传播要素	传播范围	优　点	缺　点
广　告	规模化	传播范围广,有效达到分散购买者	预算普遍较高,难以反馈
销售促进	规模化	有效刺激短期购买行为,形式多样灵活	对品牌价值的形成有一定影响
人员推销	定制化	面对面互动,有说服力,直接反馈	单位成本高,传播面窄
公共关系	规模化	可信度高,公众形象良好	间接促销,难以产生即时效果
直复营销 互动营销	定制化	具有互动性,反馈直接即时,效率较高	消费者反应会不断减少,数据库管理成本较高
口碑营销	定制化	可信度高	传播面窄,意见主观性较明显
事件体验	定制化	有亲身参与感,体验真实,有吸引力	活动策划要求较高

四、促销组合的影响因素

在选择营销传播方式、确定促销组合时,以下因素需要被考虑。

1. 促销目标

企业促销的总体目标是通过报道、诱导和提示,促进消费者产生购买动机,影响消费者的购买行为。但在总目标的前提下,在特定时期和特定市场,又有具体的促销目标,如有的是为了引起消费者的注意,有的是为了增加购买量,有的是为了树立良好的社会形象,有的是为了对抗竞争者的攻击等,总之,企业要根据具体的目标采取不同的传播方式,以实现良好的传播效果。

2. 促销战略

对于生产企业而言,实现渠道控制是困难的,而促销战略有助于通过分销渠道完成产品的移动。企业必须明确在渠道和促销中使用推动式策略、拉动式策略,还是两者兼用。

推动式策略(Push Strategy):如图 12.3(A)所示,将促销组合直接提供给渠道成员,以获取他们订购和储存产品方面的合作。这种方法主要使用人员销售和销售促进,销售人员通过提供销售帮助或价格折扣,号召批发商多下订单,为了让渠道成员将产品推向最终消费者。

拉动式策略(Pull Strategy):如图 12.3(B)所示,将促销组合直接面向消费者,以鼓励他们向零售商询问产品的相关情况,看到市场有需求,零售商会从批发商处订货,这样就可以通过中间商将这一产品的市场拉动起来。这种方法主要适用于面临渠道成员的阻力的企业,他们可能不想采购新产品或不想提高现有品牌的存货水平。

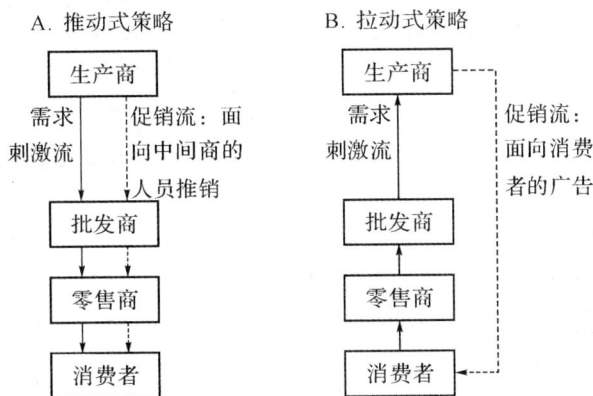

图 12.3　推动式策略和拉动式策略

3. 产品性质

不同性质的产品,消费者状况以及购买要求不同,因而采取的促销组合策略也会有所不同。一般来说,消费者众多、价值比较低、技术难度较小的消费品,采用广告的比例会大一些,而具有较集中的客户、产品价值较高、技术难度大的工业品,运用人员推销的方式比例大一些,如图 12.4 所示。

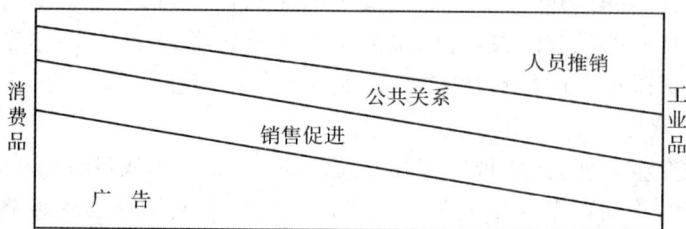

图 12.4　不同产品的传播方式选择

4. 目标受众

目标受众是营销沟通中的信息接受者。企业的营销传播环节,需要考虑的是目标受众的具体情况。如果目标受众的范围很广,就需要采用公众媒体的方式,以达到广泛传播的效果。如果针对重复购买的顾客,则可以采用直复营销的方式;对于商业购买者,则人员推销更为适合。

5. 产品生命周期

产品在不同的生命周期阶段,由于市场特征不同,企业需要采用不同的传播方式。导入期的主要任务是让消费者了解产品,成长期是增加消费者的兴趣和偏爱,成熟期是促成信任购买,培养忠诚客户,而衰退期的重点是刺激购买,不同的目标任务下,企业采用的促销方式有所不同,如图 12.5 所示。

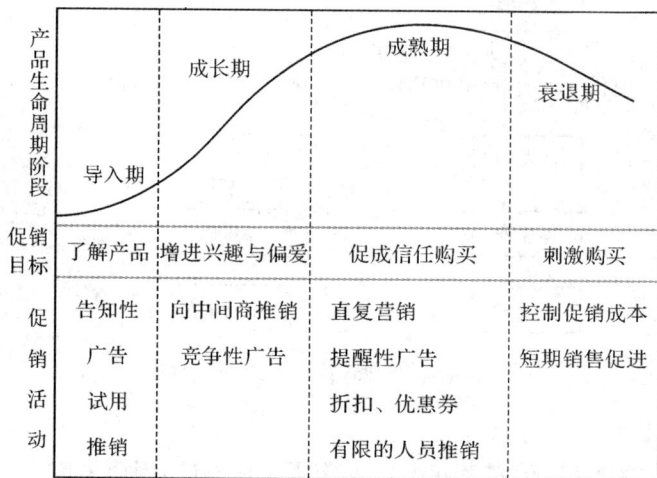

图 12.5　产品生命周期阶段的促销组合

6. 购买决策阶段

了解消费者购买决策的阶段也会对促销组合的选择产生影响。图 12.6 反映了促销要素的重要性因消费者购买决策的不同而不同。

购前阶段：广告比人员销售更有效，而免费试用之类的销售促进活动因为能降低购买风险而发挥重要作用。在大量广告之后销售人员的鼓动才会更有意义。

购买阶段：人员销售最为重要，广告的重要性则降到最低。优惠券、打折、现场展示以及有奖销售等销售促进活动对于扩大销量很有帮助。本阶段的广告虽然不能对其购买行为起到直接的积极影响，但它作为宣传优惠券、打折等促销活动依然重要，而直复营销可以缩短顾客接受产品或服务所花的时间。

购后阶段：人员销售仍为重要的因素，因为和消费者的购后联系交流越多，消费者就会越满意。广告的重要性体现在给予消费者信心，使他们认为此次购买行为是正确的，减轻消费者购后焦虑现象。销售促进和直复营销活动可以鼓励那些初次购买满意的顾客重复购买。

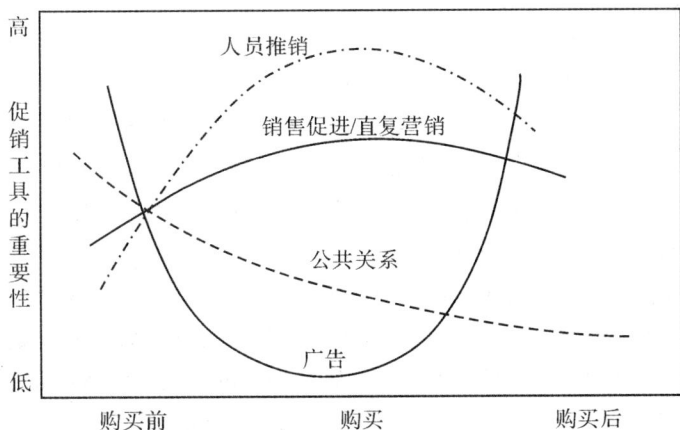

图 12.6　消费者购买决策阶段的促销组合

7. 促销预算

促销预算是直接制约促销组合方案的因素，企业的促销预算因企业实力、竞争态势、产品组合等因素的不同而不同，不同的预算额度决定企业选择不同的促销方式。如预算充足的企业可以采用电视等费用较高的媒体进行促销，反之则只能精打细算，选择费用较低的促销方式。企业应根据自己的促销目标和其他因素，全面衡量主客观条件，采取经济而有效的促销组合。

五、开发整合营销传播方案

由于媒体成本很高，所以必须使用系统的方法慎重地做出决策。开发促销方案主要关注四个内容：(1)谁是目标受众？(2)促销目标、促销预算以及促销方式各是什么？(3)在哪里促销？(4)什么时候促销？

1. 识别目标受众

开发有效的营销传播的第一步是明确目标受众。识别目标受众包括两个方面：①目标受众是谁？②目标受众对公司、产品或品牌的态度如何？

目标受众与目标市场或目标顾客群体有区别。目标市场更多指产品的购买者和使用者，而目标受众是指沟通的对象和购买者，两者并不完全统一，如礼品、婴幼儿用品、老年用品的目标受众和目标市场经常背离。正确地识别目标受众有助于制订合适的传播方案。

目标受众的分析是传播方案的选择的基础。传播方案制定前，需要了解目标受众对公司的印象和品牌的态度。如果受众对公司或产品持有负面的形象问题，沟通过程就需要有的放矢，以逐步化解不良印象。

2. 设定传播目标

营销沟通中，传播目标和促销目标存在一定区别，主要反映在两者的衡量指标不同。促销目标常用市场份额、销售增长率、尝试购买率等营业性指标进行衡量，它反映的是消费者对产品的购买情况；而传播目标往往用品牌知名度、识别度、美誉度、偏好度等沟通性指标，它反映的是消费者对品牌或产品的感知状态。

传播目标是促销目标实现的前提和中介。一般地，企业先设定促销目标，然后倒推出传播目标，再根据传播目标的要求制定具体的营销传播方案。无论营销传播方案的特定目标是什么——从建立消费者认知到提高重复购买——所有的促销目标都应当具有以下三个特点：面向明确的目标受众；可衡量性；有一定的时间范围。

3. 设计传播方案

传播方案要解决信息沟通中的三个问题：说什么、怎么说、由谁说，分别对应的是信息内容、创意策略和信息源。

(1)信息内容

信息内容的选择对消费者产生关键的影响，一个产品或品牌的信息内容众多，但鉴于营销传播成本的昂贵以及消费者信息的繁杂，企业不可能逐一进行介绍，只能选择最具有竞争优势的、消费者最感兴趣的信息进行传播，才有可能一语中的，起到良好的传播效果。营销传播的信息可以分为三种。

①告知性信息：详细介绍产品的原材料、属性、功效、使用对象、使用方法等内容，目的是让消费者了解该产品的具体情况。往往在新产品上市时，企业通过传递告知性信息，让消费者了解和知晓产品，促使消费者对其产生好感和好奇，从而产生购买行为。

②说服性信息：又称为竞争性或劝说性信息，主要是突出产品与众不同的竞争优势，塑造品牌的差异点，目的是让消费者在同类产品比较中能记住企业的产品及其特点，从而在选择品牌时能形成品牌偏好，在同类产品中竞争获胜。

③提示性信息：主要用简短的信息提醒消费者，一般只提供品牌、产品名称、厂家或 LOGO 标志等，目的是让品牌信息时不时地印入消费者脑海，增强消费者的消费信心。

（2）创意策略

将信息内容以何种方式传递出去，需要创意和策划。创意策略是将信息转化为具体的传播方式。同样一个信息，可以用多种具体的表现方式，可以是幽默轻松的，也可以是想象夸张，或者卡通动漫的，或者是恐惧紧张的，等等，这是最能体现营销策划人员原创性的内容。如果信息内容的选择很有角度或与众不同，但表现方式是平庸的，目标受众对企业的营销传播也不会留下太深的影响，相反，创意策略一定程度上可以弥补其他方面的不足，增强目标受众的记忆。

（3）信息源

信息源是信息发出者，一般由比较吸引人或比较受欢迎的信息源传播时，更能受到目标受众的关注和回忆。因此，企业多喜欢聘among社会知名人士作为其产品代言人。但并非所有的名人代言都是有效的，信息源的可靠度取决于专业性、可信性和可爱性三个因素。

专业性是指传播者所具有的、支持其论点的专业知识。如篮球运动员代言篮球鞋，体现了较好的专业性；可信性是指信息来源被认为是客观和公正的，即信息是真实的；可爱性是信息源对受众的吸引力。好的信息源在这三个方面都会受到高度评价。

▷阅读材料

名人代言利与弊

乔治·克鲁尼在 Nespresso 咖啡机旁调情；安迪·穆雷赢得美国网球公开赛的时刻摸索着寻找自己的雷达手表；布拉德·皮特在新一辑"突破性的"香水广告中娓娓道出"香奈儿五号香水：无可取代"（Chanel No 5：inevitable）。这种品牌和名人的组合几乎总是过于甜腻或令人不快,甚至二者兼具。尽管如此,想要结束这种名人与品牌联姻的循环,是不可能的。

2011 年,安妮塔·埃尔伯斯和耶伦·韦尔隆研究指出,运动员代言能使品牌营业额提高 4 个百分点(被代言品牌的销售额每年增长约 1000 万美元),并能将公司股票收益率推高 0.25 个百分点。

如果说名人的公信力、个人魅力以及专业性是品牌代言成功的基础,那么名人行为不端、伤病、衰老以及在赛场或银幕上表现不佳等情况则会影响其代言效果。名人曝光过度同样属于不利因素,如在韩国和日本,大约二分之一的电视广告中都能见到名人身影,同一位名人往往代言 5 款以上产品。据《福布斯》统计,印度板球队队长马亨德拉·辛格·东尼代言了 25 款产品,其中包括百事可乐和锐步。

名人丑闻对于其所代言产品的销量有较大影响。一项研究的估算显示,泰格·伍兹 2009 年的爆炸性个人丑闻曝光使耐克(耐克在有关伍兹婚外情的爆料日益露骨的情况下仍然坚持与之合作)高尔夫球的销量减少了 160 多万个。

名人代言的风险是不言而喻的。人的成就会黯淡,才华会枯竭,境遇会改变。自从名人为品牌代言的做法于十九世纪出现以来,事实就一直如此。即使品牌与名人之前建立起了成功的合作关系,这种关系也有其自然期限。

(资料来源:安德鲁·希尔. 名人代言利与弊[N]. 英国《金融时报》,徐天辰,译,2012-11-21.)

4. 选择传播渠道

根据传播对象人数的多少,传播渠道分为两种类型:个人传播渠道和大众传播渠道。个人传播渠道是两个及以上的人相互之间通过面对面、电话或邮件等方式进行的直接沟通,包括厂家人员推销、代言人传播、受众私人社会关系之间的传播。大众传播渠道(或称为非个人传播渠道),指面向公众多人进行的传播,包括大众媒体、销售促进、事件和公共关系等。

尽管个人传播,特别是受众自身的社会关系之间的传播效果比大众传播更加有效,但是大众媒体仍然是促进企业营销传播主要渠道。大众传播通常先将信息传递到意见领袖,再由后者传递给那些不经常接触媒体或不了解产品的受众,即通过二级流动的传播方式影响消费者的态度和行为。

⊩➔小案例

可口可乐世界杯营销:大手笔的整合创意

早在 2013 年 9 月 12 日,由可口可乐公司与国际足联(FIFA)联合举办的 2014 年"FIFA 世界杯环球之旅"活动就在巴西里约热内卢启动。接下来,更以四个大手笔动作,完成一项整合创意营销,也是有史以来规模最大的大力神杯巡展。

同期发布可口可乐世界杯主题曲

在"FIFA 世界杯环球之旅"活动开始的同期,可口可乐发布了自己 2014 年的世界杯主题曲《The world is ours》。每到达一个地区,本地音乐人都可以将自己的演绎版本加入这首歌曲中,从而创作出以他们本地语言歌词为特色的二重唱版本。中国的《The world is ours》版本便是由五月天演绎的《由我们主宰》。

世界杯纪念款包装

2014 年 1 月份,可口可乐发布了 18 款世界杯纪念款包装。

世界杯系列广告

2014 年 4 月早前,可口可乐公司发布两支广告,开启其世界杯全球性广告宣传攻势。

"快乐之旗"

2014 年 6 月 12 日,世界杯揭幕站前,可口可乐制作的由 200 多个国家球迷肖像组成的"快乐之旗"惊现圣保罗球场的草坪,展现在全球超过 10 亿名观众的眼前。

旗帜的数字版本也被同步出现在活动网站上,消费者可以观看空中拍摄的旗帜,并且让鼠标悬停在"拼图"上观赏照片。已经上传照片的球迷将收到一个链接,告诉他们自己究竟位于旗帜和球场的何处。球迷们同样可以使用 worlds cup 作为标签在社会化媒体上分享他们的照片。

(资料来源:谁说创意已死? 最逼格的八大创意营销案例[EB/OL].广告门,2014-09-11.)

5. 编制传播预算

不同企业在营销传播预算或促销费用的编制上存在较大的差距,实力雄厚的企业显然要比小企业有足够的预算;不同行业的营销传播预算也不同,化妆品行业的费用比工业设备制造业的要高出很多。决定企业预算的一般有以下几种方法。

(1)销售百分比法

即营销传播费用是根据过去或预期的销售额的一定百分比确定的,是常用的一种预算方法。这种方法计算简单,将营销传播费用与销售变化联系起来。但是,这种方法将销售看做是促销费用的决定因素而不是结果,如果过去收入或预期收入下降时,营销传播费用也会下降,而这时往往是最需要增加公司预算的时候。

(2)竞争均势法

即根据竞争对手促销的绝对费用或其每一百分点的市场份额中促销费用所占的比例来确定自己的预算,也被称为:竞争者或市场份额匹配预算法。在预算中考虑竞争因素很重要。消费者对促销的反应会在很大程度上受到竞争对手活动的影响,但是,竞争者的预算水平不应该成为确定公司促销预算的唯一决定,因为它们的促销目标可能完全不同,从而要求的促销费用也就不一样。

🔖 小案例

王老吉夺得央视"第一标"

2014 年 11 月 18 日,一年一度的央视黄金段位广告夺标战再次在北京打响,第一凉茶王老吉以 8100 万元突出重围,斩获央视"第一标",即《新闻联播》后标版组合第一单元正一 10 秒广告位,同时以 4000 万元抢得《舌尖上的中国》第三季饮料行业唯一合作伙伴席位,迎来 2015 年黄金广告位争夺战的"开门红"。

央视招标是行业的风向标,王老吉与央视的合作由来已久,从冠名《开门大吉》到王老吉拿下新闻联播后标版正一位置,借助央视平台,王老吉业绩销售增长率持续高于行业水平。

(资料来源:2015 央视广告标王是谁 盘点那些年 CCTV 的标王们[EB/OL]. 中国青年网,2014-11-18.)

(3)量力而行法

即只有在其他所有预算项目都列支后,才将剩余预算投入到促销活动中。这种方法很简单,但它忽视了营销作为一种投资的作用以及促销对销售额的即时影响,这种方法也会导致年度预算的不确定性。根据这种方法,如果年度预算没有剩余,那么将难以开展营销传播或促销活动。

(4)目标任务法

目标任务法的操作方法是:①确定促销目标;②大体定出为实现目标必须完成的任务;③确定和累加完成任务需要的促销费用,即为计划的促销预算。这种方法考虑了公司欲达成的目标,并且将这些目标具体化,相对比较科学合理。但如果累加的计划费用超过了公司的承受能力,就需要重新制订任务或修订目标。相对于上述几种方法,这种方法的整个计划制订工作量较大,对制订者的要求较高,如确定目标所要完成的任务就不是件容易的事。

6. 评估传播方案

虽然开发传播方案并不包括方案的执行和评估活动,但是在开发传播方案时,需要把传播方案的评估标准和要求进行考虑,这样也有利于方案的落实和执行。

在传播方案实施后,企业要考虑的问题如下:目标受众能否识别和回忆所传播的信息,他们看到信息的次数、记住的内容、对信息的敏感度、以及他们对企业、产品过去和现在的态度、偏好度等,即需要运用传播目标来检验传播的行为结果,当然,企业更关心的是用营销目标来检验传播效果,如多少人购买了产品,买了多少产品,在什么时候买的等,但是传播目标的检验仍然必不可少。

常用的方法是整合营销传播审计,该审计会分析企业内部的传播网络、识别关键客户,检测消费者数据库,评估最近在广告、公关、网站、电子邮件、销售促进、直复营销中使用的信息,并考核企业人员的传播技能。

随着由消费者发起的媒体,如博客、播客、社交网络等越来越流行,审计变得越来越重要,除了保证传统形式的传播方式要进行整合,企业还必须监控消费者满意、回应不一致的信息、甚至要回答单个消费者的问题。

第二节　大众营销传播

大众营销传播是企业通过文字(报纸、杂志、书籍)、电波(广播、电视)、电影、电子网络等大众传播媒介,向社会大众传递产品和服务信息的过程,具体包括广告、销售促进、事件和体验、公共关系四种常见的类型。

一、广告

广告(Advertising),原意为广而告之。在营销传播中,广告是指广告主通过社会媒体,向目标受众有偿传递产品或服务信息的活动。广告是企业的一项投资活动,无论其目标是什么,都是需要考察其成本收益。企业需要对广告进行合理的管理,以减少不必要的浪费。

1. 广告特点

与其他传播方式相比,广告具有以下特点:

(1)公共性。广告是一种高度公开、最大众化的信息传播手段,能在同一时间向最大范围的受众传递信息。

(2)单向性。广告的信息流动是单向的,是从企业流向消费者。消费者对广告的反馈需要经过专门的调查研究才有可能获得。

(3)非强制性。广告是不强迫目标受众关注什么,或必须对广告信息做出反应,行为主动权完全掌握在消费者手中。

(4)表现性。广告能巧妙地运用声音、颜色、文字等元素对广告创意和产品信息予以充分展示,具有极强的表现力和感染力。

2. 广告类型

根据不同的制作目的,广告可以分为产品广告和企业广告。

(1)产品广告

产品广告指向消费者介绍产品的特征,直接推销产品,强调产品或服务的销售,目的是打开销路、提高市场占有率的广告。产品广告包括三种类型:告知型广告、竞争型广告和提示型广告。

①告知型广告。用于产品生命周期的导入期,将产品的名称、用途、销售方式等基本信息告诉给受众,其目的在于是告知目标市场。告知型广告通常被认为是信息量足的和可信的。

如图 12.7,青春宝"永真片"广告,向消费者介绍"永真片"的基本情况,包括原材料、配方、价格(1960 元/盒)等,强调 100％宫廷配方和纯正山参原料,呼吁消费者 40 岁开始注重保养。

图 12.7　告知型广告

②竞争型广告。指宣传特定品牌特色与利益,以及竞争优势的广告,其目的是建立品牌之间的差异点,说服目标受众选择本企业的产品而非竞争对手的,往往在产品生命周期的成长期和成熟期运用。

如图 12.8,养生堂龟鳖丸广告,运用感性诉求,打出"养育之恩,无心为报"、"一粒龟鳖丸,一片儿女心"的广告口号,击中消费者隐藏在心底的情感需求,唤起广大年轻消费者的共鸣,成为送礼的最佳选择。

图 12.8　说服性广告

③提示型广告。指用于强化目标受众对产品的认知,其目的在于提醒目标受众某件事件(如促销活动等),并增强目标受众的消费信心,常适用于已经达到良好认知地位、并处于产品成熟期的产品。如图 12.9 的养生堂天然维生素 C 的广告信息很简单,只有产品名称和品牌,只是提示近期的促销活动。

图 12.9　提示性广告

植入式广告(Product Placement)是一种特殊的提示型广告。植入式广告是在影视或舞台作品中安插产品或服务的一种广告方式,以便给观众留下相当的印象,达到潜移默化的宣传效果。由于受众对广告有天生的抵触心理,把商品融入这些娱乐方式的做法往往比硬性推销的效果好得多。如,2014 年冰桶挑战中,许多企业"掌门"借助这次公益活动将自己产品植入到活动中,起到意想不到的效果。

⬡小案例

电视剧《何以笙箫默》中的植入广告

2015年初,电视剧《何以笙箫默》成为观众群体的热门话题,当然这个热播剧不仅仅带来了收视率,也为广告主们带来一个绝佳的营销机会。

根据广告代理公司的分析,《何》剧作为都市剧,故事情节本身就存在较多植入的可能性。而这部影片品相较好,考虑到其小说的粉丝基础,以及姊妹篇电视剧当时的收视率,所以广告主也比较喜欢。

带着青涩初恋的校园戏,从"千里送你养乐多,喝了保准不生气"开始;

步入职场后,淘宝系产品在每一集都和观众见面,淘点点订餐和淘宝订机票的镜头,长得像淘宝产品说明书一样详细;当男女主角沟通用"来往"时,观众真心快哭了:"男主角改名叫何淘宝吧。"

因为999感冒灵,女主角必须经常感冒,一喝就好。

因为有了RIO鸡尾酒,开心聚餐时要喝,失恋落魄时也要喝,甚至剧中女主角扮演的摄影师还得给这个产品拍广告宣传片。

佐卡伊珠宝以"献给执着于为爱寻觅永恒信物的人"为品牌定位,作为男主角的求婚钻戒,彰显始终如一的执着真爱。

海马汽车,不仅通过情节展现了车辆省油、空间大等性能,还上演了一出海马男车主停车场勇救海马女车主的故事。

"草木之心"则以剧中模特大明星的护肤品形式,强调"追求自然,释放真我的美丽之旅"……

对于植入广告过多的言论,《何》剧植入广告的独家代理公司合润传媒并不认同,认为剧中广告数目合适,而且是基于剧情的合理性与商品适合程度植入的。在《何》剧片尾,除了该代理公司,列出的战略合作伙伴共有23个。

(资料来源:揭秘电视剧《何以笙箫默》中的植入广告[EB/OL].澎湃新闻,2015-01-30.)

(2)企业广告

企业广告并不介绍具体的产品或服务,一般只强调企业的理念和精神,以树立良好的企业形象或声誉。企业通过广告向公众展示企业实力、社会责任感和使命感,同广告受众进行深层的交流,增强企业的知名度和美誉度,使其对企业及其产品产生信赖感。企业广告的目的在于增进社会各界对企业的了解和支持。

如图12.10,中国农业银行向全社会传递"大行德广　伴你成长"的经营理念,强调其成就大业,造福于民的历史责任感与使命感。

图 12.10 企业形象广告

3. 制定广告计划

在广告活动的开发和管理过程中,主要完成五个重要决策,如图 12.11 所示。

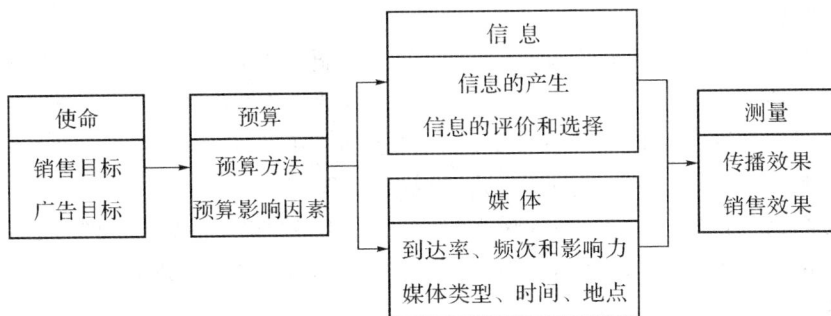

图 12.11 广告决策内容

广告过程中的五个决策,即为著名的"5M"原则:

使命(Mission):广告的目标是什么?

预算(Money):广告的支出是多少?

信息(Message):广告传播的信息是什么?

媒体(Media):通过哪种渠道传播信息?

测量(Measurement):如何评价广告效果?

与上节"开发整合营销传播方案"的步骤基本一致,广告计划一般需要包括使命、预算、信息、媒体四个方面的决策内容。

(1)广告目标

广告目标是针对特定目标受众在特定时期内需要完成的特定传播任务和成

就水平,是广告计划首先要考虑的内容。显然,确定广告目标需要明确目标受众。广告目标可以分为通知、说服、提醒、加强等类型,企业需要根据具体情况加以选择。

设定广告目标时,需要仔细分析现有的市场条件,如果产品类型已经成熟,公司是市场的领导者,但品牌的使用量小,那么广告目标适合定于刺激购买。如果产品类型较新,公司品牌优于领导者品牌,那么应当强调自身品牌的优势和差异性。

(2)广告预算

企业在确定广告预算时,应当考虑以下几个因素:

①产品生命周期阶段。新产品一般需要大量的预算以建立品牌知名度,争取消费者的试用。而已有品牌的广告预算占销售额的比例通常都比较低。

②市场份额和消费者基础。一般情况下,具有较高市场份额花费占销售额很小比例的广告预算,就能维持它们的市场地位。而通过扩大市场规模来增大份额,则需要较多的广告支出。

③竞争和干扰。在存在众多竞争对手和高额广告支出的品牌必须多做广告才能有效地到达消费者。即便来自非竞争广告的干扰,也会导致需要多做广告。

④广告频次。为使消费者接受品牌信息而需要重复做广告的次数,也会显著地影响广告预算。同一时期内,频次越高,预算越大。

⑤产品替代性。日用产品(啤酒和软饮料)的品牌需要做更多的广告,以建立差异化的形象。而当一个品牌具有独特的利益或特性时,进行广告宣传也非常重要。

(3)信息设计

广告信息一般会集中突出产品的主要利益,对于潜在顾客做出试用和采用决策非常重要。这些信息依附于广告的形式、诉求以及广告中运用的文字。广告信息的最基本原则是真实性,虽然广告的语言和文字可以进行艺术的夸张,但其信息的内容必须基于客观事实及其真实性。

广告信息可以通过提供给消费者行动基本理由的诉求形式进行整合。广告诉求(Appeal)是指广告信息传播者为了改变消费者的观念或影响其对于某种产品或服务的态度,在传播信息中应用某些心理动力,来引发消费者的兴趣,激发消费者的购买欲望,以求达到所期望的反应。诉求重点(诉求点)指某商品或服务在广告内容中所强调的、企图劝服或打动广告受众的传达重点,俗称“卖点”。

一般地,广告诉求可以分为感性诉求和理性诉求两大类。

理性诉求是诉诸于目标受众的理性思维,向消费者"推介产品",使消费者能够对产品的特质、功能等有一个清楚的了解,从而决定是否购买。

感性诉求是诉诸于消费者的感性思维,"以情动人",使消费者在感动之余认同该产品。当然还可用情理结合的诉求策略,即用理性诉求传达信息,以感性诉求激发受众的情感,从而达到最佳的广告效果。

(4)媒体选择

广告媒体是信息传递给目标受众的手段和途径,包括报纸、杂志、广播、电视、网络等。企业往往有多种媒体策略可供选择,并且在每一种媒体中还有许多备选工具。一般情况下,企业会要求信息的最大曝光率并且能保证广告成本最低的目的,但曝光率和广告成本是两个反向的指标,企业需要对媒体进行慎重的选择和组合。

①媒体评价

企业经常在意目标市场中看到广告的人数,因此必须了解媒体的覆盖面。覆盖面是指接触到广告的不同个人或家庭的数量。中央电视台的覆盖面比地方台要高得多。

虽然覆盖面很重要,但企业也希望广告能多次呈现在目标受众前面,因此还需要了解广告的频次。频次是指同一信息呈现在目标受众面前的平均次数。和覆盖面一样,频次增加有利于消费者对品牌的认知和记忆。

同样覆盖面的媒体还要考虑其影响力。影响力是特定媒体的定性价值,权威刊物的影响力要比一般刊物大很多。

尽管高的覆盖面、频次和影响力会带来更高的产品知名度,但是这些元素之间往往存在制约关系,企业的广告计划需要确定所要购买的到达率、频次和影响力的成本效益的最佳组合。

②媒体类型

企业在选择媒体时要考虑四个主要因素:一是目标受众的偏好,如对商务人士来说,更倾向于平面媒体的接触;二是产品,不同的媒体在演示、形象化、解释、色彩等方面具有不同的能力,需要有较强感染力和声色并茂的广告应偏向于电视媒体;三是信息,包含大量技术数据的信息需要通过专业杂志或报纸进行传播;四是成本,电视广告的成本要比报纸和广播成本高出很多,一般衡量媒体成本的指标是每千人成本,即在一种特定媒体中,广告信息到达 1000 个受众所需要的广告成本,是一种相对成本。

不同的媒体有自身不同的优缺点(详见表 12.3),需要企业在考虑影响因素的基础上进行综合选择。

表 12.3　主要媒体的优劣势

媒　体	优　势	劣　势
报纸	灵活,信息发布迅速,当地市场的覆盖面大,广泛被接受,可信度高	保存性差,印刷质量低,传阅者少,广告寿命短、信息繁杂,会分散读者注意
电视	覆盖面广,图像声音综合制作,广告感染力强	广告成本高、干扰多、曝光时间短、难以传递复杂的信息
杂志	可选择性强,具有一定的权威性,印刷质量好,广告寿命长,传阅者多	投放广告所需时间长,相对成本高,杂志信息量较大
广播	成本低,可以影响当地的听众,投放广告速度很快,成本低	只有声音,无可视因素,信息持续时间短,不能保存,难以传递复杂的信息
户外广告	灵活,重复曝光率高,成本低,高度可视化,聚集当地市场	信息必须短小精悍,对受众的选择性差
直接邮寄	受众选择性高,灵活,个性化设计,同类媒体中竞争少,图像质量较好	相对成本高,形象差(垃圾邮件)
网络	高选择性,互动性强,成本相对较低,广告效果较好	动画和互动需要大量的技术投入,效果不能确定
电话	使用者众多,提供接触的机会较多	相对成本较高

4. 执行广告方案

执行广告方案包括广告文案的事前测试和广告方案的实际执行。

广告文案事前测试是为了确定广告是否传递了预定信息或是为了选择合适的广告版本,在广告没有投放任何媒体之前进行事前测试,具体方法包括组合测试法、陪审团测试法和剧院测试法等。

实际执行广告方案的任务可由三类代理机构完成,如表 12.4 所示。

表 12.4　不同的广告代理机构

代理商类型	提供的服务
全面服务代理商	从事市场调研、媒体选择、文案开发以及艺术加工等,也配合投入全部营销努力的整合活动
有限服务(专业)	专注于创造性过程的某一方面,通常提供创造性的制作工作,购买预先未签约的媒体空间
代理机构	根据企业需要,提供范围不同的服务

全面服务代理机构提供最完整的服务,包括市场调查、媒体选择、文案开发、

艺术处理和广告制作。帮助客户开发和投放广告的代理商一般要收取占全部媒体费用15％的佣金。但是，随着公司引入整合营销方法，大部分（70％）广告主已经不再按佣金支付，而是根据绩效支付代理机构奖金或酬金。最常用的绩效标准包括销量、品牌和广告知名度、市场份额和文案测试结果。

有限服务代理机构专注于广告过程中的某方面，如为开发广告文案、购买前期未签约的媒体（媒体代理商）或实现网络服务（互联网代理商）等提供创造性服务。处理创造性工作的有限服务代理机构根据合约按服务业绩收取费用。

专属代理机构由公司自己的广告人员组成，可能提供全面或有限的服务。

5. 评估广告效果

费城沃纳梅克百货公司的创始人约翰·沃纳梅克说过，"我知道我有一半的广告费是浪费掉的，但我不知道是哪一半"。通过评估广告业绩，营销者可以努力确保广告费用少被浪费。广告的事后测试可以确定其是否达到了预定目标，并对广告方案的修改提出建议。

广告效果包括传播效果和销售效果。传播效果是广告对品牌知名度、消费者认知和偏好的潜在影响，以确定广告能否有效地传播信息。销售效果的研究很复杂，因为除了广告之外，销售还受其他许多因素的影响，如产品特色、价格、可获得性以及竞争者行为等。直复营销的销售效果评价最为简单，而品牌广告和企业形象广告的评价最为复杂。广告的事后测试最常用五种方法。

协助记忆：在展示广告之后，向被调查者询问上次接触到该广告是通过阅读、观看还是收听的方式，以确定：(1)回忆起看过特定的杂志广告的人数比例（是否注意到广告）；(2)看到或阅读这则广告的任何部分就能识别出该产品或品牌的人数比例（视觉辅助）；(3)阅读了这则广告内容一半以上的人数比例（阅读过大部分的人数）。

独立记忆：在没有任何提示的情况下，向被调查者提出诸如"你记得昨天看过的什么广告"这样的问题，以判断其是否看到或者听到了广告信息。

态度测试：向被调查者提出问题以衡量其在看完广告之后的态度变化，例如，他们是否更青睐广告中的产品。

询问检测：向广告读者或观看者提供附加的产品信息、产品样品或者赠品。引发最多询问的广告被认定是最有效的。

销售测试：让企业、零售商或广告代理商操纵某个广告变量（如广告进度或广告数量），并通过检测由超市收银机收集的数据来观察广告带来的销售变化。

广告方案的测试结果一般用作广告方案修改的依据。如果测试结果显示，该广告在知名度或成本效率方面的表现很糟糕，它很可能会被舍弃而由其他广告取代;如果测试结果比较突出,它可能被反复使用或作为更大的广告方案的基础。

二、销售促进

销售促进(Sales Promotion),又称促销,或营业推广或销售推广,是指为刺激顾客的购买欲望、提高销售人员和中间商的积极性与销售效率而进行的各种信息传播活动。销售促进是营销传播活动的关键组成部分,主要用于刺激消费者试用、或鼓励消费者或商业用户更快更多地购买特定的产品或服务。简单来说,广告提供了购买的原因,而销售促进提供了购买所需的激励。

1. 特点

(1)让利性。销售促进是向消费者提供某种利益,在销售促进的实施过程中,企业向顾客提供一些直接的、明显的利益,如价格折扣、积分、礼品等,诱惑性强。

(2)短期性。销售促进往往是某一特定时期所给出的利益诱惑,不同时期的销售促进会采取不同的措施。

(3)起效性。销售促进可以迅速赢得顾客的关注,并使他们接受有关产品或服务的相关信息,激活其潜在消费需求,能够有效刺激他们立即购买。

2. 作用

销售促进可以完成不同的目标任务,如利用激励性销售促销来吸引新的试用者,奖励忠诚顾客,并且增加不经常使用者的购买频率,还可以吸引品牌转换者。销售促销在品牌相似度高的市场往往能创造较高的短期销售额,但是不会持久增加品牌的市场份额。在品牌差异显著的市场,销售促进往往能永久地改变品牌的市场份额。对零售商而言,销售促进还可以推动互补类产品的销售,吸引一些顾客改变购物场所等。

然而,作为整合营销传播的一个工具,销售促进在和其他工具使用时,往往会产生目标和效果上的冲突。如,面对广告和销售促进,企业需要平衡长期目标和短期目标。广告一般用于建立长期的品牌忠诚度,而销售促进往往面临着降低品牌忠诚度的风险。因为通过降价、赠送和奖励等方式进行的销售促进往往会降低产品在消费者心目中的价值。因此,企业必须区分价格销售促进(仅仅是价格的变化)和增值销售促进(促进品牌形象),并根据不同的目标选择合适的促销工具,以免与其他的营销传播方式相冲突。

3. 类型

根据面向的对象不同,销售促进可以分为消费者导向的销售促进和贸易导向的销售促进。

（1）消费者导向的销售促进

消费者导向的销售促进，又称为消费者促销，指直接面向消费者的促销活动，是用以支持企业广告和人员促销的销售工具。

针对消费者的销售促进活动可以进一步分为：①帮助消费者了解及使用产品的销售促进，如样品、产品展示、试用等；②刺激消费者立即购买的销售促进，如优惠券、价格折扣、抽奖、特惠套装、竞赛等；③鼓励消费者大量、重复购买的销售促进，如顾客忠诚计划、以旧换新等。每一个工具都具有自身的优劣势，常见的促进工具的情况详见表12.5。

表 12.5　消费者促销工具

促销工具	形　式	优　势	劣　势
现金返还	打折、回扣或现金返还	直接降低消费者支出	降低品牌形象价值
优惠券	预先设定的优惠额度	降低消费者支出	顾客延迟消费
特惠套装	"买一送一"等组合优惠	增加顾客购买	降低产品感知价值
赠　品	免费赠送礼品	提供额外价值	消费者关注点转移到赠品
抽　奖	靠运气的游戏	获奖机会均等，奖额诱人，短期拉升人气	活动结束后销售骤降
样　品	免费的试用品	降低消费者使用风险	企业成本高
竞　赛	知识性、能力型的游戏	具有挑战性	获奖机会不均等
POP 展示	销售卖场的商品陈列	提供直观的产品展示	需要与零售商协商展示空间
顾客忠诚计划	购买次数奖励、购买金额奖励等	鼓励消费者重复购买，有利于建立品牌忠诚	企业成本较高

（2）贸易导向的销售促进

针对中间商的销售促进包括：①刺激中间商销售热情的销售促进，如销售竞赛、功能折扣等；②辅助中间商销售的销售促进，如产品知识和技能培训、辅助销售等；③稳定伙伴关系的销售促进，如研讨会、联合促销、合作广告等；④针对销售人员积极推销产品的销售促进，如人员培训、销售竞赛、销售会议等。

⇨ 小案例

节能空调销售竞赛

"GEF(全球环境基金)空调项目制造商激励计划"专家讨论会近日在北京召开,据悉,2014 年 5 月 1 日至 10 月 31 日期间开展的节能空调零售竞赛评奖结果将于近期公布。

节能空调零售竞赛是 GEF 节能房间空调器推进项目的重要活动之一,该项目由环境保护部环境保护对外合作中心和联合国开发计划署共同开发实施,旨在通过开展一系列"技术推动、市场拉动"的活动,消除目前国内高效能房间空调器研发、生产、销售和使用环节所遇到的主要障碍,实现行业产品的技术进步和消费者节能产品消费观念的提升,从而促进行业可持续发展。

节能空调零售激励计划旨在消除国内空调经销商节能产品销售意愿不高、销售人员缺乏节能产品知识和推销意识、采购激励措施不足等市场障碍,通过培训、宣传、有奖销售等一系列活动提高国内经销商对节能空调的销售意愿、销售能力,在全国范围内扩大节能空调的销售份额,最终促进行业节能减排和项目总体目标的实现。

"我们希望以少量资金撬动节能空调的大市场。"环境保护部环境保护对外合作中心项目官员表示,节能空调零售激励计划希望能够促动对于消费者来说性价比更为合适的产品的销售。

(资料来源:桑雪骐.节能空调销售竞赛结果将揭晓[N].中国消费者报,2015-01-14.)

联合广告(Cooperative Advertising)是指几家在业务上有联系的广告主联合起来刊登广告,目的在于造成较大的声势,并压缩各自的广告费用。因为是集体采购,相对于单独购买广告时段(版面)可以拿到一个比较低的价格。一般来讲,联合广告可以分成同行业之间的联合和不同行业间的联合两类。有时,不同行业之间的产品联合宣传还可以起到互补的效果。

⇨ 小案例

合作营销的鼻祖:芭比娃娃

联合促销虽然只是企业之间在短期内为了提高销售额、吸引更多消费者眼球而实施的一种较低层次的合作营销手段,但是,在国外也出现过很多成功的联合促销案例。美泰公司(Mattel)旗下著名的玩具品牌"芭比娃娃"自 1959 年上市以来,一直致力于与包括服装、珠宝、日用品、电子产品等各类品牌间短时间内的联合促销活动。在 40 多年里,芭比娃娃已经穿过超过 80 位著名设计师设计的服装,这也是芭比娃娃保持长久吸引力的重要原因。

芭比娃娃的联合促销活动总是与时俱进,紧跟社会热点,如麦当劳芭比娃娃、哈利•波特芭比娃娃、Burberry 芭比娃娃、PS2 芭比娃娃。很多时尚品牌在进行品牌推广时最先想到的都是与芭比娃娃联手推出新产品,这也让美泰公司节约了大量的开发新产品的费用。

正因为如此,现在收集芭比娃娃的嗜好仅次于集邮之后排名第二,收藏者从小女孩到四五十岁的白领。芭比娃娃在全世界超过 150 个国家销售,全世界每秒就有 3 个芭比娃娃被买走,平均每个美国女孩拥有 9 个芭比娃娃,创造了商业奇迹。而穿上时尚新品、遍布世界各地的芭比娃娃则成为各品牌最好的模特。

(资料来源:合作营销的鼻祖:芭比娃娃[EB/OL].中国经营网,2014-10-31.)

三、事件与体验

通过融入消费者生活中的某个特殊的、与其更有关联的时刻,事件参与能够加宽、加深企业与目标市场的关系。通过体验与品牌的日常接触也可能影响消费者的品牌态度与信念。

事件营销(Event Marketing)是企业通过策划、组织和利用具有名人效应、新闻价值以及社会影响的人物或事件,引起媒体、社会团体和消费者的兴趣与关注,以求提高企业或产品的知名度、美誉度,树立良好品牌形象,并最终促成产品或服务的销售目的的手段和方式。

事件营销通过把握新闻的规律,制造具有新闻价值的事件,并通过具体的操作,让这一新闻事件得以传播,从而达到广告的效果。

体验营销(Experiential Marketing)是站在消费者的感官、情感、思考、行动、关联五个方面,重新定义、设计营销的思考方式,它突破传统上"理性消费者"的假设,认为消费者消费时是理性与感性兼具的,消费者在消费前、消费时、消费后的体验,才是研究消费者行为与企业品牌经营的关键。体验是企业策划的事件之一。

1. 事件营销特点

现在越来越多的企业开始利用事件以引起消费者的关注,与其他促销手段相比,事件营销具有以下特点。

(1)针对性:从某种意义上说,事件营销就是在每一个时间段最热门的事件上面捕捉商机,然后利用这件事情来产生新的创意,创造与这事件完全相关的事件,除此之外还有自创事件进行针对性的营销。

(2)新颖性:事件营销往往是通过当下的热点事件来进行营销,因此它不像许多过剩的垃圾广告一样让用户觉得很反感。

(3)成本低:事件营销最重要的特性是利用现有的非常完善的新闻机器,来达到传播的目的。由于所有的新闻都是免费的,在所有新闻的制作过程中也是没有利益倾向的,因此相对于平面媒体广告来说成本要低得多。

(4)多样性:事件营销集合了新闻效应、广告效应、公共关系、形象传播、客户关系于一体来进行营销策划,是国内外十分流行的一种公关传播与市场推广手段,具有多样性的特性。

图 12.12　广告决策内容

如,2015 年亚洲杯期间,国足在亚洲杯小组赛中取得了三战三胜并进入淘汰赛的好成绩,一时之间众多品牌也趁着这个大好时机开展事件营销,图 12.12 是"黄太吉"餐饮公司在亚洲杯期间推出"你若胜利　我就免费"的促销活动。

2.事件决策

事件活动的策划特别要注意以下几个方面:

(1)选择事件机会。一件比较"完美"的事件符合以下条件:①事件的受众与目标市场高度吻合;②事件能够带来大量有利的关注;③事件独一无二;④同意附属营销项目的参与;⑤反映或加强企业的品牌或企业形象。

(2)设计事件活动。事件的类型很多,如,周年庆典、艺术品展览、慈善晚宴、义卖、派对、巡展、发布会等,但只有从消费者关心的事情入手,营销策略才能打动消费者,实现营销目标,这同样是事件营销的前提条件。

(3)事件活动的衡量。衡量事件活动的效果有两个方面:一是供给面方法。即通过评估媒体覆盖度来关注品牌的潜在曝光程度。正面的媒体报道能够产生 5～10 倍于广告的价值。二是需求面方法。即关注来自消费者报告的曝光程度。对消费者的调研可以反映出事件对于品牌识别、态度、意图甚至销售的影响。

四、公共关系

公共关系(Public Relations,PR)是指用于宣传或者保护企业及产品形象的沟通方式。

公共关系最大的特点是间接性,即公共活动往往以树立形象和维护声誉为主,不涉及具体的产品或服务的销售,因而更能赢得社会公众的认可;同时也具有长期性特点,因为企业形象的塑造和声誉的建立不是短时间内所形成的,同时公关活动也有公益性的特点,企业通过赞助社会公益事业或举办公益活动,从而树立社会好公民的形象。

企业的公共关系活动可以分为两类:一是树立企业正面的形象和声誉,是企业主动策划的事件和活动;二是消除或降低企业的不良影响,往往是企业被动地应对外界舆论,也称为危机公关。

随着大众广告的影响力逐渐减弱,营销才开始更多地通过公共关系营销建立品牌知名度和品牌知识,并到达当地社区或特殊的受众。公关活动的设计和开发同样也要考虑公关目标、设计公关活动、实施和评估公关活动三个主要决策,公关活动的主要工具详见表 12.6。

表 12.6　公共关系营销工具

工　具	形　　式
出版物	企业依靠发行材料到达和影响目标受众,包括年度报告、小册子、文章、杂志以及视听材料等
事　件	通过安排一些特殊的事件吸引目标受众对新产品或企业活动的关注,如新闻发布会、研讨会、展览、竞赛、周年活动等
赞　助	通过赞助体育、文化或社会公益事业宣传自己的品牌和形象
新　闻	发现、创造企业、产品或员工相关有利新闻,推动媒体进行报道或参加新闻发布会。
公共服务	企业通过举办一些社会公益活动建立盛誉,树立形象。
标志媒介	将企业形象化,如口号、名片、网站、制服、着装要求、小册子、文具等。

第三节　多渠道营销传播

多渠道营销是指使用直接和间接的沟通渠道与客户进行交流互动,这些渠道包括网站、零售门店、邮购目录、邮件、电子邮件、移动电话等等,让客户可以选择自己喜欢的渠道来做出响应,让他们更倾向于购买您的产品或服务。简而言之,多渠道营销所做的一切就是围绕客户选择。

现在的客户在购买流程中比营销人员拥有更多的控制权。由于存在着众多的可用渠道,客户在想获得信息时比以前就有更多的选择。因此,通过多渠道营销可以为顾客提供个性化、定制化产品或服务。多渠道营销面向的客户不如大众传播那样广泛,属于个人营销传播的范畴。

一、直复营销

直复营销(Direct Marketing,DM)是指不通过中间商,利用直接接触顾客的渠道,将产品或服务送达顾客,包括邮购销售、直邮销售、目录销售、电话营销、互动媒体、电视家庭购物等。

1. 特点

与其他营销传播方式相比,直复营销有其鲜明的个性特征。

(1)低成本。直复营销降低了整体顾客成本。直复营销剔除了中间商加价环节,削减了推销、广告媒体、仓储、渠道等费用,从而降低了商品价格;同时让顾客无需出门就可购物,使他们的时间、体力和精神成本几乎降为零。

(2)便利性。直复营销顺应顾客讲求时间效率的趋势。相比较逛街购物,直复营销电话(或网络)订货、送货上门的优点为顾客的购物提供了极大的便利。

(3)针对性。直复营销通常对目标群预选,都选择个人作为沟通对象。无论直接邮件还是电话营销活动,都以数据库中积累的各种信息为基础。这些信息显示出了对产品或服务表现出购买倾向的个人数据,沟通活动会针对这些个人进行。

(4)即时性。与其他营销活动明显不同的是,直复营销活动会在广告过程中要求顾客立即回复信息,即鼓励他们打电话或邮寄明信片订货或索取更多的信息。

(5)可测性。直复营销活动可以监控,可以判断其是否成功,可以让营销人员了解如何确定有效的途径,在通过这些途径进行产品或服务的销售过程中,哪些因素在起作用,哪些是无用的。同时,对于活动结果的可测性,使营销人员可以对各种事先提供的重要因素进行测试,以发现营销资源中最为有效的部分。

2. 优劣势

对于消费者而言,直复营销实现了在家购物的可能,不仅有趣、方便,而且可以避免嘈杂之累,大大节省了消费者时间、体力和精力成本,同时顾客也有更多的产品可以选择,轻松地进行比较购物。

对于工业品采购者而言,他们可以不用花费很多时间与销售人员会面,便可了解产品和服务。

对于企业而言,他们可以买到各类细分市场的顾客资料,对信息可以个性化定制,有助于与顾客建立长期的关系,并有可能在最佳时机接触顾客,也便于对不同的媒体和信息进行比较,衡量活动效果。

但是,由于企业直复营销的实施和操作问题,许多消费者对直复营销并不欢迎,原因在于:消费者担心自身的隐私被泄露,个人资料会买卖;消费者也不喜欢硬性推销,尤其讨厌电话骚扰以及素质差的推销员的电话,一些营销人员往往会利用冲动购买者或欺负易受害者,如老年人;有时会利用资料对消费者进行误导等,都导致消费者对直复营销心存芥蒂。显然,企业在实施直复营销时更应注重营销道德和职业操守。

3. 类型

(1)直接邮购

直接邮购是指企业制作营销信函,分发给目标顾客,以引起顾客对商品的兴趣,再通过信函或其他媒体进行订货和发货的营销过程。这是最古老的直复营销形式。

随着互联网的迅猛发展,电子邮件的应用也越来越广泛。和传统的 DM 相比,电子邮件有着成本低廉,展示内容多,可以通过统计用户行为进行进一步营销等优点,成为企业竞相追捧的营销方式。

(2)目录营销

目录营销是指企业编制商品目录,分发到顾客手中,并由此接受订货并发货的销售行为。目录营销实际上是从邮购营销演化而来的,两者的最大区别就在于目录营销适用于经营一条或多条完整产品线的企业。

商品目录的信息内容含量大,图文并茂,易于吸引顾客;便于顾客作为资料长期保存,反复使用。但其设计与制作的成本费用高昂,视觉刺激较为平淡。

(3)电话营销

电话营销是指通过电话向顾客提供商品与服务信息,顾客再借助电话提出交易要求的营销行为。企业通常以呼叫中心为核心,针对预选目标群进行集中的电话推销或调查。

电话营销能与顾客直接沟通,可及时收集反馈意见并回答提问;可随时掌握顾客态度,使更多的潜在顾客转化为现实顾客。但是,电话营销干扰顾客的工作和休息所导致的负效应较大;由于顾客既看不到实物,也读不到说明文字,易使顾客产生不信任感等。

(4)电视直销

指企业购买一定时段的电视时间,播放某些产品的录像,介绍功能,告示价格,从而使顾客产生购买意向并最终达成交易的行为。其实质是电视广告的延伸。有些企业还专门创造了一种新的电视营销方式——家庭购物频道。

通过画面与声音的结合,使商品由静态转为动态,电视营销的直观效果强烈;通过商品演示,使顾客注意力集中;接受信息的人数相对较多。但是,电视录像制作成本高,播放费用昂贵;播放时间和次数有限,稍纵即逝。

(5)网络营销

网络营销是指企业借助电脑、联网网络、通信和数字交互式媒体而进行的营销活动。网络营销是随着信息技术、通信技术、电子交易与支付手段的发展而产生的,特别是国际互联网的出现更是为它的发展提供了广阔的空间。网络营销极大地满足了直复营销所要求的媒体综合性,使直复营销中个性化、互动性的特点有了更大的发挥空间,成为目前市场最主要的营销方式之一。

⑤⇨阅读材料

2014 年网络购物交易规模达到 2.8 万亿

根据艾瑞咨询发布的报告显示,2014年,中国网络购物市场交易规模达到 2.8万亿,增长 48.7%。根据国家统计局2014 年全年社会消费品零售总额数据,2014 年,网络购物交易额大致相当于社会消费品零售总额的 10.7%,年度线上渗透率首次突破 10%。

2011—2018年中国网络购物市场交易规模

注释:网络购物市场规模为C2C交易额和B2C交易额之和。
来源:综合企业财报及专家访谈,根据艾瑞统计模型核算。

艾瑞认为,随着移动购物市场的飞速发展、典型电商企业向三、四线城市甚至农村市场的扩张及国际化战略的布局,未来几年,中国网络购物市场仍将保持27%左右的复合增长率。

(资料来源:2014 年中国网购市场 B2C 交易规模达 12882 亿元[EB/OL].艾瑞,2015-02-01.)

二、互动营销

直复营销的最新渠道是网络营销,互联网给企业和消费者带来了更大的互动和个性化的机会。

1. 虚拟市场的顾客价值

目前消费者正处于两种市场环境之中,一种是传统市场,以有形设施和有形实体为特征的物质环境,买卖双方是面对面的交换关系。另一种是虚拟市场,以面对屏幕的交换关系和电子图像及出售物为特征的网络数字化环境。

如今,消费者可以在任何一种市场环境里寻找并购买种类齐全的产品和服务,这对企业带来巨大的挑战,企业需要继续强化互联网技术在吸引、保持和建立顾客关系中的重要角色,提升在传统市场中的竞争地位。与传统市场相比,数字化的虚拟市场能创造出更多的顾客价值。

(1)不受限制的时间和地点效用。虚拟市场不受营业时间和地理位置的限制,企业能随时随地向任何地点的顾客提供直接、对方需要的信息以及相关的产品和服务。

(2)占有效用在加速提高。占有效用是指消费者获得产品或服务从而能够拥有或使用,在虚拟市场,企业通过电子订票系统、在线支付系统等相关的技术支撑,带给消费者更低的售价,并且有最便捷的途径帮助解决问题,消费者的占有效用在提速。

(3)创造更多的形式效用。虚拟市场中,网络化的双向互动交流使得消费者能够明确地向营销人员传达自身的需要,进而使企业营销人员用定制化的产品或服务准确满足消费者的真正需要。

2. 互动营销类型

互动营销(Interactive Marketing),利用了网络等新媒体,实现企业与用户之间实现双向的沟通,有针对性地向目标顾客投放信息,并及时得到用户的反馈,从而最终帮助厂商推销出产品的一种营销方式。

互动营销主要借助互联网技术实现营销人员和目标客户之间的互动,随着现代科技的进步和技术的发展,企业可以利用的互动营销的工具也日益增多,表12.7是互动营销常见的类型。

表 12.7　互动营销的类型

类　　型	内　　容
网站	诠释企业宗旨、历史、愿景和产品;或用户自己创造内容的网站,可以上传广告和视频,如谷歌、Myspace 视频。
网络广告	付费搜索和按点击率付费的广告,只有当广告被点击时,广告主才付费,产生的费用取决于排序的高低和搜寻的关键字的普及程度。
赞助活动	通过赞助网站的新闻、财经等特殊板块内容,来宣传企业名称。
网上社区	赞助网上社区,在社区里会员可能通过发帖、即时信息、讨论等交流其产品和品牌。

续表

类　型	内　　容
电子邮件	既是直复营销的内容，也是互动营销的内容，成本较低。
移动(手机)营销	为消费者定制信息服务，具有较强的吸引力，如微信广告等。

3. 互动营销特点

(1)互动性。互动性是互动营销发展的关键，认真回复粉丝的留言，用心感受粉丝的思想，更能唤起粉丝的情感认同。这就像是朋友之间的交流一样，时间久了会产生一种微妙的情感连接，而非利益连接。

(2)舆论性。互动营销主要是通过网民之间的回帖活动、间接或直接对某个产品产生了正面的或者负面的评价，其中，舆论领袖的对企业品牌的口碑作用不可小觑。

(3)眼球性。互联网本身就是眼球经济，如果没有网友的关注，就谈不上互动。想要获得很多的互动效果，不应仅仅只考虑到眼球经济，更为重要的是定位要精准，吸引目标顾客的关注。一旦"粉丝"质量提高了，那对于企业而言，更为容易从其身上转化出商业价值。

(4)热点性。要想引起网民的关注，企业需要抓住网民内心的需求，也就是网民上网喜欢做的事情，或者他们对什么事情比较感兴趣。

企业可以有针对性地开展互动营销，并对结果进行轻松跟踪和掌握。但是，网络也有一些弊端，如消费者可以有效过滤大部分信息，而且基于软件运作的网站的虚假点击率，往往带给企业误导。企业对消费者在网上的行为也难以控制。

4. 个性化和在线体验

个性化是互联网顾客关系的主要特征之一，也是互动营销的主要内容。个性化是指以消费者为主导在企业网站上根据个人特定的需要和偏好定制化地创建内容的实践。如，雅虎就允许用户创建个性化的 My Yahoo 页面。

实现个性化的前提是，购买者与网站进行定制化沟通的意愿。获得批准的被称为许可营销，即请求消费者同意接受向其发送邮件和广告。能够成功运用许可营销的企业需要坚持三个原则：(1)确保许可的顾客只收到相关且对其有意义的信息；(2)顾客有权选择退出，或改变信息的种类、数量以及发送的时间；(3)确保顾客的个人资料不被出售或与其他企业共享。只要使用得当，许可营销可以成为建立和维护顾客关系的良好媒介。

单纯利用互联网技术来创造时间、空间、占有和形式效用只是创造有意义的虚拟市场的起点，顾客体验质量的好坏才是衡量虚拟市场是否有意义的标准。

从互动营销的角度看,顾客体验是指从最初的浏览主面到整个购买决策过程,顾客与公司网站所有的互动总和。公司通过七大网站设计要素创造了完整的顾客体验,它们分别是背景、内容、社区、定制、沟通、连接和商务,简称为"7C"原则。

场景(Context):版面编制和设计;

内容(Content):场景所包含的文本、图片、声音和录像;

社区(Community):网站如何帮助用户之间的交流;

定制(Customization):网站能根据不同用户的具体要求,设计满足他们个人需求的内容;

沟通(Communication):网站如何完成用户与网站之间的交流;

连接(Connection):网站与其他站点的链接;

商务(Commerce):网站完成交易的能力。

三、口碑营销

口碑(Word of Mouth),"口碑传播"指的是用户之间关于产品与服务看法的非正式传播。传统的口碑营销是指企业通过朋友,亲戚的相互交流将自己的产品信息或者品牌传播开来。如今,随着互联网的普及,网络口碑也日益成为影响企业及其产品的重要力量。

口碑营销最大的优势是可信度高,这是口碑传播的核心,也是开展口碑宣传的最佳理由,与其不惜巨资投入广告、促销活动、公关活动来吸引潜在消费者的目光借以产生"眼球经济"效应,增加消费者的忠诚度,不如通过这种相对简单奏效的"用户告诉用户"的方式来达到这个目的。

在一些情况下,正面口碑营销是自发产生的,几乎不需要广告,是消费者使用产品后的真实情况的流露和发散,但是在许多情况下,正面口碑营销是需要管理和推动的。网上虚拟社区形成的社群网络对企业而言是不可忽略的资源。口碑营销的两种典型形式是蜂鸣营销和病毒营销。

蜂鸣营销(Buzz marketing),俗称"口头宣传营销",向目标受众传播企业产品(或服务)信息而进行的非常廉价的营销方法,蜂鸣营销主要基于人们对于企业产品和服务的直接体验,能激发大众的兴奋,扩大宣传。蜂鸣营销是一种灵活的、有别于传统方式的市场营销手段,能在不经意间创造出其不同的效果,因为蜂鸣营销增长成几何级放大。

病毒营销(Viral marketing),也称为"病毒式网络营销",或称鼠碑,它鼓励消费者把企业产品或服务、音频、视频或书面资料传播给网络上的其他人,通过用户的口碑宣传网络,信息像病毒一样传播和扩散,利用快速复制的方式传向数以千计、数以百万计的受众。

病毒营销通过"让大家告诉大家",让别人为你宣传,实现"营销杠杆"的作用,目前已经成为网络营销最为独特的手段,被越来越多的商家和网站成功利用。

⇨小案例

《小苹果》的病毒式营销

《小苹果》在问世之初就被冠以"神曲"的标签,人们就会下意识地将其与之前火过的《江南 Style》等神曲对应起来,不仅更容易接受,也乐于分享给自己的朋友。这也可以解释为什么《小苹果》在短短的一个月时间内就能够迅速火起来。

神曲不一定好听悦耳,有时甚至聒噪、引人厌烦,但是其本身一定具有能成为话题、引起病毒传播的引爆点。

《小苹果》的 MV 集恶搞、穿越、韩流、反串、童话神话等元素为一体。MV搞笑的风格,颠覆了人们对筷子兄弟以往的印象。筷子兄弟饰演了韩国情侣、伊甸园的亚当夏娃、人鱼公主与王子、战争年代的青梅竹马,延续了四世情缘……视频怎么看都激情满满,充满笑点。

《小苹果》的歌词、旋律和舞蹈也颇有之前流行神曲的影子。旋律一如以往神曲般动感欢快。MV 的制作方还邀请了《江南 Style》的编舞团队编舞,为视频打造喜感简单易模仿的复古舞。

从歌词的角度分析,"你是我的小呀小苹果"、"就像天边最美的云朵"、"更加温暖"、"火火火火",这些歌词朗朗上口易于记忆,不断重复能够激起耳虫效应。这也是使人听完之后感觉余音绕梁不绝于耳的原因。

正因为视频有这么多不同的引爆点,在传播的过程中才可能吸引到不同需求的受众。比如,有些人的关注点可能是韩国美女,有些人的关注点可能是复古舞,不过更多的人还是会关注搞笑视频和神曲本身。

人们分享神曲在很大程度上是出于娱乐和社交的需要,而不是基于审美价值的考量。不仅神曲在社交媒体平台上的传播是如此,神曲成为毕业晚会、公司年会、同学聚会等场合压箱底的保留节目也是出于这个原因。正是因为神曲提供了一种轻松、搞怪、欢乐、且人人都能参与的情境,才会在 KTV 或者玩真心话大冒险这样的聚会场合特别盛行。

与之前上线 32 天就打破鸟叔《江南 Style》纪录的挪威神曲《The Fox》相类似，《小苹果》制作团队的创作初衷是为电影《老男孩之猛龙过江》造势。姑且不论电影最终的票房如何，借助病毒视频宣传影片的目的显然是达到了。

在传播时机的选择上，《小苹果》非常巧妙地搭乘了世界杯和毕业季的顺风车。具体可以参见虎嗅《小苹果为什么那么火》一文，比较详尽地勾勒了《小苹果》初期的扩散历程。

有意思的一点是，《小苹果》能引领全民狂欢风潮，很大程度上是因为受众在原版视频的基础上进行了模仿和各种版本的再创作。在这一过程中，一些嗅觉敏锐的产品也及时跟进，比如美拍将《小苹果》做成素材，也促进了病毒视频的扩散。

其实，有心人如果联系之前脸萌、舌尖体、凡客体等等的流行，就会发现形成病毒式传播的原因大抵相似，无非就是因为好玩儿、参与的门槛低且契合了人们社交和娱乐的需求而已。

（资料来源：从神曲《小苹果》谈起，解密病毒式传播[EB/OL]. 中华广告网，2014-07-09.）

本章小结

传统营销组合中的第 4 个"P"已经为整合营销传播所取代，其实质在于"用一个声音说话"。策划整合营销传播首先要考虑影响因素，包括促销目标、促销战略、产品性质、目标受众、产品生命周期、购买决策以及促销预算等。开发整合营销传播方案需要经过识别目标受众、设定传播目标、设计传播方案、选择传播渠道、编制传播预算以及评估传播方案五个步骤。

整合营销传播可以利用的方式和工具很多，分为大众传播和个人传播两大类。大众营销传播包括广告、销售促进、事件与体验、公共关系四种常见的方式。多渠道营销传播是主要面向小众或个人的传播方式，包括直复营销、互动营销和口碑营销三种方式。

复习与讨论题

1. 什么是整合营销传播？与促销有什么区别？
2. 影响促销组合选择的因素有哪些？
3. 有哪些方法可以编制营销传播预算？各有什么优缺点？
4. 如何开发和设计整合营销传播方案？
5. 产品广告与企业广告有何不同？可分为哪些类型？
6. 广告计划书需要包括哪些内容？

7. 根据不同的对象,销售促进常见的主要方式有哪些?

8. 事件营销中,理想的事件应具备哪些条件?

9. 直复营销的优劣势体现在哪里? 有何道德禁忌?

10. 如何理解虚拟市场的顾客价值和顾客关系?

11. 互动营销中如何完善顾客体验?

12. 蜂鸣营销和病毒营销有何区别?

实训题

1. 以小组为单位,选择一款创新型产品,对其进行市场投放的整合营销传播方案,说明营销传播的目标、受众以及具体的信息策略和渠道选择,要求方案具有创新性和可行性。

2. 以小组为单位,登录一家企业网站,从有效网站设计的 7C 原则出发,检验该网站设计的合理性,并从完善在线顾客体验的角度,对其提出修改建议。

⇨案例分析题

高夫"寻型记"整合营销

现代都市生活,不仅要求男人能够游刃有余的处理工作,拥有比肩他人的事业,同时,要求男人能够关爱家庭,承担事业和家庭的双重责任。那些追求品质生活,从容、优雅,从不懈怠的男士,始终能吸引众人的目光。

高夫,作为中国化妆品市场诞生了第一个男性化妆品品牌在 2003 年首度启用国际巨星——古天乐作为品牌代言人,并确立了高夫从容儒雅的品牌调性。

【项目背景】

通过病毒视频开启"寻型"之旅。在高夫新浪官方微博上围绕主题分阶段的互动活动与粉丝进行深入互动,以此使消费者对高夫品牌加深品牌标识和好感度,并为微博导流,以提高品牌标识度,为微博导流,巩固并挖掘潜在消费者。

围绕"寻型记"主题活动,从病毒视频中抛出悬念,通过活动网站承载互动,关键意见领袖(KOL)扩大外围声量,官微话题持续发声,将传播环节四合为一,形成整体闭合循环。

【创意呈现】

悬念吸引——"寻型记"病毒视频预热,吸引消费者眼球,激发好奇心;

趣味互动——"拆弹特工"、"速降特工"、"城市投票"将互动游戏层层推进,提升消费者的持续关注及参与;

扩大声量——微博持续发布相关互动话题,不断扩大高夫品牌的网络声量。

【执行亮点】

1. 媒体策略组合:六大视频网站发布病毒视频+官方微博互动游戏+40位微博 KOL 发声,三大组合为高夫官方微博持续发声。

2. 六大视频网站传播造势:"型男"代表古天乐在视频中化身为一名需要时刻保持完美形象的特工,在一次执行任务过程中,不慎遗失型男武器,从而发起"请帮我寻找型男武器"活动,吸引消费者开启"寻型"之旅。接力六大主流视频网站联合发布病毒视频。

3. 官方微博互动游戏——寻型记

以病毒视频为引子,阶段式设计"寻型"互动游戏,使整个推广活动更具故事性、趣味性和延续性,不断提升消费者参与度,最终将品牌声量覆盖至全国范围。

第一阶段:"拆弹特工"互动游戏;

第二阶段:"速降特工"互动游戏;

第三阶段:"城市投票"互动游戏;

收　　尾:揭晓城市实践。

4. 官网微博持续话题+外围 KOL 联合发声

通过官方置顶微博呈现寻型记三大话题:产品、活动、促销,40 位 KOL 助推高夫寻型记活动,分阶段配合整体活动内容触发

【传播效果】

以古天乐主演的经典电视剧为切入口,抛出"寻找型男武器"的悬念,开启寻型记的故事旅程;

分阶段式的互动活动获得大量粉丝的热捧和关注,为官方微博导入上万的流量;

通过日常话题的触发维持官方微博的热度及故事的推进,传达出高夫男士系列品牌对待生活的时尚态度与调性。

寻型记病毒视频,在六大视频阵地:22W 次浏览

寻型记官方微博,新增粉丝数:近 4000 个新粉丝

寻型记活动网站互动游戏:10,381 次互动

以"寻型记"的趣味传播方式,让品牌驰骋在男性的生活空间中,意在提高男

性的生活品质,不断坚定男性的理想目标,传达了选择高夫就是选择高品质的生活宗旨。

(资料来源:高夫"寻型记"整合营销[EB/OL].中华广告网,2014-11-17.)

[案例思考]

　　1. 高夫的整合营销传播采用了哪几种方式? 每种传播方式有何优缺点?

　　2. 案例中的"高夫"通过整合营销传播想要传递什么样的"声音"?

　　3. 如果想要在网上占领传播的一席之地,你认为还可以在哪些方面加以开发和整合?

延伸阅读

　　[1]唐·舒尔茨,海蒂·舒尔茨. 整合营销传播[M].何西军,黄鹏,等译. 北京:中国财政经济出版社,2005.

　　[2]唐·舒尔茨. 整合营销传播:创造企业价值的五大关键步骤[M]. 王茁,顾洁,译. 北京:清华大学出版社,2013.

参考文献

　　[1]罗杰·A.凯林,史蒂文·W.哈特利,威廉·鲁迪里尔斯. 市场营销(插图第 9 版)[M]. 北京:世界图书出版公司北京公司,2011.

　　[2]菲利普·科特勒,凯文·莱恩·凯勒.营销管理(第 13 版·中国版)[M]. 卢泰宏,高辉,译. 北京:中国人民大学出版社,2009.

第十三章

营销执行、评价和控制 ≫ ≫ ≫ ≫

▷【知识目标】

　　了解营销部门的主要职能,熟悉营销组织结构形式,掌握销售团队的管理内容,了解营销执行的关键环节,并掌握营销执行的基本原则。掌握营销效益评估的基本方式以及营销控制的主要内容,了解网络营销中的相关评价指标。

▷【技能目标】

　　根据具体的业务情况,学会设计和选择企业的营销组织结构;学会人员销售的基本步骤;并能对企业进行营销效益的评估和具体营销控制指标的计算。

▷【导入案例】

"完美营销"不完美

　　张经理可谓临危受命,他从一家商业公司跳槽来到 K 药业,起初担任公司的营销副经理,原先的总经理忽然离去为他提供了晋升的机会,成为营销总经理。这让张经理又喜又悲,喜的是半年时间成为一家有一定知名度的药企营销经理,悲的是原经理给他留下了一个"烂摊子":赊销严重,任人唯亲,账目不清,产品政策混乱,"一锅粥"现象严重。

　　张经理接任后向高层提出了自己的想法:将营销部门一分为二,自己选择了6 个产品重点操作,其余产品由新营销部门操作。原先的账目问题由新营销部门负责,他不想劳心劳神地折腾那么多说不清的历史问题。K 药业高层经过分析后给予了张经理很大的支持。

　　张经理精简人员和产品后,果断打出了"完美营销"的旗帜,将 6 个产品一分为二,3 个产品主攻高端市场(心脑血管类用药、风湿类药、皮肤类药),3 个产品主攻第三终端市场(感冒类药、消炎类药、腹泻类药)。事实上,K 药业有近 40 多个产品,以同类产品居多,张经理选这 6 个产品的原因是:他认为高端市场应以新药为主,尽量不与其他产品冲突,这 3 个高端产品就符合这些要求,3个第三终端产品尽管与其他产品有冲突,但仍旧算是"上等药",重点主攻卫生院和社区诊所。

同时,他开始加强"管理":市场部、财务部、销售管理部人员必须全力以赴地支持销售人员,一切以市场为重心。所有规章制度逐渐完善,奖励措施等向销售人员倾斜。

短短的半年时间内,独自营销的 6 个产品初见成效,较前几年相比销售额大幅度上升。营销也走了上正轨:采取现款制度,避免产生死账;产品政策公开化,避免营销人员截留客户的应得利益,加之奖惩严明,营销人员干劲十足,赢得了高层的认可。张经理也有些得意:完美营销风暴正在演绎,销售指标正在节节攀升。张经理的完美营销似乎越来越"完美"。

然而,在这半年的时间内,一些问题也逐渐暴露出来:原来的财务账目并没有因为完美营销而消失,张经理的一些客户有老账未清,清欠人员插手干预导致刚刚合作的客户流失。

张经理完美营销风暴的出发点完全为了销售,忽视了管理人员,无形中增加了销售人员的依赖情绪。有的销售人员没有时间观念,节假日也要求管理人员从家中赶到单位为其服务;有些销售人员甚至不清楚客户的发货地址,让管理人员落实。管理人员的积极性大受打击,开始故意刁难销售人员,管理与销售矛盾渐出。

而且,张经理认为"完美营销"只是营销,忽视了"生产"。由于忽视与企业各部门、各环节的沟通,"断链"情况经常出现,一个月内有 2 个产品断货。对于 K药业的生产、经营、调度等会议,张经理总找各种借口不参加,在他看来,他只负责销售,"生产"和自己无关,一旦出现问题,他便向总经理诉苦,导致各部门的关系越来越紧张。

2 年后的一天,张经理接到通知,高端产品某心血管新药停产半年,原因是生产技术存在问题,不得不进行技术攻关;同时皮肤类新药停产。这让张经理倍感头疼,区区 6 个产品就去掉了 2 个,如何继续操作? K 药业高层决定重点开发第三终端,重新对产品"洗牌",划给张经理 8 个产品重点操作第三终端,其他仍由新营销部门负责。

考虑再三,张经理决定继续留在 K 药业开发第三终端市场,仍旧提出了"完美营销风暴"的口号,希望在第三终端市场这片土地上创造"完美"。但是,他又接到了一项新的任务:原来的历史遗留问题由他承担一半,再次给他配备了相关人员,成立了清欠组,K 药业给两个营销部门下达了清欠指标。张经理非常苦恼:到底是销售,还是清欠,这是个问题。

(资料来源:刘继铭.完美营销并不完美:完美营销诊断处方[EB/OL].慧聪网,2014-03-14.)

营销启示

初衷是美好的,现实是残酷的。"完美"营销能否实现需要企业的管理和制度加以保证。之所以"不完美",在于管理及监管的流程、制度不到位所致。张经理到位后,营销制度建设有所加强,其他配套制度并没有与之同步,"一切以市场为重心"的要求只是短期的,长期执行必须依赖流程改进和制度建设。营销方案的设计只是营销工作第一步,而更重要的在于营销的执行、评估和控制。

日本软银集团董事长孙正义曾说:"三流的点子加一流的执行力,永远比一流的点子加三流的执行力更好"。营销活动的最终绩效取决于企业能否将营销计划执行到位,成功地实现营销目标。营销执行强调将营销计划变成有专人承担、可操作和可控制的具体过程,并实时、客观地对营销执行过程与目标进行评价,及时发现和分析计划执行中的问题,通过控制纠偏确保营销目标的最终达成。

第一节 营销组织与执行

企业的营销活动由相关的营销部门来执行和实施。营销部门是制定和实施营销计划以及实现企业目标的职能部门。在不同的企业,营销部门往往有不同的称谓,在许多企业,营销组织也常常不只是一个机构或科室。

一、市场营销组织

1. 营销部门的职能

一般地,企业的营销部门(Marketing department)需要履行三个职能。(1)制定营销战略;(2)整合企业所有与客户有接触的各部门,保证产品和服务对客户的一致性;(3)招募、培训和评估营销专家来进行营销调研、直复营销、网上营销、定价、渠道开拓等。

传统的营销部门需要的技能包括营销调研、广告、销售促进和销售管理等。在 e 时代,营销部门还需要一些另外的技能,包括品牌塑造、数据库管理和数据挖掘、客户关系管理、病毒式营销、个性化营销、公共关系和蜂鸣营销、特殊事件管理和体验营销、直邮、目录营销和电话营销等。

　　2. 营销组织结构

　　营销组织及其结构是营销工作的基础。营销组织作为企业组织体系的重要组成部分,需要通过各种销售活动完成企业销售目标,实现销售利润,提供令顾客满意的售后服务,并努力扩大产品和服务的市场占有率,为企业发展创造条件。依据企业的产品特征、市场覆盖范围、流通渠道等因素构成不同的组织形式,有职能型组织、地区型组织、产品—品牌型组织、市场管理—顾客型组织、复合型组织。

　　(1)职能型营销组织

　　职能型营销组织是最常见的营销组织形式,它将营销职能加以扩展,选择营销各职能专家组合在一起组来组建营销各职能部门,使之成为企业整个组织的主导形式。如图 13.1 所示,事实上职能部门的数量可以根据企业经营需要增减,如客户经理、物流管理经理等。

　　职能型营销组织人优点在于专业化的优越性。按功能分工,可以避免重复劳动,减少人员和设备的重复配置,区域主管权力相对集中,决策速度快,专业人员在同一个职能部门的相互影响,可以产生系统效应,提高工作效率,易于管理,相对费用低。

　　其存在的不足是,随着公司产品品种的增多和市场的扩大,各部门常常会因为追求本部门预算和目标,而看不到全局的最佳利益,增大职能部门之间的协调难度。因此这一组织形式适用于那些产品种类不多、目标市场相对较集中的中小企业,不适应种类多、技术含量高的产品。

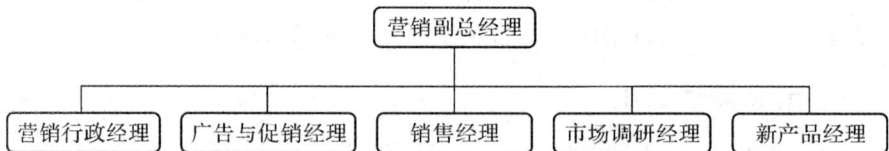

图 13.1　职能型营销组织

　　(2)地理区域型营销组织

　　在全国范围进行销售的公司,通常按地理区域设立营销组织。在营销副总经理主管下,按层次设全国销售经理、大区销售经理、地区销售经理、分区销售经理、销售人员,所管辖的人数即"管理幅度"逐级增大,呈"金字塔"型组织结构,如图 13.2 所示。

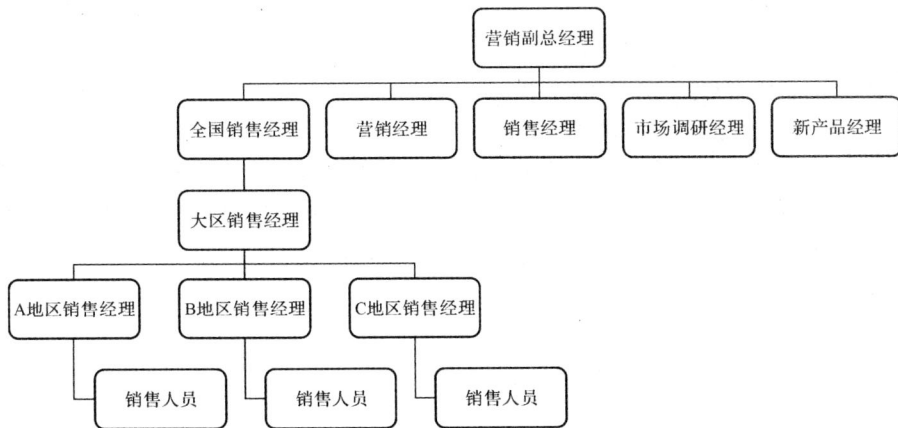

图 13.2　地理区域型营销组织

国际上许多大公司都采用这样一种营销组织,如联合利华、IBM 等,各区域制定当地的营销方案,并且编制自己的广告等促销预算。

(3)产品—品牌型营销组织

产品—品牌型营销组织适用于拥有多种产品或多种不同品牌的公司。即设计产品经理、产品线(品牌)经理来管理产品—品牌型营销组织每个产品品种,实行品种分层管理。如图 13.3 所示。

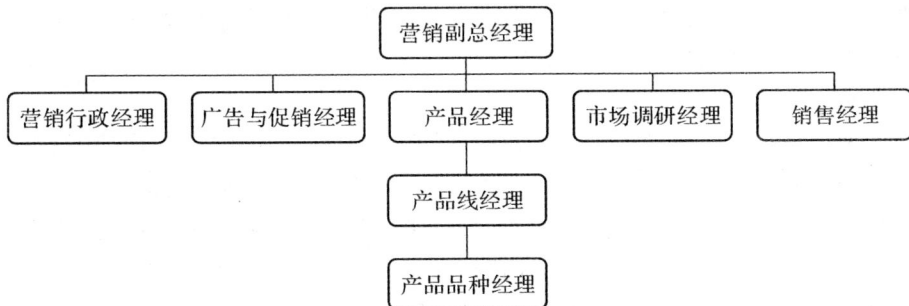

图 13.3　产品—品牌型营销组织

销售人员对产品的理解非常重要。特别是当产品技术复杂,产品之间联系少或数量众多时,按产品专门化构建销售组织比较合适。美国宝洁公司是产品/品牌型营销组织的代表,它"将品牌作为一项事业来经营"。

但是当企业的产品种类繁多时,不同的销售人员会面对同一顾客群,就会引起顾客的反感和资源浪费。

(4)市场—顾客型营销组织

根据市场细分化理论要求,企业需要根据顾客特有的购买习惯、不同购买行为和产品偏好,区别对待不同的市场。

这种组织结构的特点是,一个总市场经理管辖若干个子市场经理,各子市场经理负责自己所管辖市场的年度计划和长期计划,他们开展工作所需要的功能性由其他功能性组织提供,如图13.4所示。例如一家计算机厂商,可以把它的客户按其所处的行业(金融、电信等)来加以划分。

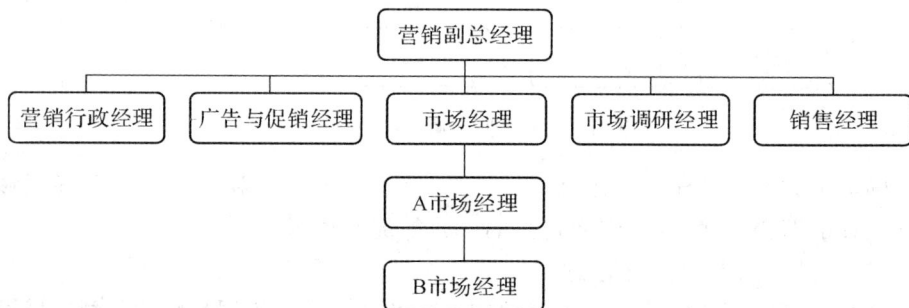

图13.4　市场—顾客型营销组织

按市场组织销售队伍最明显的优点是每个销售人员都能了解到消费者的特定需要,更能减少渠道摩擦,为新产品开发提供思路。但当主要顾客减少时,这种组织类型会给企业造成一定的威胁。

(5)复合型营销组织

许多企业在生产多种不同产品,面向不同市场时,会面临两难境地:如果采用产品管理型组织,那么许多重点市场缺乏专人管理,需求能力弱的市场又会占有太多的企业资源;如果选择市场管理型组织,则容易导致获利强的产品遭到冷落。为了解决这一问题,公司可以设置复合型营销组织。如图13.5所示。

复合型营销组织是指企业使用的这几种结构的组合。销售人员可以按区域—产品、产品—顾客、区域—顾客等方法加以组织。如,设置一种既有市场经理,又有产品经理的二维矩阵组织。复合型组织适用于拥有多种不同的产品和不同的市场的大规模公司。

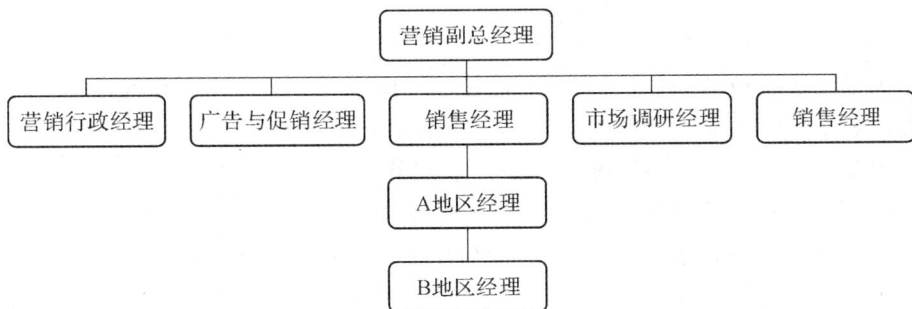

图 13.5　复合型营销组织

营销组织是一个开放的系统,它与企业的战略和环境保持动态的适应,随着企业发展战略的调整和环境的变化,销售组织也要进行调整和变革,以保证较高的组织运行效率。销售组织是一个多元素组合,最基本的原则是以顾客为导向,遵循精简与高效的原则,稳定而有弹性地连接人、财、物、信息等管理资源,使整个企业经营有效的一体化。

合理的营销组织不一定能保证销售的成功,但不合理的营销组织一定会阻碍成功。营销组织迅速扩张的过程中常见的问题是效率低下、市场的反应迟钝、管理失控(例如财务失控、信息失真、人员失信、关系失控)、沟通不畅、追求短期利益、忽视企业产品和服务的创新等。

二、销售团队

任何企业的产品或服务需要由专人来完成销售任务,销售团队(Sales team)是企业必不可少的组织力量。虽然人员销售是一个非常重要的营销工具,但是企业对维持销售团队所需的日益增长的高成本(工资、佣金、红利、出差费用和福利等)越来越敏感,因而也更加注重销售团队的管理。

1. 组建销售团队

企业根据业务发展的需要,对销售团队的职能、结构、规模等加以总体规划和设计,以组建一支合理高效的销售队伍。

(1)职能

不管营销环境如何变化,销售人员都需要完成下列职能:①寻找目标顾客、潜在顾客或者早期使用者;②定位,决定如何在潜在客户和顾客之间分配时间;③沟通,向客户传递和传播有关企业和产品的信息;④销售,与客户接洽,给出报价,回答客户的疑问并完成交易;⑤提供服务,对顾客的问题提供建议,给予技术的帮助，安排融资或加快交货过程；⑥收集信息，进行市场调查和情报工作；⑦分配，在产品短缺时决定产品在各个顾客之间的分配。

为了完成企业的销售目标，销售代表经常扮演"客户经理"的角色，以与购买者或销售组织的不同人员频繁接触。销售活动日益需要进行团队协作，需要企业其他部门和人员的支持和配合。如技术人员提供技术服务，客户人员提供安装、维修等服务，以及其他办公人员，如订单处理和管理人员、销售分析人员等。

许多企业设有大客户经理，以负责与重要顾客的沟通和接洽。大客户凭借其购买量，往往得到企业更加优惠的价格。大客户经理的工作主要有：充当买卖之间的一个联系点，了解顾客的需求和决策反应，寻求通过为客户提供解决困难的方案给顾客增加价值；向顾客提供定制的即时响应的服务。为了提高大客户的工作效果，大客户经理往往需要具备沟通、营销、管理和财务方面的专业知识。

⇨小案例

高通痛失大客户，Galaxy S6 或将弃用骁龙 810

高通表示，旗下骁龙 810 处理器不会用于"一个大客户的旗舰设备"。虽未言明，但这几乎没多少悬念指的是三星，这也意味着 Galaxy S6 弃用骁龙 810，而改用自家 Exynos 7420 处理器。

骁龙 810 处理器是高通首款 64 位旗舰处理器，此前被曝出芯片过热问题。LG G Flex 2 已经宣布搭载骁龙 810，并在韩国上市。此外，小米也打算在下一代旗舰机选择骁龙 810。过热问题是否解决依旧存疑，而且高通也无法保证正常发货，三星稳妥起见还是决定弃用。

三星在北美和欧洲地区售卖的手机多使用高通处理器，而在亚洲和南美地区则多为自家处理器。Exynos 7420 是三星首款真正意义上的 64 位处理器，采用 14 纳米制程工艺，整体性能要优于骁龙 810。

失去三星的支持，高通可谓遭遇不小打击，当日股市收盘大跌 8%。而三星 Galaxy S6 则预计今年春天上市，粉丝已经不用等太久。

（资料来源：高通痛失大客户，Galaxy S6 或将弃用骁龙 810 [EB/OL]. http://www.if-anr.com/news/488058,2015-01-29.）

（2）结构

在营销组织结构设计的基础上，还需要对销售团队的结构进行考虑。如果企业对分布在许多地方的同一行业的用户销售一条产品线，则可以选择地区销售团队结构；如果企业对多种类型的客户销售多种产品，就需要根据单个产品或市场安排销售团队,有的企业可能需要更加复杂的结构。

如,摩托罗拉公司管理着四种销售团队:①战略性市场团队,由技术、应用和质量方面的工程师和负责重要客户的人员组成;②地区性销售团队,负责拜访分布不同区域的客户;③分销商销售团队,拜访并培训公司的分销商;④内部销售团队,负责进行电话营销和订单处理。

销售团队可以分为直接销售团队(Direct sales force)和契约销售团队(Contractual sales force)。直接销售团队由专门为本企业工作的全日制或兼职的支薪员工组成,包括内勤销售人员和现场销售人员。内勤销售人员(Inside sales force)通过电话、传真、电子邮件等联系客户或接受顾客的访问,现场销售人员(Field sales force)则经常出差和拜访顾客。契约销售团队包括生产商代表、销售代理和经纪人,他们根据销售额收取一定的佣金。

➪小案例

苹果对企业市场更重视　已建立专门营销团队

路透社报道,知情人士称目前苹果正与 Citigroup、ServiceMax 和 PlanGrid 等进行谈判,以进一步扩大他们目前与 IBM 的联盟。

目前还不知道苹果与这些公司即将达成的合作关系的性质,但是基本上应该与苹果和 IBM 合作的性质相同。ServiceMax 主要提供用于管理现场技术人员的解决方案;PlanGrid 则支持建筑工人相互之间共享蓝图。这两家公司如果与苹果合作,那么他们将会通过苹果硬件来部署他们的软件。

如果苹果大举进军企业硬件和软件市场,那么他们应该已经准备好和戴尔、惠普以及 Oracle 进行一场竞争。有消息称苹果已经建立一支专门获取企业客户的销售团队。

(资料来源:苹果对企业市场更重视　已建立专门营销团队[EB/OL].威锋网,2014-11-11.)

(3)规模

企业确定了销售团队的职能和结构,就应根据希望接触的顾客数量决定销售团队的规模。一种广泛使用的方法包括以下五个步骤:①将顾客按年销售量分类;②确定对每类顾客的访问频率,即每年访问一类顾客中的每个客户的次数;③每一类客户的数目乘上各自所需的访问数,即得到总的年度访问工作量;④确定一位销售代表每年可进行的平均访问次数;⑤将总的年访问次数(第三步的计算结果)除以每个销售代表的平均年访问数(第四步的计算结果),即得到所需的销售人员的数目。

如，假设某企业估计有 1000 个 A 类顾客和 2000 个 B 类顾客，A 类顾客一年需要访问 36 次（每年 3.6 万次），B 类需要 12 次（2.4 万次），表明企业需要每年能够进行 6 万次访问的销售团队。假设每个销售人员平均每年可完成 1000 次访问，那么企业需要的销售人员数量为 60 名。

（4）薪酬

为了吸引顶尖的销售人员，企业需要制定有吸引力的报酬计划。销售人员的报酬由固定工资、变动工资、费用补贴和福利四部分组成。

当非销售性职责所占比例较大，或者销售工作在技术上非常复杂、需要团队合作时，应强调固定报酬。当销售额呈周期性变化或取决于个人的主动性时，应强调变动报酬。固定报酬和变动报酬有三种基本的组合方式：纯薪金制、纯佣金制和薪金佣金混合制。

在纯薪金制度下，销售代表能够获得稳定的收入，使得他们更愿意完成非销售性活动，但是不足以激励他们寻找更多的客户。这种方法管理较简单，而且人员流动性低。纯佣金计划能够吸引业绩好的销售代表，提供更多的激励，要求的监督较少，而且能够控制销售成本。混合制可以避免上述两种报酬计划的缺点，同时综合了两种的优点。在这种制度下，公司可以将销售人员报酬的可变部分与企业广泛的战略目标相结合，如顾客满意度、顾客保持率等。

2. 有效销售过程

人员销售是最古老的促销方式，然而在如今的市场背景下，有效的销售不能仅仅是依靠直觉，更需要接受前分析方法、顾客管理等科学的系统培训，从被动的订单接收者变成主动的订单获得者。人员销售在工业品领域中更为重要，销售过程体现更为完整。有效的销售过程主要涉及以下方面。

（1）寻找和分析潜在客户。企业通过邮件和电话进行联系，分析潜在客户的购买兴趣和资金实力，并让现场销售人员去接触有潜力的顾客，把那些较有可能购买的潜在客户交给电话营销者作进一步跟踪。

（2）准备。销售代表调研目标客户的基本情况（它需要什么以及谁参与购买决策）及其采购人员的情况（性格特征和购买风格）。销售代表应确定访问目标：分析潜在的客户、收集信息，或者马上完成交易；还要决定采用的访问方法，包括私人拜访、电话访问或信函访问；考虑访问时机，确定对客户的整体销售战略。

（3）接触。为了使双方关系有个良好的开端，在会见目标顾客时，销售代表应当用积极的谈话开场，然后通过认真地聆听和仔细的提问了解客户的需求。

（4）讲解和演示。销售代表采用特性、优点、好处和价值方法向目标客户讲述产品的情况，销售代表还应当注意不要过多地讲解产品的特点（产品导向），而忽视了产品的利益和价值(顾客导向)。

(5)应对异议。销售代表必须应付顾客在听取产品介绍过程中,或当销售代表要求他们订购时表现出的抵触情绪,销售代表应采取积极的方法,请顾客说明他的意见,然后提出导致顾客产生这种意见的问题,指出反对意见是没有依据的,或者将反对意转变为购买的理由。

(6)完成交易。要完成交易,销售代表可以要求顾客订货,重新强调协议的要点,提议帮助顾客填写订单,询问顾客是要产品 A 还是产品 B,让顾客对颜色或尺寸等做出选择,或者告诉顾客如果现在不订货将会有什么损失。此外,销售代表也可以给予购买者完成交易的奖励,如特价或赠送礼物等。

(7)跟踪与保持。为使顾客满意并能继续订购,达成交易后,销售代表应马上敲定运输时间、购买条款及其他事项。销售代表在接到第一份订单后,就应马上安排时间进行一次后续访问,以确保安装和培训等服务正确无误,这有助于发现问题、表现出对顾客的关心并且减少分歧的产生。销售代表还应当为顾客制定维护和改进计划。

3. 管理销售团队

企业不但要设计销售团队的组建,还需要对销售团队进行有效的管理。销售团队的管理包括招聘、培训、监督、激励和评价五方面内容,如图 13.6 所示。

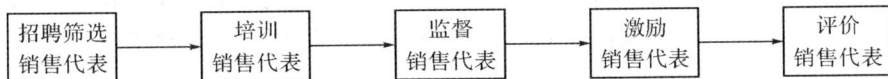

图 13.6　管理销售团队

(1)招聘销售代表。企业在招聘和筛选销售代表时,多希望销售人员诚实、可靠、有知识并且能够乐于助人。但是大量研究表明,在销售业绩与背景、经验、态度、个性、技巧等变量之间几乎不存在相关关系,因而更有效的方法是运用综合测试中心,即模拟工作环境,在与应试者即将工作的环境极为类似的场合下对其进行评估。

(2)培训销售代表。新的销售代表可能要接受几周到数月的培训,训练时间和方法取决于销售任务的复杂程度和招聘人员的类型。培训的方式通常包括角色扮演、录音带和录像带以及基于网络的远程教育。

培训销售代表的目的之一是提高销售代表的工作效率。成功的销售代表往往是懂得如何合理有效利用时间的人。企业不断地寻找提高销售代表工作效率的方法,包括:培训销售代表增强对电话的利用、简化记录工作、利用计算机和网络来规划拜访客户的路线、订单处理自动化等,企业还通过建立数据库,进行筛选和识别有价值的客户,以便销售代表将精力放在重要的客户,等等。

(3)监督销售代表。对销售代表的监督因企业管理程度不同而不同。报酬主要为佣金的销售人员一般会接受较少的监督,但对于报酬主要为薪金或固定工资的员工则会受到较为严格的监督。

(4)激励销售代表。多数销售代表都需要被鼓励和特殊激励,特别是对现场销售人员来说更加重要,因为销售代表通常会独自工作,离家出差,工作时间不规律,遭遇激烈的竞争,有时付出大量劳动后却没有拿到订单等,使得销售人员的工作更为辛苦,更具风险。

研究表明,对销售代表而言,最具激励价值的是工资,其次是奖金、个人发展和成就感。最不受重视的是喜欢、尊敬、安全以及认同。经济激励更适用于年纪较大的、家庭成员较多的人,而认同之类的激励更适用于未婚或家庭成员少且受过较正规教育的销售代表。

(5)评估销售代表。企业可以通过多种方法获得与销售代表相关的信息,包括销售报告、个人观察、顾客信件及投诉、消费者调查以及与其他销售代表的谈话等等。

销售代表需要将完成的活动记录在销售访问报告上,还要提交费用报告、新业务报告、损失业务报告以及当地的商业经济形势报告。这些报告是评估销售代表的原始数据。评估的方法不止一种,但常见的方法是将销售代表当期的销售绩效指标与上期或目标计划指标进行对比,这种对比有利于管理层发现需要改进的地方。

三、市场营销的执行

市场营销执行是指将市场营销计划转化为行动方案的过程,并保证这种任务的完成,以实现计划的既定目标。市场营销战略和市场营销计划由于缺少必要的沟通和协调导致总体战略忽视执行过程中的具体细节,使计划脱离实际、长期目标和短期目标相矛盾、新旧战略的差异矛盾、缺乏具体明确的各有关部门协调一致的执行方案等问题出现。

1. 营销执行的关键环节

市场营销执行过程中的关键环节主要包括:

(1)制定行动方案,目标导向。明确市场营销战略实施的关键性决策和任务,定出行动的确切时间表。

(2)建立组织结构,控制进度、保持整体协调,实时反馈。分解任务给具体的部门和人员,规定明确的职权界限和信息沟通渠道,协调企业内部的各项决策和行动。即使组织结构各个企业有所不同,但是明确的分工和协调沟通是建立有效管理的基础。

(3)设计决策指导和人力资源管理制度。市场营销战备最终是由企业内部的工作人员来执行的,所有人力资源制度至关重要,包括考核、选拔、安置、培训、评估和激励等问题和激励制度。

(4)市场营销战略实施系统各要素间的关系。目标市场选好以后,要根据外在环境、竞争态势、企业本身的资源的变化而进行调整。营销活动也是存在各种风险的,例如销售风险、赊销风险、合同风险、人员流动风险、营销费用风险、价格失控与串货风险、应收账款管理、危机处理和预案管理等等。因此企业必须评估,以了解企业的竞争环境是否有显著的改变,对企业根据本身的各项资源亦应定期地予以客观的评价和调整。

2. 营销执行的基本原则

(1)目标导向

执行营销计划的过程中,营销部门、营销人员难免遇到一些意外与偶然事件。在排除它们造成的障碍或利用其带来的机会时,尤其要防止舍本求末,偏离方向。营销执行要不忘全局,始终以营销目标为方向。善于将意外与偶然事件纳入到营销计划的框架里,将它们与完成这一阶段的基本任务以及实现最终目标联系起来,统筹兼顾。

(2)整体协调

①保持营销行动涉及的方方面面与营销目标协调。开展营销活动是为了实现一定的目标。营销目标是组织与目标公众关系的症结所在,目标的实现即意味着营销问题得到解决,一项营销计划包括的营销行动,可能分解为多个具体项目,一定要使营销的各个项目始终保持与营销目标相协调。

②保持营销活动的开展和投入的人、财、物资源协调。营销活动是在一定人、财、物条件下开展的,要使活动取得成效就要使投入的这些资源结合成最佳状态,以较低的耗费取得满意的结果。

(3)控制进度

营销执行是一个过程,又具有阶段性。要避免过度重视某一方面、某一阶段,以至于忽视了目标和全局,甚至误把次要阶段和工作作为目标来对待。这样虽然能出色地完成局部任务,但势必影响到营销目标和整体任务的实现。营销人员必须能够敏锐地觉察到这种倾向,及时协调和纠正,防止脱离目标的无效活动。有效地控制进度可以借助线路图和时间进度表等工具。

（4）适时反馈

营销计划无论如何周密，也无法避免与实际过程出现一定的差异。加上客观环境在不断变化，营销计划就有可能需要适当调整。因此营销人员要不断跟踪和监控执行过程，适时反馈，根据新情况修订计划，解决问题和矛盾，保证营销目标的实现。

第二节　营销评价与控制

市场营销是企业营利性的活动，需要考察目标与成本、收益之间的关系。因此，营销方案的执行过程中离不开有效的监控，活动结束后需要对其进行合理的评估，以便发现问题，找出差距，并对后期的市场营销活动提供针对性建议。

一、营销评价

营销评价是对营销执行过程中的效果和效率及其对企业贡献进行的评定和估计，其中效果是指营销目标的实现程度，效率是指达成目标的收益与成本之比。

营销管理效能描述了一个企业的营销产出是否达到其目标或期望，反映了一个企业的营销管理能力的强弱。营销管理效能可以通过营销效益评估和营销审计来衡量。

⑤阅读材料

国内首个实效标准诞生　艾菲联合 360 发布中国实效营销指数

2014 年 10 月 25—27 日，艾菲奖实效节（Effie Festival）在贵阳隆重举办。在本次艾菲奖实效节上，中国艾菲推广委员会联合 360 公司共同推出了国内第一个第三方数据实效评估维度——中国实效营销指数。该指数将提供市场全面实时监测和广告实效分析，将成为品牌主、营销代理机构、媒体、数字营销机构等极具价值的实效评估参考依据，同时也将推动艾菲奖在实效评估标准方面迈向新的台阶。

作为全球唯一以"实效"为评估标准的国际级营销传播大奖，艾菲奖一直有着营销传播界"奥斯卡"的美誉。本次中国艾菲推广委员会和 360 公司联合推出的中国实效营销指数,综合了大数据分析和专家意见两大权重评估体系。目前大数据分析涵盖了搜索指数、浏览指数、网购指数、舆情指数、O2O 指数、忠诚指数、粉丝指数等七大指标。该指数重点关注广告行为的事中、事后阶段,强调效果,可以让品牌广告主根据市场反应来评估品牌实效价值,动态查看品牌的发展和实效价值的变化轨迹,因此对品牌主具有极高的参考价值。

中国艾菲推广委员会作为中国营销传播行业内第一家非营利机构,在行业具有强大的权威性和公信力。而 360 公司作为国内用户量最大的互联网公司之一,拥有 4.61 亿 PC 端用户和 6.41 亿移动端用户的大数据基础,涵盖浏览、搜索、下载、购买、到访等丰富的行为数据,日均处理用户数据达 50TB,中国网民覆盖率达到 91.5%。两者合作推出中国实效指数,势必会为广大品牌主、营销代理机构提供一个更加全面刻画品牌价值的实效价值评估体系,进而加快实效营销在中国的发展进程。

(资料来源:国内首个实效标准诞生 艾菲联合 360 发布中国实效营销指数[EB/OL].中华网财经,2014-10-27.)

1. 营销效益评估

企业营销管理活动的综合层次和状态,用营销模式(Marketing Pattern)来反映,它包括营销观念、营销组织、营销能力、营销战略和营销策略。其中,由营销观念所决定的营销驱动力是主导因素,不同的营销范式对应不同的营销效能和营销效率。

营销效益评估(Marketing performance evaluation)通过营销效益等级考评表,可以对企业整体的营销目标和效能进行评价,即对营销模式进行评价,包括顾客哲学(服务顾客的需求和需要)、整合营销组织(将营销同其他部门整合起来)、必要的营销信息(进行及时、准确的营销调研)、战略导向(开发非正式的营销规划和战略)以及工作效率(有效地、灵活地运用营销之间)。详见表 13.1。

表 13.1 营销效益等级考评表

内 容	评 价
(1)顾客哲学	①企业管理层是否认识到根据其所选市场的需要和欲望设计公司业务的重要性?
	②企业管理层是否为不同的细分市场开发不同的产品和制订不同的营销计划?
	③企业管理层在规划其业务活动时是不是着眼于整个营销系统?

续表

内　容	评　价
(2)整合营销组织	①对于各种重要的营销功能是否有高层次的营销整合和控制？
	②营销管理层是否有效地和市场研究、制造、采购、物流以及财务等其他部门的企业管理层进行合作？
	③新产品制作过程是如何组织的？
(3)充分的营销信息	①最近一次研究顾客、采购影响、渠道和竞争者的营销调研是何时进行的？
	②企业管理层对不同细分市场的顾客、地区、产品、渠道和订单的潜在销售量和利润了解程度如何？
	③在衡量和改进不同营销支出的成本效益方面采取了什么措施？
(4)战略导向	①针对营销计划工作的程度如何？
	②现有营销战略的质量如何？
	③有关意外事件的考虑和计划做得如何？
(5)工作效率	①在传播和贯彻最高管理层的营销思想方面做得如何？
	②企业管理层是否有效地利用了各种营销资源？
	③企业管理层在对眼前变化做出迅速有效的反应方面是否显示出良好的能力？

⇨小案例

国家旅游局计划启动地方旅游海外营销绩效考评

一项旨在对未来地方旅游知名度以及旅游行政主管部门宣传推广工作绩效量化的综合考评项目正在积极推进。经过一年多的调研筹备，该项目计划在2014年推到全国大范围的研究。这意味着，每年从地方旅游行政主管部门流出的亿万营销经费，其绩效如何，将不再地方自己说了算。

据项目负责人介绍，这项暂命名"地方旅游知名度"项目的设立初衷是为对地方旅游行政主管部门每年花出的巨额资金的营销绩效做出科学评估。评估最主要的一个特点，不是说看地方做了多少投入，项目更多的是从目的地、国际旅游品牌这个视角来出发，从游客的视角，去测评营销对游客来说产生了哪些影响。

评估主要是从三个方面，市场调研，第三方指数、评价和入境旅游市场情况做出综合评估。这三大块中,最核心的是第一部分,就是基于市场调研的统计结果。市场调研将分成两部分:一部分是针对已经来到中国入境游客感知到地方旅游知名度、地方旅游品牌来评价营销的绩效。此外,针对没有来过中国的境外的潜在游客,也将通过发放网络问卷等形式来收集调研信息。在具体的模型构建过程中,主要通过目的地、旅游品牌这样一个视角,站在游客的角度去审视不同的目的地对于游客来说感知到的知名度是怎样。

(资料来源:国家旅游局计划启动地方旅游海外营销绩效考评[EB/OL].中国网,2013-12-27.)

2. 营销审计

营销审计(Marketing Audit)是对企业的营销环境、目标、战略和活动所做的全面、系统、独立和定期的检查,其目的在于确定问题的范围和机会,提出行动计划,以提高企业的营销绩效。营销审计包括六个主要组成部分:营销环境、战略、组织、系统、生产率和职能。详见表 13.2。

表 13.2　营销审计的内容

组成部分	描　述	具体内容
营销环境	分析营销战略是否与营销环境相适应,以及是否要对原有的营销计划进行修订	宏观环境:经济、政治、自然、技术等宏观条件对企业产生影响的因素
		微观环境:市场容量及规模的大小,对市场竞争者实力地位的评价,中间商的效率,供应商主要货源的供应前景及供应方式的变化等
营销战略	检查企业制定的目标和任务是否体现市场导向,选择的竞争地位是否正确	选择的目标市场是否科学,关键策略是否可靠,完成资源预算是否充分等
营销组织	评价营销组织在执行市场营销战略时的组织保证程度和对市场营销环境的应变能力	市场营销主管人员及其明确的职责与权利,销售队伍,激励、监督机制和评价体系,与其他部门的沟通情况及合作关系等
营销系统	评价营销信息系统、计划系统、市场营销控制系统和新产品开发系统	是否有周密的市场营销计划、对年度计划目标、赢利能力、市场营销成本等是否有准确的考核和有效的控制
生产率	在成本效益分析的基础上,审核不同产品、不同市场、不同地区以及不同分销渠道的赢利能力	销售队伍与销售额之比、广告费用与销售额之比、促销费用与销售额之比、市场营销研究费用额之比、销售管理费用与销售额之比,以及进行资本净值报酬率分析和资产报酬率分析等

续表

组成部分	描　述	具体内容
营销职能	对企业的市场营销组合因素(即产品、价格、地点、促销)效率的审计	审计产品质量、特色、式样、品牌的顾客欢迎程度; 企业定价目标和战略的有效性; 市场覆盖率,企业分销商、经销商、代理商、供应商等渠道成员的效率; 广告预算、媒体选择及广告效果,销售队伍的规模、素质以及能动性等

二、营销控制

市场营销控制,是指市场营销经理经常检查市场营销计划的执行情况,看看计划与实绩是否一致,如果不一致或没有完成计划,就要找出原因所在,并采取适当措施和正确行动,以保证市场营销计划的完成。市场营销控制有四种主要类型,即年度计划控制、赢利能力控制、效率控制和战略控制。

1. 年度计划控制

年度计划控制,是指企业在本年度内采取控制步骤,检查实际绩效与计划之间是否有偏差,并采取改进措施,以确保市场营销计划的实现与完成。许多企业计划的结果不仅取决于计划制定得是否正确,还有赖于计划执行与控制的效率如何。可见,年度计划制定并付诸执行之后,搞好控制工作也是一项极其重要的任务。年度计划控制可以促使年度计划产生连续不断推动力,作为年终绩效评估的依据,帮助企业发现潜在问题并及时予以妥善解决,高层管理人员可借此有效地监督各部门的工作。

年度计划控制系统包括四个主要步骤:第一,制定标准,即确定本年度各个季度(或月)的目标,如销售目标、利润目标等;第二,绩效测量,即将实际成果与预期成果相比较;第三,因果分析,即研究发生偏差的原因;第四,改正行动,即采取最佳的改正措施,努力使成果与计划相一致。

年度计划目标的实现程度可以从销售分析、市场占有率分析、市场营销费用与销售额比率分析、财务分析、顾客态度追踪等开展调查分析。

(1)销售分析

销售分析主要用于衡量和评估经理人员所制定的计划销售目标与实际销售之间的关系。有两种主要方法:一为销售差异分析;二为微观的地区销售量分析。

销售差异分析用于决定各个不同的因素对销售绩效的不同作用。例如,假设年度计划要求第一季度销售 10000 件产品,每件 1 元,即销售额 10000 元。在该季结束时,只销售了 5000 件,每件 0.80 元,即实际销售额 4000 元。那么,这个销售绩效差异为 6000 元,或预期销售额的 40%。问题是,绩效的降低有多少归于价格下降? 有多少归因于销售数量的下降? 可用如下计算来回答:

因销售价格下降的差异＝(1－0.80)×5000＝1000 (元)

因销售价格下降的影响＝1000÷6000＝16.7%

因销售数量下降的差异＝1×(10000－5000)＝5000 (元)

因销售数量下降的影响＝5000÷6000＝83.3%

可见,约有 3/4 的销售差异归因于未能实现预期的销售数量。由于销售数量通常较价格容易控制,企业应该仔细检查为什么不能达到预期的销售量。

地区销售量分析用来衡量未能达到预期销售额的特定产品和地区等。假设企业在三个地区销售,其预期销售额分别为 500、1500 和 2000 元,总额 4000 元。实际销售额分别是 525、1400、1075 元。就预期销售额而言,第一个地区有 5% 的超出额,第二个地区有 7% 的未完成额,第三个地区有 46% 的未完成额。主要问题显然在第三个地区。造成第三个地区不良绩效的原因有可能是:地区的销售代表工作不努力或有问题、有主要竞争者进入该地区或该地区居民收入下降等。

(2)市场占有率分析

企业的销售绩效一般不能反映出相对于其竞争者,企业的经营状况如何。如果企业销售额增加了,可能是由于企业所处的整个经济环境的发展,或可能是因为其市场营销工作较之其竞争者有相对改善。如果企业的市场占有率升高,表明它较其竞争者的情况更好;如果下降,则说明相对于竞争者其绩效较差。

衡量市场占有率有三种不同的度量方法。全部市场占有率以企业的销售额占全行业销售额的百分比来表示。可达市场占有率以其销售额占企业所服务市场的百分比来表示。相对市场占有率以企业销售额对市场领先竞争者的销售额的百分比,或者是对最大的三个竞争者的销售额总和的百分比来表示。

市场占有率变动的原因很多,大致可从产品大类、顾客类型、地区以及其他方面来考察。顾客渗透率,顾客忠诚度,顾客选择性,以及价格选择性四因素分析也可以帮助了解市场占有率的变动情况。

(3)市场营销费用与销售额比率分析

年度计划控制与需要检查和销售有关的市场营销费用,以确定企业在达到销售目标时的费用支出。市场营销费用对销售额比率是一种主要的检查方法。

市场营销管理人员的工作就是密切注意这些比率，以发现是否有任何比例失去控制。当一项费用对销售额比率失去控制时，必须认真查找问题的原因。

（4）财务分析

市场营销管理人员应就不同的费用对销售额的比率和其他的比率进行全面的财务分析，以决定企业在何处展开活动，获得赢利。尤其是利用财务分析来判别影响企业资本净值收益率的各种因素。

（5）顾客态度追踪

如上所述的年度计划控制所采用的衡量标准大多是以财务分析和数量分析为特征的定量分析，没有对市场营销的发展变化进行定性分析和描述。一套来追踪其顾客、经销商以及其他市场营销系统参与者的态度的系统，可以帮助企业发现顾客对本企业和产品的态度的变化。例如抱怨和建议系统，固定顾客样本，顾客调查，可以帮助企业管理者及时发现问题，较早地采取行动，及时予以纠正，争取主动。

2. 盈利能力控制

盈利能力控制用来测定不同产品、不同销售区域、不同顾客群体、不同渠道以及不同订货规模的盈利能力。由盈利能力控制所获取的信息，有助于管理人员决定各种产品或市场营销活动是扩展、减少还是取消。

市场营销成本是衡量标准之一，因为其直接影响企业利润，它由直接推销费用（包括直销人员的工资、奖金、差旅费、培训费、交际费）、促销费用（包括广告媒体成本、产品说明书印刷费用、赠奖费用、展览会费用、促销人员工资等）、仓储费用（包括租金、维护费、折旧、保险、包装费、存货成本等）、运输费用（包括托运费用、折旧、维护费、燃料费、牌照税、保险费、司机工资等）及其他市场营销费用（包括市场营销人员工资、办公费用等）。与销售额直接相关的，称为直接费用；与销售额并无直接关系，称为间接费用。

盈利能力控制在市场营销管理中占有十分重要的地位。在对市场营销成本进行分析之后，销售利润率（利润与销售额之间的比率）可以作为评估企业获利能力的主要指标之一。但是，在同一行业各个企业间的负债比率往往大不相同，资产周转率也可以衡量企业全部投资的利用效率。资产周转率高说明投资的利用效率高。存货周转率（产品销售成本/存货平均余额）考核存货的流动性。存货周转率次数越高越好，说明存货水准较低，周转快，资金使用效率较高，资产管理效率高，获利能力相应也较高。

3. 效率控制

效率控制可以反映企业有没有高效率的方式来管理销售人员、广告、销售促进及分销等市场营销活动的效率。这些比率表明上述市场营销组合因素的有效性以及应该如何改进执行情况。

销售人员效率主要记录本地区内销售人员效率的几项主要指标,这些指标包括每个销售人员每天平均的销售访问次数、每次会晤的平均访问时间、每次销售访问的平均收益、每次销售访问的平均成本、每次访问的招待成本、每百次销售访问而订购的百分比、每期间的新顾客数、每期间丧失的顾客数、销售成本对总销售额的百分比等。

广告效率帮助企业统计每一媒体类型、每一媒体工具接触每千名购买者所花费的广告成本、顾客对每一媒体工具注意、联想和阅读的百分比、顾客对广告内容和效果的意见、广告前后对产品态度的衡量、受广告刺激而引起的询问次数。企业高层管理可以采取更加有效的产品定位、广告目标、广告媒体的选择、广告后效果测定等方法来提高广告效率。

促销效率是对每一销售促进的成本和对销售影响作记录,例如由于优惠而销售的百分比、赠券收回的百分比等不同销售促进手段的效果,并使用最有效果的促销手段。

分销效率主要是对企业存货水准、仓库位置及运输方式进行分析和改进,以达到最佳配置并寻找最佳运输方式和途径。

4. 战略控制

在企业市场营销战略实施过程中必然会出现战略控制问题。因为企业战略的成功是总体的和全局性的,战略控制注意的是控制未来,是还没有发生的事件。战略控制是指市场营销经理采取一系列行动,使实际市场营销工作与原规划尽可能一致,在控制中通过不断评审和信息反馈,不断修正。

企业在进行战略控制时,可以运用市场营销审计这一重要工具。市场营销审计是在一定时期对一个企业市场营销环境、目标、战略、组织、系统、方法、程序、业务和盈利能力等作综合的、系统的、独立的和定期性的核查,以便确定困难所在和各项机会,并提出行动计划的建议,改进市场营销管理效果。

市场营销环境不断变化,企业需要检验包括市场规模,市场增长率,顾客与潜在顾客对企业的评价,竞争者的目标、市场定位、战略、优势、劣势、规模、市场占有率,供应商的推销方式,经销商的贸易渠道、企业形象、公共关系等方面的战略是否卓有成效。

三、大数据时代的评价指标

如今的企业处于大数据时代,数据分析是营销的基础。除了传统的数据来源以外,企业也要注意网络营销的相关指标,然后在此基础上进一步挖掘所需要的,能指导运营的其他指标。网络营销的数据分为四大块:第一是网站本身;第二是网站流量;第三是网站的电子商务指标;第四是客户价值指标。从商务的角度看,后三类的指标对企业的营销更有指导意义。

前沿知识

百度 MOMENTS 营销理论

2012 年,百度首次提出了 Moments,着重探讨在百度平台上影响消费者决策行为的一系列关键时刻,2013 提出的 Branding Moments 是百度 Moments 概念的升级版本。这是因为,这些影响消费者决策的时刻,从另一个侧面来说,也是品牌建设的关键时刻。如果在这些关键时刻,通过适当的方式对消费者施加影响,就能够将品牌信息传递给消费者,形成对品牌的认知。因此,Branding Moments 的内涵是指在目标消费者有需求的时刻,融合广告主的营销诉求,提供一种整合品牌沟通的极致体验。

百度 Branding Moments 的三大 Power:第一是媒体效率。如,恒大冰泉只用了 4 天决策,2 天就实现上线,把握了亚冠决赛的最佳时刻,效率极高。第二是 ROI 效能。如,恒大冰泉投放 480 万达到 5 亿次曝光,400 万人参与量,不用花大价钱给几亿不相干的人讲故事,ROI 极高。第三是平台的整合体验。打破仅仅依靠搜索的体验,整合百度搜索、新闻、音乐、百科等用户和无线端平台及信息路径,给用户创造了一个酣畅淋漓的极致体验。

(资料来源:百度 MOMENTS 营销理论全面升级　深度探索品牌关键时刻[EB/OL]. TechWeb. com. cn,2013-11-22.)

1. 网站流量数据

网站访问统计分析的基础是获取网站流量的基本数据,网站流量统计指标一般可以分为:

(1)网站流量指标

该指标常用来对网站效果进行评价,主要指标包括:独立访问者数量、重复访问者数量、页面浏览数、每个访问者的页面浏览数、某些文件/页面的统计指标,如页面显示次数、文件下载次数等。

(2)用户行为指标

用户行为指标主要反映用户是如何来到网站的、在网站上停留了多长时间、访问了哪些页面等。主要的统计指标包括:用户在网站的停留时间、用户来源网站(也叫"引导网站")、用户所使用的搜索引擎及其关键词、在不同时段的用户访问量情况等。

(3)用户浏览网站的方式

用户浏览网站的方式包括时间设备、浏览器名称和版本、操作系统等。相关指标主要包括:用户上网设备类型、用户浏览器的名称和版本、访问者电脑分辨率显示模式、户所使用的操作系统名称和版本、用户所在地理区域分布状况等。

2. 电子商务指标

除了基本的指标以外,企业电子商务最根本的目的是增加销售额,提升品牌知名度。所以更重要的就是提升其流量转化率,也就是将流量变现。包括:

(1)流量注册比:即一定时期内,网站注册人数占访问量的比例。

(2)提袋率:在互联网零售业,提袋率是指一定时期内,将商品放入购物车或加入收藏夹的顾客人数占该时间段网站访问量的比例。

(3)订单转换率,即一定时期内的订单数占访问量的比例。这是反映流量商业价值最核心的指标,订单转换率却是所有企业都关注的数据。

(4)跳出率,这是指一定时期内,仅仅在首页匆匆"飘"过,便立即离开网站的人数占所有访问量的比例。跳出率越高的网站,意味着流量的无效性也更高。

(5)商品页面浏览:这也是很多企业关注的流量指标,它是反映商品类目关注度的一个指标,为考核每个商品类目的销售业绩提供了数据支持。

3. 客户价值评价指标

要提高流量转换率,就需要找到适合的顾客,即含金量高的顾客。客户价值评价指标包括:

(1)客户的含金量:在互联网零售领域,客户含金量是按照普通网民、注册用户、实名注册用户、经过身份认证的实名注册用户、具有信用体系的认证实名用户这5个层级组成的金字塔结构依次上升的。抓住这些位于金字塔上部的人群,可以令企业集中精力去维护含金量最高的那部分客户,做到有的放矢。

(2)每笔订单平均浏览时间。

(3)客单价,即每个客户平均消费金额。

(4)回头客的比例,即重复购买率。

(5)新客户开发成本:每个新客户成本＝(广告费＋推广费)/新增的顾客数。

本章小结

营销方案的设计只是营销活动的开始,完善有效的营销活动需要营销执行、评价和控制加以保障。

营销组织是营销活动的主要执行者,企业需要对营销组织进行设计,根据不同的产品和市场情况,可以分为职能型、区域型、产品—品牌型、市场—顾客型和复合型五类组织形式。销售团队是企业的中坚力量,企业需要对销售团队的职能、结构、规模和薪酬进行界定,以组建合理高效的销售团队。有效的销售过程包括寻找客户、准备、接触、演讲和展示、应对异议、完成交易以及跟踪维持七个步骤。管理销售团队从招聘开始,经培训、监督、激励,最后评估销售业绩。

营销执行是保障营销活动的重要环节。在执行过程中,关键环节包括:(1)制定行动方案,目标导向;(2)控制进度、保持整体协调,实时反馈;(3)设计人力资源管理制度;(4)协调各要素间的关系。营销执行需要遵循目标导向、整体协调、控制进度、适时反馈的基本原则。

营销评价包括营销效益评估和营销审计两部分内容。营销效益评估是对营销观念、营销组织、营销能力、营销战略和营销策略五个方面进行评估,而营销审计则是对营销环境、战略、组织、系统、生产率和职能进行重新审视,以便修正营销计划和方案。

营销控制包括年度计划控制、赢利能力控制、效率控制和战略控制四个方面的内容。在互联网的时代还应关注网络营销所涉及的各类评价指标,包括网站流量数据、电子商务指标和客户价值评价指标。

复习与讨论题

1. 企业中的营销部门主要承担什么职能?
2. 根据不同的产品和市场,营销组织设计可以分为哪几种类型?
3. 对销售人员如何进行激励设计?
4. 有效的销售过程包括哪些基本步骤?
5. 销售团队的管理包括哪些内容?
6. 营销执行的关键环节有哪些? 营销执行应遵循什么原则?
7. 如何进行企业营销效益评价?
8. 营销审计包括哪些内容?
9. 企业的营销控制可以从哪几个方面着手?
10. 年度计划控制的常用指标有哪些?
11. 评价网络客户及流量的指标体系有哪些?

实训题

1. 以小组为单位,选择一家企业进行调查,了解其产品组合以及市场区域,并为其提出合理的营销组织的设计方案,并确定销售团队的规模和结构。

2. 认真了解有效销售的基本步骤,选择一件生活中的物品,向班上同学进行模拟推销,要求演练有效销售的全部步骤和过程。

案例分析题

如何评估赞助和活动营销的有效性

美国广告主协会最近的一份报告中称,大部分的营销人员(62%)在一定程度上对自己评估赞助和活动营销的投资回报率的能力表示满意。那么如何去评估营销活动的满意度呢?

然而,有将近四分之一(23%)的营销人员称他们不太满意自己评估投资回报率的能力,15%的人对自己的这项能力完全不满意。

同样地,大部分的营销人员(68%)在一定程度上对自己评估赞助和活动营销的目标回报率的能力感到满意,有32%的人则表示对自己的这项能力不满意。

以下是这份报告中的其他重要发现,报告的数据来源于对公司中78名客户端营销人员的调查,他们均使用过赞助营销手段,或者活动营销手段,或者两种方式都采用过。在这项调查中,赞助被定义为"为某种活动(通常是体育、娱乐、非营利活动或组织)提供费用,以换取可利用的商业价值";活动营销被定义为"利用生活经验组织创建一个积极的活动,活动内容跟品牌和品牌组成要素相关"。

评估趋势

不到一半的营销人员有标准的流程来评估赞助营销或者活动营销效果。

25%的营销人员不会收集、分析和使用数据来进行赞助营销和活动营销决策。

目前,60%的受访者有专门的预算用于评估赞助营销或活动营销效果,2010年,这一比例仅为40%。

70%的受访者称过去两年中,对获取赞助营销或活动营销验证结果的需求不断上升。

通用指标

用来衡量赞助营销或活动营销的投资回报率和目标回报率的最常见的指标是媒体曝光量(70%的受访者使用此项指标)和社会媒体的论调(使用此项指标的人数比例同样为70%)。广告买卖网,广告行业最大的门户网站。

有用的指标

营销人员说衡量赞助营销或活动营销有效性的最具价值的指标是产品/服务的销售情况(86％的受访者使用此项指标),媒体曝光量(85％的受访者使用此项指标)和品牌知名度的提升程度(84％的受访者使用此项指标)。

（资料来源:如何评估赞助和活动营销的有效性[EB/OL].市场部网,2013-12-03.）

[案例思考]

1. 从营销控制的角度,案例中赞助和活动营销的评价指标是属什么控制?

2. 从营销审计的角度,案例涉及哪些营销审计内容?

3. 除了上述评价内容外,你认为还可以采用哪些指标对赞助和活动营销进行评价?

延伸阅读

[1] 拉姆·查兰.执行[M].北京:机械工业出版社,2008.

[2] 麦肯思特营销顾问.公司销售团队建设与管理[M].北京:经济科学出版社,2005.

[3] 彭娟.营销审计(理论与方法研究)[M].上海:上海人民出版社,2008.

参考文献

[1] 罗杰·A.凯林,史蒂文·W.哈特利,威廉·鲁迪里尔斯.市场营销(插图第9版)[M].北京:世界图书出版公司北京公司,2011.

[2] 菲利普·科特勒,凯文·莱恩·凯勒.营销管理(第13版·中国版)[M].卢泰宏,高辉,译.北京:中国人民大学出版社,2009.

第十四章

营销新思维 ≫ ≫ ≫ ≫

⬦**【知识目标】**

开阔视野，了解变化中的营销环境，掌握营销前沿的新动向，熟悉新型营销的典型案例，知晓市场营销领域的各种创新思维。

⬦**【技能目标】**

学会对营销新模式的观察和思考，理解营销新思维的思想内涵，掌握其分析方法，并运用于营销实践中。

⬦**【导入案例】**

二维码与纸巾的碰撞　大数据玩反向 O2O

在杭州火车站的地下通道里，小王走到一台写着"纸指天下"的自动售卖机前，拿出手机打开一个 APP，点下"免费领纸"选项，紧接着将屏幕上弹出的二维码对准自动售货机上的扫码口。"嘀"的一声，一包纸巾从出货口掉落出来。小王在火车站对面的商城上班，每天都会从这台机器旁走过，昨天终于止不住好奇按照机器上面的说明下载了一个 APP，并领纸一包。

"拿到纸后才知道这包免费纸巾还是彩色的，看着特别新鲜，上面印着心灵鸡汤、小广告和一些别的生活信息。每张上面还有二维码，可以直接扫进去看更多内容，还可以直接购物。"小王说。

2013 年 9 月 20 日，这款领纸机器现身杭州，目前增加到近 300 台，分布于杭州火车站、地铁站、会展中心、影院、大学城、写字楼和景区等人口密集区。截至 11 月末,已经有超过 16 万手机用户和小王一样通过这款 APP 免费领纸,装机率达到 2.44%(杭州城镇人口 653.99 万),扫码率达到 10%。

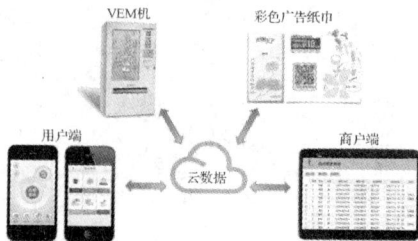

以免费纸巾为载体,用二维码做入口,直接导入商家页面,进入后有客服互动通道或可在线达成交易。这是移动互联网时代典型的线下导线上的反向 O2O 模式。

正如 UC 总裁何小鹏所说,"以手机为中心、贯穿各种硬件、贯穿不同使用场景、贯穿不同平台的移动互联网服务"将是未来重要的发展趋势。

移动互联网思维开始渗入并变革传统行业,随之衍生出大量以精准用户数据为基础的全新商业机会。"最有价值的其实在后面,通过领纸、扫码等获得的用户大数据才是未来的关键。"

以免费为口号吸引用户主动获取纸巾,以自动售卖机为载体进行投放,以 APP 为核心控制纸巾的分发并提供连接商家与用户的平台,最终通过装机、领纸和扫码行为获取用户大数据。

这种基础服务免费、增值服务收费的模式是互联网商业的典型思维。从卖纸巾到发纸巾,将用户注意力转化为商业价值,再配合用户的深度开发,其价值将远远超出原本每包纸巾的固定收益。合理增加互联网基因有效放大了原本纸巾厂的固有优势。

(资料来源:二维码与纸巾的碰撞　大数据玩反向 O2O[EB/OL]. 亿邦动力网,2013-12-07.)

营销启示

世界上唯一不变的就是变化,对企业而言,更应深谙此道。互联网的普及、技术革命的推进、信息化社会的发展,移动互联网思维的逐渐成熟,带给企业太多的威胁,也带来巨大的商机。正如著名雕塑家罗丹所说:"世界上不缺少美,缺少的只是发现美的眼睛。"面对日新月异的社会环境,企业唯一能做的是需要不断更新思维,创新产品,才能在变化的环境中挖掘商机,才能保持持续成长。

当今,企业处于一个快速变化而又绚丽多彩的新时代。各项新技术、新发明层出不穷,特别是以移动通信和互联网为代表的 IT 技术在许多方面改变了企业的思想方式和生活方式,带来许多新的营销模式和市场机会,产生了许多新的营销创新模式和创新思维。

第一节　变化的营销环境

互联网的时代,万事变化如此迅速,眼球经济、粉丝经济、流量经济⋯⋯一连串新的名词和概念反映着当今变化中的营销环境,让人应接不暇。然而,对于企业而言,这是必须面对而且接受的环境条件,"适者生存"的自然法则无时无刻不在敲打着企业,提醒着企业的变革和创新。

一、眼球经济

眼球经济的概念在互联网经济出现以前就已经有了。"注意力经济"是论文《注意力购买者》的作者 Goldhaber 提出的,他认为在新经济下,注意力本身就是财富。

注意力经济又被形象地称作"眼球经济"(Attention economy),其含义是以某一事件或者某一个体吸引大众的注意力,从而获得媒体的广泛报道和社会舆论的热烈评论,成为公众热议的话题,以达到通常广告或者促销难以企及的绝佳宣传效果,以实现创立品牌、扩大产品知名度或者提高销售业绩的营销手段。

在现代强大的媒体社会的推波助澜之下,眼球经济比以往任何时候都要活跃。电视需要眼球,只有收视率才能保证电视台的经济利益;杂志需要眼球,只有发行量才是杂志社的经济命根;网站更需要眼球,只有点击率才是网站价值的集中体现。

1. 门户网站的眼球经济

新浪、搜狐、网易是我国三大主要的互联网门户网站。这些网站提供了大量的信息和资料。它们并不对网站内容收费,而是免费提供给浏览者。这些门户网站的主要盈利模式是以内容为诱饵,吸引网民的注意力,然后通过网络广告来获取收益。

毫无疑问,内容越精彩,网民的关注度就越高,广告的浏览次数和点击次数就越高,网站的收益也越高。这是实打实的眼球经济。

2. 传统媒体的眼球经济

这种以内容吸引受众、以广告获取收益的盈利模式,在广播、电视、报纸这三大传统媒体也如出一辙。

企业知道,用收音机听广播是不用付费的,也就是说广播的内容是免费的,电台的收入来源于广告。

虽然有线电视是收费的，但有线电视收取的只是电视节目的传输服务费。假如通过天线以无线方式收看电视节目，那就不用付费了。无论是播放电视台自制节目还是买来播映权的电视剧、电影，都是有成本的。它们一样要靠广告费来获取收益。这就是为什么各个电视台、各个频道、各个节目组都在努力吸引观众的眼球，提高收视率。因为收视率直接关系到广告效果的优劣。

绝大多数的报纸的订阅费可能都不够纸张和印刷费用，以及报纸的发行、投递费用。实际上报纸的内容还是免费的。有心人可能会注意到，有些报纸卖废纸得来的钱都比订阅价高。

在网络时代，注意力之所以重要，是由于注意力可以优化社会资源配置，也可以使经营者获得巨大利益，注意力已成为一种可以交易的商品，这就是注意力的商品化。

二、粉丝经济

粉丝经济泛指架构在粉丝和被关注者关系之上的经营性创收行为，被关注者多为明星、偶像和行业名人等。人类进入商品经济社会以来，不论从事什么行业的名人，只要拥有足够多的拥趸者，都能轻松地赚钱变现。最近几年网络的发展，更是使得粉丝经济变得格外引人注目。到了当下自媒体时代，粉丝经济已呈现出繁荣至顶峰的景象。

粉丝是最忠诚的消费者，可以说，谁拥有了足够的粉丝，谁就拥有足够大的潜在市场。

1. 自媒体和粉丝经济

在网络世界，媒体不再是传媒企业的专有名词，每一个人都可以成为内容发布者，也就是说每个人都可以是媒体，企业称之为"自媒体"。

按照百度百科对自媒体的定义：自媒体是指以个人传播为主，以现代化、电子化手段，向不特定的大多数或者特定的单个人传递规范性及非规范性信息的媒介。自媒体平台包括：博客、微博、微信、贴吧、论坛（BBS）等网络社区。

尽管每个人都可以成为网络媒体，但是发布内容的辐射广度和传播效果却因人而异。这取决于发布人的关注者（粉丝，Fans）有多少。一些名人的微博经过微博运营商的认证被打上了"V"字母标记，企业称之为"大V"。大V们的粉丝可能有几十万、几百万甚至上千万。因此他们发布信息的辐射效果很好，受众面广，再加上粉丝们的转播，使得这些信息很多人可以看到，能够受到社会各方面的高度关注。有时候，这些大V微博的社会效应不亚于一个电视台。

其实,这些名人的自媒体多数不再是他自己一个人在写,而是他们的经纪公司在运作。为了吸引众人的注意力,大 V 们时不时地会发布一些轰动性的消息,以拨人眼球。当然,为了实现自媒体的经济利益,就会插播一些广告或者推广软文,以获取经济收益。

2. 实体企业的粉丝经济

随着人们生活水平的提高,情感在消费者心目中的地位越来越重要。特别是 80 后、90 后的年轻一代,更加注重消费各个环节的情感诉求。于是,不仅仅明星有粉丝,自媒体有粉丝,连企业都变得越来越人格化,也出现了拥趸它们的粉丝群体。

一个企业的粉丝群体不仅会主动采用该企业的产品或服务,而且会在舆论上明确表态支持该公司,形成了对企业非常有利的环境氛围。不仅如此,粉丝群体还具有一定的自组织功能,能够自发地开展某些活动来支持企业或者实现用户间的互帮互助。

企业可以有意识地为用户提供交流的条件,如设立留言簿、论坛、QQ 群等,从而为粉丝群体的形成创造条件。

(1)"果粉"

"果粉"是苹果公司的拥趸者的称呼。苹果公司创始人乔布斯和苹果公司之间的曲折经历非常吸引人们的眼球,更加引起大家注意的是苹果公司产品的出色设计和乔布斯的个人魅力。由此,产生了一个混合效应,那就是人们对苹果公司的感受非常人格化,许多人非常自觉地成为苹果公司的拥趸者和苹果产品的忠实用户。每次苹果公司新品发布,都会有一大群人在漏夜排队,那就是"果粉"中的中坚分子。不仅如此,"果粉"们还在各种场合给予苹果公司正面评价,形成了支持苹果公司的强大舆论力量。

(2)"米粉"

小米公司是一家成立仅 4 年的新公司。2014 年它的销售额有望突破 700 亿元,目前它的手机销量位居全球第三位,仅次于三星和苹果。如此辉煌的成绩,小米是如何实现的呢?这其中,"米粉"们功不可没。

按照小米公司创始人兼 CEO 雷军的说法,小米公司的用户群体定位于"发烧友",是那群比较会玩手机、爱折腾、喜欢经常"刷机"的人。这些人不仅会深入了解和使用手机,而且对于手机的设计有很多想法,不断追求手机的完美。小米公司充分发挥了"米粉"们的作用,在产品开发设计过程中认真听取他们的意见,研发工程师也会以各种方式与他们交流,了解他们的需求和感受。特别是手机操作系统 MIUI 的研发和更新,就是不断听取"米粉"们的意见,每周更新,不断优化,从而使用户的体验越来越好。

⇨小案例

茜茜女装店的粉丝经济

　　茜茜女装店是浙江大学城市学院一位毕业生于 2012 年底开设的网店。仅 2013 年一年,这家店就实现了 500 万元的销售额。

　　一家新开网店为什么会有这么好的业绩呢? 采访中,店主详细透露了她成功的奥秘。

　　这家网店主打的是以花为主题的女装,主要面向 15～25 岁女生。尽管这个群体属于小众,但是却有着共同的爱好,这是形成粉丝群体的基本条件。

　　店主在营销过程中,充分利用了粉丝经济的效应。首先,服装在制作前,先把服装的样照放在网上,征求大家的意见。喜欢的浏览者就会收藏这件衣服。如果哪一款服装收藏量达到一定的数量,就开始让"粉丝们"下单付定金。订单数达到一定的数量,店主就会去买面料并委托服装厂生产。大约十来天以后,服装制作完成时,"粉丝"们都已经等不及了,会在第一时间付完余款购买。这样,店家可以最大限度地避免盲目进货造成的产品积压,也提高了资金的利用效率。

　　关键的问题是:短短一年,茜茜女装店是怎样聚集起这一大群粉丝的? 店主说,主要靠微博进行推广,以她自己的微博为主,偶尔也会出钱请大 V 们帮她推广。

三、网络效应

　　西方经济学的边际效应递减理论,解释了当连续消费某种物品时,随着所消费的该物品的数量增加,物品的边际效用有递减的趋势。然而网络经济却颠覆了这一原理,出现了边际效应递增的网络效应现象。

　　网络效应(Network effect)是某种产品对用户的价值取决于使用该产品的其他用户的数量,随着用户数量的增加,所有用户都可能从网络规模的扩大中获得了更大的价值,网络的价值呈几何级数增长。网络经济具有倍增效应。

　　比如,看到一条微博信息的关注者(粉丝)不仅仅是微博信息的受众,而且也可以利用自媒体的身份转发这条消息。而他的粉丝看到这条微博也可能再次转发。就好像是原子弹爆炸时的裂变反应,一个原子分裂后的碎片击中另外的原子引起更多的裂变。所以,微博的传播也像原子弹爆炸产生的冲击波一样,迅猛而广泛地波及巨大的空间。而且参与传播的个体越多,传播效果越好,体现出边际效应递增的特征。

不仅微博如此，其他网络传播方式都有类似的网络效应特征。

四、"免费"经济

免费经济就是透过提供免费的产品或服务，来达到获利的目的。企业都知道免费是商家的一个伎俩，最终它还是要以某种方式获得它的经济利益的。但是，如何打免费牌是大有讲究的。

Web 浏览器市场中，曾经 Nascape 公司的 Navigator 浏览器垄断了 80％以上的份额。微软公司是这一市场的后来者。微软的 IE 尽管推出较晚，却是免费的，就一举把对手打得落花流水。等到 Nascape 公司发觉苗头不对，赶紧采取免费策略时，已经为时太晚。后来 Nascape 公司被其他公司收购。几经折腾后，其产品 Navigator 浏览器也不见踪影了。

微软公司并不是为了从 IE 浏览器中直接获得收入。自从 IE 上升到了垄断地位，微软公司也就从一个开发互联网软件的落伍者变成了开发互联网软件的领导者，不仅公司形象大为改观，而且也加强了操作系统和其他软件的市场地位。本书把这种现象形容为"根据地经济"。

军队打仗时往往先找到一个落脚点，稳固一个阵地，然后再向周边或者纵深进军，这个落脚点就是"根据地"，在经济学上通常被称为"锚"。"根据地经济"的寓意为：一个企业先在某个经营领域设法站稳脚跟，然后依托这一领域开拓其他业务。

长尾理论的作者克里斯·安德森认为：所谓"免费经济"主要有三种模式。

1. 免费产品

这种产品之所以免费是因为它的成本由广告主来补贴。如，在奇虎公司推出 PC 机上的安全防护软件——360 安全卫士以前，使用电脑一定要安装杀毒软件，但还是免不了经常会染上病毒。2006 年 7 月，奇虎公司推出了 360 安全卫士这一软件，用户可以免费在电脑上安装使用，以抵御病毒、木马对 PC 机的侵害。从此，大部分电脑用户不再花钱购买杀毒软件。

这样的结果可想而知，国内几乎所有的杀毒软件都失去了市场，而 360 安全卫士却牢牢地占驻了 PC 程序清单中的重要位置，并且在电脑上扮演着保镖兼管家的角色。管家是免费请来的，也不用付工资，辛勤工作之余还在经常向用户推荐各种软件。而推荐软件才是奇虎公司真正的收入来源。

2. 收费逐渐消失的免费产品

第二种免费产品是指以前收费，后来随着成本越来越低，最终成本消失。根据摩尔定律,过程需要的成本每年都在减少,当成本逐渐接近于零时,可以最终将之视为免费。

如,Hotmail 最开始时尝试一小部分服务免费,用户为剩下的一部分服务付费。从 2000 年到 2002 年,用户得到的免费服务越来越多。后来 Gmail 表示,他们即将推出一个容量为 1000 兆的免费服务。对此,雅虎表示:"我们提供给用户的是无限存储服务,通过这些加强雅虎和用户的联系。同时,通过别的方式赚钱,可以是雅虎新闻频道的横幅广告;也可以是通过掌握用户行为信息,而吸引广告投放。"

3. 辅助产品收费的免费产品

其实,还存在另一种免费模式,即主打产品免费,辅助产品收费。

阿里巴巴集团利用免费策略占领 C2C 市场是一个典型的根据地经济案例。在淘宝起家前,国内 C2C 市场基本上被 Ebay(Eachnet)垄断了。但是 Ebay 采取了向 C 店店主收费的经营模式。淘宝看到了 Ebay 的这一弱点,就以免费开店的策略对它发起了猛烈的进攻。很快,Ebay(Eachnet)就招架不住了。最后,当时世界上最大的 C2C 公司 Ebay 不得不卖掉了股份,狼狈地退出了中国的市场。

淘宝拿到这个根据地以后,继续实行免费开店政策,但同时推出了很多收费的服务,比如店铺装潢、推广等等。随后,依托淘宝逐渐衍生出支付宝、聚划算、天猫等新的业务,不仅扩大了阿里巴巴集团的经营范围,也极大地壮大了整个集团的盈利能力和竞争实力。

4. 礼品经济

第三种免费模式就是礼品经济,如维基百科、博客空间等。在这种模式下,的确有真的经济存在,而且出于没有财务考虑的动机,诸如声誉、注意力和表达欲等等。所有的社交目的,事实上被证明具有不可低估的影响力,而这种目的让人们免费获得一切。

五、流量经济

无论是实体店还是网店,都有一个客流量的来源问题。以下把客流量简称为流量,这里既不是指企业上网消耗的流量,也不是区域经济学中的流量经济。

和传统商业相比,互联网经济是一种超级流量经济,而传统商业是一种高成本的小流量经济。传统商业的这种特点被大众媒体传播和经济景气掩盖了。而一些具有互联网思维的企业在某种助缘下,在短时间内获得了超级流量,以及某种颠覆性的市场占有率。

1. 网店的流量经济

当一个网店没什么知名度时，访客不可能自动上门。这时候就需要想办法产生流量。采用的方法不外乎通过广告或推介引入流量。

由于门户网站具有网络访问"入口"的特性，网民们通常从门户网站开始上网。所以，许多网店在门户网站做广告，可以博得众多的"眼球"，提高自己的知名度。

不仅如此，网络广告还有"导流"的作用。网民发现感兴趣的广告，就会点击广告进入这个网店。鼠标一点，网店的访客来了，也就是说门户网站会给网店带来访问流量。业内把门户网站的这个业务模式称为"流量批发"或者"流量分发"。

"流量分发"不仅限于门户网站的广告，通过推介的方式也行。360安全卫士成了PC的"管理者"，就可以通过附带安装的"软件管家"等界面向用户推荐软件。当PC用户点击"软件管家"中某个软件的下载链接进行下载时，相当于奇虎公司通过360安全卫士为该软件带来了流量。软件下载或者安装后，奇虎公司就能够获得这个软件的开发商或者经销商付给它的"推介费"。这就是360安全卫士为PC免费站岗的回报。

另一种"推介"的方式是通过搜索引擎。搜索引擎的排名是资金堆积的结果。想要使网站出现在搜索结果的第一页而不是几十页以后，肯定是要付出相应的代价。

无论是以广告费分摊到每一个访客进行计算，还是以单个"推介费"计算，前来访问网店的每一个流量都是有成本的。细算这一成本非常可观。比如，参加一次聚划算活动会给网店带来大量的流量，参加活动的成本分摊到每个流量大约为2.8元。如果这家网店的转化率（访客变成买家的比例）为10%，那么平均到每个买家的成本就变成28元！

▷小案例

微信的红包经济

2014年1月27日，腾讯公司开始了微信支付抢红包活动。正值农历除夕过年，这一活动受到空前的热捧。两天内参与抢微信红包的用户超过500万，总计抢红包7500万次以上。通过发放红包，短短几天就增加了几亿微信支付用户。

但这不是问题的关键，或者说不是那个真正让马云和其他互联网公司警惕的威胁——红包只是一时的快感,而借助这波抢红包的热度让大批用户绑定微信支付所带来的后续效应和影响才是此次社交的最大红利。

微信红包的意图非常明确,要想提现红包金额,就必须通过绑定银行卡来完成,这无疑直接鼓动用户体验微信支付,而一旦微信支付的规模形成起来,未来,微信在手游、电商甚至互联网个人理财上也将逐步打开。

抢红包活动:第一,可以增加眼球效应;第二,通过送红包占领了移动支付的根据地;第三,发放红包的平均成本可以看做是微信支付招徕顾客的流量成本。

很快,淘宝、天猫、京东等各大网商纷纷跟进,频发红包,一时间红包满天飞。

2. 实体店的流量经济

流量经济学对实体店同样适用。必须明白,对每一个上门的顾客而言,企业在他们身上已经付出了一定的成本。

通常,影响一个实体店客流量大小的关键因素是地段。中国有句古话:"酒好不怕巷子深。"但在一个商品非常丰富的买方市场,人们有众多的挑选余地,就不一定非去那个"深巷子"了。地段,成了影响客流量大小的第一要素。因此,商家为了选择一个好的地段,就会支付额外的溢价(高房价或者高租金)。比如,一个商业中心的店面的租金就比社区小店的租金贵很多倍。

企业可以把商业中心比作网络门户,在商业中心的店面比作门户网站的广告位。这时候,商业中心其实就是起到了一个"导流"的作用。作为店家必须明白,企业已经为每一个上门的顾客支付了一定的成本。因此,要善待每一个"访客",并努力把"访客"变成买家。

六、平台经济

平台经济(Platform economics)是指一种虚拟或真实的交易场所,平台本身不生产产品,但可以促成双方或多方供求之间的交易,收取恰当的费用或赚取差价而获得收益。

吴晓波教授曾经说过:"21世纪是平台经济的时代。"阿里巴巴是B2B的平台,淘宝是C2C的平台,天猫是B2C的平台。企业都说上淘宝买东西,但其实淘宝只是为商家和消费者提供了一个交易平台而已。尽管整个阿里巴巴集团不卖商品,只提供平台服务,但是它比任何在它平台上卖东西的厂家商家都赚钱。因为平台运营商(淘宝)实际上有一定的垄断性,在与它所服务的客商(网店)之间的博弈中具有优势地位。这就是平台经济产生的效应。

QQ、微信是社交平台,因此腾讯成为中国互联网的又一极。苹果公司建立了iTunes Store、iBook Store和APP Store这三大代销平台,分别销售歌曲、电子书和 APP 应用,不仅增加了营收,而且为它创造了一个更加庞大和繁荣的生态圈。

换个角度来看,商业企业,特别是连锁性的商业企业,也可以被看做是生产厂家销售商品的平台。平台规模越大,力量就越大,与厂家博弈时就越占据主动。世界上最大的连锁超市沃尔玛公司的进货价远低于其他商家就是一例。

七、生态圈经济

现代企业,无论是制造业还是服务业,完全不用依靠他人就能完成经营活动、形成一个封闭的体系已经是不可能了。

所谓生态圈(Ecosystem),就是企业和其他社会力量之间形成共生共荣、相互依赖和支持的关系。一个行业,或者是一个企业,或者是一个具体的产品,都有一个产业链在支撑着。这个产业链的所有关联企业,就形成了一个"生态圈"。每一个企业或者是加入到一个"生态圈",或者是自己形成了一个"生态圈"。进一步分析,企业和用户之间也有这种相互依靠的关系。因此,用户也是生态圈的一部分。

一个优秀的企业,应该善于打造一个自己的"生态圈"。比如苹果公司就建立了一个庞大的生态圈。其中除了零部件制造商(三星等)、组装厂(富士康等)、各种销售渠道以外,还有唱片公司(为 iTunes 提供歌曲)、出版商(为 iBook 提供电子书内容)和众多的 APP 开发商,当然忠诚的"果粉"用户更是其必不可少的生态圈成员。

生态圈的成员越多,就会形成越强大的社会力量,他们会自发维护"生态圈主"——苹果公司的利益,因为这也符合他们自己的利益!

第二节 营销思维与创新

新经济环境促使营销新思维的产生,与传统营销思路不同,在网络时代互联网思维的影响广泛而深远,在营销领域同样带有营销思路和营销方式上的创新。

一、营销新思维

1. 大数据思维

无论是实体经济中的电脑广泛应用,如收银台记录下每个消费者的购物记录,还是网络平台产生的浏览和购物数据,都会为企业提供了海量的信息和数据。

运用科学的方法可以发现大量数据中隐藏着的潜在规律。这一类研究以前被称为数据挖掘,就是挖掘出数据之间的内在联系。利用从数据中发掘的规律可以被应用于营销,又称数据库营销。现在通俗地称之为"大数据营销"。

沃尔玛曾经研究发现,消费者购买啤酒和尿布这两个似乎毫不相干的商品之间存在着很强的关联性。如,对一家超市集团的销售数据进行大数据分析,除了商品之间的相关性以外,企业还发现了许多商品的品牌、口味、价格、容量等等的消费者偏好分布规律。

大数据思维是当今营销领域的一个热点,阿里巴巴、淘宝目前占据着无可匹敌的市场领先地位,其中一个非常重要的原因就是它掌握了大量的交易数据。凭借这巨量的数据,它可以非常全面而又准确地把握市场的动向,发现消费者需求的变化。如,假如阿里巴巴想要进入成衣制作领域,那么没有一家服装厂能够和它竞争,因为阿里巴巴非常清楚地知道什么样的服装好卖,价格多少合适,需求者又分布在哪里。

网络上不仅仅有交易型的数据,还有很多非交易型的数据,如网民的浏览记录、聊天记录等,都可以从中发现潜在的需求和热点。一些网络游戏、网络调查也能够提供大量数据供营销研究。比如,有的微信活动是比赛对汽车品牌的认知准确率的,商家通过这一活动就可以了解到各个汽车品牌在消费者心目中的形象好坏。有的是让网民晒自己的旅游足迹,其真正的用意是通过这个游戏收集大家旅游去过的地方,从而完成对网民旅游目的地的市场调查。

2. 精准思维

面对复杂且碎片化的媒介环境及个性化的受众需求,企业可以从内容、形式、渠道、时间、地域、受众六个方面进行细分和定向,通过大数据的分析,能得到很多模块的结论,知道消费群构成是怎么样的,会知道什么样的消费群喜欢什么样的内容,会知道消费群通过什么媒介渠道获取资讯等等,与此同时,数字信号处理的专家们也有很多新的技术在提升精准性。精准思维就是综合技术带来的硬性精准和内容带来的软性精准,最终有效触达目标。

3. 社会化思维

今天社交媒体发达,要善于利用粉丝的口碑传播力量。小米是最典型的例子,所有的营销都是在社交媒体上完成的。连在中央电视台投个广告,也变成了社交媒体上的炒作事件。所谓公关第一,广告第二,说的就是社会化思维。

对于 imo(互联网即时通信办公室)这样的企业软件来讲,每个企业用户就是最好的传播点,一个企业用户可以影响到更多的企业用户,比如其下游或者上游供应商。当一个企业用户安装了 imo 进行内部沟通时,自然会想如果客户也能填加进来,岂不是可以增加工作效率。所以当 imo 开发出可添加外部联络人功能的时候,实际上就给自己提供了一个口碑传播获得免费用户的机会。

在产品开发中考虑到让用户能自然往外传播的点,最后让用户主动帮你推广,这是社会化思维的结构,无论是微博、微信、小米都是用这样的思维在开发产品。

4. 跨界思维

互联网和新科技的发展,产业融合,很多产业的边界变得模糊。互联网企业的跨界颠覆,本质是高效率整合低效率。互联网对传统行业的跨界打劫,本质是瓦解传统行业的人情经济,回扣经济,喝酒经济和各类复杂的代理体系。

搞了半天,移动发现原来腾讯才是最大的对手。imo 这个以企业即时通信切入的企业,最后不靠软件授权费赚钱,而是要紧紧把握企业办公人员的流量入口,靠接入各类企业增值服务后赚钱。这就是软件思维和互联网思维最大的差别吧!

5. 迭代思维

迭代思维跟最新流行的两个关键词都相关,第一叫微创新,第二是"敏捷开发"。微创新的意思是不要颠覆式创新,而是在用户习惯的基础上做少数创新,让用户逐步接受。"敏捷开发"是说要不断试错,小步快跑。

QQ 是互联网史上迭代开发最值得称赞的产品,从当初的 OICQ 到今天集娱乐新闻通信游戏为一体的必装工具,一路走来都有你我见证。一个微创新可能改变不了竞争局面的,但通过持续不断的微创新,则一定能赢得消费者的口碑。

二、营销创新

1. 社交营销

社交营销有两层含义:其一是社交平台运营商的营销;其二是非运营商企业第三方利用社交平台的营销。

社交平台有留言簿、聊天室、论坛、即时通信软件(QQ、阿里旺旺、微信等)、博客、微博等。其中阿里旺旺基本上是网店商家和买家沟通的工具,买家之间的横向交流较少。

腾讯公司以 QQ 起家。QQ 虽然免费,但是为腾讯建立了数亿人的"圈子",是腾讯其他产业的"根据地"和"锚"。作为 QQ 的运营商,腾讯公司依托 QQ 开发了很多业务,如"黄钻"、"红钻"、QQ 秀、QQ 游戏等等,为腾讯公司带来了巨大的收益。尽管 QQ 已经占据了国内 IM(即时通信)市场的绝对垄断地位,腾讯公司却出人意料地开发了微信,进行了自我颠覆式的创新。目前,微信的用户数和使用频率都已大大超过 QQ。

企业设立社交平台一方面有利于加强企业与用户的交流,倾听用户的意见,了解用户的心声,更重要的是可以为用户之间的交流提供平台,这样非常有助于形成"粉丝圈"。因此,很多商家或者个体经营者充分利用 QQ 和微信这两大社交平台开展商业经营活动。如,从事海外代购的经营者利用微信朋友圈发送代购信息。目前,微信已经成为许多代购商的营销主渠道。

2. 众筹模式

众筹是一个新生事物。主要有以下四种模式:

(1)债权众筹:投资者对项目或公司进行投资,获得其一定比例的债权,未来获取利息收益并收回本金;

(2)股权众筹:投资者对项目或公司进行投资,获得其一定比例的股权;

(3)回报众筹:投资者对项目或公司进行投资,获得产品或服务;

(4)捐赠众筹:投资者对项目或公司进行无偿捐赠。

回报众筹通常用于创新企业或企业营销活动,为了募集产品研发和生产资金,通过众筹平台网站向消费者筹资的活动。从本质上讲,这可以被看做是产品预售。它的优点在于创业团队可以避免引入其他投资者导致的股权稀释,甚至是企业控制权的丧失。募集得到的资金可以用来进行产品研发和生产。这样既可以获得资金,又可以避免新产品上市时没有销路。

Pebble 是一款采用电子纸显示技术的智能手表。当初研发这款手表的大学生们缺乏资金,就求助于众筹网站 KickStarter 进行众筹,结果募集到了 1000 多万美元。手表上市后,集资参加者可以按照优惠价格得到这款手表(资助 100 美元得 1 块手表),而市场价为 150 美元。

⇨小案例

回馈式众筹再出招　《秦时明月》3D 电影票等你来筹

国内首家游戏动漫众筹平台——摩点网(modian.com),针对《秦时明月之龙腾万里》3D 电影发起一款回馈式众筹项目,旨在回报众多"秦粉儿、月饼"七年来的守候和支持。

据了解,此次《秦时明月》电影筹募项目上线,采用的是回馈式众筹模式。相关人士表示,摩点网之所以选择以一种回馈的形式发起众筹,是因为对于项目发起方而言,希望更多的支持者,可以了解《秦时明月》重出江湖"7年磨宝剑"。同时也让2D手游触控科技项目方更加了解市场以及目前支持者的热衷程度。相对于用户而言,回馈式众筹不仅可以实实在在得到实物回报,也可以让大家追忆曾经《秦时明月》与众多的"秦粉儿、月饼"产生共鸣。回馈式众筹不同于投资,它突破传统众筹融资模式,通过回馈方式对项目发起者和用户产生价值。

（资料来源:回馈式众筹再出招 《秦时明月》3D电影票等你来筹[EB/OL].驱动中国,2014-07-16.）

3. 娱乐营销

娱乐营销,指借助娱乐的元素或形式将产品与客户的情感建立联系,从而达到销售产品,建立忠诚客户的目的的营销方式。

从娱乐营销的原理分析,娱乐营销的本质是一种感性营销,感性营销不是从理性上去说服客户购买,而是通过感性共鸣从而引发客户购买行为。这种迂回策略更符合中国的文化,至少比较含蓄,不是那种赤裸裸的交易行为。

"实体、媒体、消费者三位一体"和"互动性"是娱乐营销最大的特点。娱乐营销的形式是多样的,它包含与电影、电视、广播、印刷媒介、体育活动、旅游和探险、艺术展、音乐会、主题公园等相互融合的各类营销活动。

➮小案例

波司登牵手优酷土豆,"大娱乐"打造新范式

从普通投放到内容营销,从单一节目合作到大整合营销,从线上到O2O,波司登的互联网营销创新路,在2014年10月再次迎来里程碑拐点:波司登与优酷土豆合作,以契合品牌调性的"大娱乐"为主线,聚焦互联网娱乐时尚核心目标受众,突破传统单一节目合作模式,前所未有地整合优酷土豆平台内所有重磅热门娱乐资源,开启服饰品牌大娱乐营销时代。

波司登作为国内服饰品牌的领导者,为了扩大品牌影响力,最终实现品牌的转型升级,波司登循着不断转变的消费群体特征,一直不断创新营销方式。当下,随着视频网站自制实力的崛起,波司登同样将目光转向最具潜力的自制内容营销,在一系列试水后,果断大手笔投入自制内容营销,借助深受互联网核心受众喜爱的王牌自制娱乐节目,强化品牌高端定位,提升品牌时尚印象,实现品牌互动沟通,加大产品曝光力度和范围以最终助力销售。

此次合作突破了以往单一栏目合作的模式,以年轻受众为焦点,提出"大娱

乐"概念,与优酷土豆全线优势内容达成战略合作;跨越电影、韩娱、大剧、时尚、娱乐等几大王牌板块,紧贴时下最新最热的话题,合作方式创新多元。此番合作开启了品牌的大娱乐营销时代,势必将成为营销行业中的标杆性事件,将整合营销推到了一个新的高度。

（资料来源:波司登牵手优酷土豆,"大娱乐"打造新范式[EB/OL].优酷土豆,2014-10-23.）

4. 体验营销

商品经济发展到了企业这个时代,产品的好坏已经不能仅仅用客观指标来判断了。因为,消费者越来越注重在消费产品和享受服务过程中的体验。现在的年轻人非常感性,尤其是90后的年轻人更是极度感性,他们非常在意在消费过程中的自我感受。

一款产品是否受欢迎,除了内在的质量和外在的设计以外,使用体验起到了非常重要的作用。苹果公司只有那么几款手机,而它的对手们加起来有上万种机型,为什么它的手机价格高又卖得好,就是因为苹果手机在使用体验上比它的对手有一定的优势。这是一个很好的体验经济诠释。

再如,由于一部分消费者的体验需求,牛仔裤被要求局部洗白、做旧,甚至要开几个口子。生产商只好顺从消费者的需求增加几道工序来生产制作满足消费者体验感受的产品。

体验经济从根本上来说是对人性化的极致追求。即将大量上市的可穿戴设备(智能手环、智能手表、智能眼镜等)将使"体验"二字上升到更加重要的高度。

5. O2O营销

O2O是Online to Offline的英文缩写,其含义是网络经济(线上)和实体经济(线下)的整合。

作为营销渠道,网络经济和实体经济存在着一定的矛盾。比如,网店的兴起使得一部分实体店(专柜)沦为"试衣点",消费者在实体店试衣,然后转向网店下单购买。这不仅使实体店的处境尴尬和利益受损,而且在一定程度上会影响到整个品牌的形象和发展战略。

因此,有必要对线上业务和线下业务进行整合,协调两者之间的关系,给予两者不同的定位,制定不同的业务目标和营销职能。这就是水平渠道之间的O2O。有些实体店干脆就变成试衣体验店,用户试穿感觉满意的话,就用手机扫二维码,在网上下单。店里也提供了电脑,方便用户在网上下单,并将衣服直接配送到家,大大节省了消费者购物体力成本。

更多的O2O是指网络和实体在商业活动中发挥各自的优点进行配合,以创造更高的效益和更好的用户体验。比如网商和快递公司可以利用网络更好地优化物流方案,缩短运输路线,从而提高物流的效率,降低成本。同时,通过网络为用户提供跟踪查询等业务,既方便了用户,也提高了他们的体验感知,增强了用户的满意度。

运用O2O思维,还可以创造出一些新型的商业模式。如嘀嘀打车和快的打车,就创造了一种新的商业模式,备受社会各界的关注。

▷小案例

快的打车携可口可乐　探索O2O营销新模式

日前,国内最大的移动出行平台快的打车宣布,将与国际著名品牌可口可乐联手,启动横跨元旦和春节的大型品牌推广活动,据悉,双方均将在本次活动中投入上亿的资源。一个是国内最大的移动出行平台,一个是超过百年的传统快消品牌,两个看似风马牛不相及的公司将如何进行合作?该消息一经公布,引起了业内的广泛关注。

从1月1日起,可口可乐方面将提供一亿瓶分享装可口可乐,瓶身全部印有快的打车LOGO"快"字和二维码,用户扫描后即可随机领取3至10元不等的快的打车代金券,有效期7天。代金券将自动存入用户的快的打车账户当中,用户只要使用快的打车叫车成功,在支付时即可直接抵扣车费。

同时,从2015年1月12日至19日,快的打车软件内的积分商城里还将开通可口可乐专区,用户使用快的积分进行抽奖,每天将随机选取100名用户获得由可口可乐提供的定制"昵称瓶"可乐一瓶,用户可以按照自己的要求将姓名、歌词等作为元素定制在该瓶可乐的外包装上。

快的打车表示,可口可乐是一家令人尊敬的传统快消品企业,拥有深入人心的品牌形象和强大的线下渠道。此次快的打车与可口可乐的合作,是年轻的移动互联网公司与传统快消品巨头在品牌推广和用户拓展上的一次有益的尝试,希望借此机会探索出一套全新的O2O营销模式。

此次快的打车与可口可乐进行跨界合作,快的打车可以借助可口可乐的线下渠道和产品拓展自身的用户资源,同时可口可乐也可以通过营销活动对快的打车线上庞大的用户群体进行大量的品牌互动与传播,可谓一举两得,互利共赢业有内人士认为,这一模式是一次线上流量与线下入口的碰撞,或将为更多的移动互联网品牌与传统品牌所借鉴,开启品牌跨界营销新模式。

(资料来源:钱冰冰.联合可口可乐　快的打车探索O2O营销新模式[N].钱江晚报,2015-01-06.)

本章小结

随着技术的进步和社会的发展变化,企业面临的营销环境也发生着日新月异的变化。在互联网的冲击下,眼球经济、粉丝经济、网络效应、"免费"经济、流量经济、平台经济和生态圈经济等纷纷成为环境中的主要力量,影响着企业的营销活动。

企业必须关注环境变化,并据此更新和创造更多的营销思维和营销模式,以迎接未来社会的变革。当今的营销新思维主要受互联网思维的影响,呈现出大数据思维、精准思维、社会化思维、跨界思维和迭代思维等,对此具体的营销活动也出现社交营销、众筹模式、娱乐营销、体验营销和O2O营销等新的营销方式,企业要用营销的头脑去分析思考一切商业领域的新事物,并且进行总结、提炼和升华,应用到实践中去,提升自身的市场生存能力和竞争力。

复习与讨论题

1. 粉丝经济和眼球经济之间的关系和异同是什么?
2. 为什么现在杀毒软件不流行了,但被病毒感染的现象反而少了?
3. 怎样协调线上线下两个渠道的关系以谋取更好的整体利益?
4. 一个理发店如何利用互联网开展营销?
5. 分析一下所在学校的各种校园商业活动,哪些用到了这些新的营销思维?
6. 认为学校教学过程中哪些环节可以用到这些营销新思维?能够设计一个方案吗?

实训题

1. 以小组为单位,选择一个常规产品,用营销新思维和新的营销方式进行策划,设计一份营销方案。
2. 以小组为单位,选择一家企业进行实地考察,并对其产品进行O2O以及反向O2O的营销设计,说明理由并提出具体方案。

⇨案例分析题

雕爷牛腩:颠覆传统　用互联网思维玩转餐厅

也许雕爷牛腩不是最赚钱的,但是在互联网上,它的人气绝对超过任何一家餐厅。不是它有多好吃,而是它的热闹让人们都很好奇想去看看。

事实上,雕爷的成功不是在钱上,而是在人气上,就如网站一开始不在乎赚钱,而是为了流量拼死拼活。

在实体零售客流量越来越少的情况下,如何利用互联网将人带到实体店才是重点。

而用互联网思维玩餐厅的雕爷牛腩,其将人引入餐厅的做法还是值得实体零售借鉴与思考的,学习雕爷如何把互联网思维与传统经营理念相结合,把各种互联网工具为己所用。

尽管餐饮是个最传统的行业,但从产品定位到营销传播,雕爷都把互联网的玩法统统嫁接到餐厅的经营当中,开始了O2O餐饮的征程。

"不疯魔,不成活"。竞争白热化的传统餐饮业市场,互联网思维正重新定义餐厅的运营模式——菜品种类少且精致,追求用户体验,通过互联网引爆,微博引流兼客服,用微信做客户关系管理,逐渐形成粉丝文化。

餐厅也是产品

雕爷牛腩在菜品和餐具上,尤其是细节方面,都花了很多心思,也花了大价钱。

归结到最后,就是在用互联网产品思维做餐厅,把餐厅当做产品来做,围着用户来,体验做到极致。

菜品上主打牛腩的秘制配方,雕爷花了500万元,从周星驰电影《食神》中的原型——香港食神戴龙那儿买断。

主菜有了,但开胃小菜、沙拉、甜品一样也不能含糊。为了精选食材,开始时就在一斤芝麻菜中扔掉八两;而在10枚鸽子蛋中,也只会挑出一个合格的。在其他方面,茶水、大米乃至碗筷等每一个细节无不独具匠心。

雕爷牛腩只有12个SKU(单品)。之所以做这么少的SKU,是基于以下消费理论支撑:一个消费者第一次吃到某家餐厅自己比较满意,如果下次再来,通常点菜与第一次的重合率高达80%,这是人们潜意识路径依赖的结果。即使SKU很少,只要保持每个季度更换菜单,就足以满足老客户再来所需要的新鲜感。

"一家好餐厅的精髓不在于菜品数的多少,而在于产品的精良和用户体验的不断优化。"雕爷每天花大量的时间盯着大众点评、微博、微信。用户只要有对菜品和服务不满的声音,都会立刻得到回馈。比如,粉丝认为哪道菜不好吃,这道菜就可能会被新菜取代,粉丝就餐过程中哪里不满意,则可以凭官微回复获得赠菜或者免单等。

互联网式的封测与推广

为什么刚开业就那么火？为什么没开业时,明星们都跑去吃？据说韩寒带老婆去试吃,因为没有预约,被拒之门外。这就要说到雕爷牛腩的营销手法——封测。

互联网经济的核心是流量经济,有了流量便有了一切。在电商行业,有了流量还要有重复购买率,开餐厅也一样。

在5月20日正式开业前,雕爷搞了半年的封测,邀请明星大腕们来试吃,包括苍井空都来捧场。

各种成本,花掉雕爷近千万元,但也得到了无数的口碑传播,尤其是明星们的热捧,在互联网上疯狂转发,火得一塌糊涂。

一方面是微博高关注度,另一方面封测期不让普通用户进入。这种神秘感引发的消费欲望在餐厅开业后爆发。

雕爷的第一目的,就是利用这半年的封测期,调整菜品,训练服务。

顺道的第二目的,才是借机宣传,反正在封测期间,为何不请一堆名人达人、美食专家以及小明星们来吃呢？

在封测期间被邀请,明星们多有面子。他们消化掉雕爷尚不完美的菜品和服务,还经常发微博夸夸雕爷。那段时期雕爷牛腩成为北京城撞星率最高的餐厅。

对于餐饮行业的批评也会引来骂声,但雕爷依然乐呵呵地帮着转发这些骂他的微博。因为有争议才能有流量。

"互联网最有意思的是粉丝文化,往往某个产品做的不错时就会形成'死忠',一个产品越有人骂,'死忠'就越坚强。"小米手机从诞生第一天开始就不停有人骂,而米粉们总是奋起反击。一旦有了一定量的粉丝,那些提出批评的人就容易与粉丝形成骂战,骂战的结果就是流量的大涨,产品大卖。苹果、小米手机已经证明了这一点。雕爷牛腩在微博传播过程中也培养了一些忠实的粉丝。

经过封测,雕爷牛腩一开业,花钱来吃的消费者,直接吃到的就是锻炼了半年的、经过了磨合期的、相对成熟的餐厅。

用微信维护老客户

虽然开业后的火爆在预期之中,但在餐饮是"无限改进型"的行业。只有根据用户需求不断升级和优化产品和服务,才能有口碑和重复购买率。

在传统餐饮中,菜单一旦订下来就很少会改动,而雕爷认为这与互联网精神并不符。

"如果粉丝认为某道菜不好吃,可能这道菜就会在菜单上很快消失。"雕爷牛脑每个月都会更换菜单,其中变化或者不变的依据一定程度上就是粉丝的声音。

雕爷牛腩用微博是来引爆和传播信息,也就是引流,而微信则用来维护用户做重复购买率。

比如,雕爷牛腩上新菜,会通过微信发给老用户,有图片、有文字、有口味描述。雕爷牛腩的 VIP 卡也是建立在微信上的,用户需要在关注雕爷牛腩的公众账号并且回答问题,通过后就能获得 VIP 身份。在雕爷牛腩有一个专门的 VIP 菜单,是不给普通用户看的。雕爷认为,VIP 客户应该是自己能服务好的目标客户,需要产生重复购买率。

（资料来源：林文生,姜蓉.雕爷牛腩:颠覆传统 用互联网思维玩转餐厅[EB/OL].联商网,2013-11-20.）

[案例思考]

1. 结合案例和本章理论,雕爷牛腩的营销创新主要体现在哪些方面?

2. 该案例对于中式餐饮企业有什么借鉴意义?

3. 除了已有的措施以外,还可以运用哪些创新思路进行营销推广?

延伸阅读

[1] 菲利普·科特勒.营销革命 3.0——从"消费者"的营销到"人"的营销[M].北京:机械工业出版社,2010.

[2] 陈绛平等.数海淘金——连锁超市销售数据分析[M].杭州:浙江大学出版社,2014.

[3] 艾伦·塔普.数据库营销(第 4 版)[M].北京:机械工业出版社,2011.

参考文献

[1] 德尔·I.霍金斯,戴维·L.马瑟斯博.消费者行为学(第 11 版)[M].北京:机械工业出版社,2011.

[2] 菲利普·科特勒.市场营销原理(第 13 版)[M].北京:清华大学出版社,2011.

[3] 吴健安等.市场营销学(第 4 版)[M].北京:高等教育出版社,2011.

[4] 赵大伟.互联网思维"独孤九剑"[M].北京:机械工业出版社,2014.

图书在版编目（CIP）数据

市场营销学：创新产品　引领需求 / 许莹主编.
—杭州：浙江大学出版社，2015.3（2021.1重印）
ISBN 978-7-308-14382-0

Ⅰ.①市… Ⅱ.①许… Ⅲ.①市场营销学
Ⅳ.①F713.50

中国版本图书馆 CIP 数据核字（2015）第 022717 号

市场营销学：创新产品　引领需求

主　　编　许　莹

副主编　邬家瑛　陈绛平　卢　吾

责任编辑	周卫群
封面设计	续设计
出版发行	浙江大学出版社
	（杭州市天目山路 148 号　邮政编码 310007）
	（网址：http://www.zjupress.com）
排　　版	杭州中大图文设计有限公司
印　　刷	嘉兴华源印刷厂
开　　本	700mm×960mm　1/16
印　　张	29
字　　数	520 千
版 印 次	2015 年 3 月第 1 版　2021 年 1 月第 3 次印刷
书　　号	ISBN 978-7-308-14382-0
定　　价	49.00 元

版权所有　翻印必究　　印装差错　负责调换

浙江大学出版社市场运营中心联系方式：0571-88925591；http://zjdxcbs.tmall.com